本书由贵州省区域内一流建设培育学科（民族学）、贵州省重点学科（民族学）、贵州省原生态民族文化研究中心、贵州省苗族侗族文化传承与发展协同创新中心资助出版

侗语文规范问题研究

DONG YUWEN
GUIFAN WENTI YANJIU

彭 婧 / 著

贵州大学出版社
Guizhou University Press

·贵阳·

图书在版编目（ＣＩＰ）数据

侗语文规范问题研究 / 彭婧著 . -- 贵阳 : 贵州大学出版社，2024.6

ISBN 978-7-5691-0891-0

Ⅰ．①侗… Ⅱ．①彭… Ⅲ．①侗语－研究 Ⅳ．① H272

中国国家版本馆 CIP 数据核字 (2024) 第 098575 号

侗语文规范问题研究

著　者：彭　婧

出 版 人：闵　军

责任编辑：赵广示　韦　霞

装帧设计：陈　丽　方国进

出版发行：贵州大学出版社有限责任公司
　　　　　地址：贵阳市花溪区贵州大学东校区出版大楼
　　　　　邮编：550025　电话：0851-88291180

印　　刷：贵州思捷华彩印刷有限公司

开　　本：787 毫米 ×1092 毫米　1/16

印　　张：24.25

字　　数：442 千字

版　　次：2024 年 6 月第 1 版

印　　次：2024 年 6 月第 1 次印刷

书　　号：ISBN 978-7-5691-0891-0

定　　价：69.00 元

序

　　语言文字的首要功能是交际功能，即交流和传播信息，也正因此，语言学教科书将社会性定义为语言文字的根本属性。社会在发展变化，语言文字自然也会变化而且也需要变化，尽管有时社会变化可能是剧烈的，而语言文字的变化则通常是渐进的。从纯粹语言学概念出发去思考，语言文字的变化似乎有"自变"和"他变"两种形式，但从语言的社会属性角度去思考，语言文字本身不可能"自变"，永远都是"他变"，是社群和个人在交际过程中自觉或不自觉地不断改变言语表达方式和言语行为方式，这种"他变"才是绝对的和永恒的。语言的各个成分都处在变的态势之中，变的结果就是变异或变同或者两者兼有。无论哪种结果，都有消磨和增长，就像生物体的组织和机能的代谢消长一样；而语言文字的规范，就是语言主体——作为社会的语言集团或作为语言集团成员的言语个人，对语言成分的消长做出需求性、适应性的选择。

　　既然道理如此，那么民族语言文字要不要规范，是否应该进行这方面的实践，就不言而喻了。然而，过去到当下的一二十年间，国内民族语言学界、民族语文教学工作者似乎并没有对此产生应有的学术热情，也未做出机智的实践尝试，反而表现出模棱两可的态度或"躺平式"的漠不关心，其理由是：一曰语言文字规范是政府的事情；二曰语言文字是用是弃，完全是约定俗成和群众自愿，不必多此一举。或许正是这种学术心态和为学惯性，造成了我国少数民族语言文字学习和使用的当今局面：政府花了大量人力、物力、财力为方便少数民族群众学习文化知识而创制和改进的文字方案，反反复复试行了六七十年，却至今没有做到规范化和普及化。我们不少语言学者尤其是民族语言学者往往将这种局面归咎于以往不稳定的语文政策，但其实这不过是我们对自身学术实践义务失职的一种托词，因为在政策和法律层面，中央人民政府对民族事业的倾斜支持一直没有改变过。问题在于我们一直在做什么，从理论到理论，从框架到框架，从描写到描写，从结构到结构，从形式到形式，陶醉于机械认知、内省、推测和玄深，却恰恰漠视了语言研究的原旨是为社会、为群众的语言生活服务。语言学家王宁先生曾经发出过忠告：一门学科一旦走入"象牙之塔"再也走不出来而与社会隔绝，离死亡也就不远了。难怪西方这些年也有语言学者高呼：形式语言学已经死亡。可见，推动语言学研究的社会服务转向，开展少数民族语言文字规范问题研究，促使民族地区语文服务扎实落地，是落实中央科学保护各民族语言文字政策精神的一种有益实践。

彭婧副教授的这本著作此时出版，可谓恰逢其时。记得2014年她来暨南大学攻读博士学位时，我就说过，作为一名少数民族高层次骨干人才研究生招生计划的侗族博士研究生，研究方向是少数民族语言文字，自然就有了为少数民族语言事业服务的义务，也就必须承担为本民族群众语言生活服务的责任。如果为了写作博士论文，按通常的研究惯例行事，到一个少数民族村寨小住一两个月，按部就班为调查而调查，为描写而描写，没有深入到广大少数民族群众的语言生活中，不去努力调研和了解群众对语言文字的需求，不去发现和解决语言文字应用中的问题，这样写出来的同质化的形式描写、纯经验性的形式分析、千篇一律的学位论文，价值究竟何在？作为导师，我对她的学位论文选题作了武断的命题作文；而她也认可了这个题目，并扎实调研和认真写作，完成了这项有难度的任务。令人欣慰的是，毕业五六年之后，尽管工作事务繁忙，她仍然在空闲时间对论文进行充实和完善，并持续对侗语文应用和规范问题展开调研，始终没忘初心。

早年我曾说过，当今社会任何一种少数民族语言，如果不能进入现代信息生活空间，其社会交际功能和知识传播功能就会萎缩，就会在人们生活的不经意中消逝。最近五六年，我国各民族语言生活发生了巨大变化，主用国家通用语、兼用本族语的双语制式，已经成为新生代语言生活的常态取向。不过，近几年信息技术更是突飞猛进，尤其是基于深度学习的人工智能大语言模型的发明，给人类语言文字的信息化带来了平等的生存机遇和广泛的发展空间，这就是：只要有足够的基础语料数据，任何语言文字都能轻易地实现自然语言处理的各项任务，使所有语言族群和社群都能享受数字空间的母语文生活。不过，创建各种语言的足够基础语料数据的瓶颈是语言文字的规范化。科学保护各民族语言文字，不只是一种政治表态，更是国家推动可持续发展的一项重要举措，因为每失去一种本土语言和文字，中华民族的知识文化长河就可能失去一条潜在的源流。对我国本土语言文字而言，当下不断更新迭代的人工智能技术，是科学保护各民族语言文字的条件支撑，而语言文字学界、语文工作者和语言文字职能机构，尽快协力推动少数民族语言文字的规范化和标准化，则是实现科学保护的实践保证。少数民族语言文字，尤其是新创和改进的拉丁字母文字，我们究竟需要规范什么，如何进行规范？本书的出版即是一个契机，它能在这方面提供一个实实在在的实践参考示例。书中提出的有关侗语文规范的具体条目，并不是简单地进行规定，而是基于对侗族群众语言文字使用情况进行扎实调研所获得的事实，以及通过对资料数据进行计量分析而得出的科学建议。例如：侗文声调符号字母的调整，有词典声调的频次和分布统计数据做支撑；分词连写规则，考虑到了词长和词频的数据。这就是说，语言文字的规范，应充分适应群众语言生活的需求，基于大量语言事实进行科学统计分析，要用数据来说话，而不是凭个人主观臆断。这也是本书值得圈点的亮点。

最后还想提醒的是，我国少数民族语言文字的规范化，主要适用于民族自治地区范围内所使用的主要语言，而其他少数民族语言的本体状况和社会使用状况，大多已失去了进行规范化的条件要素，对待这些语言，我们应采取的策略是记录、建档和保存，而不是规范化和标准化。少数民族语言文字的规范化，是一个科学问题，更是一个现实需求问题。这项工作既要周密审慎，又要多快好省。希望本书作者再接再厉，继续广泛调查和深入研究，并与有关职能部门的语言文字工作者、学校的侗语文师生和广大侗族群众一道，扎实推进这方面的实践工作。

是为序。

范俊军

2024 年于暨南园

目　录

绪　论

第一节　侗语文研究综述

国内对侗语的研究始于 20 世纪 50 年代少数民族语言大调查。为贯彻和落实民族语文政策，1956 年 12 月，由 28 位成员组成的少数民族语言调查第一工作队侗语工作组，分南、北、中三路对 14 个县 22 个侗语点进行普查，至 1957 年 2 月调查工作结束。这次调查记录了丰富的侗语材料，为侗语方言划分、基础方言和标准音点的选择、侗文方案的制定提供了科学的材料依据，同时也奠定了侗语研究的基础。20 世纪 80 年代，一批侗语文专家学者陆续深入侗族地区对侗语进行调查记录。此次调查一方面是对 20 世纪 50 年代收集的侗语资料进行核对和补充，如郑国乔、杨权对榕江县侗语语音尤其是标准音点的语音进行再次调查，石林对章鲁、高坝、报京等多个侗语点进行调查记录；另一方面是调查一些新的侗语点以及收集侗语民间资料，如邢公畹在广西三江的侗语调查，填补了广西侗语语料的空白，开创了侗族语言专点调查。20 世纪 90 年代以来，侗族语言调查工作取得了很好的成绩，尤其是石林、龙耀宏、杨通银、石锦宏、潘永荣、石宗庆、石愿兵、龙景科等人的调查资料，为后来的专家学者掌握侗语文的使用情况、侗语语音面貌、侗语方言差异提供了依据，也为侗语文的规划提供了重要的参考资料。

国外对侗语的研究始于 20 世纪 80 年代。随着侗族学者到国外讲学，不少外国学者开始关注侗族语言文化。如得克萨斯大学教授艾杰瑞就多次对广西三江、贵州榕江等侗族地区进行考察，对侗族语言和传统文化有专门研究，他的《比较卡岱·台语支》（合著）是早期研究和关注侗台语的重要著作；爱尔兰的吉志义和他的夫人孔瑞贤（瑞士籍人）在贵州省榕江县学习侗语 10 余年，编写出版了多部关于侗族语言文化的著作，经吉志义翻译的

《贵州侗语》在美国得克萨斯大学出版社出版。此外，还有日本丽泽大学教授金丸良子、日本昭和女子大学教授田畑久夫、芬兰赫尔辛基大学博士劳里·航柯、澳大利亚昆士兰州格里菲思大学荣誉教授马克林、澳大利亚墨尔本大学博士凯瑟琳等也曾到广西三江，贵州黎平、从江、榕江等侗族地区进行考察调研。

侗语、侗文研究成果主要包括专著和学术论文。据初步统计，研究专著40余部，中国知网收录的侗语文论文有353篇（检索截至2024年6月6日），其中期刊论文302篇（侗语275篇，侗文27篇），硕博论文41篇（侗语40篇，侗文1篇），报纸2篇（侗语0篇，侗文2篇），会议论文8篇（侗语7篇，侗文1篇）。这些论文中，20世纪70—80年代有37篇，90年代有38篇，2000年至2024年6月6日有278篇。

一、侗语研究概述

经几代学者的努力，侗语研究取得了许多重要成果。《侗语简志》（梁敏，民族出版社，1980）是20世纪80年代以来第一本介绍侗语的著作，对侗语标准音点车江话的语音、词汇和语法做了详细介绍分析，该书出版以后，侗语的系统调查研究才算真正开始。《三江侗语》（邢公畹，南开大学出版社，1985）一书首次对广西三江侗语进行了系统的调查、记录和整理，代表了20世纪80年代广西三江的侗语调查成果。《简明侗语语法》（杨汉基、张盛，贵州民族出版社，1993）一书简明扼要地介绍了侗语语法知识，是研究侗语语法的重要参考书籍。《侗台语比较研究》（石林，天津古籍出版社，1997）一书涵盖了侗语研究的诸多方面，对侗语的语音、词汇、语法以及人名、地名、民歌等进行了深入细致的研究，内容极为丰富。《侗语汉语语法比较研究》（石林，中央民族大学出版社，1997）一书对侗语和汉语的句型、词类、语法进行了比较分析，还对侗语南北两大方言的语法、词汇进行了对比分析，是侗语语法研究的重要著作。《贵州侗语》（龙耀宏、郑国乔，1998）一书在美国得克萨斯大学出版社正式出版，是首部在国外出版的侗语研究著作，内容涉及侗语的语音、词汇、语法和方言，并附有榕江话和石洞话的词汇表，为国外学者研究侗语提供了难得的语料。《汉语侗语关系词研究》（黄勇，天津古籍出版社，2002）一书从词汇角度对侗语和汉语的历史关系进行了研究。《侗语研究》（龙耀宏，贵州民族出版社，2003）一书涉及语音、词汇、语法等内容，是侗语研究最为全面的著作之一。《通道侗语研究》（杨通银，民族出版社，2009）一书是近年来侗语研究的重要成果，从话语叙事角度对湖南通道侗语话语语篇进行了深入分析，填补了侗语话语研究的空白。《三江侗族语言使用现状及演变》（蒋兴礼等，广西民族出版社，2014）一书介绍了三江侗语使用现状和语言兼用情况，为人们了解侗语使用情况提供了参考。《通道侗语词语》（石愿兵，湖南人民出版社，2013）一书收录了7989多条通道侗语词汇，弥补了通道侗语词汇调查记录的空缺。《侗语366句会话句》（杨通银，社会科学文献出版社，2016）一书的内容涉及生活中的基本问候、购物对话及旅游交流等多个方面，涵盖了侗族人民生活的主要领域，是学习和了解侗族语言文化的重要读本。《侗语语音语法及名物的多视角研究》（石林，中国社会科学出版社，2019）一书对侗语语音、语法和名物进行了多视角、多层面、多方位的深入分析研究，对侗语词汇学研究走向纵深发展具有开拓性意义。

改革开放以来，侗语调查研究取得了长足进展，其内容涉及语音、词汇、语法的共时描写和历时比较，以及社会语言学调查、侗语教学等方面。以下就这几个方面的研究做简要概述。

（一）侗语语音研究

侗语语音研究涉及历史音韵、共时描写、方言划分、方言与标准点的比较等方面。

侗语语音的历史音韵研究。例如：《侗语复辅音声母考》（石林，1983）、《侗语半浊声母的历史演变》（王德温，1984）、《从方音比较看古侗语中的喉复辅音声母》（龙耀宏，1993）、《三江侗语声母的历史层次》（龙国莲，2013）、《从 m、n 声母在侗语声调分布上的特点看侗台语原始声母 m、n 的类别》（石林，1983）、《李树侗话辅音尾的演变规律》（黄勇，1995）、《辅音尾演变最快的侗语方言——新晃李树侗语》（黄勇，1994）、《侗语声调的共时表现和历时演变》（石林，1991）、《论侗语声调的发展及其在侗歌中的特点》（杨权，1992）、《车江侗语语音 50 年变化研究》（吴永谊，2012）、《侗语的清鼻音和清边音》（龙润田，2022）等文章从历史角度探讨了侗语语音的演变和分化。

侗语语音的共时音系描写和比较，以及语音现象的专门分析（包括实验分析）。例如：《平江侗语语音初探——兼与标准音点比较》（潘永荣，1990）、《略谈各地侗语语音与标准语音的对应情况和教学中应注意的问题》（潘永荣，1993）、《浪泡侗语与标准语的语音对应规律》（吴美莲，1993）、《湖南洞口菔溪侗语语音词汇研究》（曾笑丽，2015）、《广西罗城那冷侗语音系》（石林，2015），《车寨侗语语音初探》（杨秋，2021）一文以榕江县车寨和从江县平江的语音为研究对象，从语音内部结构的声、韵、调分别进行比较研究，分析了车寨侗语语音的特点。

《侗语的变音变调现象》（石林，1983）、《侗语声调》（郑国乔，1983）、《侗语的声调分裂和浊呼气音变异》（艾杰瑞，1987）、《侗语声调的区别性特征》（石林，1992）、《侗语小舌音研究》（吴平欢，2013）、《侗语芋头话的昵称变调研究》（杨通银，2016）、《高坝侗语五个平调的实验分析》（石锋、石林、廖荣蓉，1988）、《秀洞和启蒙的侗语声调的分析》（石锋，1997）、《通道侗语声母的不送气化现象——兼与赣语比较》（曹志耘，2014）、《秀洞侗语塞音韵尾演变研究》（杨素芳，2022）等文章就侗语个别语音现象进行专门分析（或实验分析）研究。

中国科学院少数民族语言调查第一工作队于1957年编写了《关于侗语方言的划分和创立侗文的问题的初步意见（草稿）》。在这个研究的基础上，石林做了进一步调研，提出侗语方言土语的划分应作适当调整。为进一步解决侗语方言土语划分问题，石林等人在2004—2006年对侗语方言土语间的理解度做了调查测试。另外一些学者从历史文化角度研究侗语方言的差异，如《试论侗语南北方言内文化的成因及其发展》（杨秀斌、石宗庆，1990）、《明清时期汉文化影响下的侗族南北文化差异》（龙耀宏、郎雅娟，2011）。

（二）侗语词汇和语法研究

侗语词汇研究主要涉及侗语成语、汉语借词和词典编纂等方面。例如：《侗语并列四音格结构初探》（朱柏仁，1984）、《略论侗族谜语的比拟手法》（刘汝才，1993）、《侗语中汉语新借词的读音》（石林，1994）、《湖南通道侗族诗歌中的汉语平话借词》（杨锡，1993）、《三江侗语早期汉借词来源于六甲话考》（陈宗林，1999）、《三江侗语汉语借词声调的多层次性》（陈宗林，2000）、《三江侗语汉语借词声母系统研究》（陈宗林，2000）。

侗语语法研究涉及构词、词类、语序、句法结构等方面。例如：《侗语语法概要》（王德温，1993）、《侗语词的结构形式》（郑国乔、杨权，1984）、《侗、汉语词和词的构成浅析》（田铁，1999）、《侗语形容词后缀的语法分析》（庶龙，1993）、《报京侗语代词的词缀 $mjin^6$》（石林，1985）、《侗语词缀的现状与发展》（龙景科，2016）、《侗语、汉语词类用法浅较》（田铁，2000）、《论侗语形容词》（石林，1985）、《侗语代词分析》（石林，1986）、《侗语动词的语法化考察》(肖亚丽，2008)、《语义句法理论简介及其引入侗语研究的可能性》(刘宗碧，1995)、《侗语和佯僙语的一个语序变化》(薄文泽，1997)、《侗语和汉语的短语及句子语序浅析》(田铁，2000)。此外，还有《侗语"形名"组合的主项位移功能分析》(龙景科，2009)、《侗语"ŋən^{11}（真）"的语法化考察》(张景霓、苏丹、张泰源，2019)、《侗语北部方言的名词性领属结构》(姚小云，2021)、《侗语形容词后缀研究》(杨榴，2021)。

（三）侗语社会使用调查和侗语教学研究

关于侗语文社会使用的调查研究，主要有以下调查报告和论文：《贵州省黔东南侗族使用语言文字情况的调查报告》(杨子奇、傅安辉，2010)、《贵州侗族地区侗语的使用现状及发展趋势——以锦屏县启蒙镇为例》(许杨阳，2010)、《侗族语言使用现状及发展趋势》(黄婧、李庆福，2011)、《侗族青少年母语使用情况探析——以广西三江侗族自治县独峒乡、林溪乡为例》(张景霓、韦馨，2013)、《贵州剑河县磻溪镇谢寨村侗族语言使用情况调查》(彭婧，2015)、《广西三江侗语使用情况及演变趋势预测》(张景霓、苏丹，2016)、《侗语文的保护与民族团结进步创建探析——以肇兴侗寨为例》(解倩，2016)等。

进入 21 世纪以来，随着一些侗族地区小学侗语教学的恢复，侗族双语教育教学情况也引起了专家学者的注意，这方面的调研成果如：《传统文化保持的一种有效形式——贵州省榕江县宰荡小学侗汉双语教学实验计划项目考察》(杨曦，2005)、《贵州省榕江县宰荡村侗汉双语教学实验项目再考察》(杨曦，2006)、《贵州省榕江县宰荡村侗汉双语教学实验项目考察之三》(杨曦，2007)，《侗汉双语教学：在探索中发展》(唐育红，2009)、《侗语发展的危机思考与侗汉双语教育》(韦婧，2013)、《城镇化背景下民族地区的语言使用和基础教育调查——以天柱县石洞镇为例》(岑光渊，2013)、《贵州侗族地区三语教育现状调查研究》(刘承宇、单菲菲，2016)、《贵州侗汉双语文教学调查研究》(唐育红，2009)。

（四）侗语和汉语的比较研究

侗语和汉语的比较研究涉及历史关系、共时比较和语言接触的探讨。例如：《侗语中的汉语古音举例》(龙耀宏，1987)是较早研究侗语和汉语关系的文章。侗语和汉语历史比较研究，主要以南部方言广西三江侗语和北部方言湖南新晃侗语为主。如：《三江侗语中古汉语借词》(曾晓渝，2006)、《三江侗语早期汉借词来源于六甲话考》(陈宗林，1999)、《三江侗语汉语借词的韵母系统研究》(陈宗林，1999)、《三江侗语汉语借词声母系统研究》(陈宗林，2000）、《三江侗语汉语借词声调的多层次性》（陈宗林，2000）等文章研究了三江侗语早期汉语借词的来源和三江侗语汉语借词的声韵调系统。《汉语侗语关系词研究》（黄勇，天津古籍出版社，2002）一书采用邢公畹先生提出的"语义学比较法"论证了汉语与侗语的亲属关系。

侗语和汉语的共时比较以及相互接触和相互影响方面的研究。例如：《浅论侗语词汇与汉语词汇的异同》（朱慧珍，1982）、《侗语语音与黔东南东部方言——兼谈通过音系对比描述方言状况的方法》（王贵生，1996）等文章从语言接触的角度，研究了侗语语音对黔东南汉语方言的影响。《新晃汉语与侗语之间的相互接触和相互影响》（彭巧燕，2003）、《新晃汉语中的侗语成分》（姜莉芳，2004）、《芷江汉语方言与芷江侗语的接触和相互影响》（唐守奇，2009）、《从借词看侗、汉语言的相互影响——以锦屏语言接触为例》（肖亚丽，2012）、《广西三江地区侗语与汉语语言类型调查研究》（梁双新、胡金，2014）、《从语言的演变看汉语对侗语的影响——以通道县外寨村侗语为例》（吴亚洲，2019）、《侗语榕江话汉语借词的历史层次研究》（付美妮，2019）等文章研究了湖南、广西、贵州等地的侗语方言和当地汉语方言相互接触而引起的语言结构和功能变化。

二、侗文研究概述

与侗语研究相比，侗文的研究就有些薄弱。有些侗语研究的著作里也涉及侗文研究，但就我们能收集到的文献而言，侗文的专门研究著述比较少见。侗文研究主要涉及侗文创制和试行、侗文方案修订、侗文教学以及侗文的社会应用等方面。

（一）关于侗文的创制和试行方面的调查研究

《侗文的创立与推行》（龙明耀，1983）一文介绍了新创侗文试行初期的情况，《侗文试行工作调查总结报告》（贵州省民委民族语文办公室，1996）一文总结了1981—1995年侗文试行工作取得的重大成果。《略论侗文使用的局限性和可行性》（杨昌嗣、银军，1988）和《侗文在侗族地区生辉——黎平县永从乡三龙村侗文试行情况调查报告》（田兴永、石锦宏，1993）对侗文试行所取得的成绩给予了肯定，但同时也指出了侗文试行和使用中存在的困难和问题。《努力促进侗文发展》（杨权，1983）一文指出，侗文至少在扫盲教育、促进文化发展和学习汉语文三个方面发挥了作用。《学习民族文字的意义和作用》（杨盛中，1985）、

《学习民族语文 做好民族工作 》（许士仁，1984）、《侗文是侗族文化的忠实载体》（杨权、吴治德，1993）、《侗文的推行有利于普通话的推广》（石林，1993）、《从侗族历史上没有文字的原因谈推行侗文的重要意义》（石锦宏，1993）、《论侗文在侗族音乐文化传承的作用》（吴培安，2009）等文章也从不同角度说明了侗文试行的意义和作用。《推行侗文社会效果论略》（谭厚锋，2003）一文指出，20 多年来侗文的创制和推广在农村扫盲、抢救民间文学遗产、丰富群众文化生活、普及科技知识、宣传党和政府的方针政策、双语文教育、提高妇女社会地位等方面发挥了重要作用。《谈侗语文的使用及其发展》（周琦瑛，1993）和《市场经济机制下的侗语文》（杨通银，1995）指出，在市场经济环境下，侗族地区正从单语社会走向双语或多语社会，侗语文教学受到一定冲击，侗语文工作面临多重困难，但也存在机遇，民族语文的再次繁荣是完全可能的。

大多数侗语文工作者和侗族学者认为《侗文方案（草案）》（简称《草案》）基本可行，但未能兼顾一些侗族地区的语言事实，因而提出了一些修订建议。例如：《侗文中现代汉语借词标调问题浅析与构想》（潘永荣、张盛，1998）、《〈侗文方案〉补充修订的初步设想》（邓敏文，2014）等文章中，作者就侗文修订提出了自己的看法。

（二）关于侗语文教学和侗文扫盲的调查研究

有学者就侗文在侗族群众扫盲和学校教育中的使用和实施情况进行了调研。例如：《贵州民族语言概况》（吴启禄，1997）和《贵州省民族语言综述》（吴启禄，1999）简要介绍了1958—1994 年侗文在社会扫盲和学校教育中取得的主要成绩。《侗文在侗族地区生辉——黎平县永从乡三龙村侗文试行情况调查报告 》（田兴永、石锦宏，1993）一文对侗族农村侗文扫盲试验进行了个案调研。《双语文教学是发展民族教育的重要途径——榕江县开展侗、汉双语文教学调查报告》（杨秀斌、石宗庆，1989）、《侗汉双语教学在侗族地区实施及改革》（杨昌艳，1994）、《榕江县侗汉双语文教学调查报告》（潘永荣，1993）、《传统文化保持的一种有效形式——贵州省榕江县宰荡小学侗汉双语教学实验计划项目考察》（杨曦，2005）等文章对侗族地区一些小学的侗语文教学实验情况进行了调研和评估。

也有一些研究者关注侗语文教学和侗文扫盲方面存在的问题。例如：《浅谈侗语文教学》（郑国乔，1990）和《双语文教学浅议》（石宗庆、杨秀斌，1991）指出了侗文在应用中存在的问题。《侗族新创文字在教育教学中的应用及存在的问题》（海路、唐育红，2010）

一文指出，侗文使用环境狭窄和配套设施缺乏是侗文扫盲没能坚持下来的主要原因，侗文没有被纳入学校教育的正规评价体系和群众的语言态度变化极大地影响了中小学侗汉教学。龙耀宏、吴世源等还针对侗文在教学中存在的问题，编写了用于双语教学和社会扫盲的侗语文课本和教辅资料。

（三）关于侗文拼写规范的研究

20 世纪 90 年代，郑国乔就注意到了侗文规范问题，他在《谈谈侗文的规范》（1993）一文中指出，侗文的规范是一个重要的新课题，必须引起重视。杨汉基在纪念侗文创制 50 周年暨学术研讨会上接受采访时也指出，新创侗族文字仍然处于社会试行的初始阶段，还需进一步规范和完善。

（四）关于侗语文社会应用的研究

《侗语文的保护与民族团结进步创建探析——以肇兴侗寨为例》（解倩，2016）一文指出，拯救侗语文是加强民族团结的基础，对侗语文的保护与传承不仅仅是拯救一种少数民族语言，也是拯救一种文化，更是促进民族间和谐交流的有效途径。《侗语文的大众化和现代化》（彭婧，2018）一文认为任何语言文字要想持续生存和发展，就应适应社会生活，保持大众化和现代化。侗语文的大众化和现代化是侗语文社会功能和文化功能得以充分发挥的基本条件，也是当代社会现实条件下侗语文生存和发展的必由之路。为推动实现侗语文的大众化和现代化，当前应开展侗语文基础理论和应用技术的研究，加强侗族地区的双语教学，开创和拓展侗族地区侗语文社会服务的领域和空间。

三、现有研究的不足

几十年来的侗语文研究，对侗族文化传承、侗文推广以及双语教育具有重要作用。在回顾侗语文研究所取得的成就时会发现，侗语文的研究存在诸多不足，许多理论和实践问题还有待广泛深入的调查和研究，许多新的问题有待探索和解决。归纳起来，主要有以下几个方面：

（一）侗语方言土语划分

侗语分南北两个方言，方言内部差异较大，方言土语划分尚有争议，一直未有系统的比较研究。全面的、大规模的侗语方言语料相当欠缺。迄今为止，除了南部方言的榕江、三江、通道等地有单点报告公开发表（出版）外，北部方言的多点对照语料几乎是空白。这无疑是解决侗语方言土语划分问题的一个障碍。

（二）侗语文的规范研究

侗语文规范问题的理论研究非常缺乏，相关规范和标准的研制仍然是空白。例如，虽然有不少侗学研究者和语文工作者对《草案》中存在的缺陷有所认识，但却一直没有开展修订工作，也没有出台更科学的修订方案，《草案》一试就是 60 年，实在不可思议。尽管有人对侗语文教学用书和新闻出版物中的侗文书写和字形印刷规范问题做了一些研究，并提出了一些侗文拼写规范的有益建议，但迄今为止侗文还没有一个正词法规则。几十年来，部分高校、侗族地区小学、侗族社区等开展了侗语文教学和侗文扫盲工作，但对学校和社会学习使用侗文所遇到的问题，尤其是因侗文的系统缺陷而产生的学习和使用问题，侗学研究者和语文工作者都缺乏足够的重视和实质性的调查研究。在数字化、信息化突飞猛进的今天，如何实现侗语文的规范化、标准化和现代化，使之更好地服务于侗族群众的现代生活，这一领域的系统性研究仍是一片空白。

侗语文研究主要是学术研究，实践应用研究很少。在现代化和信息化背景下，侗语文研究应重点放在侗语文教学、侗语文传媒和信息处理等实践应用上，使研究成果能为侗族民众的语言生活服务。开展侗语文规范的相关研究很有必要且十分迫切。

第二节　侗族人文历史概述及侗语使用情况

一、侗族人文历史概述

（一）全国侗族地域和人口分布

侗族是我国法定少数民族之一，主要分布在贵州、湖南、广西、湖北四省（自治区）的几十个县（市）。贵州省的侗族人口最多，主要分布在黔东南苗族侗族自治州（简称"黔东南州"）的黎平、天柱、从江、榕江、锦屏、剑河、三穗、施秉等县，以及铜仁市的玉屏、江口、万山等县（区）。其次是湖南省，主要分布在新晃侗族自治县、通道侗族自治县、靖州苗族侗族自治县、芷江侗族自治县、会同县、绥宁县等地。广西壮族自治区的侗族，主要分布在三江侗族自治县、龙胜各族自治县、融水苗族自治县等地。湖北省的侗族则主要分布在恩施土家族苗族自治州的恩施市、宣恩县、咸丰县等地。国家历次人口统计数据显示：1953年全国侗族人口为712802人，1964年为836123人，1982年为1426400人，1990年为2508624人，2000年为2960293人。[①]据2010年第六次全国人口普查统计，全国侗族总人口为2879974人，其中贵州省1431928人，湖南省854960人，广西壮族自治区305565人，湖北省52121人。[②]据2020年第七次全国人口普查统计，全国侗族总人口为3495993人，其中贵州省1650871人，湖南省865518人，广西壮族自治区362580人，湖北省62725人，广东省241790人，浙江省146773人，福建省31784人。[③]全国各省（自治区）侗族分布情况见表0-1、0-2、0-3、0-4、0-5。[④]

表0-1 贵州省侗族分布区域

市（自治州）	县（市、区）	乡（镇、街道、民族乡）
黔东南苗族侗族自治州	黎平县	中潮镇、敖市镇、洪州镇、尚重镇、孟彦镇、九潮镇、岩洞镇、水口镇、肇兴镇、龙额镇、地坪镇、永从镇、双江镇、茅贡镇、坝寨乡、德顺乡、大稼乡、罗里乡、口江乡、平寨乡、德化乡、雷洞瑶族水族乡、顺化瑶族乡
	榕江县	古州镇、忠诚镇、寨蒿镇、平永镇、乐里镇、朗洞镇、栽麻镇、崇义乡、平江镇、平阳乡、两汪乡、八开镇
	从江县	丙妹镇、贯洞镇、下江镇、停洞镇、洛香镇、宰便镇、往洞镇、高增乡、庆云镇、斗里镇、谷坪乡、加榜乡

① 《中国少数民族语言简志丛书》编委会编《中国少数民族语言简志丛书：第3卷》（修订本），民族出版社，2009，第169页。

② 国务院人口普查办公室、国家统计局人口和就业统计司编《中国2010年人口普查资料》，中国统计出版社，2012，第39页。

③ 国务院第七次全国人口普查领导小组办公室编《中国人口普查年鉴 2020 上册 =China Population Census Yearbook 2020(Book 1)》，中国统计出版社，2022，第30页。

④ 行政区划截至2020年年底，参见中华人民共和国民政部编《中华人民共和国乡镇行政区划简册2021》，中国社会出版社，2021。

市（自治州）	县（市、区）	乡（镇、街道、民族乡）
黔东南苗族侗族自治州	天柱县	石洞镇、高酿镇、邦洞街道、坪地镇、坌处镇、兰（蓝）田镇、凤城街道、瓮洞镇、远口镇、白市镇、注溪乡、社学街道、渡马镇、竹林镇
	剑河县	磻溪镇、南明镇、敏洞乡
	锦屏县	启蒙镇、大同乡、固本乡
	镇远县	报京乡
	三穗县	款场乡
	施秉县	双井镇、白垛乡、甘溪乡
黔南布依族苗族自治州	荔波县	黎明关水族乡
	独山县	下司镇
	福泉市	陆坪镇
铜仁市	玉屏侗族自治县	大龙街道、新店镇、朱家场镇
	江口县	官和侗族土家族苗族乡、民和镇、坝盘镇
	万山区	万山镇、高楼坪侗族乡、黄道侗族乡、敖寨侗族乡、下溪侗族乡
贵州省侗族总人口	1650871 人	

表 0-2　湖南省侗族分布区域

市	县（自治县）	乡（镇、民族乡）
怀化市	新晃侗族自治县	中寨镇
	通道侗族自治县	牙屯堡镇
	靖州苗族侗族自治县	渠阳镇、大堡子镇、甘棠镇、坳上镇、太阳坪乡、文溪乡、寨牙乡、藕团乡
	芷江侗族自治县	芷江镇、碧涌镇、新店坪镇、楠木坪镇、土桥镇、大树坳乡、洞下场乡、冷水溪乡、梨溪口乡、罗卜田乡、三道坑镇、牛牯坪乡、禾梨坳乡
	会同县	宝田侗族苗族乡、漠滨侗族苗族乡、蒲稳侗族苗族乡、青朗侗族苗族乡、炮团侗族苗族乡、金子岩侗族苗族乡

续表

市	县（自治县）	乡（镇、民族乡）
邵阳市	绥宁县	东山侗族乡、鹅公岭侗族苗族乡、乐安铺苗族侗族乡
	城步苗族自治县	威溪乡
湖南省侗族总人口		865518 人

表 0-3　广西壮族自治区侗族分布区域

市	县（自治县）	乡（镇、民族乡）
柳州市	三江侗族自治县	独峒镇、良口乡、古宜镇、林溪镇、梅林乡、同乐苗族乡、洋溪乡、老堡乡、斗江镇、丹洲镇
	融水苗族自治县	良寨乡、大年乡、安太乡、白云乡、汪洞乡、杆洞乡、四荣乡
	融安县	浮石镇、泗顶镇、板榄镇、大将镇
桂林市	龙胜各族自治县	平等镇
河池市	罗城仫佬族自治县	宝坛乡
广西壮族自治区侗族总人口		362580 人

表 0-4　湖北省侗族分布区域

自治州	县（市）	乡（镇）
恩施土家族苗族自治州	恩施市	芭蕉侗族乡、白果乡、新塘乡
	宣恩县	晓关侗族乡、长潭河侗族乡、李家河镇、沙道沟镇、椿木营乡
	咸丰县	清坪镇、黄金洞乡、活龙坪乡
	利川市	忠路镇、毛坝镇
湖北省侗族总人口		62725 人

表 0-5　广东、浙江、福建等省侗族分布情况[①]

省	主要分布地	侗族人口数（人）	省侗族总人口数（人）
广东省	深圳市	60003	241790
	东莞市	58705	
	广州市	28805	
	佛山市	26464	
	惠州市	13301	
浙江省	温州市	39535	146773
	杭州市	27645	
	金华市	25112	
	台州市	19488	
	宁波市	13360	
福建省	厦门市	7773	31784
	福州市	5279	
	莆田市	1813	
	泉州市	10421	
	漳州市	2868	

（二）侗族的历史沿革

侗族自称 Gaeml，有的地方称 Jaeml 或 Jeml。与侗族杂居或相邻的民族有水族、仫佬族、苗族、瑶族、毛南族、壮族、汉族等。水族和仫佬族对侗族的称呼与侗族自称相同，也是 Gaeml。苗族称侗族为 Daxgul，瑶族称侗族为 Gamdan，汉族称侗族为"侗家"。郑国乔（1981）、黄才贵（1983）、杨盛中（1982）、洪寒松（1985）、龙耀宏（1987）、张民

① 数据来源：广东省统计局、广东省第七次全国人口普查领导小组办公室编《广东省人口普查年鉴 2020 第 1 册》，中国统计出版社，2022；浙江省统计局、浙江省人民政府第七次人口普查领导小组办公室编《浙江省人口普查年鉴 2020 第 1 册》，中国统计出版社，2022；福建省第七次全国人口普查领导小组办公室、福建省统计局编《福建省人口普查年鉴 2020 第 1 册》，中国统计出版社，2022。

（1990、1995）等人曾对侗族自称的意义及来源进行过探讨，有路口兼洞说、设围说、地理环境说、巢居说等。Gaeml 在侗语中除自称之外，作名词还指"遮盖用的树枝、杂草"，作动词有"盖、掩盖"之义。榕江县车江一带的侗语，表示"堆积"和"鱼窝"意义的词，读音与侗族自称完全一致。"堆积"多指将树枝杂乱堆放在一起，"鱼窝"一般在池塘或田里面，用树枝或杂草堆积而成，用来供鱼栖息，具有防护作用。因此，有人认为侗族自称有"防范、遮拦、隔离"等原始意义，用作族称其本意是"生活在被大山阻隔、被森林遮盖的地方的人们"①。不过，石林不赞成这种观点，他认为侗族自称本身或许只是一个无意义的音节，其意义已经不可考了。

历史上侗族曾有多种称呼。侗族在先秦以前的文献中被称为"黔"或"黔首"，在魏晋南北朝时期被称为"南蛮"或"僚"，在唐宋时期被称为"峒民"，在明清时期被称为"僚人""侗僚""峒人""洞蛮""峒苗"或泛称为"苗""夷人"，在民国时期被称为"侗家"。中华人民共和国成立以后称侗族。② 侗族是因居住环境和古代行政区划的称谓而得名。据史籍记载，隋唐时期，在黔、桂、湘的山区一带，少数民族居住的地方设"羁縻州郡"。宋沿唐制，并以"峒"为"羁縻州郡"辖地行政单位的称谓。宋代范成大在《桂海虞衡志》中指出："羁縻州洞……自唐以来内附，分析其种落，大者为州，小者为县，又小者为洞。"由于历来居住溪峒，这地方的居民被称为"峒民"或"洞人"，其中就包括侗族先民。（雍正）《广西通志》卷九十二中记载："狪人所居溪峒，又谓之峒人，椎髻首插雉尾、卉衣……以巨木埋地作楼高数丈。"这里记述了古代侗族聚居的自然环境、衣着装饰与鼓楼建筑。"磎峒""溪洞"都是指崇山峻岭中有溪流的小盆地。侗族人多依山傍水择居，寨子往往以"峒""洞""岗"命名。贵州黎平县的岩洞、蒲洞、构洞、漂洞、潭洞、赖洞、信洞，榕江县的朗洞、寿洞、高岗，天柱县的石洞、瓮洞、帮洞、水洞、凸洞，剑河县的敏洞、洞脚、沟洞；广西龙胜各族自治县的固岗、蒙岗，三江侗族自治县的独峒、冠峒、住峒；湖南通道侗族自治县的上洞、下洞，靖州苗族侗族自治县的木洞、梗洞、壅洞；等等。可见，"洞"是行政单位的称谓，并非侗族的史称。侗族族称是根据

---

① 袁涛忠、郭伟伟主编《侗族医药文化及侗族药物》，贵州科技出版社，2019，第 3 页。
② 贵州省民族事务委员会编著《贵州少数民族传统文化辞典》，贵州教育出版社，2011，第 4 页。

自然环境而得的称谓。[①]

　　由于侗族以前没有文字，文献资料缺乏，片段零星含糊不清，所以侗族族源目前尚有争论。比较一致的看法是，侗族是由古代百越族群的骆越支系发展而来。百越是南方的一个庞大族群，内部分若干支系，百越族群到了南北朝时期被称为"僚"，到唐宋时期，僚人进一步分化出包括侗族在内的许多少数民族。《隋书》卷八十二中记载："南蛮杂类，与华人错居，曰蜒，曰獽，曰俚，曰僚，曰㐌，俱无君长，随山洞而居，古先所谓百越是也。"这表明僚与獽、俚等都是百越的后代。唐宋形成后，史籍有将僚、犵狫、峒蛮等并提。《宋史》卷四百九十四中记载："沅州生界犵狫副峒官吴自由。"犵狫是侗族 Gaeml 的音译。《赤雅·上》中记载："狪亦僚类。"《天下郡国利病书》卷一百三中记载："峒僚者岭表溪峒之民，古称山越，唐宋以来，开拓浸广。"似乎说明了侗族形成于唐宋时期，并从越人发展到僚人，从僚人发展到侗族的先后渊源关系。[②]

　　侗族与古越人、僚人的语言和生活习俗相似，也为侗族是百越族骆越后裔提供了佐证。首先，侗族古歌《祖宗入村》有"ɬuŋ⁰¹ak¹⁰wuet⁹waŋ²mu²tu⁶na²"（我们都是越王的子孙，没有贵贱强弱之分）。民间有此追溯，指侗族原是古越人后裔，为侗族族源揭示出朦胧史影[③]。首先，侗族有许多"骆"（lo²¹²）音的山名地名。如，贵州省从江县的八洛、洛香，黎平县的鸣乐、寨乐、鸣落，榕江县的正洛、浦洛、便洛，剑河县的盘乐等。侗族地名中的"洛""乐""落"均是从"骆"音而来，通道侗族自治县古称罗蒙县，取治地有罗蒙山而得名。罗蒙山译成现代汉语是骆王山。其次，侗族仍保留古越人的生活习俗，比如干栏式建筑、卉衣、鼻饮、用铜鼓、男女同川而浴、鸡卜等。《前汉书》卷六十四下记载："骆越之人……相习以鼻饮。"侗族"鼻饮"之俗，文献屡有记载。《老学庵笔记》卷第四中记载："辰、沅、靖州蛮有犵狫，有犵獠，有犵榄，有犵偻，有山猺，俗亦土著……饮酒以鼻，一饮至数升，名钩藤酒，不知何物。醉则男女聚而踏歌。""犵狫"是侗族自称，"踏歌"即侗族的"多耶"。此外，住房建筑相同，栅居、巢居、依树积木而居。《博物志》卷三中记载："南越巢居，北朔穴居。"《魏书》卷一百一中记载："僚者，盖南蛮之别种，自汉中达于邛

---

①　龙耀宏：《侗族族称考释》，《贵州民族研究（季刊）》1993 年第 2 期。

②　吴廷栋：《侗族是百越一支发展起来的土著民族》，《贵州民族研究（季刊）》1993 年第 2 期。

③　洪寒松：《侗族族称、族源初探》，《贵州民族研究》1985 年第 3 期。

筜川洞之间，所在皆有……依树积木，以居其上，名曰'干兰'，干兰大小随其家口之数。"《贵州图经新志》中记载："洞人者……其所居屋，用竹为阁，或板木为之，人安其上，畜在其下，秽不可当。"[①] 侗族人民居住的干栏木楼，其建筑结构和技术工艺，同古越人、獠人住房一样，人居其上，楼下则关家畜家禽。[②] 侗族源流大致是：古越人一支—五溪蛮（或獠）—犵狑—峒人—侗族。

（三）侗族的文化习俗

侗族地区位于云贵高原东部，处于长江和珠江中上游分水岭，气候温和，雨水充沛，土壤肥沃，为侗族人生存提供了优越的自然条件。长期以来，侗族人主要从事农业，兼营林业，农林生产技术均已达相当水平。农业以种植水稻为主，侗族有悠久的稻作历史。侗族地区有许多称为 bianv（坝子）的盆地。其中，榕江县的车江大坝，黎平县的中潮大坝，天柱县的天柱大坝、高酿大坝，锦屏县的敦寨大坝，通道侗族自治县的临口大坝，都是侗族著名的产粮区，稻田面积均在万亩（1 亩 ≈667 平方米）以上，被誉为"侗乡粮仓"。侗族人尤其善于糯稻种植。黎平、从江、通道、三江、龙胜等地均盛产糯稻，其中以黎平的香糯最为出名。侗族地区是全国八大林区之一，盛产杉木，其中锦屏、天柱、黎平、榕江、从江、通道、三江和融水都是著名的林业县。侗族地区的杉木挺直圆满，木纹通直，轻韧耐朽，是建筑和制作家具的良材。侗族有人工培育杉木的传统，以"十八年杉"最为著名。

侗族村寨依山傍水而建，寨边梯田层叠，寨脚溪水长流，寨头寨尾古木参天。通常大的侗寨有六七百户人家，小的二三十户人家。房屋多是用杉木建造的"干栏"吊脚木楼。侗寨里一般有民居、鼓楼、寨门、戏台、禾仓、禾晾、凉亭、池塘、石板路、风雨桥等建筑和设施。南部侗族地区信奉女神 sax（萨），因而大多数村寨都建有供奉"萨"的神坛。鼓楼和风雨桥是侗族的独特建筑，是侗族文化的象征。南部侗族地区侗寨里的鼓楼少则一个、多则四五个，如贵州黎平的肇兴侗寨、黄岗侗寨均有 5 座不同的鼓楼。鼓楼形似宝塔，飞阁垂檐层层而上，十分精美壮观。鼓楼现在是侗寨的活动中心，是人们日常开会议事、思想宣讲、休息和唱歌的场所。在古代，鼓楼还是外敌入侵等紧急情况发生时击鼓警

---

① 贵州省文史研究馆编《贵州图经新志》，贵州人民出版社，2015，第122页。
② 石若屏：《浅谈侗族的族源与迁徙》，《贵州民族研究》1984年第4期。

示的场所。同时，鼓楼还是侗寨吉祥、团结、兴旺的象征，所以，侗族人会举全寨之力，建造属于自己村寨的鼓楼。风雨桥又称"花桥"，由桥、塔、亭组成，全用木料筑成，桥面铺板，两旁设栏杆、长凳，桥顶盖瓦，形成长廊式走道，供行人避风雨和观赏休息。无论是鼓楼还是风雨桥，均是木结构，不用一钉一铆，展现了侗族人高超的建筑技术。贵州从江的增冲鼓楼和黎平的肇兴鼓楼群，广西三江的程阳桥和贵州黎平的地坪风雨桥都是杰出代表。[1]

侗族人以大米为主食，尤喜糯米。糯米种类很多，有红糯、白糯、黑糯、冷水糯、秃壳糯、旱地糯、鸡爪糯、香禾糯等几十个品种，其中香禾糯是糯种极品，有"一家蒸饭全寨香"的美誉。侗族的各种文化习俗都离不开糯米，就像侗族人说的那样："无糯米不成敬意。"侗族人用糯米制作各种美食，如侗族人喜爱吃的油茶，其主料就是糯米，侗族人爱吃的腌鱼，其酱料也是糯米。酒在侗族饮食中也有着重要地位。侗族人用自家酿制的米酒招待客人。家家有美酒、户户闻酒香，侗族人自己酿酒是一种传统。自酿酒有糯米酒、高粱酒、苞谷酒、红苕酒、杨梅酒等，口感独特，醇香可口。侗族人喝酒方式多种多样，有拦路酒、猜拳酒、转转酒、交杯酒、勾手酒等，还有唱歌敬酒、赛歌喝酒。侗族人有喜食酸味之习俗，如腌酸鱼、酸肉等都是侗族人喜爱的传统食物。

侗族服饰多种多样，不同地区、不同年龄有不同服饰。中老年人多数穿自纺、自织、自染的衣服，色调以青、蓝、白、紫为主。妇女衣着分为裤装和裙装。男子穿对襟短衣，着大管长裤，包大头巾。通常，南部侗族服饰比北部侗族服饰更古老和精美。侗族妇女喜戴银饰，有项圈、项链、手镯、耳坠、银花等，银光闪闪。黔东南州榕江县"七十二寨"和黎平县"四十八寨"的侗族服饰以其色彩艳丽、刺绣图案精美、工艺精巧而颇负盛名。侗族服饰于2014年被列入第四批国家级非物质文化遗产名录（项目编号为X-158）。

侗族青年男女恋爱自由。南北部侗族青年恋爱社交活动地点不同。北部地区通常是白天在坡上进行，称为"玩山""赶坳"。南部地区通常是晚上在家中进行，男方称"走寨"，女方称"坐夜"，即通常说的"行歌坐夜"。侗族人结婚一般要经过说亲、吃篮子、讨八字、迎娶等过程。20世纪五六十年代以前，流行姑舅表婚，即姑妈家女儿要优先嫁给舅家为媳。

---

① 龙耀宏：《侗语方音研究》，博士学位论文，上海师范大学，2012，第5页。

女子婚后有"不落夫家"的习俗，即婚后新娘返回娘家，逢农忙、节日等，接回夫家数日后又返回娘家，直至怀孕生子后才长住夫家。

侗族人相信万物有灵，信仰多神。山神、水神、土地神、井神、树神、石神、雷神等均是侗族人崇拜的对象。南部侗族崇拜众多女性神，侗语称为 sax（萨），意为祖母。在众多萨神中有一位至高无上的尊神萨岁，她神通广大，能主宰人间的一切，影响日月雷雨，保境安民、镇邪驱鬼，被奉为侗族最大的保护神，南部侗寨都建有供奉她的萨坛，专人看护，每月初一、十五都要烧香敬茶，每年新春或是八月十五举行盛大祭典。侗族还信奉佛教和道教。明清以来，侗族地区建有不少的寺庙和道观。侗族部分地区还信奉巫教。①

二、侗语使用情况

侗语是侗族的传统母语，属汉藏系壮侗语族侗水语支，中国语种字母代码为 do。在历史上相当长的时期内侗族人都只用侗语进行交流，不论男女老少都只说侗语，乡镇集市、家庭、村寨议事等都用自己的传统族群语言。中华人民共和国成立以后，侗族社会才与外界全面接触。尤其是近几十年来，随着社会的开放，经济发展，网络和媒体的普及，侗汉通婚越来越多，民族融合日渐普遍，侗族社会已经成为双语社会，而且侗语在侗族社群中的使用范围显现出逐渐收缩的趋势。目前，侗语使用情况大致可分为三种类型：一是侗语单语型，即只会说侗语，不会说其他语言，这种情况很少，属这种类型的人大多是居住在偏远山村的老人和孩童，他们占侗族人口的比例不到10%。二是母语丧失型，即只会说汉语而不会说侗语和其他民族语，这种情况主要是在侗语北部方言区的城镇及其近郊侗族社区，尤其是少年儿童最为普遍，这部分人约占侗族人口的35%。三是双语或多语兼用，即既懂侗语又懂汉语和其他民族语，平时多说侗语，兼用汉语，这部分人约占侗族人口的55%。② 近年来，有学者对贵州、湖南、广西三省（自治区）的侗族社区的侗语使用情况进行了调研，总体情况如下：

贵州省的侗族人口为1650871人，杨子奇、傅安辉（2010）对贵州省黔东南州侗族

---

① 贵州省民族事务委员会编著《贵州少数民族传统文化辞典》，贵州教育出版社，2011，第6页。
② 龙耀宏：《侗语方音研究》，博士学位论文，上海师范大学，2012，第13页。

聚居地榕江、黎平、从江、天柱、锦屏、剑河、三穗、镇远、岑巩等 9 县进行调查发现，黔东南州多数侗族人的母语是侗语，有的地方兼用侗汉双语，有的地方侗语已经丧失了。2015 年，笔者对剑河县一些乡镇做了专门定点调查后发现，该县磻溪镇人口 21373 人，侗族人口占 99.5%，且侗族人仍以侗语为主要交流语言，是剑河县内唯一侗语保持良好的乡镇。卢琳、吕渊（2017）对黎平县堂安侗语调查发现，堂安村是较纯粹的侗族村寨，侗语是全村的主要交际用语，也是家庭主要的甚至唯一的交际用语。由于近年来旅游资源的开发和普通话的推广，当地侗族人普遍为使用侗语 - 普通话的双语人。

广西壮族自治区的侗族人口为 362580 人，其中三江侗族自治县是全国 5 个侗族自治县中侗族人口最多的自治县，为 181145 人[①]，占全县总人口的 56.33%。张景霓、苏丹（2016）对该县侗语使用情况进行调查后发现，三江侗族自治县的侗族语言态度强势，侗语代际传承良好，侗语使用人口数量大，侗族人长期稳定地使用侗语，兼用汉语，但侗语单语人会越来越少，侗汉兼语现象会长期持续。[②]

湖南省侗族人口约为 865518 人。据石愿兵（2014）对通道侗族自治县的调查，该县侗族人口 157419 人，占全县总人口的 78.3%，绝大多数侗族人还在用侗语交流。据《芷江县志》载：芷江侗族自治县的侗族人口占全县总人口的 48.4%，而使用侗语总人数不足万人，这些使用侗语的人多为中老年人，尤其妇女最多，主要分布在梨溪口、罗岩、板山 3 个乡的一些侗族村寨，在土桥、大洪山、碧涌等乡（镇）亦有零星分布。[③]唐守奇（2008）对芷江侗语使用情况的调查也表明，芷江侗语已经濒危，主要表现为侗语使用人口锐减，使用范围小、频率低，侗语传承已经出现断代。洪艳、李丽生（2022）以湖南省通道侗族自治县侗族初中生为对象，考察了侗族青少年学生母语词汇磨蚀的状况，发现初一学生侗语词汇磨蚀程度最低，初三学生词汇磨蚀最严重，总结出侗语词汇磨蚀程度与学生的侗语接触量、语言态度等因素有关。

---

① 广西壮族自治区统计局、广西第七次全国人口普查领导小组办公室编《广西壮族自治区人口普查年鉴 2020 第 1 册》，中国统计出版社，2022。

② 张景霓、苏丹：《广西三江侗语使用情况及演变趋势预测》，《广西民族大学学报（哲学社会科学版）》2016 年第 2 期。

③ 芷江侗族自治县县志编纂委员会编《芷江县志》，生活·读书·新知三联书店，1993，第 619、719 页。

近几年的调查结果显示，贵州、湖南、广西等地的侗族村寨，能熟练说侗语的青少年变得越来越少，大多数侗族家庭的日常生产生活交流，由原来完全使用侗语逐渐向使用当地汉语方言转变，越来越多的侗族孩童由原来完全使用侗语变为仅能听懂甚至完全听不懂侗语。[①]2014—2019 年，贵广高速铁路、沪昆高速铁路、成贵高速铁路相继通车，侗族地区的文化旅游业迅速发展，侗族村寨对外界已经全面开放，这对侗语的生存和发展将是一个巨大的挑战。

第三节 侗语文规范的意义和内容

一、侗语文规范的必要性和紧迫性

侗语的规范是侗族民众现实语言生活的需要。尽管前面谈到侗语使用范围有收缩的趋势，但在今后相当长的时期内，侗语仍然为多数侗族人使用，是侗族人生活的重要交流工具。由于侗语南北地区方言的差异，南部侗族和北部侗族的民众用各自的侗语交流存在困难。侗语方言区之间的互通困难，不仅妨碍了广大侗族群众的联系和交流，还造成了侗族民众不得不选择一种非民族语言——各地县城的汉语方言（属西南官话）进行交流，这对侗语的传承和传播相当不利，如无有效措施，很可能会导致侗族民众最终放弃母语。正因此，侗族内部需要确立一个民族共同语，这也是当初创制文字时确定标准音的目的和价值所在。随着社会生活的发展、大环境的改变，大量侗语传统概念、词汇和表达淡出现代语言生活，同时又有大量外来新事物、新概念、新词汇和表达进入侗族现代语言生活，它们在丰富了侗族语言生活内容的同时，也对侗语的结构系统产生了影响和改变。因此，为了保持侗语的语言特征，增强侗语对现代生活的表达力，需要对侗语进行必要的规范。缺少丰富多彩的词汇和表达的语言就像缺乏水源的河流，而缺乏规范的语言就像没有得到治理的泛滥河流。对侗语进行规范是为了让侗语可持续发展并有效地发挥其职能尤其是交际功

---

① 伍国桃、李平：《民族语言保护视野下的贵州地方本科院校课堂教学研究——基于黔东南州侗族语言的研究》，《吉林广播电视大学学报》2016 年第 2 期。

能，减少语言交流障碍。侗语得到了规范，侗族各方言区有一个共同的标准语作为交流语言，这对于促进广大侗族地区的群众进行广泛和深入交流，以及侗族地区经济、教育、文化的共同发展，将起到不可估量的作用。一个民族的语言规范程度也往往反映了一个民族的文明程度。

侗文规范是增强侗语活力，促进侗族文化生存发展的需要。如前所述，目前侗语使用人口呈减少趋势，侗语使用范围在渐渐收缩，侗语功能也在减弱，侗语活力处于 4 级即"不安全 / 脆弱"等级[①]，侗语的生存现状不容乐观。人类文明史表明，世界上大凡有成熟的文字系统而且文字系统能够得到良好保持和发展的民族和国家，它在世界民族和国家的发展进程中往往处于文明的前端。20 世纪 50 年代，我国中央人民政府帮助许多没有文字的少数民族创制文字，就是为了促进各少数民族的文明和发展。一方面，侗族有了规范的文字系统，其文字就容易推广和普及。另一方面，随着社会生活的巨变，侗族传统文化的生存空间也在缩小，本民族的语言文字是传承和传播本民族优秀传统文化的主要载体和媒介，也是民族教育的基本条件。开展多语教育，对于侗语的学习和传播，促进侗族文化教育的发展，全面提升侗族的人文素质和侗族社会的文明程度，无疑是非常重要的。

侗族由于历史上没有自己的文字，连家谱、族谱也无法记录，族群历史无法追溯，许多优秀的口传文化和传统知识都没能记录和传承下来。侗族有着丰富的物质文化遗产，侗族大歌被列入世界级非物质文化遗产名录，另有 26 项被列入国家级名录，70 余项被列入省级名录。许多传统文化和技艺一直是靠传承人口耳相传得以延续，由于没有文字记录和传播，许多优秀传统文化出现人亡艺绝、人亡歌息的现象。广大侗族群众学习和掌握侗文，对于学习、传承和传播侗族优秀传统文化知识非常重要。为了便于群众的学习和使用，必须开展侗文应用的规划工作，对侗文进行规范，让广大群众觉得易学好用，从而使侗语成为侗族社会的另一个强大的交流工具。

侗语文的规范是侗语文信息化和现代化的基本前提。在这个数字信息和互联网媒体时代，对语言文字规范提出了新的要求。侗语文要想在当代侗族社会发挥作用，就必须能表达现代生活内容，进入现代生活各个领域尤其是信息领域。侗语文要想适用于现代社会生

---

① 黄行：《我国少数民族濒危语言状况》，载许鲜明、白碧波主编《语言资源的保护与传承》，民族出版社，2016，第 28 页。

活，就必须规范化和标准化。语言文字是最基本的信息载体，语言文字的规范化程度也是语言文字能否持续发展的重要标志。侗语文信息化是侗语文现代化的标志之一，只有侗语文能够进行信息处理，如在网络上侗文的输入、输出，侗汉机器翻译、文语转换等，才算开启了侗语文现代化的大门。侗语文现代化包含两层意思：一是侗语文的形式和内容适应侗族现代社会生活的语言表达需要，二是侗语文无障碍地进入现代技术产品和全媒体传播介质。显然，侗语文（或者说任何语言文字）都不可能通过自然渐变走向现代化，它依赖于侗语文工作者和侗族文化精英的"语文干预"，即积极自觉地开展侗语文规划工作，主动地对侗语文施加现代化。时任教育部语言文字信息管理司司长的张浩明（2013）指出："面对语言生活空前活跃、新语言现象层出不穷、语言观念日趋开放多元、语言需求更加多样的严峻挑战，语言文字工作者必须坚持科学的语言发展观和语言规范观，在推进语言文字规范化、标准化工作的过程中，不能保守僵化、拒绝创新，也不能放弃规范、任由语言使用乱象丛生。"① 迄今为止，侗语文研究仍局限于语言学的某些狭窄领域，规范化和标准化研究几近空白，侗语文规划的相关实践也几乎没有开展。因此，要实现侗语文的大众化和现代化，首要的任务就是把侗语文的规范工作做好。

侗语文规范是新时期提升侗语文服务能力和扩宽侗语文社会应用的重要途径。"语言服务就是利用语言（包括文字）、语言知识、语言艺术、语言技术、语言标准、语言数据、语言产品等等语言的所有衍生品，来满足政府、社会及家庭、个人的需求"② 。侗语文服务就是为侗族社会在公共场合提供语言文字服务，如：在侗族州县的银行、医院、政务中心等重要公共服务场所提供侗语文服务，包括智能化的汉侗双语叫号和语音信息发布、公交汽车报站等。设计和开发多层次、优质的侗语文全媒体语言产品，利用多样的侗语文传播平台，积极开展侗族社区惠民服务活动。

侗语文规范有利于增强侗族民众的民族自信心和民族认同感。"民族是人们在历史上形成的一个有共同语言、共同地域、共同经济生活以及表现于共同文化上的共同心理素质的稳定的共同体"③ 。语言是重要的交际工具，也是一个民族的重要特征之一。戴庆厦指出：

---

① 张浩明：《推动语言文字信息管理工作科学发展》，《中国教育报》2013 年 1 月 8 日，第 1 版。
② 李宇明：《语言服务与语言消费》，《教育导刊（上半月）》2014 年第 7 期。
③ 斯大林：《马克思主义和民族问题》，人民出版社，1956，第 8 页。

"凡有母语的民族，不论民族大小，都会热爱自己的母语，都与母语有着深厚的感情，而且都还具有维护自己母语、捍卫自己母语使用权利的天然感情。"① 民族感情、民族意识在很大程度上是建立在本民族语言文字的基础上，本民族语言文字经过系统整理和科学规范，并与社会主义内容相结合，本族人民群众自然喜闻乐见、愿学愿用。马斯洛在《动机与人格》一书中指出，人的需要从低到高包括生理、安全、归属与爱、尊重和自我实现五个层次。尊重和自我实现是人类高层次的需要，尊重的需要包含自我尊重、自我评价和他人尊敬。当个人的成就或才能被外界承认时，其尊重的需要就能得到满足，自身就会收获自信和能量。反之，个体缺乏这些需要便会产生自卑感、虚弱感和无助感。自我实现的需要，即潜在能力得以发挥，实现自己的理想和抱负，成为个体所希望的人。② 大部分侗族人都希望有自己完善的文字，能够容易学习和经常使用，用来记录侗族历史文化、传统知识、现代生活。"语言文字的运用，是否合乎规范、标准，往往反映一个国家、一个民族的文明程度"③，侗语文的广泛学习和传播，将会极大地增强侗族人的文化自觉和生活自信，全面提升侗族社会的文明程度和文化层次。侗语文的规范化是侗语文在侗族社会广泛学习和传播的基础。

此外，侗语文规范问题的研究体现了少数民族语言研究的应用转向和不同学术价值取向，可为壮侗语言和苗瑶语言以及其他新创文字的少数民族语言文字的规范化研究和应用研究提供有用的基本理论框架和实践模式。

二、侗语文规范的可行性

国家的语言文字政策法规给侗语文的规范工作提供了政策保障。《中华人民共和国宪法》规定：各民族都有使用和发展自己的语言文字的自由。《中华人民共和国民族区域自治法》对民族自治区域的民族语言文字的使用和发展也做了法律上的规定。近年来，国家还制定了一些重要的行政规章，对少数民族语言文字的使用和发展作出了新规定。2011 年 10 月，党的十七届六中全会通过的《中共中央关于深化文化体制改革推动社会

---

① 戴庆厦：《论"科学保护各民族语言文字"》，《语言文字应用》2013 年第 1 期。
② 马斯洛：《动机与人格：第 3 版》，许金声等译，中国人民大学出版社，2007，第 18—37 页。
③ 张玉来、程凯：《汉语言文字规范化研究与指导》，殷焕先、高更生校订，山东教育出版社，1993，第 11 页。

主义文化大发展大繁荣若干重大问题的决定》中提出：大力推广和规范使用国家通用语言文字，科学保护各民族语言文字。繁荣发展少数民族文化事业，开展少数民族特色文化保护工作，加强少数民族语言文字党报党刊、广播影视节目、出版物等译制播出出版。2012年12月，教育部、国家语言文字工作委员会印发的《国家中长期语言文字事业改革和发展规划纲要（2012—2020年）》中提出了科学保护语言文字的三大任务：各民族语言文字科学记录和保存、少数民族语言文字信息化建设、少数民族濒危语言抢救和保护。其中，少数民族语言文字信息化建设任务中明确指出加快制订社会应用和信息化急需的少数民族语言文字基础规范标准。2016年5月，教育部办公厅与国家民族事务委员会办公厅共同发布了《关于推进中国语言资源保护工程少数民族语言调查的通知》。2016年8月，教育部、国家语言文字工作委员会印发的《国家语言文字事业"十三五"发展规划》中明确指出：弘扬传播中华优秀语言文化，包括推进中华优秀语言文化传承发展，科学保护各民族语言文字，深化内地和港澳、大陆和台湾地区语言文化交流合作，加强语言文化国际交流与传播等工作任务。2017年3月，国家民族事务委员会印发的《国家民委"十三五"少数民族语言文字工作规划》中也提出了"十三五"期间少数民族语言文字工作的七大主要任务，包括配合推进少数民族语言文字规范化标准化信息化建设、加强少数民族语言文字公共服务、科学保护少数民族语言文字与传承弘扬中华优秀文化等。这些法律法规和行政规章，是今后相当长一段时期内侗族或其他少数民族语言文字工作的强有力的政治保障。侗族地区的各级政府机构、侗族语言学家、教育工作者、语文工作者要积极地落实和用好这些民族语文政策，广泛深入地调研侗族社会的语言生活，有效开展侗语文规范化、标准化和信息化建设。

已有的少数民族语言文字规范化、标准化、信息化建设可以为侗语文的规范化工作提供有益的借鉴。近年来，国家在少数民族语言文字规范化、标准化、信息化建设的研究和实施方面给予了大力支持。2005年以来，少数民族语言文字规范化、标准化、信息化项目有100多个，资助经费1400多万元，有力地推进了少数民族语言文字规范化、标准化、信息化建设工作。一些有传统文字的民族，如蒙古族、藏族、维吾尔族、哈萨克族、柯尔克孜族、朝鲜族、彝族等，在人名汉字音译转写规范、拉丁转写规范、术语规范、正音正字等基础性规范，以及面向信息处理的规范标准制定和试行方面，都取得了很好的成绩。新创民族文字的规范化工作也取得了重要成绩。例如，壮语文除了对《壮文方案（草案）》进行修订外，还开展壮语语音、词汇和语法的规范，壮语人名、地名汉字音译转写规范，制定和颁布了壮文规范条例等。20世纪90年代，云南省少数民族语文指导工作委员会对苗语、佤语、哈尼语、傈僳语、载瓦语等新创文字的新词术语进行了规范，并编写出版了《汉苗新词术语集》《汉佤新词术语集》《汉哈尼新词术语集》《汉傈新词术语集》《汉载新词术语集》等著作。土族在文字方案修订的基础上，也制定了正字正词规范，新词也得到了规范。目前，我国在应用系统开发研制、基础理论研究等各个方面都取得了长足的进展，甚至在面向少数民族语言的自然语言理解（语言智能）这些应用难题时，也已经露出了攻克的曙光。这些民族语文的规范化、标准化、信息化建设工作，为侗语文的规范提供了重要的参考和借鉴。

总之，无论是侗族社会环境、国家政策环境和经济力量，还是民族语文规划研究成就和现代语言技术进展，都为侗语文的规范化、标准化、信息化工作提供了理论、技术、实践基础，当前开展侗语文的规范工作，正值时机而且完全可行。

三、侗语文规范的内容

侗语文的规范主要包括侗语的规范和侗文的规范两个方面。具体内容包括以下方面：

（一）侗语的规范

侗语的规范包括语音、词汇和语法的规范。

侗语语音的规范包括侗语固有语音的规范和借词语音的规范。通用（标准）侗语语音以贵州省榕江县车江话为标准音。侗语语音规范就是侗语的语音系统应以标准点语音为基础，侗语词语读音和说话发音应按标准点语音进行规范。除此之外，标准点读音中有异读的，应进行审音和选择。标准点所缺的侗语固有音位，应做增补和正音。借词的语音规范是指对侗语中的借词（包括汉语借词和其他民族借词）的侗语读音按标准点的语音系统进行审音和选择，从而统一其读音。也就是说，侗语语音的规范主要涉及对侗语每个字词（包括固有词和借词）进行审音，选择和确定一个标准音。

侗语词汇的规范包括侗语固有词汇的规范词表的制订以及借词和新词的规范等内容。侗语规范词汇以南部方言词汇为基础，即同一个概念和事物，侗族各地有不同说法，则以南部方言的说法为准，南部方言中有不同说法的，以标准点的说法为准。南部方言中没有而北部方言还保留的侗语传统词汇，则采用北部方言的说法，但读音向标准点看齐。借词和新词的规范以南部方言的说法和标准点读音为准。

侗语语法的规范主要体现在定语－中心词的语序上，总体上以侗语传统表达语序为标准，但对已经广泛约定俗成的语序，则使用大众接受的句法表达。

（二）侗文的规范

侗文的规范主要有三项：一是《草案》的修订。根据《草案》试行 60 余年来发现和存在的问题做修订，以及对当时方案创制时未能预测考虑到的侗文拼写问题做补充。二是制定《侗文正词法基本规则》，解决侗文在教学、新闻出版和大众使用中的书写问题。三是在侗语语音规范和《侗文正词法基本规则》的基础上研制《侗文规范词表》。

第四节　内容结构、基本思路和主要方法

一、内容结构

本书的内容结构主要由以下五个章节组成：

第一章：侗族语言调查及侗文的创制与试行。对新中国成立初期我国少数民族语言调查及文字创制情况作了概略回顾，着重介绍侗语调查及侗文创制和试行情况，对侗文发展历程及社会使用情况做了分析。

第二章：侗语的规范问题。对侗语语音、词汇、语法特点以及方言差异进行基本的描写分析。在此基础上建立侗语规范的相关原则，并从语音、词汇和语法等三方面探讨相关规范问题。

第三章：《侗文方案（草案）》的问题及改进。对《草案》和相关条例进行阐述和分析，指出其中存在的不足和缺陷，在此基础上提出《草案》的修订建议。

第四章：《侗文正词法基本规则》及《侗文规范词表》的研制。在分析国内外正词法理论及《汉语拼音正词法基本规则》等相关规范的基础上，提出制定侗文正词法规则的建议，

阐述侗文正词法规则的制定原则、方法和思路，并拟定《侗文正词法基本规则》。通过对现有侗语词典、侗文报刊和电视新闻中侗文书写情况的比较和分析，指出侗文的书写问题，提出侗文规范词表研制的基本原则，并拟定《侗文规范词表》（第一批）。

第五章：侗文人名地名和新词术语的规范。收集现有侗文出版物和广播影视中的侗文资料，进行分类整理，对侗文人名地名和新词术语进行统计和比较，指出现有侗文出版物和其他书面文献中人名地名和新词术语拼写所存在的问题，在此基础上提出相应的规范建议，并整理了《侗文新词术语》（第一批）、《侗文民族名称和人名表》（第一批）、《侗文地名表》（第一批）。

二、基本思路

本书研究的基本思路主要包括以下两个方面：

首先，对学校侗语文教学、社会出版物及电视新闻中侗语文使用状况进行广泛调研，汇集侗文在拼写、书写、印刷和社会传播中的各种现象和问题。

其次，针对这些现象和问题结合相关规范理论，对侗语文规范进行分析：一是根据侗语方言土语间语音、词汇、语法差异，提出相应的规范原则，对侗语进行规范；二是对《草案》进行修订和完善，制定补充细则；三是吸收借鉴《汉语拼音正词法基本规则》《信息处理用现代汉语分词规范》《中国盲文》等规则规范，对侗文书写进行规范，提出侗文正词法建议方案，并依据侗文正词法规则，编制《侗文规范词表》（第一批）。

三、研究方法

（一）文献研究法

这种方法主要用于三个方面：一是中华人民共和国成立初期少数民族语言调查情况和侗文创制试行情况等背景资料的收集和整理；二是检索国内外前人对侗语文的研究成果，把握侗语文研究情况和发现其中的不足；三是搜索和研读国内外语言文字相关规范理论以及国家相关语言政策和规划文件，以充分了解最新的语言政策。

（二）田野调查法

田野调查主要用于两个方面：一是侗族地区南北方言通用词汇、人名地名的收集记录；二是对侗文在社会中的应用情况，以及对大众学习和使用侗文时出现的问题进行收集整理。

（三）统计比较分析法

这种方法主要用于三个方面：一是对各种侗文出版物的侗文拼写进行比较，统计异同，为制定分词规则提供依据；二是侗语南北两大方言土语的比较分析，找出读音异同，为审音及侗语规范提供依据；三是《汉语拼音正词法基本规则》《中国盲文》以及壮文和壮语的相关规范和规则的比较分析，为制定侗文正词法和规范词表以及新词术语规范提供参照和借鉴。

第一章　侗族语言调查及侗文的创制与试行

第一节　少数民族语言调查及文字创制

一、少数民族语言大调查

中华人民共和国成立初期，国家的有关法律就明确指出"我国各民族已经团结成为一个自由平等的民族大家庭""民族一律平等""各民族都有使用和发展自己的语言文字的自由"，并且以政府为主导，开展了少数民族语言文字大调查。

"1951 年 2 月 5 日，中央人民政府政务院在关于民族事务的几项规定中指出：'在政务院文化教育委员会内设民族语言文字指导委员会，指导和组织关于少数民族语言文字的研究工作，帮助尚无文字的民族创立文字，帮助文字不完备的民族逐渐充实其文字。'"①1950—1952 年民族语文工作者深入全国少数民族地区进行语言摸底调查。此次调查，主要分西南、西北、中南、东北内蒙古四个访问团。西南访问团主要由中国科学院语言研究所的喻世长负责，西北访问团由中国科学院语言研究所的王均负责，中南访问团由中国科学院语言研究所的王辅世负责，东北内蒙古访问团有蔡美彪、刘璐等。中南访问团先后调查了广东北江八排瑶语、过山瑶语，海南岛的本地黎语、侾黎语、苗语。四个访问团的调查成果有：《参加中央西北访问团调查新疆兄弟民族语言的工作报告》《西康彝语文工作报告》《参加中央西南访问团调查贵州兄弟民族语言的工作报告》《广西龙胜县少数民族语言调查报告》《广东少数民族语言初步调查报告》等。四个访问团的此次调查工作结束

---

① 孙宏开：《汉语拼音方案与少数民族文字的创制》，《现代语文》2002 年第 2 期。

后，有一些语言工作者继续留在当地做少数民族语言文字调查研究，如袁家骅、罗季光等人在广西，傅懋勣等人在云南，陈士林等人在四川，等等。

通过试点摸底，中央对全国少数民族语言的分布、使用等基本情况有了初步了解。"1954 年 5 月，中央人民政府政务院文化教育委员会民族语言文字研究指导委员会及中央人民政府民族事务委员会向中央做出了'关于帮助尚无文字的民族创立文字问题的报告'"[①]。该报告指出："对于没有文字或没有通用文字的民族，根据他们的自愿自择，应在经过一定时期的调查研究之后，帮助他们逐步制订一种拼音文字。"[②]"政务院批准了这个报告，对于报告中所提关于帮助尚无文字的各少数民族创立文字的办法，'特责成中国科学院语言研究所和中央人民政府民族事务委员会审慎研究，然后拟订计划和订出在一两个民族中创立文字的具体方案，开始先在一两个民族中逐步试行。并应继续了解情况，及时总结经验，以便在事实证明这些办法确是可行，而且其他条件也比较成熟时，逐渐地在别的民族中进行。'"[③]1955 年 12 月，中国科学院语言研究所和中央民族学院在北京召开了第一次全国民族语文科学讨论会，会上提出，用两三年时间（1956—1958 年）普遍调查少数民族语言，并帮助需要创制、改进和改革文字的民族进行文字方案设计。1956 年 6 月 20 日，时任国务院副总理乌兰夫在第一届全国人民代表大会第三次会议上对创制少数民族文字做出了具体明确的指示。他指出："我国三千五百多万少数民族人民中，约有两千多万人没有自己的文字或者没有通用的文字，帮助他们创制或者改革文字，是一个迫切的政治任务……为了完成这个任务，最近已经由六百多个少数民族语文工作人员组成七个语文工作队，到各少数民族地区进行工作。"[④]

1956—1958 年，少数民族语言大调查全面开展。这次调查由 700 多位语言工作者组成了 7 支调查队，遍及 17 个省（自治区）的少数民族地区，调查了 42 个民族 50 多种语言，共收集了 1500 个调查点的资料。这次调查基本摸清了我国少数民族语言主要的分布地区、

---

① 孙宏开：《汉语拼音方案与少数民族文字的创制与改革》，《语言文字应用》2013 年第 S1 期。

② 孙宏开：《汉语拼音方案与少数民族文字的创制与改革》，《语言文字应用》2013 年第 S1 期。

③ 史筠：《民族法律法规概述》，民族出版社，1988，第 248 页。

④ 孙宏开：《中国少数民族文字的创制、改进和改革》，载滕星、王远新、海路主编《中国少数民族新创文字研究论文选集》，民族出版社，2011，第 6—7 页。

使用人口和使用状况，对我国少数民族使用文字的情况也有了一定了解。这次调查，投入人力之多、花费经费之大、取得成绩之丰富，在中国乃至全世界都是史无前例的。700 多位语言工作者主要为来自中央民族学院民语系的师生，各地抽调的近百名少数民族知识分子，以及从北京和其他各地调来的少数民族语言研究人员和教学人员。7 支调查队根据语言和地区分工组建，详见表 1-1。

表 1-1　20 世纪 50 年代民族语言大调查工作队一览表[①]

调查队	队长	副队长	队部所在地	调查语言	调查任务
第一队	袁家骅	喻世长、王均等	南宁	壮语、布依语、侗语、水语、黎语等	1956 年确定壮文方案，为 1957 年提出文字方案做准备工作
第二队	马学良	王辅世等	贵阳	苗语、瑶语等	1956 年提出苗族文字方案，1958 年提出瑶族文字方案
第三队	罗季光	常竑恩等	昆明	傣语、傈僳语、景颇语、拉祜语、哈尼语、佤语、白语、纳西语、独龙语、阿昌语、布朗语、德昂语	1956 年为傣文、景颇文、拉祜文、哈尼文、佤文提出改进方案，确定傈僳族文字方案；1957 年提出白文、纳西文文字方案
第四队	陈士林	孔宪庭等	成都	彝语、土家语	确定新彝文方案，并对解决土家族文字问题提出初步意见
第五队	清格尔泰	那顺巴雅尔等	呼和浩特	蒙古语、达斡尔语、东乡语、土族语、保安语等	1956 年协助进行蒙文的改革工作，提出达斡尔族、土族文字方案，1957—1958 年提出东乡族、保安族文字方案
第六队	铁依普江	李森等	乌鲁木齐	维吾尔语、哈萨克语、柯尔克孜语、乌孜别克语、塔塔尔语、塔吉克语等	1956 年向新疆提出关于发展新疆少数民族语言文字的意见，并提出解决裕固族、撒拉族语言文字问题的初步意见
第七队	于道泉	金鹏等	北京	藏语、羌语、嘉绒语、普米语等	1956 年提出藏语方言比较研究的结果，并提出解决羌族、嘉绒藏族语言文字问题的初步意见

[①]　资料来源：孙宏开著《中国少数民族文字的创制、改进和改革》，载滕星、王远新、海路主编《中国少数民族新创文字研究论文选集》，民族出版社，2011，第 14—15 页。

二、新创民族文字

（一）为 13 个民族创制拉丁字母拼音文字

少数民族语言大调查之后，政府组织专家先后为壮族、布依族、黎族、侗族、苗族、彝族、哈尼族、傈僳族、纳西族、载瓦族、佤族、羌族、土族等 13 个民族创制了拉丁字母拼音文字。为少数民族创制文字，主要考虑了三个方面的因素：首先，文字的创制是否有利于政治、经济和文化的发展，是否有利于民族的内部团结和与周边民族的关系；其次，语言资料是设计文字方案的基础，必须对该语言有一个全面了解，包括语言在点和面上的情况，曾经使用文字情况，语言内部差异情况等；最后，在少数民族"自愿自择"的原则下，广泛听取和征求该民族各界人士对创制文字的要求、意见和建议，重视他们对本民族语言文字的态度。①13 个新创民族文字情况见表 1-2。

表 1-2　20 世纪 50 年代以来新创民族文字一览表②

文种	获批时间	基础方言	标准音	修订时间	重要会议
壮文	1957 年 11 月	北部方言	广西南宁市武鸣县（今武鸣区）双桥一带的语音	1982 年	1957 年，国务院第 63 次全体会议
布依文	1957 年 2 月	第二土语	贵州惠水县羊场（现属龙里县）话	1981 年、1985 年	1956 年 11 月，布依族语言文字问题科学讨论会
黎文	1957 年 6 月	侾方言	乐东黎族自治县抱由镇保定话		1957 年 2 月，黎族语言文字问题科学讨论会
侗文	1958 年 12 月	南部方言	贵州榕江县车江乡章鲁话		1958 年 8 月，侗族语言文字问题科学讨论会

---

①　孙宏开：《中国少数民族文字的创制、改进和改革》，载滕星、王远新、海路主编《中国少数民族新创文字研究论文选集》，民族出版社，2011，第 19 页。

②　资料来源：孙宏开著《中国少数民族文字的创制、改进和改革》，载滕星、王远新、海路主编《中国少数民族新创文字研究论文选集》，民族出版社，2011，第 19—35 页。

续表

文种		获批时间	基础方言	标准音	修订时间	重要会议
苗文	湘西苗文	1957年7月	东部方言的西部次方言	湖南花垣县吉卫乡（今吉卫镇）话		1956年10月，苗族语言文字问题科学讨论会
	黔东苗文		中部方言的北部次方言	贵州凯里市养蒿村话	1959年、1981年	
	川黔滇苗文		川黔滇次方言	贵州毕节县（今毕节市）先进乡（今燕子口镇）大南山地区的语音	1959年、1982年	
彝文		1956年12月	北部方言	四川喜德县李子乡话		1956年12月，彝族语言文字科学讨论会
哈尼文	哈雅方言	1957年3月	哈尼次方言	云南绿春县大寨话	1958年、1983年	
	碧卡方言		碧卡方言	云南墨江县（今墨江哈尼族自治县）县城周围的语音		1957年3月，云南少数民族语言文字科学讨论会
傈僳文		1955年			1956年、1957年	
纳西文		1957年	西部方言	云南丽江县（今丽江市）大研镇（今大研街道）土语	1982年	
载瓦文		1957年	潞西县（今芒市）西山地区载瓦语	龙准话	1957年	
佤文		1957年	巴饶克方言	云南沧源县（今沧源佤族自治县）岩帅话	1958年	
羌文		1992年	北部方言	四川茂县曲谷话		1991年，《羌族拼音文字方案》审议会
土文		1981年	互助方言	青海互助土族自治县大庄话	1987年	1979年，青海省互助土族自治县人民代表大会

（二）改进4种民族文字

除了帮壮族等13个民族创制了拉丁字母拼音文字，另一项重要的工作就是为已有自己的民族文字并有意愿改进自己文字的民族，提出改进意见。这里的"改进"是指，在相同文字性质或文字系统条件下对原文字字母表或拼写法进行修订。[①]政府组织专家对4种民族文字进行了改进，它们是拉祜文、景颇文、德宏傣文、西双版纳傣文，详见表1-3。

---

① 孙宏开：《中国少数民族文字的创制、改进和改革》，载滕星、王远新、海路主编《中国少数民族新创文字研究论文选集》，民族出版社，2011，第36页。

表 1-3　20 世纪 50 年代以来少数民族文字改进方案一览表[①]

文种	改进前	改进、修订后	基础方言	标准音	重要会议	获批时间
拉祜文	拉丁字母+非拉丁字母的附加符号	完全采用 26 个拉丁字母表示拉祜语的 30 个声母、18 个韵母和 5 个声调	云南省拉祜纳方言	云南澜沧拉祜族自治县车岗、班利、糯福一带的语音	1957 年 3 月，云南少数民族语言文字科学讨论会	1957 年
景颇文	以拉丁字母为基础的拼音文字	修订字母表，规定字母名称，制定书写法一般规则。用 23 个拉丁字母表示景颇语的 40 个声母和 39 个韵母	德宏傣族景颇族自治州的恩昆土语	云南盈江县铜壁关地区的景颇话	1957 年 3 月，云南少数民族语言文字科学讨论会；1964 年 10 月，景颇文字问题座谈会	1957 年
德宏傣文	仿缅甸文字母	韵母增加，调整声调和声母的表示法，制定拼写规则及标点符号的使用规则，用 30 个字母表示 19 个声母、84 个韵母和 5 个声调		德宏傣族景颇族自治州的芒市语音		1954 年
西双版纳傣文	老傣文	新傣文			1986 年 9 月，西双版纳傣族自治州人民政府报省政府备案，改进后的新傣文基本停用	

（三）为 4 个民族改革文字

除了帮助少数民族创制和改进文字，还有就是帮助部分少数民族改革文字。这里的"改革文字"是指，一种制度或性质的文字改变为另一种制度或性质的文字。[②] 进行文字改革的有：滇东北苗文、维吾尔文、哈萨克文、蒙古文，详见表 1-4。

---

① 资料来源：孙宏开著《中国少数民族文字的创制、改进和改革》，载滕星、王远新、海路主编《中国少数民族新创文字研究论文选集》，民族出版社，2011，第 36—39 页。

② 孙宏开：《中国少数民族文字的创制、改进和改革》，载滕星、王远新、海路主编《中国少数民族新创文字研究论文选集》，民族出版社，2011，第 339 页。

表 1-4　20 世纪 50 年代少数民族文字改革方案一览表 ①

文种	改革前	改革后	改革时间	重要会议	获批时间
滇东北苗文	老苗文，基本笔画为横、竖、弯等组成的格框式拼音文字，并有少量大写拉丁字母。主要用于宗教界，少量用于民间	完全放弃原来格框式的自创字母，改用 26 个拉丁字母拼写 56 个声母、23 个韵母和 8 个声调	1956 年	1956 年 10 月，苗族语言文字问题科学讨论会	1957 中华人民共和国国家民族事务委员会批准了滇东北苗文的改革试行方案
维吾尔文	以阿拉伯字母为基础的察合台文	以 26 个字母为基础，增加了 6 个非拉丁字母和 1 个附加符号，拼写维吾尔语的 8 个元音和 29 个辅音	1958 年	1958 年 3 月，第三次全国民族语文科学讨论会；1963 年，维、哈新文字科学讨论会	1964 年 10 月国务院批准改革方案；1982 年新疆维吾尔自治区作出恢复维吾尔文的老文字，停止使用其新文字的决定
哈萨克文	以阿拉伯字母为基础的察合台文	以 26 个字母为基础，增加了 4 个非拉丁字母和 2 个附加符号，拼写哈萨克语的 9 个元音和 27 个辅音	1958 年	1958 年 3 月，第三次全国民族语文科学讨论会；1963 年，维、哈新文字科学讨论会	1964 年 10 月国务院批准改革方案；1982 年新疆维吾尔自治区作出恢复哈萨克文的老文字，停止使用其新文字的决定
蒙古文	蒙古文字母斯拉夫化	拉丁化新蒙文	1955—1956 年	1955 年 12 月，第一次全国民族语文科学讨论会；1956 年 5 月，蒙古语族语言科学讨论会	1958 年 3 月内蒙古人民委员会做出了停止使用新蒙古文，继续使用旧蒙古文的决定。

①　资料来源：孙宏开著《中国少数民族文字的创制、改进和改革》，载滕星、王远新、海路主编《中国少数民族新创文字研究论文选集》，民族出版社，2011，第 39—43 页。

20 世纪 50 年代初期民族语文工作者对少数民族语言进行的摸底调查，以及后来 1956—1958 年的少数民族语言大调查，汇集了大量的少数民族语言分布、特点、使用状况等第一手资料，为国家创制、改进和改革少数民族语言文字以及制定民族语言文化政策提供了科学的依据，为我国民族语言学研究提供了翔实的语言材料，在我国民族语言学科建设和发展中发挥了巨大的作用。

第二节　侗语调查及侗文创制

一、侗语调查

（一）侗语调查点情况

根据 1955 年 12 月中国科学院语言研究所和中央民族学院在北京召开的第一次全国民族语文科学讨论会上拟定的少数民族语文工作规划，即在两三年时间（1956—1958 年）内普遍调查全国少数民族语言，帮助需要创立、改进及改革文字的民族进行文字方案的设计。中国科学院少数民族语言研究所和中央民族学院于 1956 年上半年联合开办了少数民族语言调查培训班，并组建了由 700 多位语文工作者组成的 7 个语言调查工作队，前往各少数民族地区进行语言调查工作。负责侗语调查的是第一工作队侗语工作组，该工作组由来自中国科学院少数民族语言研究所、中央民族学院、中南民族学院以及贵州民族学院 4 个单位的 28 位成员组成。其中，中国科学院少数民族语言研究所 3 人，侗语调查培训班学员 10 人（贵州民族学院 5 人，中南民族学院 5 人，均为侗族），中央民族学院侗语班师生 15 人（侗族 2 人，回族 1 人，汉族 12 人）。侗语工作组在王均、喻世长两位副队长的带领下，于 1956 年 8 月由北京至贵阳开展工作。《侗语调查大纲》编好后，1956 年 12 月，侗语工作组分南、中、北三路前往贵州省、湖南省、广西省（今广西壮族自治区）开展侗语调查工作。郑国乔带领南路组调查了贵州黎平、榕江、从江和广西三江等 8 个点，杨权带领中路组调查了湖南靖县（今靖州苗族侗族自治县）、通道和广西龙胜等 6 个点，龙明耀带领北路组调查了贵州镇远、天柱、剑河、三穗、锦屏和湖南新晃等 8 个点。此次调查对 14 个县 22 个侗语点（见

表 1-5），记录了 10 多万个词汇（包括少数词组）、8000 多个例句和 25 篇侗族民间长篇故事，以及各调查点的人文资料约 3 万字，合计 30 多万字的记录材料。[①]1957 年 3 月，侗语普查工作结束，从 4 月起，侗语工作组的侗族成员全部留在贵阳，在贵州省民族事务委员会的领导下分成语音、词汇、语法三个小组对调查材料进行整理和集中讨论。郑国乔起草了《侗语调查报告》。

　　1958 年 8 月，侗族语言文字问题科学讨论会在贵阳召开。中国科学院少数民族语言调查第一工作队副队长王均在会上作了关于"侗族的语言情况和文字问题"的报告，贵州省民族语文指导委员会研究室副主任龙明耀在会上作了"关于《侗文方案（草案）》的说明"的报告，中央人民政府民族事务委员会代表及湖南、广西、贵州三省（自治区）各代表也相继在会上作了发言。此次会议表决通过了《草案》，侗文正式诞生。

表 1-5　20 世纪 50 年代贵州、湖南、广西侗语调查点

地区	调查点（22 个）							
贵州 （12 个）	榕江县 （章鲁）	黎平县 （水口） （平途） （亚罕）	从江县 （贯洞）	镇远县 （报京）	锦屏县 （启蒙） （大同）	天柱县 （石洞） （注溪）	三穗县 （款场）	剑河县 （小广）
湖南 （5 个）	通道侗族 自治县 （陇城） （陈团） （流源）	新晃侗族自 治县 （中寨）	靖县 （溢泥冲）					
广西 （5 个）	龙胜各族 自治县 （平等）	三江侗族自 治县 （独峒） （和里） （布代）	大苗山苗族自治县（今融水苗族自治县） （寨怀）					

---

① 海路、唐育红：《侗族新创文字在教育教学中的应用及存在的问题》，载滕星、王远新主编《中国少数民族新创文字应用研究：在学校教育和扫盲教育中使用情况的调查》，民族出版社，2011，第 229 页。

（二）侗语方言的划分

在全面整理和分析侗语普查资料的基础上，侗语工作组对侗语方言土语进行了划分，将侗语分为南部方言和北部方言。南部方言的分布区域包括黎平、从江、榕江、通道、龙胜、三江、大苗山、镇远、锦屏（启蒙）等地，北部方言的分布区域包括天柱、三穗、剑河、新晃、靖县、锦屏（大同）等地。南北方言以锦屏南部的侗族、苗族、汉族杂居地带为分界线。南北两大方言各分三个土语，详见表1-6。

表1-6　20世纪50年代侗语方言土语分布区域

方言	土语	土语点
南部方言	第一土语	榕江、通道、龙胜、三江（独峒）、锦屏（启蒙）
	第二土语	黎平、从江、三江（和里）
	第三土语	大苗山、镇远
北部方言	第一土语	天柱（石洞）、三穗、剑河
	第二土语	天柱（注溪）、新晃
	第三土语	锦屏（大同）、靖县

侗语方言的划分主要根据侗语基本词汇异同和某些语法特征，并参考语音特点。

词汇方面：南北方言之间约有15%—25%的词有区别，这些不一致现象大多数是各地分别用古老词或邻近民族借词造成的，而南部方言和北部方言各自内部较为一致，其界限也比较明显。

语法方面有五条标准：

①表示领属关系的词序是否保留倒置现象，"名＋代"为南部方言，与汉语词序一样"代＋（的）＋名"的为北部方言。

②数量词是否有音变现象，无音变的为南部方言，有音变的为北部方言。

③数词和表示亲属称谓的名词相结合时，不用量词的为南部方言，需要量词的为北部方言。

④人称代词第一人称，分包括式（咱们，daol）和排除式（我们，diul）的为南部方言，北部方

言只有一个 daol。

　　⑤表示被动的助词"被"，南部方言是 dous，北部方言是 jangs。

　　南北方言下面再划分土语。土语划分以语音差别为主要依据。南北方言各个土语的语音特征如下：

　　①南部方言第一土语有 9 个舒声调，元音系统只有 a 分长短音。

　　②南部方言第二土语有 6 个声调，有送气和不送气两套声母，元音除了 a 分长短音外，o、u、i 等也分长短音。

　　③南部方言第三土语有 6 个声调，没有非塞音送气声母，有边擦音 ł 声母。

　　④北部方言第一土语有 9 个声调，部分唇化舌后音 gu 声母的字，剑河和天柱（石洞）读成舌尖塞音 d。如"称"，各地都读 guiuv，剑河和天柱（石洞）读 diuv。

　　⑤北部方言第二土语有 9 个舒声调，双唇音韵尾 m 和 p 读作舌尖音韵尾 n 和 t（ə 元音后的 m 和 p 不变），有 ung 韵而无 ong 韵。

　　⑥北部方言第三土语有 7 个舒声调，一部分舌面前音的字其他地方念作舌尖音 s 或 z。如"问"，锦屏（大同）读 sais，靖县读 zais，其他各地都读 xais/jais。

语音方面有两条标准：

　　①元音是否分长短，元音分长短的为南部方言，不分长短的为北部方言。

　　②塞音韵尾 -g 尾的留失情况，保留 -g 尾的为南部方言，演变为 -ʔ 或丢失的为北部方言。

（三）基础方言及标准音的选择

　　创制文字首先碰到的就是基础方言和标准音问题。基础方言和标准音的选择，决定着文字的威望和生命力。一般来说，理想的标准音应该是基础方言中该民族政治、经济、文化中心所在地的语音。[①] 根据侗语言的调查材料和人文情况，侗语工作组提出了以南部方言

---

　　①　王春德：《谈谈苗文中的几个问题》，《贵州民族研究》1984 年第 3 期。

为基础方言，以榕江车江话为标准音。当时，南部方言使用人口是北部方言的 1.6 倍，也就是南部方言的使用人口规模更大，且南部方言区的社会文化和环境条件也比较优越。因此，综合考虑侗语的分布和使用，以及侗族地区历史、经济、交通、文化等方面的情况，选择南部方言作为基础方言，将榕江车江话作为侗语标准音，是适宜的。

二、侗文的创制

侗族历史上一直没有自己的文字，清代民间有人用汉字拟音记录侗歌、侗戏、故事和书写契约等，这种方法现在一些侗族地区还有少数人沿用，对保存和传承侗族民间文化起到了一定的作用。但由于它限于少数懂汉字的人使用，且不能准确记录侗语侗音，没有得到合法承认，也没有进行统一规范，因而无法成为记录侗语的通用文字。中华人民共和国成立以后，通过组织少数民族语言大调查，摸清了侗语及其方言的语言特点，确定了侗语为汉藏语系壮侗语族侗水语支语言，并将侗语分为南、北两个方言区，每个方言下又分三个土语。在此基础上，依据国家"自愿自择"的政策，通过征求广大侗族干部和群众的意愿，郑国乔、王均等专家学者拟订了《侗族文字方案（初稿）》。侗文创制主要根据国务院批准的《关于少数民族文字方案中设计字母的几项原则》（简称《原则》）和第二次全国民族语文科学讨论会的精神，完全采用拉丁字母，尽量向《汉语拼音方案》靠拢，这样也便于侗族人民学习汉语和汉文。1957 年 9 月，贵州省民族语文指导委员会在贵阳召开了侗族语言文字问题科学讨论会预备会议，会上对《侗族文字方案（初稿）》进行了讨论。预备会议后，侗语工作组又深入榕江等地做进一步补充调查，收集了更多词汇和长篇语料，并对《侗族文字方案（初稿）》进行了修订。1958 年 8 月 18—23 日，侗族语言文字问题科学讨论会在贵阳正式召开，会议表决通过了《草案》，并对今后侗文试行工作进行了讨论。同年 9 月 2 日，《草案》在贵州省人民委员会第四十二次会议上通过，12 月 31 日，以拉丁字母为基础的《草案》经中央民族事务委员会批准试行，侗族从此结束了没有文字的历史。

（一）创制侗文的原则

需要创制的侗文是一种拼音文字，必须选择一个地方的话作为设计文字的基础，使创造出来的侗文在读音上有一个统一的标准，在字形上有一个共同的写法，成为侗族人共同的交流工具。由于榕江车江的侗语语音具有较大的代表性，因此侗语工作组以它作为侗语的标准音来设计文字方案。

侗文完全采用拉丁字母的形式，与汉语相同或相近的语音尽可能用和《汉语拼音方案》相同的字母表示。汉语没有而侗语特有的语音，采用双字母表示。这个方案是根据 1957 年 11 月国务院批准的《原则》制定的。该《原则》共有五项[①]：

甲、少数民族创制文字应该以拉丁字母为基础；原有文字进行改革，采用新的字母系统的时候，也应该尽可能以拉丁字母为基础。

乙、少数民族语言和汉语相同或相近的音，尽可能用汉语拼音方案里相当的字母表示。

丙、少数民族语言里有而汉语里没有的音，如果使用一个拉丁字母表达一个音的方式有困难的时候，在照顾到字母系统清晰、字形简便美观、字母数目适当、便于教学使用的条件下，根据语言的具体情况，可采用以下的办法表示：用两个字母表示一个音、另创新字母或者采用其他适用的字母、个别情况也可在字母上加附加符号。

丁、对于语言中的声调，根据实际需要，可在音节末尾加字母表示或者采用其他办法表示或不表示。

戊、各民族的文字，特别是语言关系密切的文字，在字母形式和拼写规则上尽量取得一致。

从现在来看，当时国家提出这个《原则》是科学的。首先，创立民族文字是少数民族群众的意愿，文字是供群众使用的，应做到简便易学，而以拉丁字母为基础设计的少数民族文字具有易学、易识、易记的特点。其次，创制文字的目的在于促进民族之间的交流，应考虑不同语言之间、同一语言不同方言之间的通用性，上述《原则》体现了这一思想。此外，以拉丁字母为基础创制的侗文，与汉语拼音字母没有多大差别。侗文使用符合汉语拼音大众化方向，侗族民众学了侗文，不但不妨碍学习汉语文，而且还可以借助拼音字母来学习汉语文，二者相得益彰。以拉丁字母为基础的民族文字是国际化和民族化的结合，有利于现代信息处理。

[①]　国家民委文宣司编《民族语文政策法规汇编》，民族出版社，2006，第 33 页。

（二）新词术语

新词术语尽可能从汉语中吸收，鉴于汉语已成为我国各民族共同的交流工具，为便于各民族文化交流和学习，更为有利于学习和掌握汉语文，侗文方案中规定了现代汉语借词都按照《汉语拼音方案》规定的拼写方式来拼写。在汉语普通话未普及前，借词可以按当地汉语的读音来读。

（三）音位的处理

元音。壮侗语族诸语言，如果长短元音合并计算，一般都有 /a/、/e/、/i/、/o/、/u/、/ɯ/ 六个元音音位，除 /e/ 外，各元音一般都分长短，侗语元音音位与此不完全相当。侗语有七个元音音位：/a/、/e/、/i/、/o/、/u/、/ə/、/ɐ/，其中 /a/、/e/、/i/、/o/、/u/ 都是长元音，且可以单独作单元音韵；/ə/、/ɐ/ 是短元音，不能出现在音节的末尾。/a/、/e/、/i/、/o/、/u/、/ə/、/ɐ/ 这七个元音，都能跟辅音韵尾 -m、-n、-ŋ、-p、-t、-k 结合，有些还能跟元音韵尾 -i、-u 结合。侗语中 /ə/ 在腭化、舌面声母后，在韵尾 -i、-n、-t 前时，发音部位靠前，如 ȶəi³（买）、ȶən²（山）；在其他声母后，在韵尾 -u 前时，发音部位偏低，如 nəu²（谁）。

辅音。根据侗语两套塞音声母（送气和不送气）出现在不同的声调条件下，将送气塞音声母视为同部位不送气塞音声母的音位变体，而非独立的音位。根据声母因声调分化而归并音位，侗语共有 22 个辅音音位：/p/、/m/、/f/、/w/、/t/、/n/、/l/、/s/、/ts/、/tsh/、/ȶ/、/ȵ/、/ɕ/、/j/、/k/、/ŋ/、/h/、/pj/、/mj/、/lj/、/kw/、/ŋw/，其中 /ph/、/th/、/ȶh/、/kh/、/pjh/、/kwh/ 已归并同部位不送气塞音声母的音位，/f/、/ts/、/tsh/ 专用于现代汉语借词。

声调。侗语大部分有 9 个舒声调和 6 个促声调，促声调可以从舒声各调里找到和它们相同或大体相当的调值。侗语 9 个调类也可以用调值表示为：/55/、/35/、/212/、/323/、/13/、/31/、/53/、/453/、/33/。

（四）文字符号的选用

侗文以拉丁字母为基础，属表音文字。侗文有声母 32 个（其中单字母 20 个，双字母 12 个），韵母 64 个（其中单元音 6 个，复元音 17 个，带鼻音韵尾的韵母 26 个，带塞音韵尾的韵母 15 个），声调 15 个（舒声调 9 个，促声调 6 个）。作为记录语言的符号，拼音文字是最理想的一种文字类型。[①] 只要掌握字母和拼写规则，经过短期培训就可以阅读用拼音文字记录的语言，侗文以及同时期新创制的少数民族文字，都具有这样的优点。

（五）文字规范

《草案》规定了侗文的书写方式是以词为书写单位，对侗文的大写、缩写、数字、移行、标点符号等都做了相应的规定。

第三节　侗文的试行和使用

侗文自 1958 年创制以来，得到侗族群众的拥护和支持，虽然由于历史原因，试验推行并非一帆风顺。但侗文在不同阶段为侗族的政治经济、文化教育做出了贡献。侗文经历了"两起两落"的发展历程，大致可分为四个阶段：初步试行阶段（1958—1959 年），停滞阶段（1960—1980 年），恢复发展阶段（1981—1995 年），调整阶段（1996—现在）。

一、侗文创制初期的试行

1958 年，《草案》经中央民族事务委员会批准试验推行后，贵州省民族语文指导委员会派龙明耀、吴世华、杨秀斌等人组成工作组，首先在南部方言区的榕江县车江章鲁寨、月寨进行侗文推行试点，重点对象是成年人。期间在章鲁寨开办了侗文师资培训班，侗文师资培训班有学员 70 多人，这些学员来自贵州、湖南、广西三省（自治区），按文化程度编为甲、乙两班。同时，在章鲁寨、月寨两个生产队各开办一个侗文夜学班，学员 60 余人，多为文盲。由于当时侗文试行得到政府支持，学员情绪高，学习效果好，凡是不懂或半懂汉语的学员，经过 50—60 小时的教学，一般都可以学会侗文，并能利用侗文书写信件、创作民歌、记录故事等。具有初小汉语文水平、学过《汉语拼音方案》的学员，学侗文更快。当时黔东南州还办了一所民族语文学校，培训了一批侗语文老师。有关单位还先后编写出版了《侗汉简明辞典（初稿）》《汉侗简明辞典（初稿）》两部工具书和教材《侗

---

① 周国炎、孙华：《文字在布依族语言保持和文化传承中的作用》，《贵阳学院学报（社会科学版）（双月刊）》2014 年第 3 期。

文语文课本》（第一册）。

二、"文化大革命"后的恢复试行

从 20 世纪 60 年代至 80 年代，由于"大跃进"和"文化大革命"的影响，侗文试行基本停止。直到十一届三中全会以后，侗语文工作才重新提上议程。1981 年侗文开始恢复试行。1981—1995 年，在政府的支持下，以及各级民族事务委员会和广大侗语文工作者的共同努力下，侗文得到了很好的试行和使用。

（一）社会扫盲教学

1982 年贵州省率先在榕江县的车江和天柱县的水洞两个村寨进行侗文试点，共培训了82 名学员。1983 年扩大至榕江县、黎平县、天柱县、锦屏县、剑河县、三穗县等地区的 35个自然村，学员人数达 1 万人。截至 1995 年，贵州共开办侗文农村社会扫盲班 857 个，学员 31742 人，脱盲 26346 人，脱盲率 83%；广西三江共开办侗文夜校班 34 个，学员 1000多人；湖南通道共开办侗文扫盲班 4 个，学员 300 多人。[1] 侗族群众掌握侗文后，用侗文来记事、写信、创作，编写和记录侗族民间故事、传说等，侗族民众学习侗文的积极性很高，只要举办侗文扫盲班，大家都踊跃参加学习。

（二）双语教学试行应用

1983 年，贵州省下达《关于在民族学校进行民族语文教学实验的通知》以后，侗文开始从农村扫盲试点进入小学试点。自 1981—1995 年，贵州省黔东南州小学侗汉双语教学点共 57 个，学校 103 所，教学班 552 个，学生 17992 人。[2] 在中高等学校教育方面，1984—1995 年，中央民族学院、贵州民族学院、凯里民族师范学校等院校共招收侗文专科生 985人，本科生 9 人，研究生 3 人。[3]

---

① 贵州省民委民族语文办公室：《侗文试行工作调查总结报告》，《贵州民族研究（季刊）》1996 年第 1 期。

② 贵州省少数民族语言文字办公室、贵州省少数民族语言文字学会编《贵州新创民族文字五十年》，黔新出 2009 一次性内资准字第 318 号，2009，第 196—200 页。

③ 贵州省民委民族语文办公室编《贵州省苗族 布依族 侗族文字试验推行总结资料汇编》，黔新出（95）内图资准字第 133 号，1995，第 102—103 页。

（三）教材和读物的编译出版

1981—1995 年，贵州省共编译出版了《侗语》（扫盲课本）1—2 册，小学侗汉《语文》课本 1—4 册，侗语《语文》课本 5—7 册，新编侗语《语文》课本 1—2 册，总计 11 册，72 万字，发行 17 万册；湖南通道编译了学前班到小学三年级的双语课本共计 8 册。出版的编译读物有贵州省文学艺术界联合会和贵州省民族事务委员会共同编译的《侗族民间文学资料》（侗汉文对照），共 175 万字；贵州省民族事务委员会民族语文办公室编译的《侗族传统文学选编》《养鸡》《猪病防治》《侗族民间文学选读》《长大要当好歌手》《玩山歌》，共 80 万字。广西三江创办了《侗文专刊》，发稿 508 篇，约 100 万字。各地报纸、杂志上也分别设有侗文专栏或专版，如《贵州民族报》《苗文侗文报》《南风》《广西民族报》等。[1] 此外，有关部门和学者还先后编写出版了《简明侗语语法》《侗语简志》《侗语文集》《侗语与文字推行》等学习工具书及著作。整体来看，侗文的试行在侗语教材和编译读物出版上得到了很好的应用。

（四）侗语广播影视

侗文试行的同时，侗语广播、影视等方面也得到了发展。据不完全统计，侗族地区各州县电影公司共录制了 146 部侗语译制片。贵州黎平、榕江，湖南通道，广西三江等地的广播站还办有侗语广播节目。这些侗语广播和电影深受广大侗族群众的喜爱和欢迎，取得了良好的社会效果。黎平县广播站的《侗语广播》荣获全国首届县级广播台（站）优秀专题节目三等奖（1991），侗语故事片《燃烧的婚纱》荣获首届全国少数民族题材电影优秀民族语译制片"腾龙奖"。[2]

三、21 世纪以来侗文的社会使用情况

1996 年后，侗文试行力度逐渐减弱，侗语文学校班级逐渐减少。但进入 21 世纪后，侗文的发展又获得了前所未有的机遇。

---

① 贵州省民委民族语文办公室：《侗文试行工作调查总结报告》，《贵州民族研究（季刊）》1996 年第 1 期。

② 贵州省民委民族语文办公室：《侗文试行工作调查总结报告》，《贵州民族研究（季刊）》1996 年第 1 期。

（一）双语文教学的使用

根据贵州省双语教学情况统计，2006 年 9 月，贵州省黔东南州共有 33 所学校开展侗汉双语教学，学生 3527 人。2014 年，贵州民族大学、凯里学院、黔南民族师范学院等 3 所院校共招收民汉双语预科生 150 人，2015 年增加了兴义民族师范学院，招收总人数达到 250 人，2016 年又增加了贵州工程应用技术学院、六盘水师范学院、铜仁学院，招收总人数达到 450 人。2016 年，贵州民族大学、铜仁学院、六盘水师范学院、贵阳幼儿高等专科学校等 4 所院校开设双语民族班，其中本科招生 200 人，专科招生 65 人。2017 年，贵州民族大学、铜仁学院、六盘水师范学院、贵阳幼儿师范高等专科学校等 4 所院校招收民汉双语学生 300 人，其中本科 250 人，专科 50 人。截至 2018 年，贵州省各院校共招收双语预科生 2474 人，其中侗汉双语学生 400 余人。[①]

（二）非物质文化遗产普查与侗文应用

从 2012 年开始，北京科学技术出版社陆续出版了一套关于广西非物质文化遗产保护和传承的系列图书——《广西国家级非物质文化遗产系列丛书》，该丛书共 37 卷，其中关于侗族的有《侗族大歌》（吴霜等编著）、《侗族木构建筑营造技艺》（张宪文著）、《侗戏》（吴鹏毅编著）。2010 年以来贵州省黎平县大力实施文化产业发展策略，积极开展县域内非物质文化遗产的普查和收集整理工作，实施非遗民族文化进课堂工程，并先后组织学者编写出版了《侗族大歌》《侗戏》《侗族琵琶歌》等系列图书。2021 年广西壮族自治区三江侗族自治县非物质文化遗产保护与发展中心推出《侗族双歌》《新编侗戏》等艺术作品，进一步宣传侗族文化艺术。

（三）侗族古籍整理出版与侗文应用

贵州省和广西壮族自治区的有关部门和学者收集整理了大型民族文化文库古歌、古籍等系列图书，如《珠郎娘美：侗汉对照》（银永明、邓敏文记译，贵州民族出版社，2010）、《侗族河歌：侗、汉》（贵州省民族古籍整理办公室编，石峰、银永明收集整理翻译，贵州民族出版社，2012）、《侗族古歌》（张民、普虹、卜谦编译，贵州民族出版社，2011）、《侗族琵琶歌：全 3 册》（广西壮族自治区少数民族古籍整理出版规划领导小组办公室主编，广

---

① 数据由贵州省少数民族语言文字办公室原副主任石锦宏先生提供。

西民族出版社，2012）、《北部侗族婚嫁歌：侗汉对照》（贵州省民族古籍整理办公室编，吴世源等整理，贵州大学出版社，2015）、《北部侗族玩山凉月歌》（吴世源搜集，吴定鎏、吴定文、吴定华整理，贵州大学出版社，2016）。

（四）工具书、著作的出版

二十年来先后出版了《侗汉词典》（欧亨元编著，民族出版社，2004）、《侗汉常用词典》（潘永荣、石锦宏编著，贵州民族出版社，2008）、《侗语研究》（龙耀宏著，贵州民族出版社，2003）、《通道侗语研究》（杨通银著，民族出版社，2009）、《侗语语音语法及名物的多视角研究》（石林著，中国社会科学出版社，2019）、《三江侗语》（邢公畹著，南开大学出版社，2021）、《侗语概论》（龙耀宏主编，贵州民族出版社，2022）等多部工具书和专著。近年来，也整理出版了一些侗语会话读本（双语版），有《侗汉常用语手册》（黔东南州民族宗教事务委员会、黎平县民族宗教事务局编，贵州大学出版社，2015）、《侗语366句会话句》（杨通银著，社会科学文献出版社，2016）、《贵州少数民族基础语音双语读本·布依族、侗族、水族：布依族文、侗族文、水族文、汉文对照》（贵州省教育厅编，贵州人民出版社，2017）、《侗语900句》（彭婧编著，世界图书出版广东有限公司，2023）。

（五）侗文应用于影视新闻的情况

第一部侗语电影《我们的嗓嘎》和爱情电影《侗族大歌》分别取材于湖南省、广西壮族自治区和贵州省侗乡生活中的真实故事，深受广大侗族群众的欢迎和喜爱。2015年，湖南、贵州、广西三省（自治区）联合创办了《全国侗语新闻联播》，新闻标题都配有侗文字幕。2018年，由三江侗族自治县文化体育广电和旅游局组织协调，县少数民族语言文字工作局等相关部门参与的，三江版侗语电影《厉害了，我的国》完成译制。2020年，首部侗族文化公益电影《侗族古歌秘籍》全网热播，电影以传承和推广侗族文化为主旋律，以破解"侗族古歌秘籍"为线索，讲述了男主角四耶为传承和破解"侗族古歌秘籍"一路逃亡，斗智斗勇，牺牲小我成就大我的故事。该电影以黎平当地的人文历史、地理环境、民俗民宿等为拍摄背景，让观众直观地了解到侗族文化和侗族大歌的魅力。

第二章 侗语的规范问题

侗语的规范是指对侗语的语音、词汇、语法等方面建立通用的标准。通用侗语以南部方言为基础方言，以车江话为标准音。作为基础方言的南部方言被大多数侗族群众使用，使用人口多、分布面广，能代表侗语的发展趋势。通用侗语以南部方言为基础方言，并不等于把南部方言的全部成分作为通用侗语的规范和标准。一个民族的共同语通常不会采纳基础方言的全部内容，而应做出遴选。侗语的规范工作应该保留通用的、约定俗成的、稳定的语言成分，去除分歧的、不通用的、不稳定的成分，同时应吸收北部方言中通用的、稳定的、有代表性的且南部方言中空缺的成分来丰富通用侗语。开展侗语的规范研究，必须对侗语及其方言的语言特点有充分的认识。

第一节 侗语特点概述

侗语属汉藏语系壮侗语族侗水语支，与同语族诸语言有很多共同特征。具体有以下几点：

（1）语音方面，有以 -i、-u、-m、-n、-ng、-b、-d、-g 为韵尾的韵母。

（2）词汇方面，与同语族的同源词较多，如：数词，il（一）、yac（二）；名词，muk（猪）、doc（牛）、jeml（金）、nyinc（银）。

（3）语法方面，词序中的虚词是表达语法意义的主要手段，如主语＋谓语＋宾语，yaoc nuv leec（我看书）、maoh eeup yaoc（他打我）；修饰语与名词中心语的关系是倒置的，如 wap yak（红花）、bux yaoc（我的父亲）。

（4）有以名词和量词为中心词的修饰词组，如：yac jiuc nyal（两条河）、samp bul nyenc（三个人）、ngox bens leec（五本书）。

（5）句子的主语在谓语之前，宾语补语在谓语之后，如：Yaoc jil nenl duil naih banp xiv

（我吃这个梨好甜）、Neix saip yaoc yac begs guaik sinc（妈妈给我两百块钱）。

除了与同语族诸语言的共同特征之外，侗语也有一些自己的特点。

一、语音特点

（一）全浊塞音声母消失，只有次浊声母

壮侗语族诸语言大多有浊塞音声母。例如，壮语、布依语有 ^{ʔ}b 和 ^{ʔ}d 两个，水语有 ^{ʔ}b、^{ʔ}d 和 ^{m}b、^{n}d 两套，毛南语有 ^{ʔ}b、^{ʔ}d 和 ^{m}b、^{n}d、^{ȵ}d、^{ŋ}g 两套。侗语除个别地方（广西壮族自治区融水苗族自治县）外，浊塞音声母已经消失。[①] 壮语和水语的 ^{ʔ}b、^{ʔ}d 声母分别与侗语的 m、l 声母对应，水语和毛南语的 ^{m}b、^{n}d 声母分别与侗语的 p、t 声母对应。详见表2-1。

表 2-1 声母对应例字（词）表

汉语	侗语	水语	毛南语	壮语	布依语
好	la:i^1	^{ʔ}da:i^1	^{ʔ}da:i^2	^{ʔ}dei^1	^{ʔ}di^1
簸箕	loŋ^3	^{ʔ}doŋ^3	^{ʔ}dɔŋ^4	^{ʔ}doŋ^3	^{ʔ}doŋ^4
薄	ma:ŋ^1	^{ʔ}da:ŋ^1	^{ʔ}ba:ŋ^2	^{ʔ}ba:ŋ^1	^{ʔ}ba:ŋ^1
蝴蝶	ma^3	^{ʔ}ba^3	^{ʔ}ba^4	^{ʔ}ba^3	^{ʔ}ba^4
咱们	ta:u^1	^{n}da:u^1	^{n}da:u^1	ɣau^2	zau^2
香	ta:ŋ^1	^{n}da:ŋ^1	^{n}da:ŋ^1	hɔ:m^1	ta:ŋ^1
男人	pa:n^1	^{m}ba:n^1	^{m}ba:n^1	pou^{4}sa:i^1	pu^{4}sa:i^1
鱼	pa^1	^{m}bjai^3	mom^6	pia^1	pia^1

（二）塞音、鼻音、边音和擦音的清浊情况

塞音声母一般分送气和不送气两套；鼻音声母、边音声母、擦音声母有的地方也分送气和不送气两套，有的地方只有不送气一套。送气声母只出现在一定的声调中，在不考虑汉语借词的情况下，送气声母出现在送气的单数调中（即 1、3、5、7、9），而不出现在双

---

① 《中国少数民族语言简志丛书》编委会编《中国少数民族语言简志丛书：第3卷》（修订本），民族出版社，2009，第173页。

数调中（即 2、4、6、8、10）。下面以南部方言的榕江话和北部方言的天柱话为例[①]：

榕江车江话的声母，详见表 2-2。

表 2-2　榕江车江话声母表

类别	塞音声母	其他声母
出现于双数调和不送气单数调	p、pj、t、ȶ、k、kw	m、mj、n、ȵ、ŋ、ŋw
出现于送气的单数调	ph、phj、th、ȶh、kh、khw	l、lj、s、ɕ、h、w、j

天柱石洞话的声母，详见表 2-3。

表 2-3　天柱石洞话声母表

类别	塞音声母	其他声母
出现于双数调和不送气单数调	p、pj、t、ȶ、k、kw	m、mj、n、ȵ、ŋ、l、lj、s、ɕ、h、v、vj、ʐ、j
出现于送气的单数调	ph、phj、th、ȶh、kh、khw	mh、mhj、nh、ȵh、ŋh、lh、lhj、sh、ɕh、h、vh、vhj、ʐh、jh

（三）舌尖音、舌面音的对立情况

侗语都有舌尖音声母 t、th、n、s 和舌面音声母 ȶ、ȶh、ȵ、ɕ（包括它们可能有的送气音声母）的对立，有些地方还有舌后塞音声母 k、kh 和小舌塞音声母 q、qh 的对立。这是侗语和水语相同而同语族其他语言没有的特点，详见表 2-4、2-5。

表 2-4　侗语舌尖音、舌面音声母表

部位	舌尖音				舌面音			
声母	t	th	n	s	ȶ	ȶh	ȵ	ɕ
例字（词）	中间	矮	脸	搓	那	上	你	纺
锦屏启蒙	ta⁵	them⁵'	na³	sa²	ȶa⁵	ȶha⁵'	ȵa²	ɕa³

---

① 《中国少数民族语言简志丛书》编委会编《中国少数民族语言简志丛书：第 3 卷》（修订本），民族出版社，2009，第 173 页。

表 2-5 侗语舌后塞音、小舌塞音声母表

部位	舌后塞音		小舌塞音	
声母	k	kh	q	qh
例字（词）1	偏		堵水	
黎平水口	ke³		qe³	
例字（词）2	稻秧		硬	
黎平岩洞	ka³		qa³	

（四）长短元音对立消失引起韵母简化合并

北部方言已经没有长短元音对立，以塞音为韵尾的促声韵还保留有早先元音分长短的痕迹。南部方言尚有长短元音对立。南部方言除了通道的陈团外，至少元音 a 是分长短的。多数地方在带辅音韵尾时，有 [a:/a] 的对立。

（五）声调和声母有密切关系

壮侗语族诸语言一般都有 6 个舒声调和 2—4 个促声调，而侗语阴调类（单数调）都因声母是否送气分化出一个新的调值，多数地方有 9 个舒声调和 6 个促声调，如榕江章鲁、通道陇城、锦屏启蒙、天柱石洞等。有的地方有 6 个舒声调和 4 个促声调，如三江和里、黎平水口、黎平平涂、从江贯洞、融水寨怀、镇远报京等。有的地方有 7 个舒声调和 4 个促声调，如靖州滥泥冲、锦屏大同等。详见表 2-6。

表 2-6 侗语声调分布情况

侗语声调		舒声调									促声调					
调类		1		2	3		4	5		6	7		8	9		10
		1	1'	2	3	3'	4	5	5'	6	7	7'	8	9	9'	10
调号		l	p	c	s	t	x	v	k	h	l	p	c	s	x	t
调值（按地区划分）	榕江章鲁	55	35	212	323	13	31	53	453	33	55	35	21	323	13	31
	锦屏启蒙	55	24	212	33	13	11	55	25	44	55	25	33	33	23	31
	三江和里	55		11	35		31	53		33	55		11	24		31
	镇远报京	11		31	23		55	35		33	55		31	33		55
	靖州滥泥冲	35	24	212	33		33	55		53	55		212	33		11
	锦屏大同	22	11	31	23		33	35		42	55		31	33		33

二、词汇特点

侗语与同语族其他语言有许多的同源词，与同语支的水语、仫佬语、毛南语等同源的最多，与壮傣语支语言同源的次之，与黎语支、仡央语支语言同源的较少。详见表 2-7。

表 2-7　侗语与同语族其他语言同源字（词）示例表

例字（词）	侗语	水语	仫佬语	毛南语	壮语	布依语	傣语	黎语	仡佬语
水	nɐm³¹	nam³³	nəm²⁴	nam⁵¹	ɣam⁴²	zam³¹	nam¹¹	nam¹¹	əɯ⁵⁵
厚	na⁵⁵	ʔna¹³	na⁴²	na⁴²	na²⁴	na²⁴	na⁵⁵	na⁵³	nau⁴⁴
这	nai³³	nai⁵⁵	nai¹¹	nai²¹³	nei⁴²	ni³¹	ni¹³	ni⁵³	ni³¹
蚂蚁	mət²¹	mət⁵³	mɣət¹²	mət²³	mot⁵³	mat³³	mot³⁵	put¹¹	tu²⁴ten³³
孩子	lak³¹	lax⁵⁴	lax¹¹	lax²⁴	lɯk³³	lɯk³³	luk³⁵	ɬɯk⁵⁵	lei³¹
坐	sui⁵³	hui³¹	tui¹¹	zui²¹³	naŋ³³	naŋ³³	naŋ³³	tsoŋ⁵⁵	tsa³¹
二	ja²¹²	ɣa³¹	ɣa¹²¹	ja⁴²	soŋ²⁴	soŋ²⁴	soŋ⁵⁵	ɬau¹¹	su³³
舌头	ma²¹²	ma¹¹	ma¹²¹	ma²³¹	lin⁴²	lin³¹	lin¹¹	ɬin¹¹	phi⁵⁵te²⁴
肚子	loŋ²¹²	loŋ³¹	loŋ¹²¹	loŋ²³¹	tuŋ⁴²	tuŋ³¹	toŋ¹¹	pok⁵⁵	luŋ³³
猴子	mun³³	mon⁵⁵	mun¹¹	mun²¹³	liŋ²¹	liŋ¹¹	liŋ⁵¹	nok⁵⁵	tɒ⁵⁵

此外，侗语也有不少自己特有的词语，例如：ems（药）、ux（雹子）、jenc（山）、biungl（狼）、yeel（青蛙）、baoc（柚子）等。

侗语通常用不同的单音节词表达有细微区别的近义词，详见表 2-8。

表 2-8　侗语近义词的细微区别及表达示例表

例字（词）1		例字（词）2		例字（词）3		例字（词）4		例字（词）5	
侗文	汉语释义	侗文	汉语释义	侗文	汉语释义	侗文	汉语释义	侗文	汉语释义
duc	牛	gueec	水牛	senc	黄牛				
bienl	毛	nungc	汗毛	bieml	头发	mudx	胡子		
nenl	虱子	daol	头虱	meic	鸡虱	jebl	牛虱		
xugx	洗	abs	洗澡	sagv	洗衣	liox	刷洗		

续表

例字（词）1		例字（词）2		例字（词）3		例字（词）4		例字（词）5	
侗文	汉语释义	侗文	汉语释义	侗文	汉语释义	侗文	汉语释义	侗文	汉语释义
nuv	看	deis	远看	nengc	近看	mis	仔细看	xut	随便看
eeul	打	beengv	打枪	wedt	打耳光	dic	打谷子	dunv	打铁器
		bengk	远打	sadt	左右打	xogl	拳打	bamv	猛打
		biedv	鞭子打	leis	棍子打				

侗语常通过比喻模拟、联想转义等方式构造新词，用具体事物表示抽象概念，详见表2-9。

表2-9 通过比喻模拟、联想转义等方式构造新词示例表

方式	侗文	原意	新意
比喻模拟	aivaenl	鸡叫	半夜
	paknas	破脸	惭愧
	miedvnangl	扭鼻子	骄傲
	liongcjilnaemx	龙吃水	虹
联想转义	meix	树、木	棺材
	dinlmiac	脚手	手艺
	nasnangl	脸鼻	面子
	buxlagx	父子	家族
	ongsbux	公父	祖宗

侗语虽然固有词中有不少单音节词，但整个词汇系统却以双音节词居多。其中，单纯词就以双音节居多，有双声、叠韵、叠音、叠调，或不同音。例如：

lemcleengh（蝉）、mavmids（蝴蝶）、ngovngeds（天牛）、hongcheec（反正）、naemcninc（自言自语）、laoxlangl（木姜子）、wangcwux（陀螺）、luslas（肮脏）、lemhleeh（消遣）

bongllongl（冰雹）、allal（皮）、angssangt（垃圾）、saxlax（内人）、jongxlongx（兄弟）、monglxongl（糊涂）、daoslaos（暖和）、laisdais（滑稽）、kahnyah（烦乱）、lavkap（吵闹）、kapnal（调皮）

wanlwanl（静静的）、piungppiungp（不断跳跃）、leensleens（铃）、saempsaemp（早早）

maxjax（螳螂）、buxlaox（伯父）、maslags（疲倦）

doglugs（布谷鸟）、liangpliis（蝉）、bavdieeux（蝴蝶）、siivjivyods（蝉）、yakliic（画眉鸟）、guenvlengh（穿山甲）、angleiv（螃蟹）、oullial（团鱼）、nganhmenl（天鹅）、ngahos（仙鹤）

合成词可分为复合词和派生词。构成复合词的词素的语义关系，有联合关系、修饰关系、支配关系、补充关系、主谓关系。例如：

联合关系：dinlmiac（脚手）—手艺、jongxnongx（兄弟）—姊妹

修饰关系：densmac（根舌）—舌根、bencdinl（盆脚）—脚盆

动宾关系：jilguaot（吃酒）—喝酒、xonglgap（装耳朵）—听

补充关系：deilnaemx（死水）—淹死、nuvqhat（看轻）—轻视

主谓关系：saisyais（心长）—耐心、naemxuip（水流）—流水

派生词是由词根和词缀构成的词。这类合成词主要是由带有 jup（初）、duc（只）、lagx（幼小、细小、年轻）、oc（地点）、gaos（时间）、sis（人）等附加成分的词。例如：

jup：jupyedl（初一）、jupnyih（初二）、xupsamp（初三）、jupngox（初五）、jupbebs（初八）

duc：ducnot（老鼠）、ducaiv（鸡）、ducnaov（竹鼠）、ducnguk（猪）、ducmenx（老虎）

lagx：lagxuns（小孩）、lagxaiv（小鸡）、lagxmal（菜苗）、lagxmiegs（姑娘）、lagxhank（小伙子）

oc：ocnaih（这里）、ocgav（那里）、ocdas（山里）、ocyav（田里）、ocyodp（学校）、ocbangl（邦寨）

gaos：gaoshedp（早上）、gaoswenl（中午）、gaosnyaemv（晚上）、gaoshanl（夜里）

sis：ngaxsis（傻子）、gonksis（懒子）、nouvsis（吝啬鬼）、longlsis（聋子）、balsis（脸有疤者）

单音节形容词、动词、名词后加单音节或重叠音节，表示程度和情状。例如：

yak（红）—yak-xeev（鲜红）—yak-xeev-xeev（红彤彤）

gol（笑）—gol-nyems（微笑）—gol-nyems-nyems（笑眯眯）

bienl（雨）—bienl-peix（雨哗哗）—bienl-peix-peix（瓢泼大雨）

侗语中借词较多，主要是汉语借词，其次是其他民族语的借词。各地侗语吸收汉语借词多少不一。一般来说，北部方言汉语借词较多，南部方言汉语借词较少。早期借词以单音节词为主，它们已适应了侗语特点和构词规律，不仅成了侗语的基本词汇，还具有派生新词的能力。例如：

xonv（转）：xonvsungp（转话、答复）、xonvdinl（转脚、回门）、xonvsoh（转气、起死回生）

doh（豆）：dohgeis（黄豆）、dihxiv（豆豉）、dohhuh（豆腐）、dohngeec（豆芽）、dohmiax（刀豆）、dohsiikjiv（四季豆）、dohangl（豇豆）

nyenc（人）：nyencudt（穷人）、nyencmeec（富人）、nyencbeelnanx（屠夫）、nyencweexongl（农民）、nyencdosbal（渔夫）、nyencnuvbiingh（医生）、nyenceeuvyodp（老师）

现代汉语借词大多是多音节词，其中双音节词最多。通常按汉语读音直接借入。例如：

gaixfangl（解放）、souxjis（手机）、weisxinl（微信）、dieenlnaox（电脑）、gueecjas（国家）、faczanx（发展）、wencfal（文化）、seelfeil（社会）、gaostieec（高铁）、gaossuc（高速）、feisjis（飞机）、yisyeenl（医院）、dieenlsil（电视机）、yisbaox（医疗保险）

汉语借词的构词方式有：
（1）直接音译。例如：

xinswenc（新闻）、kaihfeil（开会）、gongsnyeec（工业）、xaolzangx（校长）

（2）词素是汉语，构词是侗语。例如：

haipbic（皮鞋）、bencwap（花盆）、wangksemp（放心）

（3）半借音半意译（璧合）。例如：

malbagx（白菜）、bencmeix（木盆）、nangcdongl（冬笋）、kuaotoux（米酒）

三、语法特点

侗语具有侗台语言共有的一些语法特征，同时也有自己特有的一些特征。

（1）侗语句法关系主要通过语序表达。

（2）北部方言有些数词、量词、动词通过音变构词（屈折构词）。例如：

samp（三）	xislamp（十三）
linp（千）	yac sinp（两千）
phedt（拍）	wedtkhap（打耳光）
sunp（刺）	zunp deil（刺死）
beds（八）	nyih xisweds（二十八）
il luix（一碗）	yac duix（两碗）
songk（放）	longlbail（放去）

（3）动词的时、态、情貌等语法意义通过助词表达。例如：

yunl dos（站着）	nuv dos（看着）
xut dos（盯着）	benx dos（飞着）
dov dos/jit bienl（下着雨）	jil dah oux genp/lieeux（吃了饭了）
jil dah oux（吃过饭了）	jil genp lieeux/jil yangx（吃完了）

map dah yac daov yangx/genp（来过两次了） kenp lieeux（完了）

xas lis lail（写得好）

（4）量词用法。

数词和名词结合时，通常需要中间加量词。例如：

il duc not（一只老鼠）　　　　　　yac xongc yanc（两幢房子）

samp duix oux（三碗饭）　　　　　ngox jouh haic（五双鞋）

liogc bul nyenc（六个人）　　　　　beds jiuc daic（八张桌子）

jus doc wap（九朵花）

量词有时还可以充当主语或宾语。例如：

Wul lis lenp.

个　得　个

一人得一个。

Mungx nyenc miiul mungx nyenc gaeml ags xangk il weix al.

个　　人 苗族　 个　人　 侗各自唱 一 首 歌

苗族和侗族各唱一首歌。

Bulbul lagxuns jaol luh eiv.

个个　小孩　我们 都 爱

个个小孩子我们都喜欢。

Doc leic naih lail.

只　大　这　好

这只大的好。

Bul nyenc gav xiv yaoc neix.

个　人　那　是　我　母亲

那个人是我的母亲。

单音节的量词重叠，表示泛指。例如：

bul（个）	bulbul（个个、每个）
meix（根）	meixmeix（根根、每一根）
bas（把）	basbas（把把、每一把）

（5）名词、形容词、动词重叠用法。

名词重叠表示"每一"，例如：

maenl（天）	maenlmaenl（天天、每一天）
nyinc（年）	nyincnyinc（年年、每一年）
yanc（家）	yancyanc（家家、每一家）
senl（村）	senlsenl（村村、每一村）
xaih（寨）	xaihxaih（寨寨、每一寨）
nyenc（人）	nyencnyenc（人人、每一人）

形容词重叠表示加强语气或构成生动式表达。例如：

niv（小）	nivniv（小小的）

aemc（苦）　　　　　　　　aemcaemc（苦苦的）

mant（黄）　　　　　　　　mantdieeupdieeup（黄晶晶）

nal（厚）　　　　　　　　　nalnolnol（厚咚咚）

lail（好）　　　　　　　　　laillail（好好的）

meenh（慢）　　　　　　　meenhmeenh（慢慢的）

naeml（黑）　　　　　　　naemlmieeupmieeup（黑黝黝）

动词重叠表示动作尝试、短暂和频次。例如：

yemxyemx nuv（喝喝看）　　　　sangtsangt nuv（想想看）

xikxik nuv（试试看）　　　　　　jamtjamt（走一走、短时间）

jakjak luihluih（上上下下）　　　mapmap bailbail（来来去去）

bailbail xonvxonv（去去来来）　　xeivbail xeivmap（说去说来）

（6）定中结构有两种语序。

形容词作定语，放在中心词的后面。例如：

Yanc meix laox gav saoh lail genp.

房　木　大　那　造　好　了

那间大木房建好了。

数词、量词和带助词"的"的词组作定语，放在中心词前面。例如：

Yaoc eiv yac duc benl naih yak aol lis wap naih.

我　爱　两朵　天　今　刚　摘的　花　这

我最喜欢今天刚摘的这两朵花。

作定语的修饰成分最多三个。例如：

Yac duc aiv bax.

两　只　鸡　白

两只白鸡。

Meix ugs meik nongx yaoc naih.

件　衣　新　弟　我　这

我弟弟的这件新衣服。

第二节　侗语的方言划分和方言比较

一、侗语方言划分

20 世纪 50 年代中期，中国科学院少数民族语言调查第一工作队侗语工作组在对贵州、湖南、广西等地开展侗语调查后，对侗语的方言土语进行了划分，将侗语划分为南、北两大方言，每个方言内又分为三个土语，见表 1-6。

少数民族语言方言的划分主要根据区别性语言结构特征的分布。[①] 当时侗语方言的划分，主要根据侗语基本词汇异同和语音、语法中的一些区别性特征，这些区别性特征为：

（1）长短元音对立，有对立的为南部方言，无对立的为北部方言。

（2）塞音韵尾 -g 尾的留存，保留 -g 尾的为南部方言，演变为 -ʔ 或丢失的为北部方言。

（3）数量词音变，无音变的为南部方言，有音变的为北部方言。

自 20 世纪 80 年代以来，随着侗语调查的不断深入，方言土语的划分又有了新的认识。石林（1990）认为，应以有无 -g 尾和声调异同作为划分方言和土语的主要依据，南部方言

---

① 黄行：《我国少数民族语言的方言划分》，《民族语文》2007 年第 6 期。

基本保留原来的三个土语，北部方言的土语由三个增至五个，原属南部方言的锦屏县启蒙话和镇远县报京话归为北部方言第四和第五土语，融水苗族自治县除了大云话，其他都可划入南部方言第二土语。[①] 龙耀宏（2012）则认为，南部方言土语由三个增至四个，融水苗族自治县聘洞话作为第四土语；北部方言土语由三个增至五个，原属南部方言的报京话划入北部方言第五土语，原属南部方言的启蒙话划入北部方言第四土语。[②] 这样一来，侗语南北方言下分九个土语，详见表 2-10。

表 2-10　目前较一致的侗语方言土语分布区域

方言	土语	土语点
南部方言	第一土语	贵州榕江（车江）、湖南通道（陇城）、广西龙胜（平等）、广西三江（程阳）、贵州黎平（洪州）
	第二土语	贵州榕江（寨蒿）、贵州黎平（水口）、贵州从江（贯洞）、广西三江（和里）
	第三土语	广西融水（寨怀）
	第四土语	广西融水（聘洞）
北部方言	第一土语	贵州天柱（石洞）、贵州三穗（款场）、贵州锦屏（九寨）、贵州剑河（小广）
	第二土语	贵州锦屏（大同）、贵州天柱（三门塘）、湖南靖州（滥泥冲）
	第三土语	贵州天柱（注溪）、湖南新晃（中寨）
	第四土语	贵州锦屏（启蒙）
	第五土语	贵州镇远（报京）

二、侗语方言比较

（一）侗语方言的一致性

侗语南北方言有不少共同特点，尤其是在词汇和语法上一致性较高。

词汇方面，大部分词汇南北方言一致。1957 年调查工作队从 20 多个点中选出较有代表性的 8 个点，约 1600 个单音节词和 700 个多音节词进行了比较研究，结果是南北方言的同

---

① 石林：《侗语方言土语的划分应作适当调整》，《民族语文》1990 年第 6 期。
② 龙耀宏：《侗语方音研究》，博士学位论文，上海师范大学，2012，第 19 页。

源词占 71.7%，其中读音完全相同的占 36.8%，读音不尽相同但符合对应规律的占 33.3%，南部方言是单音节词而在北部方言为多音节词的只占 1.6%，不同源词占 28.3%。[①]

以下举例说明：

（1）南北方言声韵调完全相同。这类词主要是基本词汇。

bail（去）　　mal（菜）　　leec（书）　　dal（眼睛）　　nanx（肉）　　dinl（脚）　　lamc（忘）

yac（二）　　nas（脸）　　amv（补）　　lagx（崽）　　ul（上）　　not（鼠）　　mac（舌）

（2）南北方言语音不相同，但符合对应规律，这类词也主要是基本词汇。见表 2-11。

表 2-11　南北方言语音不相同，但符合对应规律例字表

例字	南部方言			北部方言		
	第一土语	第二土语	第三土语	第一土语	第二土语	第三土语
血	padt	padt	padt	tadt	diadt	gadt
个	duc	duc	duc	doc	doc	doc
布	yal	yal	yal	jal	jal	jal
火	buil	bil	buil	wil	wil	wil
月	nyanl	nyanl	nyanl	mianl	mianl	nyanl
甜	kuanp	kuanp		panp	panp	

（3）在南部方言中是单音节词，而在北部方言中为多音节词。见表 2-12。

表 2-12　南部方言为单音节词而在北部方言为多音节词例词表

例词	萝卜	螃蟹	蚂蟥	下巴	屁股	三脚架
南部方言	bagc	jeih	miingc	langc	senx	jagt
北部方言	logx wagt	angl eiv	max lingc	jiv angc	ongl eex	angc jiuh

---

① 杨汉基：《侗语语法》，内部资料，1986，第 21 页。

总体上，南北方言内部一致性高于南北方言之间的一致性，而且南部方言内部的一致性高于北部方言的内部一致性。南部方言内部差别很小，同源词在92%左右，而北部方言内部同源词在80%左右，其内部一致性低于南部方言。见表2-13。

表 2-13 侗语南北方言同源词一致性统计表 [①]

类别			方言比较		
			南部方言 内部互比	北部方言 内部互比	南北方言 互相对比
比较词总数（个）			1593	1574	1641
同源词	读音完全相同	词数（个）	1155	670	604
		百分比（%）	72.5	42.5	36.8
	读音不同 但符合对应规律	词数（个）	320	548	546
		百分比（%）	20	34.8	33.3
	甲地为单音节词 乙地为多音节词	词数（个）	9	44	27
		百分比（%）	0.5	2.8	1.6
相同词		词数（个）	1484	1262	1177
		百分比（%）	93	80	71.7

（二）侗语南北方言的差异

1. 语音方面

北部方言元音不分长短，南部方言除了湖南通道陈团外，至少元音 a 是分长短的。例如：

北部方言：dangv（当押）—dangv（凳子）　deml（斗笠）—deml（池塘）　　　（同音）

南部方言：dangv（当押）—daengv（凳子）　deml（斗笠）—daeml（池塘）　　（不同音）

南部方言舌面后塞音韵尾 -g 尾，在北部方言有的失落，或并入 -d 韵尾，或变成喉塞音 ʔ；南部方言 -m 尾和 -b 尾，在北部方言有的变成 -n 尾和 -d。例如：

---

① 贵州省民族语文指导委员会编《侗族语言文字问题科学讨论会汇刊》，内部资料，1959，第31页。

下，南部方言都读 dogv，北部方言的石洞、中寨、报京、秀洞等地读 dov；

淡，南部方言都读 sigt，北部方言的高坝、小广、滥泥冲等地读 sidt；

胆，南部方言都读 dams，北部方言的报京、三门塘、小广等地读 dans；

三，南部方言都读 samp，北部方言的石洞等地可读 samp，也可读 sanp，报京、小广等地读 sanp；

挑、禾刀，南部方言分别都读 dabs、dibs，北部方言三门塘、中寨、报京、小广等地分别读 dads、dids。

2. 词汇方面

根据《中国少数民族语言简志丛书：第 3 卷》（修订本）中记载：南部方言内部任何两点之间的词汇差别（不同源的）最小是 4.2%，最大是 12.7%；北部方言内部差别较大，最小是 18.4%，最大是 22.1%。南北两大方言间的差别都在 24.6%—35.3% 之间。[1] 南北方言不同的词汇大多南部自成一片，北部自成一片，界线明显。见表 2-14。

表 2-14　南北方言不同词汇例字（词）表

例字（词）	南部方言				北部方言			
	车江	水口	陇城	寨怀	石洞	大同	小广	中寨
药	em^{323}	em^{323}	em^{323}	em^{323}	sa^{22}	sa^{22}	sa^{22}	ɤa^{22}
盐	ko^{55}	ko^{44}	jim^{212}	ɬo^{23}	pau^{22}	pau^{22}	pau^{22}	pau^{22}
个	muŋ^{31}	muŋ^{31}	muŋ^{31}	muŋ^{31}	bu^{55}	bu^{55}	bou^{55}	bou^{55}
碗	kwaŋ^{323}	kwaŋ^{35}	kwaŋ^{323}	kwaŋ^{23}	tui^{31}	tui^{31}	tui^{31}	tui^{31}
船	lo^{55}	lo^{44}	lo^{55}	lo^{11}	la^{35}	la^{22}	la^{35}	la^{55}
讲	va^{33}	va^{21}	va^{323}	va^{23}	çot^{13}	çot^{23}	çot^{55}	kan^{33}
催促	ljau^{453}	ljau^{35}	ljau^{13}	ljau^{23}	soi^{11}	soi^{11}	soi^{55}	tsoi^{35}
柱子	tun^{323}	tun^{21}	tun^{323}	tun^{323}	sau^{35}	sau^{22}	sau^{35}	hau^{33}
猴子	mun^{323}	mun^{323}	mun^{323}	mun^{323}	ləi^{35}	ləi^{35}	ləi^{35}	ləi^{35}
瓜藤	mjiu^{212}	mjiu^{212}	mjiu^{212}	mjiu^{212}	taŋ^{44}	taŋ^{44}	taŋ^{44}	taŋ^{44}

---

[1] 《中国少数民族语言简志丛书》编委会编《中国少数民族语言简志丛书：第 3 卷》(修订本)，民族出版社，2009，第 221 页。

南北方言汉语借词多少不一，北部方言汉语借词较多，南部方言汉语借词相对较少。见表2-15。

表2-15　南北方言汉语借词例字（词）表

例字（词）	南部方言				北部方言			
	车江	水口	陇城	寨怀	石洞	大同	小广	中寨
扫	sedl	sedl	sedl	sedl	saos	saos	saos	saos
熊	meel	meel	meel	meel	xongc	xongc	xongc	xongc
姜	xingl	xingl	xingl	xingl	jangl	jangl	jangl	jangl
烂	luic	luic	luic	luic	lanh	lanh	lanh	lanh
跪	jogt	jogt	jogt	jogt	juit	juit	juit	juit
桌子	xongc	xongc	xongc	xongc	taic	taic	taic	taic
裤子	sov	sov	sov	sov	kuk	kuk	guk	guk
伤疤	guams	guams	guams	Lieds	bal	bal	bal	bal
耳聋	lagl	lagl	lagl	lagl	longl	longl	longl	longl
阴天	womv	womv	womv	wumv	yenl	yenl	yenl	yenl
池塘	doml	doml	daml	jaml	dangc	dangc	dangc	dangc

侗语普查时曾以短篇故事《人是怎么来的》为例，统计南部方言榕江话和北部方言天柱话、新晃话的汉语借词比例。从以前的材料中可以看出北部方言汉语借词多于南部方言，详见表2-16。

表2-16　南北方言汉语借词情况表 [①]

调查点	音节总数（个）	本民族词		汉语借词					
		词数（个）	百分比（%）	老词		新词		合计	
				词数（个）	百分比（%）	词数（个）	百分比（%）	词数（个）	百分比（%）
榕江章鲁	378	282	74.7	67	17.6	29	7.7	96	25.3
天柱石洞	332	208	62.8	57	17.2	67	20	124	37.2
新晃中寨	603	363	60.2	108	17.7	132	21.9	240	39.8

---

①　贵州省民族语文指导委员会编《侗族语言文字问题科学讨论会汇刊》，内部资料，1959，第145页。

3.语法方面

人称代词修饰名词表示领属关系，南部方言人称代词放在名词后，形式为"名词＋代词"；北部方言人称代词放在名词前，形式为"代词＋名词"或"代词＋的＋名词"。例如：

南部方言：Nongx yaoc.

　　　　弟　我

　　　　我的弟弟。

北部方言：Yaoc nongx./Yaoc lis nongx.

　　　　我　弟／我　的　弟

　　　　我的弟弟。

南部方言：Leec nyac.

　　　　书　你

　　　　你的书。

北部方言：Nyac leec./Nyac lis leec.

　　　　你　书／你　的　书

　　　　你的书。

南部方言：Yanc daol nyaoh geel nyal.

　　　　家　咱们　在　边　河

　　　　咱们的家在河边。

北部方言：Yaol（lis）yanc nyaoh bieenl nyal.

　　　　咱们（的）家　在　边　河

　　　　咱们的家在河边。

亲属称谓和数词结合，南部方言不用量词，北部方言除锦屏外一般都加量词，组成数量词组。例如：

南部方言：Yao lis yac jaix il nongx.

　　　　　我　有　两　哥　一　妹

　　　　　我有两个哥哥，一个妹妹。

北部方言：Yaoc meec yac bul gos il wul nongx.

　　　　　我　　有　　两个　哥一个　妹

　　　　　我有两个哥哥，一个妹妹。

南部方言：Maoh lis samp lagx.

　　　　　他　　有　三　孩子

　　　　　他有三个孩子。

北部方言：Maoh meec samp bul lagx.

　　　　　他　　有　三　个　孩子

　　　　　他有三个孩子。

　　人称代词和数词、量词连用，南部方言多用"数词＋代词"的形式，而北部方言多用"代词＋数词＋量词"的形式。例如：

南部方言：Yac jiul.

　　　　　两　我们

　　　　　我们两个。

北部方言：Jaol yac bul.

　　　　　我们　两　个

　　　　　我们两个。

南部方言：Samp xaop bail nup?

　　　　　三　你们　去　哪儿

　　　　　你们三个去哪儿？

北部方言：Xaop sanp bul bail oup?

    你们　三　个　去　哪

    你们三个去哪儿？

第一人称代词复数，南部方言有包括式 daol（咱们，包括听话者）和排除式 jiul（我们，不包括听话者），而北部方言不分，都叫 jaol。例如：

南部方言：Jiul jangs nyenc Ulxul, xaop jangs nyenc Xenpjangl, daol xedt jangs nyenc Guivxul.

    我们　是　人　榕江 你们 是　人　　剑河　咱们　都　是　人　贵州

    我们是榕江人，你们是剑河人，咱们都是贵州人。

北部方言：Jaol xiv Ulxul enc, xaop xiv Xenpjangl enc, jaol luh xiv Guivxul enc.

    我们 是　榕江 人 你们 是　　剑河　　人 我们 都 是　贵州　人

    我们是榕江人，你们是剑河人，咱们都是贵州人。

表示被动的助词"被"，南部方言是 douh，北部方言是 jangs。例如：

南部方言：Sinc yaoc douh maoh deic bail lax.

    钱　我　被　他　拿　走　了

    我的钱被他拿走了。

北部方言：Yaoc lis sinc jangs maoh aol bail lieeux.

    我　的 钱　被　　他　拿　去　了

    我的钱被他拿去了。

数词和量词组成数量词组，北部方言有时会发生音变，而南部方言除通道陈团外，一般不会出现音变。规律如下：

量词被 il（一）和 xis（十）修饰时，要发生音变。例如：

lenp（个）	il lenp（一个）
meix（根）	il weix（一根）
yuc（条）	il yuc（一条）
was（把）	il was（一把）
nenl（个）	nyih xis nenl（二十个）
meix（根）	samp xis meix（三十根）
juc（条）	ngox xis juc（五十条）
bas（把）	jis xis bas（几十把）

数词"三、四、七、八、九"在 xis（十）后时，要发生音变。数词"百、千"被 il（一）修饰时，也要发生音变。例如：

sanp（三）	xis lanp（十三）
siik（四）	xis liik（十四）
sedl（七）	nyih xis ledl（二十七）
beds（八）	samp xis weds（三十八）
jus（九）	ngox xis yus（五十九）
begs（百）	il wegs（一百）、yac begs（两百）
sinp（千）	il linp（一千）、ngox sinp（五千）

（三）方言土语通话度

通话度也就是听懂度，它是指说不同语言（或方言）的人相互听懂对方话语的程度。测量通话度一般的方法是，录制一段甲语言（或方言）的话语，在说乙语言的社区，让从未接触过甲语言的人来听，测定他能听懂多少；同样的方法，录制一段乙语言的话语，拿到甲语言社区，让从未接触过乙语言的人来听，测定他能听懂多少。另一种方法是，让说甲乙两种不同语言（或方言），并且从未接触过对方语言的两个（或两组）人，用各自的语言说话，测定相互之间能听懂多少。石林（2010）曾对侗语方言土语的通话度进行了调查测试，共 11 个点 110 人，南部方言调查点有榕江县的车江、乐里，黎平县的尚重，从江县的贯洞，三江侗族自治县的林溪，融水苗族自治县的大云；北部方言调查点有天柱县的石洞，锦屏县的大同、启蒙，新晃侗族自治县的中寨，镇远县的报京。[①]测试结果详见表 2-17、2-18。

表 2-17　南北方言听懂度调查情况（一）

序号	受试者点	受试土语					听懂度平均百分比（%）				
1	车江	车江	尚重	乐里	贯洞	石洞	95.5	72	69	81.5	52
2	乐里	乐里	车江	尚重	贯洞	石洞	92	96	97	85.5	50
3	尚重	尚重	车江	贯洞	石洞	大同	96	92	87	53.5	54
4	贯洞	贯洞	车江	尚重	石洞		95.5	90	79	44.5	
5	林溪	车江	贯洞	石洞			83	65.5	56		
6	大云	车江	贯洞				60.5	22			
7	石洞	石洞	大同	车江	尚重		83	63	41	37	
8	大同	大同	石洞	车江	尚重		88.5	70	59	47	
9	启蒙	石洞	大同	车江	尚重		76.5	71.5	73	63	
10	中寨	中寨	大同	石洞			96.5	29	50.5		
11	报京	石洞	中寨	车江			25.5	14	29.5		

表 2-18　南北方言听懂度调查情况（二）

序号	受试者点				受试土语	听懂度平均百分比（%）
1	贯洞	尚重	乐里		车江	91
	车江	贯洞	乐里		尚重	82.7
	车江	尚重	乐里		贯洞	89.6
2	秀洞	启蒙	中寨		石洞	65.7
	石洞	启蒙	中寨		大同（秀洞）	54.3

---

① 石林：《侗语方言土语间理解度调查》，《贵州民族学院学报（哲学社会科学版）》2010 年第 4 期。

序号	受试者点				受试土语	听懂度平均百分比（%）
3	石洞	启蒙	大同（秀洞）		车江	57.7
	车江	贯洞	乐里	尚重	石洞	51.2
4	大云				车江	60.5
	大云				贯洞	22
5	报京				石洞	25.5
	报京				中寨	14
	报京				车江	29.5

从表中可以看出：

（1）侗语分南北两大方言与调查事实相符，石洞、启蒙、大同（秀洞）三个北部方言调查点对南部方言代表点车江侗语的听懂度为 57.7%，车江、贯洞、乐里、尚重四个南部方言调查点对北部方言代表点石洞侗语的听懂度为 51.2%，由此得出，南北两大方言平均听懂度为 54.4%。通常而言，听懂度在 70% 以上才能互相通话。可见，南北方言区互相通话还是比较困难的，这与语音事实相符。

（2）贯洞、尚重、乐里三个南部方言调查点对车江话的听懂度为 91%，石洞、启蒙、大同（秀洞）三个北部方言调查点对车江话的听懂度为 51.3%，可见车江话在南北方言区的听懂度是最高的。因此，将榕江车江话定为侗语标准音是有科学依据的，将其语音作为侗语标准音便于各地侗族学习。

（3）南部方言中，听懂度高低排序是：车江 91%—贯洞 89.6%—尚重 82.7%。可见车江话在南部方言区听懂度最高，各土语之间通话基本没有问题。

（4）北部方言中，听懂度高低排序是：石洞 65.7%—大同（秀洞）54.3%—中寨 14%。可见，石洞话在北部方言地区的听懂度最高，各点递减分明，说明北部方言内部差异较大，通话有一定困难。

（5）石林（1990）主张北部方言应划分为石洞、大同、中寨、启蒙、报京等五个土语，南部方言应划分为车江、贯洞、大云等三个土语，这与听懂度划分基本一致。

第三节 语音规范

侗语的规范包括语音、词汇、语法等三个方面。侗语的语音规范，就是根据侗语语音的发展规律确定和推广标准音。它是侗语规范的重点，因为方言差异主要表现在语音上，语音规范能促进词汇、语法的规范。侗语语音规范主要包括侗语审音和异读规范以及借词语音规范。

一、侗语的标准音

（一）确立标准音和基础方言的依据

确立基础方言和标准音是创制文字的基础，是全民族有一个共同交流语的重要保证。通常，基础方言应是具有广泛代表性的方言，标准音应该是基础方言区域乃至该民族区域的政治、经济、文化中心所在地的语音。选择侗语标准音时是考虑到了这些要素的。经过对侗语的广泛调查和比较研究，确定侗语以南部方言为基础方言，以贵州省榕江县车江话的语音为标准音。关于侗语标准音问题，1958 年创制侗文时曾开展过热烈讨论，经多次讨论和协商才确定下来。侗文试行以来，有些学者曾提出侗语标准音应更换，认为榕江车江话代表性不广，缺少侗语地道的清化音、小舌音、舌后擦音。我们认为，选择榕江车江话作为侗语标准音，综合考虑了当时语言和社会实际，总体上是科学的、可行的。

首先看语言条件。从语音方面来看，榕江车江话音位系统有代表性，能反映侗语音系特点，且没有特殊变化，广大侗族群众容易学习。榕江车江话声母包括塞音声母（送气和不送气）和鼻音、擦音声母（不送气）和边音两类。另外，除了广西安太寨怀话和贵州镇远报京话有边擦音声母ɬ外，其余各地都没有这个声母。韵母方面，榕江车江话韵母可以照顾到绝大多数地区的侗语韵母，仅黎平、从江、三江等地的几个点区分 oŋ 韵和 ôŋ 韵，其他大部分地方都不区分。声调方面，榕江车江话有 9 个调，调值与整个北部方言和大部分南部方言地区是一致的。南部方言有些地方虽然声调数量少，只有 6 个，但这些地区声母较复杂。因此，不可能将这种方言作为标准音。

从词汇方面来看，根据 1957 年侗语方言调查情况汇报统计，从贵州、湖南、广西等地选择普遍性大、人口多的 8 个代表点，经交叉比较 25 次，榕江车江话特殊词较少且与其他各地词汇比较，相同平均数最大，榕江车江话与南部各点相同数高达 94.5%，与北部各点相同数也高达 77.7%。

从语法方面来看，榕江车江话与大多数侗族地区一致。前面曾经阐述了侗语方言之间的听懂度，从听懂度来看，榕江车江话优于其他方言。南部方言各地全部能听懂榕江车江话，听懂度超过 90%。北部方言各地对榕江车江话的听懂度也超过 50%。其他任何地方的侗语方言在侗族地区的听懂度都达不到这种程度。因此，将榕江车江话定为侗语标准音是科学的。

可见，从语言条件来看，上面所说的有的学者以榕江车江话缺少个别"地道音"为由提出更换标准音的建议，既不科学，也违背了普遍性原则。

其次看社会历史和文化经济条件。从历史来看，榕江为古州厅，历史悠久，被称为"黔省东南锁匙、苗疆第一要区"，是清朝贵州四大军事重镇之一。侗族的民间传说、款词和歌词中经常提到古州。例如侗族地区流传很广的《从前我们做大款歌》就唱到"头在古州，尾在柳州"，古州在侗族地区的威望和名声都很大。

榕江位于贵州、湖南、广西三省（自治区）的中心地带，地处都柳江畔，拥有得天独厚的水上交通，水路沿都柳江可上至三都，下至从江、柳州等地，为黔东南重要口岸和物资集散地，商贾云集，商贸繁华，条件优越。榕江县侗族居多，侗语占优势，且县城周围有侗族聚居的村寨，县城里的汉族和其他少数民族也大多会说侗语，语言环境良好。

榕江是侗族祖源文化的发源地和集散地，拥有 1 项世界级非物质文化遗产，11 项国家级非物质文化遗产，32 项省级非物质文化遗产，3 个中国世界文化遗产预备名录村寨，29 个中国传统村落。现在的榕江，区位优势也很明显，交通便捷，是贵州南部的交通要塞。厦门—成都高速公路、贵广高速铁路相继建成通车并在榕江县设站，荔榕高速公路、剑河—榕江高速路、雷山—榕江高速公路也相继建成通车，100 千米范围内还有黔东南黎平机场和黔南荔波机场。此外，兴义经榕江至永州、涪陵经榕江至柳州的铁路，榕江通用机场，都在规划之中，榕江的现代区位优势将进一步凸显。

因此，无论从历史还是从现状来看，将榕江车江话作为通用侗语的标准音这一科学抉择，都应继续坚持。以榕江车江话为标准音，以南部方言为基础方言，这一侗语文规范化方向，不应受到质疑和改变。

（二）标准音点的人文地理简介

侗语以贵州省榕江县车江话语音为标准音。车江位于榕江县城北面，距县城 5 千米，是全国最大的侗族聚居地，包括车寨（Xaih Xap）、妹寨（Xaih meik）、章鲁（Sang luh）、寨头（Xaih douc）、音堂（Xaih yenl）、脉寨（Xaih megx）、月寨（Xaih yodx）、口寨（Xaih gaos）、恩荣堡（Nyenh yongc pux）、小堡（Xaox pux）等十村九寨，共 3806 户，18159 人，侗族人口 14421 人。其中，章鲁村 460 户，2180 人，侗族人口 1357 人。[①] 车江侗寨又称三保（宝）侗寨，"三保"是历史名称，清朝史籍称榕江县车江大坝为"三保"，如乾隆二年（1737 年）贵州总督张广泗的奏折曾有"古州三保可安一千一百余户"的记载。近代一些文章将"三保"写为"三宝"则源于当地民间传说，据传以前车江河有三块大如谷桶的椭圆岩石，数百年洪水冲击而岿然不动，当地人将河中之石视为宝石，故名"三宝"。车江侗寨历史文化悠久，侗族民间传说中的车江侗寨有"更玛哦"（gaeml mags wot，三宝是侗族的老大）之说。侗族广泛流传的民间故事，如《珠郎娘美》《丁郎龙女》《芒岁流美》等都源于车江。

（三）标准音点——车江话的语音特点

侗语标准音点车江话有 32 个声母、56 个韵母、15 个声调，详见表 2-19、2-20、2-21、2-22、2-23。

表 2-19　声母表

b[p]	p[ph]	m[m]	f[f]	w[w]
d[t]	t[th]	n[n]	s[s]	l[l]
j[ɬ]	q[ɬh]	ny[n̠]	x[ɕ]	y[j]
g[k]	k[kh]	ng[ŋ]	h[h]	
bi[pj]	pi[phj]	mi[mj]		li[lj]
di[tj]	ti[thj]		[ʔ]	
gu[kw]	ku[khw]	ngu[ŋw]		
z[ts]	c[tsh]	r[r]		

---

①　资料来源：榕江县古州镇人民政府及车民街道办事处于 2024 年 4 月提供。

说明：

车江话声母按发音部位分为如下七类：

（1）双唇音：塞音 p-、ph-、pj-，浊擦音 w-，鼻音 m-。

（2）舌尖音：不送气清塞音 t-，送气清塞音 th-，鼻音 n-，腭化音 tj-、thj-、lj-，清擦音 s-，塞擦音 ts-、tsh-，边音 l-。

（3）舌面前音：有浊塞音 ȶ-、送气清塞音 ȶh-、清擦音 ɕ-、浊擦音 j-、鼻音 ȵ-，ȶ- 的塞音成分很重。

（4）舌面后音：不送气清塞音 k-、送气清塞音 kh-、鼻音 ŋ-。

（5）喉音：塞音 ʔ- 和清擦音 h-。

（6）腭化音：双唇不送气清塞音 pj-、双唇送气清塞音 phj-、鼻音 mj-、边音 lj-。

（7）唇化音：不送气清塞音 kw-、送气清塞音 khw-、鼻音 ŋw-。

其中 tj-、thj-、ts-、tsh-、r-、f- 专用于现代汉语借词。

声母例词：

表 2-20　声母例字（词）表

bal（鱼）	pap（蓝色）	mac（舌）	fenh（分）	wap（花）
dal（眼）	top（大）	nas（脸）	sods（吸）	langc（郎）
jal（茅草）	qat（轻）	nyac（你）	xap（车）	yac（二）
gal（剩）	kap（耳）	ngox（五）		
bial（岩）	piap（喂）	miac（手）		liop（醒）
dieenl（电）	tieenh（天）		aol（要）	
gueel（瓜）	kuaot（酒）	nguap（狗）		
zol（坐）	caop（造）	ranc（然）		

表 2-21　韵母表

	i[ɪ]	ee[e]	a[a]	ae[ɐ]	o[o]	u[u]	e[ə]
-O	i[ɪ]	ee[e]	a[a]		o[o]	u[u]	ii[ŋ]
-i[-i]		ei[ei]	ai[ai]		oi[oi]	ui[ui]	
-u[-u]	iu[ɪu]	eeu[eu]	ao[au]	aeu[ɐu]			
-m[-m]	im[ɪm]	eem[em]	am[am]	aem[ɐm]	om[om]	um[um]	em[əm]
-n[-n]	in[ɪn]	een[en]	an[an]	aen[ɐn]	on[on]	un[un]	en[ən]
-ng[-ŋ]	ing[ɪŋ]	eeng[eŋ]	ang[aŋ]	aeng[ɐŋ]	ong[oŋ]	ung[uŋ]	eng[əŋ]
-b[-p]	ib[ɪp]	eb[ep]	ab[ap]	ab[ɐp]	ob[op]	ub[up]	eb[əp]
-d[-t]	id[ɪt]	ed[et]	ad[at]	ed[ɐt]	od[ot]	ud[ut]	ed[ət]
-g[-k]	ig[ɪk]	eg[ek]	ag[ak]	eg[ɐk]	og[ok]	ug[uk]	eg[ək]

说明：

侗语有 a、ɐ、e、ə、i、o、u 等元音，除 ɐ 和 ə 外，都可单独作韵母，i、u 还可作韵尾。

[a] 实际读音近似于 [ʌ]。

[ɐ] 舌位稍高而后。

[e] 在 n 或舌面前音、腭化音之后，舌位稍高。

[i] 在舌面前音 [ȶ]、[ȶh]、[ɕ] 后，舌位稍高。

[o] 后圆唇元音，在韵尾 -i、-n、-t 前，主元音和韵尾间带 a 过渡音，如：ton[5]（猜）、tot[9']（脱）。

[u] 在韵尾 -t 前，后面带 ə 过渡音，如：mut[10]（胡子）。

[ə] 在韵尾 -i 前，舌位略偏高，如：kəi[5]（蛋）、ȶəi[3]（买）。在韵尾 -u 前，舌位略偏低，如：əu[4]（米）、wəu[2]（鸡笼）。

韵母例词：

表 2-22 韵母例字（词）表

sil（侵入）	seel（带子）	sav（洗）		sot（干）	sup（青）	siic（石）
	eip（开）	aiv（鸡）		oil（多）	suic（蛇）	
yiuh（鹞子）	seeul（喇叭）	aov（要）	saeut（醋）			
yimk（凉快）	geemv（漂亮）	amv（补）	aemv（背）	womv（阴凉处）	juml（累）	semp（心）
sinp（千）	xeenc（痰）	anl（麻）	aenl（慢）	xonv（转）	sunl（刺）	senl（亲戚）
singl（楼门）	xeengl（争）	angl（江）	aengs（蠢）	ongv（瓮）	sung（话）	dengv（黑暗）
dibs（糯禾刀）	ebs（湾）	abs（洗澡）	sabp（捉）	gobs（刚刚）	sup（逢）	sebp（吹）
ids（痛）	beds（八）	sadt（踏）	bedl（鸭子）	todc（脱）	udt（燃）	sedl（尾巴）
digs（满）	begs（百）	sagt（舂米）	egs（隔）	mogc（鸟）	ugs（出）	xegl（歪斜）

表 2-23 声调表

调名	调类		调值（车江章鲁）	例字（词）
平	阴平（第 1 调）	全阴平	1	55	pa^{55}（鱼）
		次阴平	1'	35	pha^{35}（灰色）
	阳平（第 2 调）		2	11/212	pa^{212}（耙）
上	阴上（第 3 调）	全阴上	3	24/323	pja^{323}（雷）
		次阴上	3'	13	$phja^{13}$（翻）
	阳上（第 4 调）		4	31	pa^{31}（蝗虫）
去	阴去（第 5 调）	全阴去	5	53	pa^{53}（树叶）
		次阴去	5'	453	pha^{453}（破坏）
	阳去（第 6 调）		6	33	pa^{33}（糠）

续表

调名		调类		调值 （车江章鲁）	例字（词）
入	阴短入 （第7调）	全阴短入	7	55	jɐk⁵⁵（湿）
		次阴短入	7'	35	jɐk³⁵（勤快）、sət³⁵（七）
	阳短入（第8调）		8	21	jɐk²¹（可怜）、mət²¹（蚂蚁）
	阴长入 （第9调）	全阴长入	9	24/323	jak³²³（饿）、pat³²³（钵头）
		次阴长入	9'	13	jak¹³（鱼栏）、phat¹³（血）
	阳长入（第10调）		10	31	jak³¹（锈）、bak³¹（白）

说明：

①第2调一般稍有降升的低曲折调，有时也读低平。

②第3调开始时微降，然后上升；第3调的终点比第6调略高。

二、侗语的语音规范

（一）异读音和变读音的规范

侗语语音规范，是指侗语语音按标准音来读和拼写。但是，标准音并不是完全一成不变的标准点的语音，而是规范了的标准音。正如普通话以北京语音为标准音，但并不完全是北京话读音，北京话语音的某些成分，普通话并不采纳。

首先，作为标准音的榕江车江话，其语音系统的某些读音本身就存在异读和变读。从20世纪50年代末到现在已60余年，语音一直在变化，现在老派读音和新派读音出现明显差别，对这些有差别的读音需要进行审音和遴选，确定一个规范的读音。新老派读音差别，见表2-24。

表2-24　新老派读音差别例字（词）表

例字（词）	称	酒	吵	桶	糟	钓钩	落	葛根	蚊帐
老派读音	kwiu⁵³	khwau¹³	kit³¹	won⁴⁵³	sam¹³	sip³²³	tok⁵⁵	non⁵³	sun³²³
新派读音	kiu⁵³	khau¹³	it³¹	hon⁴⁵³	san¹³	sit¹³	to⁵⁵	kon⁵³	sun¹³

其次，榕江车江话还存在着部分传统词汇缺失的现象。例如，榕江车江话"布"和"棉花"都说成 miinc，但大部分侗族地区"布""棉花"是两个不同的词：jal/yal（布）、miinc（棉花），标准侗语就应当吸收这种大部分地区约定俗成的说法。又如，车江话 meec 意为"没有"，lis 意为"有"，而大部分侗族地区把"没有"称为 gueec，"有"称为 meec，这种情况也应进行规范，遵从多数说法，meec 表示"有"的意思。

（二）汉语借词读音规范

侗语有不少汉语借词，而且随着社会生活的发展，还会不断出现新的汉语借词。汉语借词的读音主要是本地汉语方言的读音。对于侗语标准点的榕江县车江乡来说，侗语的汉语借词读音主要就是榕江县城的读音。通常，新生事物的说法往往从作为政治经济文化中心的县城开始传播，然后扩散到乡下。

但是，汉语借词的读音实际情况并没有这么简单。首先，从侗语的汉语借词读音的来源上看，主要是来自县城的汉语方言读音，但又不限于县城读音，还包括来自黔东南州首府凯里市的汉语方言读音，以及来自贵州省省会贵阳市的汉语方言读音。

其次，从借词读音的音位性质来看，汉语借词读音中的某些音位，可能是侗语固有语音系统中没有的音位，还有侗族人用自己母语音"对译"汉语读音而产生的音位变体，而且同一个汉语借词，老派读音和新派读音也存在差异。关于汉语借词读音问题，郑国乔、杨权（1985）[1]，石林（1994）[2]，陈宗林（2000）[3]，曾晓渝（2006）[4]，杨通银、房艳平（2011）[5]，龙耀宏（2012）[6]，肖亚丽（2012）[7]，吴永谊（2012）[8]，曾笑丽（2015）[9]，罗雨镓

---

[1] 郑国乔、杨权：《榕江侗话的语音》，《贵州民族研究》1985 年第 2 期。
[2] 石林：《侗语中汉语新借词的读音》，《民族语文》1994 年第 5 期。
[3] 陈宗林：《三江侗语汉语借词声母系统研究》，《湖北民族学院学报（哲学社会科学版）》2000 年第 3 期。
[4] 曾晓渝：《三江侗语中古汉语借词》，《民族语文》2006 年第 4 期。
[5] 杨通银、房艳平：《湖南通道"本地人"语言和文化中的侗汉接触和混合》，《广西民族大学学报（哲学社会科学版）》2011 年第 2 期。
[6] 龙耀宏：《侗语方音研究》，博士学位论文，上海师范大学，2012，第 5 页。
[7] 肖亚丽：《从借词看侗、汉语言的相互影响——以锦屏语言接触为例》，《贵州民族研究》2012 年第 1 期。
[8] 吴永谊：《车江侗语语音 50 年变化研究》，硕士学位论文，贵州民族大学，2012，第 27—44 页。
[9] 曾笑丽：《湖南洞口菥溪侗语语音词汇研究》，硕士学位论文，湖南师范大学，2015，第 95—102 页。

（2017）[①]，毕谦琦、王艳红（2017）[②]等学者有过详细的调查研究。侗语中的汉语借词的新老派异读情况见表 2-25、2-26。

表 2-25　侗语的汉语借词声母和汉语声母对应表

汉语（《汉语拼音方案》）	侗语（《侗文方案（草案）》）		地点	侗语例字（词）
	老派	新派		
b	j、di	b	石洞、秀洞、剑河	jaos（标）、diedl（笔）、biedl（笔）
p	q、di、j	p	石洞、锦屏、通道	qaos（飘）、jaos（飘）、diaos（飘）、pinc（贫）
m	li	m	石洞、通道	liix（米）、lienc（民）
f	w、h	f	各地	wac（发）、wanl（范）、hongs（风）
d	j、di	d、di	石洞、剑河	jic（敌）、jeenx（点）、jiaoc（调）、jeenl（电）
t	j	t	石洞	qeec（铁）、jic（提）、jingc（亭）
n	z	n	石洞	zuc（努）
l	y	l	石洞	yinc（林）、yix（里）
x	s	x	石洞	sil（西）
j	g	g、j	石洞、章鲁、剑河	gaixjeec（解决）
q	j	q	章鲁、石洞、剑河	jingc（情）、xingsjis（星期）、jilsees（汽车）
z	s	z	各地	sil（自）、sis（资）、suc（族）
c	s、q	c	各地	qans（参）、songc（从）、bossail（菠菜）
zh	j、s、z	z	各地	jangs（张）、songs（钟）、sil（智）、sis（纸）
ch	s、q、c	c	各地	sux（楚）、sic（耻）、qus（初）、canx（产）
sh	s、x	s	各地	xus（书）、souxjis（手机）、seel（社）

---

① 罗雨镓：《高酿侗语语音研究》，硕士学位论文，贵州民族大学，2017，第 19—28 页。

② 毕谦琦、王艳红：《石洞侗语汉借词历史层次分析》，《语言科学》2017 年第 3 期。

续表

汉语 (《汉语拼音方案》)	侗语(《侗文方案(草案)》)		地点	侗语例字(词)
	老派	新派		
r	z、l、y	z、y	各地	lenc(人)、zenc(人),longc(容)、yongc(容)
h	w、f	f	各地	wangc(黄)、was(花)、fac(华)、feis(灰)
o	ng	ng	各地	ngail(爱)、ngaol(奥)、ngeec(额)、ngens(恩)、ngans(安)、ngoux(藕)、ngangc(昂)
	ny	ny	各地	nyeenl(验)、nyeenc(严)

从上表可以看出，通常和侗语相同或相当的语音就按侗语固有读音来读，与侗语不同的语音，或读成与侗语相似或相近的语音，或按照汉语的语音来读。老派多用侗语固有语音来"对译"汉语读音，而新派大多直接照搬汉语读音。

侗语中新进的汉语借词读音一般与当地汉语方言（西南官话）相同，但由于侗语地域方言的影响，读音也可能与西南官话有些不同。从地域因素及新老派语音情况来看侗语中的汉语借词读音，汉语借词声母读音各地比较一致的主要有以下三点：

（1）普通话卷舌音（zh、ch、sh、r）在侗族地区的汉语方言都读成不卷舌的 z、c、s、z。例如：

zongsyangs（中央）　　zousmoc（周末）　　ceeszanl（车站）

canxpingx（产品）　　seelfeil（社会）　　sengxzangx（省长）

zencmingc（人民）

（2）普通话无介音 -i-、-u-、ü 的零声母字在侗族地区的汉语方言大都增加后鼻音声母 ng[ŋ]；普通话带介音 -i- 的零声母字，在侗族地区汉语方言大都带声母 ny[n̺]。例如：

ngailqingc（爱情）　　jaosngaol（骄傲）　　ngansqeenc（安全）

ngouszous（欧洲）　　kaoxnyeenl（考验）　　faicnyic（怀疑）

jiulnyeec（就业）　　　　　nyeencjiussengs（研究生）

（3）汉语普通话 h 声母和带介音 -u- 的字词，侗族地区汉语方言声母多读 f。例如：

fuxyac（虎牙）　　kaisfeil（开会）　　zongsfac（中华）　　xeenldailfal（现代化）

不一致的地方主要有三点：第一，老派语音不分送气音，将 b、p、d、t、q、zh 说成 j；新派语音没有发生改变，即 p、t、q 的直接借用。第二，老派语音有的将 x、z、c、zh、ch、sh 说成 s；新派语音 x、z、c 直接借用，zh、ch、sh 说成 z、c、s。第三，老派语音 h、f 混读，新派语音两者有区别。

表 2-26　侗语中汉语借词韵母和汉语韵母对应表

汉语（《汉语拼音方案》）	侗语（《侗文方案（草案）》）		地点	侗语例字
	老派	新派		
e	ee、o	e、o	各地	deec（德）、dec（德）、gos（歌）、ges（歌）
o	ee	e、o	各地	beec（伯）、boc（伯）、meec（墨）、moc（墨）
i	ei、ou	i	报京、高酿、秀洞	peis（批）、youc（役）
u	ou	ou、u	各地	loul（路）、lul（路）
ü	i、u、ou	i、u、ou	各地	liic（率）、suc（续）、youc（育）
ai	ee、e	ee	大部分地区	beec（白）、bec（白）、zeec（窄）、zec（窄）
ua	a	ua	大部分地区	zas（抓）、zuas（抓）、sas（刷）、suas（刷）
uai	ai	uai	各地	sail（帅）、suail（帅）
ei	ee、i	ee、ei	大部分地区	beec（北）、mic（眉）
ui	ei	ei、ui	大部分地区	deil（队）、seix（水）
ao	o、ou	ao	各地	boc（薄）、zoc（着）、moul（茂）
iao	o	o	各地	joc（脚）、yoc（钥）
ou	u	u、ou	各地	zuc（肉）、zouc（肉）、zuc（轴）

续表

汉语（《汉语拼音方案》）	侗语（《侗文方案（草案）》）		地点	侗语例字
	老派	新派		
iu	u、ou	ou、iu	大部分地区	louc（六）、luc（六）
ue	o、ee	o、ue	各地	lioc（略）、jeec（决）、xoc（学）
ie	ai	ai	各地	gais（街）、ail（街）、haip（鞋）
an	on	on	大部分地区	bonl（半）、pons（潘）、bons（般）
in	en	in	大部分地区	yenc（银）
ian	an	an、ian	大部分地区	hanc（咸）
uan	on	on、uan	大部分地区	gons（官）
üan	on、	on、uan	大部分地区	qonc（权）
eng	en	en	各地	bens（崩）、xenl（生）
ing	en	in	大部分地区	jins（京）、jens（京）、binc（瓶）、jinc（情）
un	en	un	大部分地区	cens（春）、cuns（春）、cens（春）
uang	ang	uang	大部分地区	zangs（妆）、zuangs（妆）、sangs（双）
ong	eng	ong	秀洞	dengs（冬）
iong	un	ong	大部分地区	yunx（永）、yongx（永）、yongx（勇）

侗语新借词的韵母和当地西南官话的韵母大致相同，因为侗语的韵母比当地汉语方言的韵母要多，汉语方言的韵母基本上都能从侗语的韵母中找到。例如：

鼻音韵母的读音。普通话区分前后鼻音韵母 in 和 ing、en 和 eng，当地汉语方言通常都不区分前鼻音韵母和后鼻音韵母，二者读成一样。侗语也按当地方言读音，不区分前后鼻音韵母，如：ing 读为 en 或 in，eng 读为 en。例如："京""鲸"均读为 jins，"身""生"均读为 sens。

侗语里没有带介音的韵母，不少普通话带介音 i、u、ü 的韵母在当地方言中读成不带介音的韵母。例如：yuc（油）、yoc（药）、gaix（解）、gail（届）、louc（六）、joc（角）、xeenl（先）、feil（会）、fanc（还）、yos（约）、xoc（学）、qons（圈）、sangs（双）。

新老派读音明显有别。老派读音多保留侗语系统韵母，借入韵母少，新派读音与当地汉语方言一样。例如：

局，老派读音为 jic，新派读音为 juc；

春，老派读音为 cens，新派读音为 cuns；

批，老派读音为 peis，新派读音为 pis；

永，老派读音为 yunx，新派读音为 yongx。

各地读音可能有差异。例如，"冬"大部分侗语地区读 dongs，秀洞读 dengs。

侗语中新借词的声调一般按当地方言和侗语声调的对应关系，归入侗语相应的调类（见表 2-27）。榕江车江汉语方言的阳平调，在侗语中读第 2 调；汉语方言的上声调，在侗语中读第 4 调；汉语方言的去声调，在侗语中读第 1 调。

表 2-27　侗语中的新借词和汉语方言的声调对照表

汉语方言声调	阴平		阳平		上声		去声			
侗语声调	调类	调值	调类	调值	调类	调值	调类	调值	调类	调值
榕江车江	6	（33）	2	（22）	4	（31）	1	（35）	1′	（55）
黎平水口		（33）	2	（113）	6	（21）	3		（35）	
三江和里	6	（33）	2	（11）	5	（53）	1′		（24）	
新晃中寨	3	（33）	2	（214）	6	（31）	5	（53）	5′	343
天柱石洞	3	（33）	2	（22）	4	（31）	1	（35）	5′	（25）
	2	（22）	1′	（11）						
天柱邦洞	6	（33）	2	（22）	4	（31）	1		（35）	

当初制定《侗文方案（草案）》时有人提出，汉语借词用汉语拼音拼写，但读音还是按侗语的实际读音。这实际上有问题。如上所说，侗语的汉语借词，尤其是新借词，几乎都是按当地汉语方言读音（因为借词的传入绝大多数也是通过当地方言流传开来），方言的读音和普通话的读音差距甚远。拼音文字的优势本来就是看到文字就能直接拼读，看到按

普通话拼音书写的侗文，怎么可能有方言的音出来呢？另外，汉语借词的侗文按普通话拼音书写，还有一个声调书写问题。侗文的声调是在音节末尾加字母表示，汉语拼音的声调是在主元音上面添加附加符号表示，这是两个不同的声调标示系统。

根据上面所述的汉语借词读音情况，侗语的汉语借词规范建议遵循两条原则：

（1）汉语新借词全部采用当地流传最广的汉语方言读音作为规范读音，如汉语方言读音有异读，则按以下原则处理：

①有新老派异读的，以老派读音为规范音。

②如新老派异读有意义差别，则保留新老派异读；新派异读音优先选择与侗语读音（声韵调）相同、相近或有对应规律的读音作为规范读音。

（2）汉语新借词在侗族地区尚未流传开来、读音尚未稳定的，按照"读音相近"原则，用侗语语音系统中相同或相近的音来作为规范读音。

汉语借词读音规范的具体做法建议如下：

（1）侗族地区汉语方言和侗语都没有普通话卷舌声母 [tʂ、tʂh、ʂ]，一律以 z、c、s[ts、tsh、s] 为规范读音。

（2）ai、an、ao、en、ou 这类零声母字，一律按当地方言读音习惯增加后鼻音声母 ng[ŋ]。

（3）后鼻音韵母，一律按侗语的读音习惯，规范为相同或相近的前鼻音韵母。

（4）侗族地区汉语方言有 [ɻ]、ü[y]、üe[yɛ]、ün[yn] 等韵母，侗语没有。这类读音的规范建议：①这些韵母老派有相应约定俗成读音的，按老派读音处理；②老派无相应读音的，按当地方言保留撮口呼，即将撮口呼作为汉语新借词的专用韵母。

（5）汉语借词按侗语和当地汉语方言对应调类为基本的声调规范，并兼顾汉语方言阴平调类调值普遍与侗语第 3 调相近的事实，即：汉语借词的阴平、阳平、上声、去声，用侗语的第 3 调（x）、第 2 调（c）、第 4 调（l）、第 1 调（s）作为规范音。见表 2-28。

表 2-28　汉语借词在侗语中的声调对应规范表（建议方案）

汉语声调	阴平	阳平	上声	去声
侗语中汉语借词声调	s	c	x	l
例字	jens（经）	beec（白）	feix（匪）	wieenl（院）、ponl（判）

第四节　词汇规范

20 世纪 50 年代开展侗语调查时，调查人员分别记录了贵州、湖南、广西等地的侗语方言词汇（含短语）1600 多条，并陆续进行补充调查，有关部门先后编撰出版了《侗汉简明词典（初稿）》（贵州省民族语文指导委员会研究室、中国科学院少数民族语言调查第二工作队编，贵州民族出版社，1959）、《汉侗简明词典（初稿）》（贵州省民族语文指导委员会研究室编，贵州民族出版社，1961）。近十多年来，又编撰出版了《侗汉词典》（欧亨元编著，民族出版社，2004）、《侗汉常用词典》（潘永荣、石锦宏编著，贵州民族出版社，2008）、《通道侗语词语》（石愿兵编著，湖南人民出版社，2013），这些侗语词典为侗语文的社会使用提供了查询工具。但由于缺乏规范，这些先后编撰的侗语词典的读音和拼写，常常出现不一致的现象，使用者会无所适从，不知道哪种语音和拼写是正确的或标准的，在一定程度上不利于侗语文的社会使用。词典工具书不统一，其根源是词汇没有进行系统全面的规范。

有学者提出词汇的规范应遵循必要性原则、普遍性原则、明确性原则。[①] 对于少数民族语言的词汇规范，我们认为，应遵循以下三个基本原则：

传统性原则。当传统词汇和同义的现代词汇并存时，应尽量保留和选择侗族传统知识范畴的词汇作为规范的词汇。这是维持侗语语言结构系统特征和稳定的需要。

必要性原则。就是考察一个词在现代侗语标准词汇系统中有无存在的必要，即在侗族语言生活的交流表达上是否是不可缺少的概念和事物。这项原则主要适用于新事物、新概念的侗语命名规范。有些事物概念虽然不属于侗族传统知识的词汇范畴，但这些词汇在当代侗族语言生活中已经必不可少，而这些词汇又存在读音和词义不统一的情况，这就需要进行规范。

约定俗成原则。词汇规范一定要坚持群众约定俗成的原则。作为规范的词汇，应是各方言区群众普遍使用的通用词汇。同一个词有多种方言说法，首先看哪种说法是广大侗族群众普遍使用的。例如，侗语标准音点中 miinc（布）、meec（没有）等词就没有普遍性，侗族大部分地区的 miinc 指的是"棉花"，meec 指的是"有"，因此在词汇规范时应进行重

---

①　周自厚：《也谈词汇规范化的原则》，《语文建设》1998 年第 8 期。

新选择和确定。约定俗成的原则还有一个方面的含义就是，在选用和确定规范词汇时，要优先确定意义明确、易为群众明白和接受的词为标准词汇。伏尔泰曾指出："一个新词，只有在绝对必要、明白易懂并且悦耳时才情有可原。"[①]

根据以上原则，我们可以从以下几个方面入手，进行侗语词汇的规范工作。

一、方言词的规范

从前面侗语方言的比较分析中可知，各地侗语方言中真正不同源的词并不多，绝大多数词是同源的。但由于南北方言各地方音的变化，有一部分词的各地读音有所不同，如果不加以规范，都各自按当地方音拼写，必然造成侗文书写不一致的现象，影响侗语的交流和传播。方言词的规范实际上涉及两个方面的工作：一是同一个词有异读和变读，从中选择和确定一个读音作为这个词的标准读音；二是同一个词有不同说法，从中选择和确定一个说法为标准说法。两项工作中，第一项是主要的。第一项工作实际就是审音工作。方言词审音应以标准点读音为参照，并参考大多数方言的共同读音。

有三种情况的方言词读音必须进行审音：第一，一个词有异读，标准点的读音有一定普遍性，则将标准点读音作为这个词的规范音；第二，一个词有异读，标准点的读音不具有普遍性，则将其他非标准点具有普遍性的读音作为这个词的规范音；第三，一个词有异读，但不存在具有普遍性的读音，则将标准点的读音作为这个词的规范音。下面举例说明。

例①：鱼

南部方言：	章鲁	陇城	平等	四洲	贯洞	宰蒙	高宇	起凡
	bal	bal	bal	bal	bal	bal	qal	bal
北部方言：	石洞	高酿	小广	谢寨	大同	三门塘	中寨	报京
	dal	al	dal	bial	al	qal	dal	xal

"鱼"有 bal、dal、xal、qal、bial、al 六种读音，其中 bal 比较普遍，标准音点也读 bal。比较壮侗语族中"鱼"的读音，泰语读 pla^2，老挝语读 pa^1，傣语读 pa^1，壮语读 pja^1，布依

---

① 转引自 G. 隆多：《术语学概论》，刘钢、刘健译，科学出版社，1985，第 114 页。

语读 pja[1]，临高语读 ba[1]，黎语读 ɬa[1]，拉珈语读 phla[1]，李方桂先生和梁敏先生曾拟"鱼"读为 *pla，说明侗语中 -l- 已丢失。综合这几方面，bal 的说法比较普遍，同时标准音点也是这个读音，也符合本语族语言的发展，因此以 bal 为"鱼"的规范读音。

例②：云

南部方言:	章鲁	陇城	平等	四洲	贯洞	宰蒙	高宇	起凡
	mas	mas	mas	mas	mas	mas	mas	mas
北部方言:	石洞	高酿	小广	谢寨	大同	三门塘	中寨	报京
	guas	guas	guas	guas	munh	guas	was	munh

"云"有 mas、guas、was、munh 四种读音，其中 mas 比较普遍，标准音点也读 mas。比较壮侗语族中"云"的读音，泰语读 fa[3]，老挝语读 fm:a[3]，壮语读 fɯ[3]，布依语读 vɯɯ[3]，黎语读 de:k[7] fa[3]，水语读 fa[3]，莫语读 va[6]，拉珈语读 fa[3]，李方桂先生拟原始侗台语 *fua 为"云"的读音，梁敏先生拟原始侗台语 *pwua 为"云"的读音。mas 的代表性大，且标准音点也读该音，因此将 mas 作为"云"的规范读音。

例③：酒

南部方言:	章鲁	陇城	平等	四洲	贯洞	宰蒙	高宇	起凡
	kuaot	gaot	kaot	kuaot	kaot	guaot	kaot	kaot
北部方言:	石洞	高酿	小广	谢寨	大同	三门塘	中寨	报京
	daot	aot	daot	saot	kaot	qhaot	kuaot	xaot

"酒"有 kuaot、guaot、qhaot、kaot、gaot、daot、saot、aot 等读音，标准音点读 kuaot。壮语读 lau[3]，布依语读 lau[3]，水语读 ha:u[3]，仫佬语读 khɤa:u[3]，拉珈语读 khja:u[3]，傣语读 lau[3]。语言由复杂向简单发展是汉藏语系诸语言一条共同的演变规律，语音演变通常是通过音位的合并而逐渐简化，可以推断侗语"酒"语音的演变为双辅音声母简化为单辅音声母，即 ku/gu—k/s/d/x，其中 ku 稍普遍，标准音点也读 kuaot，同语族的仫佬语和拉珈语也都是送气的复辅音声母，因此将 kuaot 作为"酒"的规范读音。

例④：虫

南部方言：	章鲁	陇城	平等	四洲	贯洞	宰蒙	高宇	起凡
	nuic	nuic	nic	nuic	nuic	nuic	nic	nic
北部方言：	石洞	高酿	小广	谢寨	大同	三门塘	中寨	报京
	nic	nic	nuic	nuic	nuic	nic	nic	nuic

　　"虫"有 nuic、nic 两种读音，标准音点读 nuic。结合侗台语亲属语言，我们发现么佬语、锦语、莫语等语言中的"虫"均读为 nui²，而且梁敏、张均如（1996）在构拟"虫"的原始韵母时，构拟为 *-uei。可以推断，最初的时候，应该是复合元音，后来随着时间推移，逐渐出现单化，单化过程为 ui—i。因此，将 nuic 作为"虫"的规范读音。

例⑤：人

南部方言：	章鲁	陇城	平等	四洲	贯洞	宰蒙	高宇	起凡
	nyenc	nyenc	nyenc	nyenc	nyenc	nyenc	qenc	qenc
北部方言：	石洞	高酿	小广	谢寨	大同	三门塘	中寨	报京
	yenc	genc	enc	enc	enc	qenc	enc	qenc

　　"人"有 nyenc、genc、qenc、yenc、enc 五种读音，标准音点读 nyenc。壮语读 vun²，布依语读 vɯn²，水语读 zən²，么佬语读 ɕən²，傣语读 kun²，根据语言复杂到简单的演变原理，可以推断最初应该为 ny，且标准音点为 nyenc，南部方言大部分地区 nyenc 也具有代表性，因此将 nyenc 作为"人"的规范读音。

例⑥：吃

南部方言：	章鲁	陇城	平等	四洲	贯洞	宰蒙	高宇	起凡
	jil	janl	janl	jil	janl	jil	jil	jil
北部方言：	石洞	高酿	小广	谢寨	大同	三门塘	中寨	报京
	jeel	jeel	jil	jil	jil	jeel	janl	jil

"吃"有 jil、janl、jeel 三种读音，标准音点读 jil。壮侗语族的壮语读 kwn¹，布依语读 kwn¹，水语读 tsje¹，仫佬语读 tsa:n¹，拉珈语读 tsen¹，考虑到侗语中 jil 的读音比较有普遍性，且与标准音点发音一致，因此选 jil 作为"吃"的规范读音。

例⑦：绿

南部方言：	章鲁	陇城	平等	四洲	贯洞	宰蒙	高宇	起凡
	sup	sup	sup	sup	hul	siup	siup	siup
北部方言：	石洞	高酿	小广	谢寨	大同	三门塘	中寨	报京
	ngup	siup	siup	siup	siup	siup	lup	siup

"绿"有 siup、sup、lup、ngup 等读音，标准音点读 sup。壮语读 leu¹，布依语读 lu⁴，水语读 xu¹，仫佬语读 həu¹。虽然同语族读音不太一致，但无论南部方言还是北部方言，siup 的普遍性较大，因此选择 siup 作为"绿"的规范读音。

例⑧：猪

南部方言：	章鲁	陇城	平等	四洲	贯洞	宰蒙	高宇	起凡
	nguk	uk	guk	muk	kuk	muk	muk	muk
北部方言：	石洞	高酿	小广	谢寨	大同	三门塘	中寨	报京
	muk	muk	muk	muk	muk	muk	muk	muk

"猪"有 muk、nguk、guk、uk、kuk 等读音，标准音点读 nguk。同语族语言壮语读 mu¹、布依语读 mu¹、水语读 mu⁵、仫佬语读 mu⁵、傣语读 mu¹，虽然标准音点读 nguk，但 muk 的说法比较普遍，因此将 muk 作为"猪"的规范读音。

对方言词加以规范，并不是完全排斥使用方言词。当南北方言词汇各呈一致，在规范时，不必硬性舍去其一，应一同纳入侗语规范词汇。至于在方言内部存在一些语音差异，仍以约定俗成原则的普遍性标准加以规范。具体如下：

例①：父亲

南部方言：	章鲁	陇城	平等	四洲	贯洞	宰蒙	高宇	起凡
	bux	bux	bux	bux	bux	bux	bux	bux
北部方言：	石洞	高酿	小广	谢寨	大同	三门塘	中寨	报京
	jas	jas	jas	jas	jas	jas	jas	jas

　　"父亲"一词南北方言内部读法各一致，南部方言都读 bux，北部方言都读 jas，可将 bux 和 jas 都作为"父亲"的规范读音。

例②：猴子

南部方言：	章鲁	陇城	平等	四洲	贯洞	宰蒙	高宇	起凡
	munh	munh	munh	munh	munh	munh	munh	munh
北部方言：	石洞	高酿	小广	谢寨	大同	三门塘	中寨	报京
	leil	leil	leil	leil	leil	leil	leil	leil

　　"猴子"一词南北方言内部读法各一致，南部方言都读 munh，北部方言都读 leil，可将 munh 和 leil 都作为"猴子"的规范读音。

例③：床

南部方言：	章鲁	陇城	平等	四洲	贯洞	宰蒙	高宇	起凡
	xangc	xangc	xangc	xangc	xangc	tsangc	doiv	doiv
北部方言：	石洞	高酿	小广	谢寨	大同	三门塘	中寨	报京
	doiv	doiv	doiv	doiv	doiv	doiv	doiv	doiv

　　"床"字南北方言内部读法多数一致，南部方言大多数读 xangc，北部方言都读 doiv，可将 xangc 和 doiv 都作为"床"的规范读音。

例④：药

南部方言：	章鲁	陇城	平等	四洲	贯洞	宰蒙	高宇	起凡
	ems	ems	ems	ems	ems	ems	ems	ems
北部方言：	石洞	高酿	小广	谢寨	大同	三门塘	中寨	报京
	sac	sac	sac	sac	sac	sac	hac	ems

"药"字南北方言内部读法多数一致，南部方言都读 ems，北部方言大多数读 sac，可将 ems 和 sac 都作为"药"的规范读音。

例⑤：桥

南部方言：	章鲁	陇城	平等	四洲	贯洞	宰蒙	高宇	起凡
	lox	lox	lox	lox	lox	lox	lox	lox
北部方言：	石洞	高酿	小广	谢寨	大同	三门塘	中寨	报京
	jiuc	jiuc	jiuc	jiuc	jiuc	jiuc	jiuc	luc

"桥"字南北方言内部读法多数一致，南部方言都读 lox，北部方言大多数读 jiuc，可将 lox 和 jiuc 都可以作为"桥"的规范读音。

二、新借词的规范

侗语吸收了大量的汉语词，这对丰富侗语词汇，增强侗语的表达力具有积极作用。但汉语借词需要进行规范，否则会引起混乱。

（一）优先保留民族固有词

凡是标准点方言存在本民族固有词，而其他侗族地区方言已普遍使用汉语借词替代的，一律将固有词作为规范词。如"熊"在榕江车江章鲁读 meel，是本民族固有词；天柱、剑河等地读 xongc，为汉语借词，应选 meel 为规范词汇。又如"桌子"在榕江车江章鲁读 xongc，是本民族固有词；天柱、剑河、中寨等地读 taic，为汉语借词，应选 xongc 为规范词汇。再如"裤子"在榕江车江章鲁读 sov，是本民族固有词；天柱、剑河、中寨等地读 kuk，为汉语借词，应选 sov 为规范词汇。

（二）能用侗语词表达清楚、准确的就不要用汉语借词

如表达"白菜"的意思，侗语中已有一个类似表达白菜的词 malbagx，就不必再用汉语借词 beecsaik；又如表达"泡沫"的意思，侗语中已有 bugx 一词，就不要再用汉语借词 paoxpaox；再如表达"豆腐"的意思，侗语中已有 doswuk 一词，就不要再用汉语借词 doulfux。

（三）要统一新借词的文字形式

汉语借词中的老借词因其语音构造已和侗语本民族词的语音构造水乳交融，因此老借词的文字形式很容易跟侗语本民族词的文字形式统一起来。但是，新借词则不然，由于它是从当地方言中吸收的，借用形式因地因人而异，一词多音、一词多形的现象普遍存在。因此，建议规范借词语音的同时，制定《新汉语借词语音转写表》，以此来规范新借词的文字形式，使之统一起来。

（四）借词应尽量采用意译方式

在借用汉语词时，除了人名、地名、国名、行业术语以及不用音译就无法准确表达原外来事物意义之外，应尽量采用意译，因为意译接近本民族语言习惯，便于理解和记忆。例如：借用"放手"时，不用 fanglsoux，而用 songkmiac；借用"荷花"时，不用 hocfas，而用 hoc wap。

第五节　语法规范

语法规范是按照特定语言的语法发展规律来确定明确的、一致的语法标准。"现代汉语语法规范的标准是典范的现代白话文著作"[①]，这个标准包含在普通话的定义中。20 世纪 50 年代《侗文方案（草案）》对侗语标准语的定义：以侗语南部方言为基础方言，以贵州省榕江话的语音为标准音。[②] 但定义中没有提到语法规范，目前侗语尚缺乏比较明确的语法标准。没有规范的语法，教学、翻译、编辑等方面的工作无章可循。从现有的侗汉双语教材（将汉语的语文教材翻译成侗文）来看，语法处理不一致，或者没有代表性，给教学带来了

---

① 吕叔湘等著、马庆株编《语法研究入门》，商务印书馆，1999，第 294 页。
② 贵州省民族语文指导委员会编《侗族语言文字问题科学讨论会汇刊》，内部资料，1959，第 166 页。

不少麻烦。其他侗文读物也存在这个问题。随着国家对双语教学、非物质文化遗产传承等的重视，少数民族语言的翻译出版物将越来越多，因此侗语的语法规范问题也急需解决。

关于语法的本质，不少语言学家有过论述。布龙菲尔德（Leonard Bloomfield）在《语言论》中说："以为语法学家或词典编者有了推理的能力，就能确定语言的逻辑基础，规定人们应当如何说话……他们编写规范语法，在书里往往为了某些臆想出来的概念，而置实际语言的用法于不顾。"[1]他提出，语法就是有意义的配列，语法研究的原则应立足于形式，兼顾意义，最后使意义也做到形式化。奥托·叶斯柏森（Otto Jespersen）在《语法哲学》中对句式的选择时有这样一段论述："在此期间，语法学家们则喋喋不休地争论其中哪种形式或功能'正确'；还有的时候，冲突中的一种趋势占据上风，于是问题实际上由说本族语的公众解决了，有时会遇到……当时属于正统学院派的人的反对，他们常常不顾方便与自然，一味追求逻辑上的一致。"[2]吕叔湘在《语文近著》中谈到："一个句子，有人说是能说，有人说是不能说，听谁的？这就得进行调查。"[3]并且在《语文杂记》中指出："通不通是个约定俗成的问题，多数人都这样说，就算是通。"[4]王力在《中国现代语法》中指出："在语法上，无所谓对不对，只有所谓合不合。"[5]在《中国语法纲要》中也谈到："语法里只有习惯，没有天经地义……勿以逻辑和语法相混。"[6]从上面的观点可知，语法不是逻辑，语法规则是归纳得出的，语法规范与否，要看其是否被多数人接受。因此，侗语语法规范应重视语言习惯，从侗族民众平时所说所用的语言惯例中去总结。侗语的语法规范可以从下面几个方面进行思量。

一、语序

侗语两大方言及土语在语序方面存在一些差异。主要有以下几点：

---

[1]　布龙菲尔德：《语言论》，袁家骅、赵世开、甘世福译，商务印书馆，1997，第 6 页。

[2]　奥托·叶斯柏森：《语法哲学》，何勇、夏宁生、司辉等译，语文出版社，1988，第 489 页。

[3]　吕叔湘：《语文近著》，上海教育出版社，1987，第 178 页。

[4]　吕叔湘：《语文杂记（2 版）》，生活·读书·新知三联书店，2018，第 190 页。

[5]　王力：《中国现代语法》，商务印书馆，2011，第 5 页。

[6]　王了一：《中国语法纲要》，开明书店，1949，第 1 页。

（一）领属关系的语序

侗语表示领属关系，一是靠语序来表示，二是使用虚词。例如：

南部方言：

    Nongx yaoc.

    弟弟　我

    我的弟弟。

北部方言：

    Yaoc nongx.

    我　弟弟

    我的弟弟。

    Yaoc lis nongx.

    我　　的 弟弟

    我的弟弟。

领属关系的两种表达方式中，语序方式在侗语南北方言土语里很普遍，是侗语表领属关系的主要语法手段。使用虚词的方式主要出现在青少年口语中，是受汉语影响所致，而且虚词也不一致，有 lis、dis 两种形式，这两种形式很可能是借自汉语。蒋兴礼（2014）在调查广西三江的侗语时发现，青少年和儿童的侗语会不自觉地带有少量汉语语法结构，特别是"的"字结构，其中主要就是上述领属结构。

一是"的"字加入定中关系结构，如"我的书"，一般都会说 yaoc lis leec。二是以"的"字结构构成名词性词组，如 beel mal lis（卖菜的），意思是卖菜的人；oc yanc lis（家里的），意思是家里的东西。

（二）定中结构的语序

侗语指示代词、人称代词和名词结合，构成定中结构。语法手段也有通过语序和使用虚词两种。其中，通过语序来表达定中结构的方式比较普遍。例如：

第一种格式是：量词＋名词＋人称代词＋指示代词。

Nongl meix yangcmuic jiul jav.

棵　　杨梅树　　　我们　那

我们的那棵杨梅树。

Jagc danglnguk xaop naih.

个　　猪圈　　你　这

你的这个猪圈。

第二种格式是：人称代词＋量词＋名词＋指示代词。

Jaol nangl meix yangcmuic gav.

我们　棵　　杨梅树　　　　　那

我们的那棵杨梅树。

Xaop nenl danglnguk naih.

你们　个　　猪圈　　　这

你的这个猪圈。

使用第一种表达方式的主要是在南部方言区，第二种主要是在北部方言区，以现有侗语出版物来看，两种格式都有使用。除此之外，还有其他格式，如 Nenl xaih naih yaoc（我的这个寨子），等等。多种语法格式出现会造成知识的混乱，应该考虑如何进行规范。

（三）名词作状语的语序

侗语中时间名词作状语，有前置和后置两种。前置就是时间状语放在动词谓语之前，可以在句首，也可以在主语之后。例如：

Bux yaoc maenlnaih bail ansxangc.

父亲 我　 今天　 去　 赶集

我父亲今天去赶集了。

Wuc Meix maenlnyungl bailyanc.

吴美　　　昨天　　　回家

吴美昨天回家了。

Xicnaih daol xuh qak jenc.

现在　大家　就　上山

大家现在就上山。

Maenlnyungl xaop touk nup map?

昨天　　　你们　到　哪　来

昨天你们到哪儿去了？

时间状语后置就是放在动词谓语之后。可以放在动词之后，也可以放在句末。例如：

Yaoc bail benlnaih.

我　去　今天

我今天去了。

Maoh bail ansxangc gueec maenlnaih?

他　去　赶集　　没　今天

他今天去赶集了吗？

Maoh bail jilkuaot gueec maenlnyungl?

他　去　喝酒　没　昨天

他昨天去喝酒了吗？

时间状语前置和后置两种语法手段，前置使用较多，后置只在少数地方口语中使用。侗语出版物中，基本上也是前置，但也有后置。这种情况也应当规范，建议将时间状语前置作为规范。

二、词的重叠

（一）名词重叠

侗语名词重叠有 AA、AABB 两种形式。表示强调对事物的否定，或表示数量多。例如：

Maoh sincsinc gueec lis, maixmaix yeex gueec lis.

他　　钱钱　　没 有 媳妇媳妇 也　　没 有

他钱没有，媳妇也没有。

Aivaiv bedlbedl monx wuc, ouxoux digs sox.

鸡鸡　　鸭鸭　　满 笼 谷谷 满 仓

鸡鸭满笼，谷米满仓。

Maoh benlbenl luh albanl.

他　　　天天　都 加班

他天天都加班。

Bul enc naih daicdaic dangvdangv luh wox saoh.

个 人 这 桌桌　　凳凳　　都 会 造

这个人桌子凳子都会造。

Mukmuk guapguap luh sat lieeux.

猪猪　　　狗狗　　全 杀 了

猪狗全都被杀完了。

表示事物种类繁多，在侗文读物中使用频率最高的是 AA 式，AABB 式使用得不多。AABB 式与 AA 式虽然都表示事物种类的繁多，但语法功能是不同的。两种形式应在标准语中平等使用。

（二）方位词的重叠

侗语方位词有：jak（上）、luih（下）、ul（出）、laos（进）、map（来）、bail（去）、wul（顶）、dees（底）等，重叠类型有 AA 型、AABB 型。AA 型表示行为向某一方向作进一步的移动。AABB 型表示事物的存在或行为的处所，或表示强调意义，即表示"到处"的意思。例如：

Doc meeux nyaoh deesdees gav.

只　猫　在　下面　那

猫在那底下。

Maoh laos aoxaox bail genp.

他　进　里面　去　了

他进最里面去了。

Jakjak luihluih luh nuv dah genp.

上上　下下　都　看　过　了

上上下下都看过了。

两种形式的重叠，表示程度加深，都有丰富侗语语法的作用，都应作为规范的格式。

三、量词表示法

这里主要是表示动物的量词。动物分为禽、兽两类，又有雌性、雄性，已生育、未生育，年龄大小之分。侗语的动物量词，在词汇意义上或是在语法形式上，需要规范两个方面：一是词汇，二是表达形式。例如：

（一）动物量词"只"

南部方言大部分用 duc，北部方言用 doc 和 loc，在读物中"竹鼠"有 duc naov 和 doc naov 两种写法。

（二）动物雄雌的表达

动物有雄雌之分，南部方言的"雌"为 meix，"雄"为 seit；北部方言的"雌"为 weix，"雄"为 seit。这里"雌"建议选择 weix 作为标准音。首先，meix 在南北方言共同的义项有：树木、树干、植物、每、首、支、件，若仍以标准音点 meix 作为"雌"的标准音，北部方言会产生歧义，如：meix aiv，南部方言都知道是母鸡，但北部方言会以为是树和鸡，不是一个词，或者是一种鸡形的树或植物，绝对不会想到是母鸡。其次，weix 只有雌性、根、颗三个义项，并且在北部方言代表性大，为了避免歧义，影响词界划分，weix 作为"雌"的规范音是合适的。

第三章 《侗文方案（草案）》的问题及改进

第一节 《侗文方案（草案）》及其特点

一、《侗文方案（草案）》的诞生

1957 年侗语全面普查工作完成后，侗语工作组在贵州省民族事务委员会的领导下，由王均、吴世华、龙明耀等人以拉丁字母为基础拟订了《侗族文字方案（初稿）》。1957 年 9 月，贵州省民族语文指导委员会邀请贵州、湖南、广西的侗族代表来贵阳参加侗族语言文字问题科学讨论会预备会议，对侗文方案进行讨论。一致同意以贵州榕江话为标准音、侗语南部方言为基础方言创立文字。预备会议后，侗语工作组又深入榕江等地做进一步的补充调查，并对《侗族文字方案（初稿）》进行修订。1958 年 8 月 18 日—23 日，侗族语言文字问题科学讨论会在贵阳召开，中国科学院少数民族语言调查第一工作队副队长王均在会上作了关于"侗族语言情况和文字问题"的报告，贵州民族语文指导委员会研究室副主任龙明耀在会上作了"关于《侗文方案（草案）》的说明"的报告。会议表决通过了《草案》，并对今后侗文的试行工作进行了讨论。同年 10 月，《草案》经中央民族事务委员会批准试行。

二、《侗文方案（草案）》简介

《草案》共有 15 个部分。第一部分介绍了该《草案》是遵照国务院批准的《关于少数民族文字方案中设计字母的五项原则》制定的，规定了其文字形式采用拉丁字母，侗语和汉语相同的语音在侗文中用和《汉语拼音方案》相同的字母来表示。第二部分规定了侗语标准语以侗语南部方言为基础方言，以贵州省榕江话语音为标准音。第三部分规定了侗文的 26 个字母及字母的次序、名称和发音，其中 a、e、i、o、u 是元音字母，b、c、d、f、g、h、j、k、l、m、n、p、q、r、s、t、w、x、y、z 是辅音字母，辅音字母 l、p、c、s、t、x、k、h 兼作声调符号，字母 v 只作声调符号。第四部分规定了侗文有 32 个声母，其中 7 个声母（f*、zh*、ch*、sh*、r*、z*、c*）只用于现代汉语借词。第五部分规定了侗文有 64 个韵母，其中 14 个韵母（e*、ia*、ie*、iao*、ian*、iang*、iong*、ua*、ue*、uai*、uan*、uang*、uo*、ü*）专用于现代汉语借词。第六部分规定了侗文有 9 个声调，分别用 l、p、c、s、t、x、k、h、v 等 9 个字母加在音节后面表示。第七部分至第十五部分规定了侗文音节拼写的次序、多音节词连写及划分音节的办法、新词术语和汉语借词的读法和写法、分词连写法、大写字母用法、缩写法、阿拉伯数字写法、移行和标点符号的用法等。

三、《侗文方案（草案）》的特点

《草案》有以下几个特点：

（1）只有 26 个拉丁字母，不增加新字母，也无添加符号。

（2）声调以在音节末尾添加字母来表示。

（3）与汉语相同或相近的音，采用和《汉语拼音方案》相同字母表示。

（4）长元音用 2 个字母表示。

（5）侗语特有的音，用两个字母表示。

第二节　《侗文方案（草案）》存在的问题

《草案》是在广泛调查和反复研究并听取各方面意见的基础上制定的，是一个能准确记录侗语的文字方案。自诞生以来，受到侗族群众的欢迎，也得到了中央民族事务委员会的批准。经过 60 多年的试行，特别是改革开放恢复试行以来的实践证明，《草案》总体设计是科学、合理的，符合侗语实际，具有系统清晰、表音准确、书写方便等特点。然而，由于历史的局限，一些问题在制定文字方案时还来不及考虑周全，方案制定未能兼顾到一些人口密集、文化影响大的侗族区域的语言事实，同时一些具体细节和技术处理方面，还存在有待改进和完善的地方。

一、字母名称及读音问题

《草案》第三部分是字母表，规定了字母的形体、名称和顺序。侗文字母以拉丁字母为基础，依照通用拉丁字母顺序排序，每个字母各有其名称音。字母表存在的问题主要是字母的名称音问题。

各民族字母的名称音命名原则都是以国际音域和本民族语音相结合，同样的字母在不同民族语言里的名称音是不同的。[①]《草案》中字母的名称读音，不是当今国际上比较通用的英文字母的名称读音，而是参照汉语普通话制定的一套读音，即元音字母以本音为名称，辅音字母则在本音的基础上加一定的元音作为名称音。《草案》规定侗文字母名称的读音顺序是：a、bee、cee、dee、e、eef、gee、ha、i、jee、kee、eel、eem、nee、o、pee、qiu、ar、ees、tee、u、vee、wa、xi、ya、zee。

26 个字母里有 5 个元音字母，它们是 a、o、e、i、u，这 5 个字母的名称音与本音一致，而辅音的名称音则是在它们后面加配 a、e 等。按《草案》中关于字母名称的规定，laos WC（进 WC）中的"WC"应该读成 wa-cee，songk DVD（播放 DVD）中的"DVD"应该读成 dee-vee-dee，nuv CCTV（观看 CCTV）中的"CCTV"应该读成 cee-cee-tee-vee。然而，我们通常的读法或通常听到的读法似乎不是这样，而是接近英文字母读法，可见这样的名称音不太容易推广，应该考虑重新规定字母的名称音。另外，《草案》中的字母名称读法，会增加学习者的记忆负担，同一个字母，人们（尤其是小学生）需要记住三种读音：英文名称读音、汉语拼音读音、侗文读音，如字母 b 要掌握 [bi]、[bo]、[bee] 等读音，字母 c 要掌握 [si]、[tsʰə]、[cee] 等读音，容易造成混淆，加大了学习的困难，不易推广。

二、方言声母的缺失问题

《草案》第四部分声母表，有 32 个声母，分别是：b、p、m、f*、w、d、t、n、s、l、

---

① 肖亚丽：《略论汉语拼音方案中的字母表》，《语文学刊》2004 年第 10 期。

j、q、ny、x、y、g、k、ng、h、bi、pi、mi、li、gu、ku、ngu、zh*、ch*、sh*、r*、z*、c*，其中 7 个声母（有 * 号的）只用于现代汉语借词。《草案》以榕江侗语音为标准音，南部方言为基础方言，总体上是正确的。《草案》声母的设计应尽可能完整体现侗语特色语音，南部方言普遍有小舌塞音 [q]、软腭擦音 [ɣ]，却无法根据《草案》中的规则拼写出包含这两个特殊音的词语。侗族大歌主要流行于南部方言第二土语区，而小舌音和软腭擦音都是南部方言第二土语区比较活跃的音，使用比较普遍。例如：歌 [qa⁵⁵]、鸡 [qai⁴²]、猪 [qhu⁴²]、臭虫 [qiŋ⁵⁵]、稀饭 [qeŋ⁵⁵]、鼎罐 [qu³²³]、咬 [qit¹³]、讲 [qaŋ³²³]、嫁 [qe⁴²]、苦 [qam³²³]、旧 [qau⁴²]、痛 [qit³²³]、蕨菜 [qiu³³]、水稻 [qəu²¹²]、扁担 [qan³²³]、屎 [qe²¹²]、别人 [qhe⁵⁵] 等字（词），都含有小舌塞音声母 [q]；田 [ɣa⁴²]、梨 [ɣəi³²³]、房子 [ɣan³²³]、二 [ɣa³²³]、沉 [ɣam⁵⁵]、红 [ɣa⁴²]、长 [ɣai³²³]、远 [ɣai³²³]、湿 [ɣak⁵⁵]、丝瓜 [ɣan⁴²]、芋头 [ɣak³²³] 等字（词），都含有软腭擦音声母 [ɣ]。缺少这两个方音声母，不但使记录下来的侗语失去了许多固有特色，也使得保留有很多这两个音的侗族古歌无法准确传唱下去。邓敏文（2014）曾指出，缺少了这两个方音声母，还容易产生词义上的混淆。如零声母和 kg 声母的对立有 aol（讨）—kgaol（缯子）、eeus（折断）—kgeeus（教育），y 声母和 yr 声母的对立有 yangh（样子）—yrangh（野酸枣）、yeml（蹲）—yreml（深）。[①]

三、长短音的字母配置问题

《草案》第五部分的韵母表有以下问题应该规范：

（一）韵母 ae

普通话没有长短元音区别。根据《原则》丙项规定，少数民族语言里有而汉语没有的音，可采用三种办法：第一，用两个字母表示一个音；第二，另创新字母或者采用其他试用的字母；第三，个别情况也可在字母上附加符号。那么，用什么方法表示长短元音比较理想呢？最好参考拉丁字母系统的语言，尤其是英语。因为随着义务教育的普及，人们对英语的拼写规则并不陌生。英语用 ee、ea 两个重叠或不重叠元音字母表示长元音 [i:]。《草案》用重叠法表示长元音具有国际通用性。但《草案》用"ae"表示短元音 [a] 本身就乱了

---

① 邓敏文：《〈侗文方案〉补充修订的初步设想》，《百色学院学报》2014 年第 4 期。

体例。用"ae"表示 [a] 不符合民众的拉丁字母语言（如英语 i）常识。a、e 是人们非常熟悉的两个字母，人们看到"ae"两个字母组合，很难直观地与单音 [a] 联系起来，不利于记忆和识读。既然《草案》中用 ee、uu 字母重叠的方式来表示长元音，按理应考虑用 aa 表示长元音 [a:]。让凡是带有重叠的元音都表示长音，不重叠的元音都表示短音，这样既符合体例，又容易类推，便于识读和记忆。

（二）塞音韵母长短音分辨略显麻烦

《草案》中指出"eb、ed、eg 和 ab、ad、ag 六个韵母在调号 l、p、c 的前面读短音，即 e 读短 e[ə]，a 读短 a[ɐ]；在调号 s、t、x 的前面读长音，即 e 读长 e[e:]，a 读长 a[a:]"[①]。这样在认读时，大脑通常需要两次转换，需要先经过调号，再来判断长短音，增加了阅读的难度。其实可以再简化，不用看调号就可以直接认读。

四、声调的表示问题

《草案》第六部分规定侗文的 9 个声调分别用 8 个辅音字母（l、p、c、s、t、x、k、h）加上字母"v"，共 9 个字母来表示。[②] 将辅音字母加在音节后面来表示声调是美国四五十年代普遍采用的一种方法，如：玛丽 R.哈斯用来记录缅甸语，赵元任也用这种方法在他的国语罗马字系统中记录汉语普通话和广州话。将辅音字母放在音节后面表示声调符号，对打字和印刷来说方便易行。用同样的辅音符号在音节的声母和韵尾位置上表示不同的东西，这是一个微不足道的缺点。[③]20 世纪 50 年代批准试行的拼音文字，大多在音节末尾添加字母来表示声调，或某个声调省略不标写。不过，具体用哪个字母表示哪个声调，不同的文字系统各不相同。《草案》采用后面添加字母的方法表示侗语声调。试比较壮侗语族中几种语言的文字方案的声调表示法，详见表 3-1。

---

① 贵州省民族语文指导委员会编《侗族语言文字问题科学讨论会汇刊》，内部资料，1959，第 170 页。
② 贵州省民族语文指导委员会编《侗族语言文字问题科学讨论会汇刊》，内部资料，1959，第 171 页。
③ 詹姆士 A.马蒂索夫：《拉祜语文字方案中的若干问题》，《民族语文》1984 年第 3 期。

表 3-1 壮侗语族中几种文字方案的声调表示法

调类	1	2	3	4	5	6	7	8	9
布依语	l(24)	z(11)	c(53)	x(31)	s(35)	h(33)	t(35)	—(33)	
壮语	—(24)	z(31)	j(55)	x(42)	q(35)	h(33)			
水语	l(24)	z(31)	c(33)	x(42)	s(35)	h(55)	s(55)	—(43)	
黎语	—(53)	x(55)	s(11)	—(55)	s(11)	—(53)			
侗语	l(55)	p(35)	c(212)	s(323)	t(13)	x(31)	v(53)	k(453)	h(33)

用字母表示声调也有缺陷。一种语言用三四个字母表示声调还勉强，如果用到五六个甚至八九个字母表示声调，不但认读记忆麻烦，而且在分词连写时，会出现音节分界混淆问题，尤其是有复辅音声母的语言。例如，《瑶文方案（草案）》就存在这样的问题。[①]

从理论上说，用那些既不作声母也不作韵尾的字母表示声调是最理想的。但是，这样的字母几乎找不到，或者只能找到一两个。大多数表示声调的字母同时也表示声母或韵尾。从上表可以看出，侗文声调用了 9 个字母来表示，除了 v 这个字母在声母和韵尾中都没有用到以外，其他字母在声母和韵尾中都用到了（标准侗语辅音韵尾有 -m、-n、-ng、-b、-d、-g）。既然这样，用哪个字母表示哪个声调，就得好好研究。一般来说，为便于认读和记忆，高频次的声调应当用低频次的声母和韵尾字母表示。这就是说，用这种语言的声母和韵尾中出现次数最少的字母，来表示该语言词汇中分布最广的声调。

根据这一思路，我们对《侗汉简明词典（初稿）》《汉侗简明词典（初稿）》和《侗汉常用词典》三本词典的词汇进行了统计分析，主要统计下面几项内容。详见表 3-2、3-3、3-4、3-5、3-6、3-7、3-8。

（1）每个声调的出现频次。

（2）每个声母的出现频次。

（3）声调字母作为声母的频次。

（4）双音节词前字声调和后字声母的共现频次。

---

① 范俊军：《关于〈瑶文方案〉（草案）的思考》，《广东技术师范学院学报》2009 年第 6 期。

（5）双音节词前字声调和后字声调的共现频次。

（6）三音节词的 1、2、3 字声调的共现频次。

（7）四音节词的 1、2、3、4 字声调的共现频次。

表 3-2　每个声调的出现频次

声调	l	c	s	x	h	v	p	t	k
《侗汉简明词典（初稿）》	1283	1113	872	843	700	686	676	457	367
《汉侗简明词典（初稿）》	2069	2245	1443	562	1077	1083	1086	546	646
《侗汉常用词典》	1722	1567	1093	1192	902	876	818	513	451

表 3-3　每个声母的出现频次

词典	频次范围	声母（频次）				
《汉侗简明词典（初稿）》	800 及以上	d（1123）	n（985）	l（958）	s（933）	b（810）
	500—799	m（744）	x（633）	j（599）	y（562）	g（503）
	200—499	w（403）	h（241）	k（233）		
	200 以下	q（196）	p（189）	t（161）	z（3）	f（3）	c（1）
《汉侗简明词典（初稿）》	800 及以上	l（985）	b（927）	n（923）	d（866）	
	500—799	m（789）	s（784）	x（584）	j（529）	y（529）
	200—499	g（456）	w（362）	p（201）		
	200 以下	k（149）	h（173）	q（94）	t（86）	
《侗汉常用词典》	600 以上	l（764）	n（681）	b（650）	y（643）	s（612）
	400—600	g（575）	d（534）	m（520）	x（445）	j（409）
	200—399	li（317）	ny（261）	k（202）		
	200 以下	bi（192）	w（184）	gu（173）	ng（169）	p（152）
		h（147）	mi（145）	pi（91）	t（90）	q（83）
		ku（66）	c（2）	f（1）	z（1）	

表 3-4　声调字母作为声母的频次

声 调	l	s	x	h	k	p	t	c	v
《汉侗简明词典（初稿）》	958	933	633	241	233	189	161	1	0
《侗汉简明词典（初稿）》	985	784	584	173	149	201	86	0	0
《侗汉常用词典》	764	612	445	147	202	152	90	2	0

表 3-5　双音节词前字声调和后字声母的组合频次

词典	声母（后字）	声调（前字）								
		l	s	x	h	k	p	t	c	v
《汉侗简明词典（初稿）》	b	36	20	26	17	14	12	9	48	27
	d	63	22	33	16	11	17	7	46	33
	g	26	20	12	14	2	8	6	19	11
	h	20	7	6	10	3	4	1	15	2
	j	33	15	17	4	12	13	6	29	20
	k	19	13	7	4	11	1	5	8	12
	l	50	33	33	26	12	24	8	31	21
	m	50	19	47	15	12	14	9	44	28
	n	55	32	39	29	15	16	8	52	41
	p	6	3	4	2	8	7	0	7	3
	q	10	12	5	7	4	11	2	7	9
	s	68	39	23	35	21	35	15	52	24
	t	4	6	2	4	4	7	0	8	4
	w	18	5	14	14	3	12	3	12	10
	x	41	20	25	14	9	29	8	39	13
	y	28	18	7	13	9	16	10	24	18
	零	55	26	43	31	19	21	10	36	27

词典	声母（后字）	声调（前字）								
		l	s	x	h	k	p	t	c	v
《侗汉简明词典（初稿）》	b	52	28	38	18	9	14	5	41	24
	d	46	22	35	17	7	15	7	41	21
	g	32	10	16	14	1	4	4	16	10
	h	11	4	6	6	1	6	2	14	0
	j	39	11	26	11	6	10	3	46	18
	k	13	7	9	3	4	2	3	6	4
	l	47	28	44	27	15	23	11	42	19
	m	52	32	48	19	11	20	7	43	20
	n	67	33	33	16	8	26	12	53	27
	p	5	2	6	3	3	4	3	2	2
	q	6	4	1	1	1	2	1	4	4
	s	55	28	35	33	6	23	9	38	21
	t	4	2	4	1	1	3	0	3	0
	w	14	1	10	6	4	10	3	15	9
	x	38	10	22	15	11	18	4	34	14
	y	30	13	24	12	10	15	8	25	15
	零	22	35	37	24	4	11	11	43	20

表 3-6　双音节词前字声调和后字声调的组合频次

《侗汉简明词典（初稿）》	c	cc	ch	ck	cl	cp	cs	ct	cv	cx
		122	63	16	83	31	34	19	26	62
	h	hc	hh	hk	hl	hp	hs	ht	hv	hx
		44	39	7	41	27	16	8	17	27
	k	kc	kh	kk	kl	kp	ks	kt	kv	kx
		23	9	11	6	15	14	7	10	7
	l	lc	lh	lk	ll	lp	ls	lt	lv	lx
		92	53	20	107	60	69	25	58	56
	p	pc	ph	pk	pl	pp	ps	pt	pv	px
		45	22	10	32	26	23	15	11	22
	s	sc	sh	sk	sl	sp	ss	st	sv	sx
		45	17	8	53	18	52	13	22	36
	t	tc	th	tk	tl	tp	ts	tt	tv	tx
		16	6	4	16	8	13	15	8	7
	v	vc	vh	vk	vl	vp	vs	vt	vv	vx
		27	30	8	53	18	34	11	29	18
	x	xc	xh	xk	xl	xp	xs	xt	xv	xx
		72	27	12	68	26	49	31	41	68
《汉侗简明词典（初稿）》	c	cc	ch	ck	cl	cp	cs	ct	cv	cx
		111	66	44	85	47	55	21	47	0
	h	hc	hh	hk	hl	hp	hs	ht	hv	hx
		51	35	18	48	38	31	11	23	0
	k	kc	kh	kk	kl	kp	ks	kt	kv	kx
		31	19	16	24	20	33	13	12	1
	l	lc	lh	lk	ll	lp	ls	lt	lv	lx
		111	65	32	128	75	73	27	66	1

《汉侗简明词典（初稿）》	p	pc	ph	pk	pl	pp	ps	pt	pv	px
		52	26	19	43	39	34	21	13	0
	s	sc	sh	sk	sl	sp	ss	st	sv	sx
		48	39	21	62	26	56	23	35	0
	t	tc	th	tk	tl	tp	ts	tt	tv	tx
		20	16	6	18	13	19	9	6	0
	v	vc	vh	vk	vl	vp	vs	vt	vv	vx
		37	35	16	72	24	51	23	43	1
	x	xc	xh	xk	xl	xp	xs	xt	xv	xx
		79	25	24	65	35	63	17	28	0

表 3-7 三音节词的 1、2、3 字声调组合频次

《汉侗简明词典（初稿）》	l	lcc	lch	lcl	lcp	lcs	lhc	lhh	lhl	lhp	lhs	lkk	lkp
		5	2	3	1	1	1	4	1	1	1	3	1
		llc	llh	lll	lls	llt	lpc	lph	lpp	lpt	lpv	lsc	lsh
		1	2	7	1	2	3	1	2	1	1	3	2
		lsl	lss	lvc	lvk	lvp	lvs	lvt	lxh	lxl	lxp	lxs	lxv
		1	3	1	2	2	1	1	1	1	1	2	2
	s	scc	sch	scl	scp	scs	shc	shh	shl	skc	slc	slh	sll
		3	1	4	4	1	1	2	1	1	2	1	5
		slp	slv	spp	spv	stc	stp	stt	svl	svs	svv	sxc	sxl
		3	3	3	1	1	1	2	2	2	1	1	1
		sxp	sxs	sxv									
		2	2	2									

续表

《汉侗简明词典（初稿）》

x

xcc	xch	xck	xcl	xcp	xcs	xct	xcv	xcx	xhh	xhl	xhs
5	1	1	3	2	1	1	1	1	2	3	1
xhv	xkl	xks	xkv	xlc	xlh	xlk	xll	xls	xlt	xlv	xpl
2	1	1	1	4	1	1	5	2	1	3	2
xpp	xps	xpt	xpv	xsl	xss	xst	xtt	xtv	xvh	xvk	xvs
1	7	2	1	2	3	1	1	1	1	1	1
xvv	xxc	xxk	xxl	xxs	xxt						
1	4	1	5	1	1						

h

hch	hck	hcl	hhh	hhl	hkl	hkv	hlc	hll	hls	hph	hps
1	1	2	2	2	1	1	2	4	2	2	3
hsc	hsp	hsv	htl	hvl	hvs	hxc	hxk	hxs	hxv		
1	1	1	2	1	2	1	1	1	1		

k

kch	kcl	khh	kll	kls	kpp	kss	kth	ktt	kvl	kvv
2	1	1	2	2	2	2	1	1	1	1

p

pch	pck	pcp	pcs	pct	phh	plc	pll	plv	ppc	ppv	pth
1	1	1	1	1	1	3	2	2	1	1	1
ptt	pvc	pvv	pxl								
1	2	2	1								

t

tcc	thc	tlp	tls	tsh	tss	ttt	tvv	txc	txk	txs
2	1	1	2	1	2	1	1	2	1	1

c

ccc	cch	cck	ccl	cck	ccp	ccs	ccv	chh	chl	chs	clc
2	1	1	3	1	1	2	2	2	2	2	2
clh	clk	cll	cls	clt	clv	cpc	cph	cpk	cpp	cpt	csp
2	2	1	2	1	1	1	1	1	1	1	1
css	cst	ctk	cvl	cvs	cvv	cxc	cxh	cxl	cxp	cxs	cxv
3	3	1	1	2	1	3	1	1	3	1	3

续表

《汉侗简明词典 （初稿）》	v	vcs	vhc	vkk	vlh	vll	vls	vpv	vsk	vsl	vss	vst	vsv
		2	1	1	1	3	1	1	1	2	4	4	1
		vtc	vtt	vvs	vxc	vxl							
		1	1	1	2	1							
《侗汉简明词典 （初稿）》	l	lcc	lch	lck	lcp	lcs	lcx	lhc	lhh	lhp	lht	lhx	lkc
		8	5	1	5	2	1	1	4	1	1	4	1
		lkk	llc	llh	lll	lls	llx	lpc	lpk	lpp	lps	lsc	lsh
		5	1	2	10	1	3	1	2	3	1	1	1
		lsp	lss	lst	lsv	lsx	lvc	lvh	lvs	lvv	lxc	lxh	lxk
		1	3	2	1	4	1	1	1	2	3	1	1
		lxl	lxs	lxt	lxx								
		1	1	1	3								
	s	scc	scl	scp	scx	shh	shl	slh	sll	slx	spk	spx	ssl
		2	1	1	1	1	1	1	5	1	1	1	1
		sss	sst	svv	sxc	sxx							
		4	1	4	2	2							
	x	xcc	xch	xcl	xcs	xct	xcv	xcx	xhh	xhv	xks	xlc	xlh
		5	1	1	1	1	1	1	2	1	1	1	1
		xlk	xll	xlv	xpc	xsh	xss	xtt	xvk	xvl	xvx	xxc	xxv
		1	3	2	2	1	1	1	1	1	1	2	1
		xxx											
		1											
	h	hch	hcl	hcp	hhh	hkc	hll	hlx	htt	hvl	hxc	hxl	hxp
		1	1	1	1	1	1	1	1	1	1	1	1
		hxs	hxx										
		1	3										

续表

《侗汉简明词典（初稿）》	k	kcc	kcl	khh	kll	kpp	ksl	kss	ktt	kvv	kxp	kxs
		1	1	2	3	1	1	3	2	3	1	1
	p	pcc	pcl	pcp	pcs	pcx	phh	pkk	plc	pll	plv	pss	psv
		5	1	1	1	3	2	3	1	3	2	4	1
		ptt	ptv	pvc	pvv	pxp	pxv	pxx				
		4	1	2	6	1	2	1				
	t	tcc	tcp	tcx	tlp	tlv	tpp	ttt	tvv			
		1	1	2	2	1	1	4	2			
	c	ccc	ccl	ccp	chc	chh	chl	chx	ckl	cll	cls	clx	cpl
		2	1	2	1	3	1	3	1	1	2	1	1
		cpp	cpt	csh	css	ctk	cvk	cvp	cvv	cxc	cxk	cxl	cxx
		1	1	1	2	1	1	1	2	4	1	3	3
	v	vcl	vcx	vlh	vll	vss	vvv	vxc	vxp	vxv	vxx	
		1	1	1	5	1	1	1	1	1	1	

表 3-8 四音节词的 1、2、3、4 字声调组合频次

《汉侗简明词典（初稿）》	l	lchl	lclh	lclt	lcpk	lcvl	lcxc	lcxs	lhkp	lhvl
		1	1	1	1	1	1	2	1	1
		lkck	llhh	llhk	llhv	llkh	lllc	llll	lllv	llpp
		1	2	1	2	1	1	1	1	1
		llps	llss	llvv	llxh	llxs	lpch	lplc	lpls	lscp
		1	8	2	1	1	1	1	2	1
		lslh	lslp	lsls	lslt	lspl	lsxl	lvpl	lvxl	lxcl
		1	1	1	1	1	1	1	1	1
		lxcv	lxlc	lxlk	lxsl	lxtc	lxxl			
		1	1	1	1	1	1			

续表

《汉侗简明词典（初稿）》	s	sccp	sclk	scph	scsh	scxs	shpc	shsc	skch	sksh
		1	1	1	3	1	1	1	1	1
		slcl	slcs	slhh	slph	slsc	slsh	slss	spch	spcl
		1	1	1	2	1	2	1	1	1
		sphv	spsh	spss	sslh	sslp	sslt	sssk	sssl	sssp
		1	1	1	1	1	1	1	1	1
		ssss	stxl	sxpl	sxsv	sxxv				
		2	1	1	1	1				
	x	xcll	xclv	xhll	xhlp	xkps	xkvv	xlcp	xlcs	xlll
		1	1	2	1	1	1	1	2	1
		xlpp	xlss	xlxc	xpxl	xscl	xsll	xslp	xsss	xsvl
		1	1	3	1	1	1	1	1	1
		xsxl	xsxp	xvkp	xxcc	xxhh	xxkc	xxlv	xxsl	xxss
		1	1	1	1	1	1	1	1	1
	h	hchl	hhhh	hhhk	hhhv	hhkl	hhtp	hlhh	hlhp	hlhv
		1	1	1	2	1	1	1	1	2
		hlxc	hphk	hphv	hshl	hskl	htkc	hvhc	hvkp	hvll
		1	1	1	1	1	1	1	1	1
		hxht	hxpv							
		1	1							
	k	khkk	khsp	kkpp	kktt	klkp	kskt	kslc	ksll	kvcs
		1	1	1	1	3	1	1	1	1
		kvhc	kxsl							
		1	1							

续表

《汉侗简明词典（初稿）》	p	pchl	pcph	pcsh	phpv	plcc	plch	plhs	plpc	plpl
		1	1	1	1	1	1	1	1	1
		plth	plxv	ppcc	pphh	ppkk	pppp	ppsl	pptt	ppvp
		2	1	1	1	2	1	1	1	1
		ppxc	ppxv	psss	psxs	ptkp	pvht			
		1	1	2	1	1	1			
	t	tctl	thpp	tlth	tltv	tspp	ttpp	tvsp	txhs	
		1	1	1	1	1	1	1	1	
	c	cccc	cchh	cchl	ccll	ccss	cctt	ccvl	chpc	chss
		1	3	1	1	2	1	1	1	1
		chvl	chxv	ckhk	clcc	clcl	clcv	clhc	cllc	clsh
		1	1	1	1	1	1	1	1	1
		clxs	cpcs	cpvp	cscl	cscp	cspl	csss	csvh	cvch
		1	1	1	1	2	1	1	1	1
		cvth	cxhc	cxhv	cxlt	cxxt				
		1	1	1	1	1				
	v	vccc	vckl	vcss	vcxc	vhsh	vhvc	vhvl	vksk	vllc
		1	2	1	1	2	1	1	1	1
		vllv	vlsp	vlss	vlvh	vlvp	vpcc	vpsc	vsvl	vsvp
		1	1	1	4	1	1	1	1	2
		vsvt	vvkk	vvll	vvvv					
		1	1	2	1					
《侗汉简明词典（初稿）》	l	lccx	lchc	lclh	llcp	llcx	llhv	llks	llll	llsk
		1	1	1	2	1	1	1	3	1
		llvv	llxx	lpcl	lslp	lvxl				
		2	1	1	1	1				

续表

《侗汉简明词典（初稿）》	s	scsh	shlc	spsh	ssxx				
		1	1	1	1				
	x	xcxh	xxcc	xxkc	xxxx				
		1	1	1					
	h	hlvx	hxht						
		1	1						
	k	kkkk	kkpp						
		1	1						
	p	plch	plph	pphx	ppkk	ppxx	pvhh		
		1	1	1	1	1			
	t	tltp	tsts	tsxx	tttt				
		1	1	1	1				
	c	cchh	ccxx	cpcs	cptx	cscp	cspl		
		1	1	1	1	2	1		
	v	vccc	vhvc	vlph	vlvh	vlvl	vsvp	vvvv	
		1	1	1	2	1	1	1	

从表 3-2 中可以看出，侗文的 9 个声调中，第 1、2 调分布最广，第 8、9 调分布最少。《草案》用字母 1、c 分别表示分布最广的第 1、2 调。但从表 3-3、3-4 可以看出，字母 1 作为声母的出现频率也是最高的。因此，字母"1"不宜用来标示声调，因为用字母"1"表示第 1 调，分词连写时会出现大量的"1"字母重叠，同时当第二个字为零声母时，根据阅读惯性，不熟悉侗文的读者很可能将表示声调的"1"和后面的元音一起拼读，造成音节界限混淆。

五、借词拼写和标调问题

《草案》第九部分关于汉语借词拼写规定：早期汉语借词按在侗语中的实际读音拼写并

标调号，新借词完全依照《汉语拼音方案》规定的拼写规则拼写，要求新借词的词形和汉语拼音方案相同，但不标声调。在普通话未普及以前，借词可按当地汉话的语音来读。[①] 这个规则也存在有待澄清的问题。

（一）借词的拼写问题

现代侗语有大量汉语借词。汉语借词在侗语中的读音有以下三种情况：

（1）完全用普通话读音，例如：gongv chanx dangx（共产党）。

（2）完全用当地汉语方言读音，例如：pic haic（皮鞋）。

（3）用侗语相近的音来对音，例如：oux meex（麦子）。

如果说第三种情况是老借词，保留侗语读音拼写。那么，第二种方言读音，仍然用普通话汉语拼音书写，则值得商榷。因为侗语的汉语新借词，真正完全照搬普通话的很少，大多数是从当地汉语方言借入，因为当地的官方语言通常是汉语方言。作为拼音字母的侗文书面语应该与约定俗成的口语读音保持一致。如果一个现代汉语借词在侗语中约定俗成的是当地汉语方言的读音，而在侗文中却用普通话拼音书写，就会造成书面语与口语的严重脱节。显然，《草案》中的上述规定，违背了书面语与口语一致的原则。正因为《草案》对现代汉语借词的书写缺乏清晰规定，人们在书写侗文时有的按普通话语音拼写，有的按本地方言音拼写，再加上侗族地区的各地方言具体读音存在差异，因而在侗文书籍、报纸中，同一个现代汉语借词的书写形式五花八门。例如，"解放"有的写成 jiexfangv，有的写gaixfangl；"贵阳"有 guivyangc、gueis yangc、gueivyangc、guilyangc 等多种写法。[②] 因此，建议新借词用当地规范的汉语方言读音来拼写。

（二）借词的标调问题

按《草案》规定，早期的汉语借词按实际的方言读音标调号，新借词按《汉语拼音方案》读音不标声调。这条也值得商榷。首先，在实际应用中，常常分不清哪些是早期汉语借词，哪些是现代汉语借词，在是否标注声调的问题上也是模糊不清。其次，即使是早期汉语借词，由于汉语普通话的推广，侗族地区对方言的理解和具体读音也不完全一致，所以各地在拼写早期汉语借词和标注借词声调时也出现了不一致的现象。再次，我们知道，

---

① 贵州省民族语文指导委员会编《侗族语言文字问题科学讨论会汇刊》，内部资料，1959，第 173 页。

② 邓敏文：《〈侗文方案〉补充修订的初步设想》，《百色学院学报》2014 年第 4 期。

侗文每个音节都标声调字母。如果汉语借词不标声调，这是自乱其例，从书写上同侗文系统不协调，违反了侗语构词的内部规律。《侗汉简明词典（初稿）》对汉语借词完全照搬汉语拼音标调法，如：hēi bǎn（黑板）、guó jì（国际）、zhōng xué（中学）等，与侗文系统很不协调。《汉侗简明词典（初稿）》对汉语借词则一律不标调，如：haidai（海带）、daxue（大学）等。近十多年来出版的侗文教材和著作，现代汉语借词都按本地汉语方言读音加上对应汉语普通话的声调符号。可见，侗文书面语的汉语借词标调十分混乱。潘永荣、张盛（1998）主张，在原先9个声调的基础上增加 f、z、w、q 四个字母，专门表示现代汉语借词的阴平、阳平、上声、去声等调号。[①] 还有人主张用数字1、2、3、4来表示现代汉语借词的阴平、阳平、上声、去声。邓敏文（2014）建议，侗文的汉语借词直接用《汉语拼音方案》书写，如"今天我从黎平坐飞机去贵阳"翻译成侗文，写成 Maenl naih yaoc dah Lí píng suiv fēi jī bail guìyáng。[②]

我们认为上面的声调标示法都不可取。首先，照搬《汉语拼音方案》中的在韵腹上加符号表示声调，破坏了侗文音节末尾加字母标示声调的文字体系，这样拼写汉语借词，造成侗文上两种不同调号的并存，不符合文字规范要求，会使侗文阅读起来不伦不类。其次，在侗文9个声调字母的基础上，另外增加4个专用字母来标示汉语的阴平、阳平、上声、去声4个调号，只解决了普通话借词问题，无法解决方言借词和其他少数民族语言借词问题，因为从汉语方言借入的词，可能写不出是哪个汉字，那如何知道这个词是阴平、阳平、上声、去声4个调号中的哪个调，如何标调？从其他少数民族语言借入的词，其中可能会包含一些侗语中没有的声调，岂不是又要专门增加几个字母来标示这些声调？另外增加声调字母是一种无意义的重复和累赘。它既加重了分词连写中的音节界限难分问题，同时也加重了学习者和阅读者的记忆负担。

六、分词连写问题

《草案》第十部分是关于书写的规定：侗文以词为书写单位。一个词包括两个音节以上

---

① 潘永荣、张盛：《侗文中现代汉语借词标调问题浅析与构想》，《贵州民族研究（季刊）》1998年第4期。

② 邓敏文：《〈侗文方案〉补充修订的初步设想》，《百色学院学报》2014年第4期。

的，把这些音节连在一起写。^①以词为书写单位，词内各个音节连写，不同的词空格分开，即分词连写。分词连写是拉丁字母文字体系的基本正词法，也是传统的文字书写习惯。分词连写关系到音节辨认、识读效率以及文字的信息处理。不知是什么原因，侗文试行以来一直就没有贯彻分词连写的原则，目前大部分侗文印刷品和手写资料，都按音节分开书写。其实，这样既不便于阅读，也不经济。人们阅读文章时习惯按词、词组认读和理解，而不是一个音节一个音节地理解。按音节分开书写，割裂了词义联系，妨碍认读，影响阅读和书写速度。对于纸质书写和印刷品，音节分开书写比分词连写会多出 1/3 的页面，造成纸张大量浪费。^②按音节分写，将一个完整的词拆开，这对于侗文进入机器翻译和语音识别等现代信息处理，将造成很大的障碍。

七、其他问题

《草案》还存在其他一些问题，如内容缺漏、照应不周、举例不当等。

（一）内容缺漏

《草案》第十四部分有这样一段文字："移行时必须在一行末了加一短横（-）表示词没写完，下一行的开头则不用短横。"^③这里的短横在《草案》的第十五部分里没有详细说明，也没有规定其名称（或许可以叫"转行符"）。另外，经常会碰到需要使用冒号的情况，建议增加冒号 [:]。

（二）照应不周

《草案》第十一部分规定：专有名词，如人名、地名等名称，每一个词的头一个字母都大写。如 Lis mao zhuxi daiv map shijie meik（毛主席带来了新世界）。^④ "mao zhuxi"是专有名词，却没有大写，这是明显的照应不周。

（三）举例不当

《草案》第十二部分中的"minwei（民委）""gongqingtuan（共青团）""Quan-zong

---

① 贵州省民族语文指导委员会编《侗族语言文字问题科学讨论会汇刊》，内部资料，1959，第 173 页。
② 范俊军：《关于〈瑶文方案〉（草案）的思考》，《广东技术师范学院学报》2009 年第 6 期。
③ 贵州省民族语文指导委员会编《侗族语言文字问题科学讨论会汇刊》，内部资料，1959，第 175 页。
④ 贵州省民族语文指导委员会编《侗族语言文字问题科学讨论会汇刊》，内部资料，1959，第 174 页。

（全总）"①不是侗语中的音节缩写，是用侗语翻译汉语里的音节缩写词，不足以说明问题。

第三节　《侗文方案（草案）》的修订

诚然，世界上没有十全十美的文字方案，即使像汉语、英语这样历史悠久的语言，也存在使用问题而需要改进。每一种文字都需要随着时代的进步而进行修改和完善。侗文创制至今已有 60 余年，侗族社会的语言生活发生了很大变化，我们不应固守几十年的《草案》以及某些习惯的束缚，而应主动进行侗语文规范和规划，使侗文更好地为当今侗族群众和侗族社会发展服务。一个民族的文字草案，一试就是 60 余年，迄今却没有一个完整的、系统的、全面的、规范的版本，令人不可思议。考虑到目前侗文出版物并不多，现在应该是好好修订《草案》的时候了。对《草案》进行修订，使侗文系统臻于完善，从而更好地促进侗语文事业在新时代持续发展。

一、《侗文方案（草案）》的修订原则

《草案》的修订应遵循以下原则：

（1）保留主体、少量改动。根据上面的分析，《草案》的主体部分是正确的，只有个别地方需要修订。

（2）形成系统，查漏补缺。要从文字体例系统上考虑增加和修改的内容，也就是不能自乱文字体系。

（3）方便易学，符合信息化方向。侗文应是广大侗族群众广泛采用的书写媒介，必须以易学易写为应用目标，同时要考虑到信息化发展，方便群众在信息产品中使用侗文和侗语。

二、《侗文方案（草案）》的修订建议

（1）字母读音向英语字母看齐。鉴于英语字母读音在世界范围内都有广泛的普及，因

---

① 贵州省民族语文指导委员会编《侗族语言文字问题科学讨论会汇刊》，内部资料，1959，第 174 页。

此可以考虑侗文字母的读音尽可能选用接近英语字母的读音。这样的话，由外语借入的现代词语，也按英文字母读音，例如：WC 读 dacbucliuhsih，DVD 读 disvisdis，CCTV 读 sissistisvis。这样可能更有利于侗语的大众化。

（2）建议增添三个声母，表示送气和不送气小舌塞音 [q]，以及软腭擦音 [ɣ]。这主要是考虑传承侗族大歌的需要，可以指定专用于侗族大歌。用什么符号表示送气小舌塞音、不送气小舌塞音及软腭擦音的声母，目前有多种方案。贵州省黎平县多主张用 kg 表示不送气的小舌塞音声母，用 gk 表示送气的小舌塞音声母。广西壮族自治区三江侗族自治县则主张用字母组合 gg 表示不送气的小舌塞音声母，用 kk 表示送气的小舌塞音声母。邓敏文（2014）主张，小舌塞音声母只需要用一个 kg 表示，送不送气由送气声调或不送气声调来表示，如 kgal（歌）、kgap（后天）、kgegs（隔开）、kgegt（客人）等；软腭擦音则用字母组合 yr 表示，如 yrav（田）、yrouc（笼子）。[①] 吴欢平（2014）主张，用字母组合 hg、hk 分别表示不送气和送气的小舌塞音声母，用 r 来表示软腭擦音声母。我们认为，用 kg、gk、gg、kk 等表示小舌塞音声母都不合适。在拼音文字的辅音连缀中，kg、gk 组合是很奇怪的，不便读者由字母推测读音；gg、kk 虽然可以，但 k 已经用来表示声调，这样一来分词连写中一个词内部就可能出现三个 k 相连，这也是很奇怪的，因此 kk 不可取，与它相关的 gg 也不建议采用。用 hg、hk 表示小舌塞音声母比较合适，两者组合可以发出近似 [q] 的音，虽然 h 也表示声调，但分词连写时最多两个 h 相邻，不影响侗文书写系统。软腭擦音声母建议用 hr 表示。这样一来，三个音（hg、hk、hr）自成一体，专用于侗族大歌，读者容易辨识。

（3）建议去掉与侗语很不协调的 zh、ch、sh，因为当地汉语方言没有翘舌音。

（4）aa 表示长音 a，a 表示短音 a。

（5）声调的表示。根据前面三部词典的统计结果，考虑侗文的分词连写，从阅读侗文的识别效率来讲，标示声调的字母应做相应改进，如表 3-9 所示。

---

① 邓敏文：《〈侗文方案〉补充修订的初步设想》，《百色学院学报》2014 年第 4 期。

表 3-9 侗文声调改进方案

第 1 调	第 2 调	第 3 调	第 4 调	第 5 调	第 6 调	第 7 调	第 8 调	第 9 调
v	z	c	t	s	x	p	k	h

字母"1"不宜用来标示声调，因为用字母"1"表示第 1 调，分词连写时会出现大量的"1"字母重叠，同时当第二个字为零声母时，根据阅读惯性，不熟悉侗文的读者很可能将表示声调的"1"和后面的元音一起拼读，造成音节界限混淆。用唯一不充当声母的字母"v"表示侗语分布最广的第 1 调，用作为声母频次极低的字母"z"标示出现频次较高的第 2 调，才是较科学的选择。这样，在《草案》中增加一条说明：字母 v、z、c 主要用来标示声调。

（6）借词的拼写。从尊重语言事实和语言规范的角度来看，对于借词在侗文中的拼写处理，不论是普通话借词、汉语方言借词，还是其他民族语言的借词，都必须按借入侗语之后的约定俗成的实际读音拼写。侗语原本没有的音，则用侗语最接近的声、韵、调来标示。例如：

汉语方言西南官话借词：xiux jis（手机）、sac sil（杂志）、sail yuc（菜油）、daol deec（道德）、yanc seec（颜色）、ngans qeenc（安全）

客家话借词：xongc（桌子）

本地苗语借词：leil（猴子）、liouh（黄牛）、eis（姐姐）

侗语的现代汉语借词大多数从本地汉语方言借入，实际读音与本地汉语方言基本一致。普通话的卷舌音 zh/ch/sh，侗语按方言的 s/s/x 对音。借词声调也大致按本地通用的西南官话的调值。侗语中其他民族语言借词主要来自苗语，也基本上是全部借音。

为了照顾大多数非标准音地区的侗族人学习侗文以及从长远考虑，侗语中的汉语借词的音译词，基本上可按汉语西南官话区贵阳话的声、韵母借入，其声调按标准音点的侗族人说当地汉话的声调标示。

（7）修订后的《草案》应尽可能简明扼要，内容组成应借鉴《汉语拼音方案》，包括字母表、声母表、韵母表，声调符号，隔音符号等几个部分。其他内容可以放到正词法或拼音条例里进行规范。

第四章 《侗文正词法基本规则》及《侗文规范词表》的研制

《中华人民共和国国家通用语言文字法》第一章第八条规定：各民族都有使用和发展自己的语言文字的自由。少数民族语言文字的使用依据宪法、民族区域自治法及其他法律的有关规定。侗文属于新创拼音文字，必然涉及分词连写问题。《草案》第十部分规定："以词为书写单位。"[①] 但究竟如何以词为书写单位，这属于正词法问题，但由于历史局限，当时并没有制定具体的正词法规则。正是因为没有正词法规范，侗文出版物中的词语拼写就出现了各自为政的混乱现象。制定侗文正词法规则是侗文能否在侗族社会长久使用和传播的关键。本章讨论侗文正词法及相关规则的研制问题。

第一节 正词法相关理论

一、正词法的提出

正词法英语称 orthography，ortho- 是正确的意思，-graphy 是拼写法的意思，orthography 即正确的拼写法之意。[②] 正词法是指文字的形体标准和使用规范。英语、法语、德语等以拉丁字母为基础的拼音文字，在长期的历史中都发展出了适合自身语言特点的正词法。汉语虽然不是拼音文字，但是在它的实际使用中，无论是笔头书写和认读，还是电脑打字或语音信息处理等，也有正词法规则。侗文是新创拼音文字，自然也需要正词法。侗语文

---

① 贵州省民族语文指导委员会编《侗族语言文字问题科学讨论会汇刊》，内部资料，1959，第175页。

② 冯志伟：《英德法语的正词法与汉语拼音正词法》，载苏培成主编《语文现代化论丛 第五辑》，语文出版社，2003，第160页。

教学、文字扫盲、文化传承、社会语言生活的现代化，对侗文的规范书写都有实际的需求，制定侗文正词法显得十分必要和迫切。

二、国外有关正词法的研究

（一）英语的正词法

英语按时间历程可分古代英语（公元 700—1100 年）、中古英语（公元 1100—1500 年）和近代英语（公元 1500 年至今）。英语发展的具体情况见表 4-1。

表 4-1 历史事件对英语发展的影响分析

时期	原因	语言情况	导致结果
公元 9—11 世纪初	丹麦入侵英国	丹麦语、英语	加速了古英语的简化
公元 1066 年	法国入侵英国	法语（官方语言）、拉丁语、英语	英语吸收了大量法语词汇
公元 1250—1400 年	政治变动	英语（官方语言）、拉丁语、法语	大量法语借词、拉丁语词汇进入英语
文艺复兴时期	古希腊、罗马文化的研究	英语、拉丁语、希腊语	大量拉丁语、希腊语词汇进入英语

冯志伟（2003）对英语正词法形成和巩固的原因进行了分析，认为主要有两个方面：一是大量吸收外来词；二是尊重历史，保留词的原有形式，降低了同形词和同音词产生的可能性。如何解决英语书面拼写和读音之间的矛盾是英语正词法中较为严重的问题。文艺复兴时期，通过印刷术推广和教育普及，使英语规范的书面拼写固定下来。18 世纪开始，英国开始强调语言的规范化，塞缪尔·约翰逊编撰了第一部正式的英语辞典《约翰逊字典》，该辞典把英语词的拼写形式定了下来，英语的正词法也以该词典作为规范的依据。维多利亚时代为了统一读音，开始推行标准语，《英语发音词典》（琼斯等编）成了人们必须遵守的发音规范。英语的正词法主要遵从了历史原则，适当考虑语言原则。[①]

---

① 冯志伟：《英德法语的正词法与汉语拼音正词法》，载苏培成主编《语文现代化论丛 第五辑》，语文出版社，2003，第 161—163 页。

（二）法语的正词法

法语的祖先是拉丁语。古代法语（公元 7—8 世纪）是由民间拉丁语演变而来。12 世纪末，以巴黎为中心的方言成为了法国的全民语言。17 世纪以来，法国相当注意语言文字的标准化和规范化，在长期的发展过程中，法语和英语一样也存在书面拼写形式与实际读音的矛盾。为了解决这一矛盾，法语正词法提出了许多行之有效的规则。例如，利用形式不同而实际已不发音的词末辅音，就可以区分同形词和同音词。可见，法语正词法主要是遵从历史原则，并把这一原则作为区别同音词的重要手段。[①]

（三）德语的正词法

德国人最早使用的是鲁纳字母，后受基督教影响，改用拉丁字母。在用拉丁字母拼写德语的过程中，德国的正词法逐渐形成。1956 年，语言学家魏歇勒（Wecherer）提出"名词的第一个字母大写"，引起了关于字母大写和小写的一系列正词法问题的争论。德国在 1876 年和 1901 年分别召开了一次正词法会议。康特拉·杜登编写了《德语正词法词典》，为德语正词法的研究立下了功劳。德语正词法主要依据四个原则：第一，语音原则。要求字母发音应与该字母的表音一致，同时还要求单词的发音与其拼写法尽量保持一致。第二，形态原则。要求词根和词干的写法，在由它们派生出来的词中保持不变。第三，识别原则。要求把声音相同而意义不同的几个词在写法上加以区别，以便在书面形式上区分同音词。第四，历史原则。要求保持历史上的某些传统写法。其中，语音原则为最基本的原则，使得德语的书面形式更易读、易写、易记。考虑到德语字母的不足，德语正词法还规定了相关字母拼写规则，弥补了语音原则的不足。[②]

三、国内有关正词法的研究

（一）汉语的正词法

我国汉语拼音正词法的发展主要经历了五个阶段：教会罗马字、切音方案、国语罗马

---

① 冯志伟：《英德法语的正词法与汉语拼音正词法》，载苏培成主编《语文现代化论丛 第五辑》，语文出版社，2003，第 163—164 页。

② 冯志伟：《英德法语的正词法与汉语拼音正词法》，载苏培成主编《语文现代化论丛 第五辑》，语文出版社，2003，第 164—166 页。

字、拉丁化新文字、拼音方案、正词法基本规则。

汉语拼音正词法的探索最早可追溯到 19 世纪中叶，清末的切字运动是汉语拼音正词法的萌芽阶段，这时期开始考虑汉语拼音正词法的相关问题，但还没有总结出一套系统的分词连写规则。20 世纪二三十年代的国语罗马字运动和拉丁化新文字运动是对汉语拼音正词法的进一步探索，是正词法研究发展的第二个阶段。《汉字革命军前进的一条大路》（黎锦熙，1923）一文最早提出"词类连书"的问题，并提出了正词法初步规则。《中国拉丁化拼音文字的写法》（倪海曙，1952）一文中提出了 68 条词的拼写规则，对拉丁化新文字的正词法进行了总结。1958 年 2 月 11 日，第一届全国人民代表大会第五次会议正式通过并颁布了《汉语拼音方案》。该方案的颁布为正词法的研究和建立开启了前奏。《汉字改革概论》（周有光，文字改革出版社，1961）的第五章全面论述了汉语拼音正词法的理论和方法。《汉语拼音正词法要点》（周有光，1980）一文建立起了汉语拼音正词法的初步框架。1982 年中国文字改革委员会正式成立了汉语拼音正词法委员会，并于 1984 年 10 月公布了《汉语拼音正词法基本规则（试用稿）》，1988 年 7 月国家语言文字工作委员会发布正式稿。1986 年全国语言文字工作会议确立了"促进语言文字规范化、标准化"的工作方针，并将"做好现代汉语规范化工作"列为首要任务。1996 年，国家质量技术监督局将《汉语拼音正词法基本规则》（GB/T 16159—1996）发布为国家标准。随着社会语言生活的发展变化，2006 年，教育部、国家语言文字工作委员会成立课题组，并委托中国社会科学院董琨教授担任课题组组长，根据实际使用状况和社会需求对《汉语拼音正词法基本规则》（GB/T 16159—1996）进行修订。在广泛调查论证和听取各方人士的意见，邀请教育界、出版界、信息界和语文界的专家、学者进行了讨论后，形成了最新版《汉语拼音正词法基本规则》（GB/T 16159—2012）。

（二）少数民族语言的正词法

近十多年来，我国少数民族语言文字规范化、标准化、信息化建设取得长足发展，成立了全国语言与术语标准化技术委员会少数民族语特别分会，发布了系列少数民族语言文字规范标准。据《中国语言文字事业发展报告》（2017 年）中的统计数据，少数民族人名、地名汉字译写的地方标准和行业标准有 12 项，信息技术领域的少数民族语言文字国家标准、地方标准和绿皮书软性规范总数多达 87 项。[①] 藏文、蒙古文、维吾尔文、哈萨克文、壮文都有自己的分词规范。

四、参考和引用的标准及规范性文件

制定侗文的正词法规则，在遵循侗语语言结构特点的基础上，应参照已有的正词法规则，尤其是汉语拼音正词法规则和相关的少数民族语言正词法规则。

（一）《汉语拼音正词法基本规则》（GB/T 16159—2012）

新版《汉语拼音正词法基本规则》由中华人民共和国国家质量监督检验检疫总局（今国家市场监督管理总局）和中国国家标准化管理委员会于 2012 年 6 月 29 日发布。该标准规定了用《汉语拼音方案》拼写现代汉语的规则，内容包括分词连写规则、人名地名拼写规则、大写规则、标调规则、移行规则、标点符号使用规则等，该基本规则适用于文化教育、编辑出版、中文信息处理等领域的汉语拼音拼写。它也是侗文正词法研制的主要参考资料。

（二）《中国人名汉语拼音字母拼写规则》（GB/T 28039—2011）

《中国人名汉语拼音字母拼写规则》对我国汉族、少数民族的人名拼写提出了具体要求。它由范围、规范性引用文件、术语和定义、总则、拼写规则、特殊问题的变通处理办法等六个方面组成。《中国人名汉语拼音字母拼写规则》指出：少数民族姓名按照民族语用汉字拼音字母音译转写，分连次序依民族习惯。音译转写法可以参照《少数民族语地名汉语拼音字母音译转写法》执行。侗文正词法中的人名拼写，应综合参照这些标准和规范。

（三）《中文书刊名称汉语拼音拼写法》（GB 3259—92）

《中文书刊名称汉语拼音拼写法》由国家技术监督局（今国家市场监督管理总局）于 1992 年颁布。该标准共包括五个方面的内容：主题内容与适用范围、术语、拼写原则、拼写参考文献、拼写规则。侗文中涉及的书刊名称拼写，可参照这个标准酌情制定。

（四）《信息处理用现代汉语分词规范》（GB/T 13715—1992）

《信息处理用现代汉语分词规范》由国家技术监督局于 1992 年颁布。该规范以信息处

---

① 国家语言文字工作委员会组编《中国语言文字事业发展报告（2017）》，商务印书馆，2017，第 48—49 页。

理应用为目的，规定了现代汉语的分词原则。考虑到侗文的现代化应用，制定侗文正词法规则时，应综合考虑群众日常阅读和书写的习惯，以及侗语文信息技术处理的需求。

第二节　侗文正词法规则的研制 ①

一、研制正词法的重要性

侗语文教学需要侗文正词法。侗语文教学在群众扫盲、普及义务教育等方面的意义毋庸置疑，但其中也存在一些问题。由于没有侗文正词法，侗语教材和侗语文课堂教学的侗文书写无规可依，比较混乱。例如，大部分教材按字（音节）空格排印，没有分词连写；字母不区分大小写；同一个词的拼写在不同教材中书写不一致，或同一本教材前后不一致；等等。很多侗语老师没有经过专业学习，缺乏正词法概念，在课堂教学中侗文书写比较随意，这不仅降低了学生的学习兴趣，还严重影响了侗语文教学的整体成效。尤其是侗语专业本科生，毕业后有的从事双语教学、侗文读物编辑出版、语言文字管理和研究等工作，如果不具备坚实的正词法规则知识和正确的正词法理念，他们在工作中可能会出现侗文运用混乱的现象。

侗文读物的出版和侗语媒体传播需要侗文正词法。据不完全统计，迄今为止出版的侗文工具书、文学作品、研究著作等超过 200 部（种）。这些正在社会上传播的侗文出版物存在着许多问题，主要表现在：第一，现行大多数出版物中的侗文是按音节空格书写，只有极少数分词连写。第二，同一词类或同一个词书写不一致，尤其是专名和借词，十分混乱。我们认为，侗文词典对于侗文的使用和传播有着非常重要的影响，它应有规范侗文的功能。侗文报刊作为大众媒介，具有语文规范的社会传播作用。侗文书写混乱的现象说明，必须制定系统的侗文正词法来规范社会媒介的侗文应用。

侗语文现代化和信息化也需要侗文正词法。20 世纪 50 年代在创制侗文时以拉丁字母

---

① 彭婧、范俊军：《关于制定〈拼音侗文正词法〉的若干问题》，《广东第二师范学院学报》2016 年第 1 期。

为基础进行设计，符合文字的拼音化发展方向，为侗文的信息处理提供了基本条件。但随着社会的现代化和信息化的发展，许多更高层次的语言信息处理，如机器翻译、文语转换、语音识别、自然语言理解等都要在词的层次上处理，离开了词，语言信息加工就难以进行。侗文出版物按音节空格书写，例如：Benl naih yaoc dongc ongs douk oc das deev jedl map（今天我和爷爷到山上砍柴来）。这就人为造成了分词问题，同时也给人工智能在侗文分词处理上设置了障碍，它抵消了拼音文字便于信息处理的优势，如听任这种情况泛滥，侗文不进行分词连写，侗文将逐渐失去在现代社会中的生命力。侗文迄今没有正词法，这严重制约了侗文信息处理的发展及侗语文的广泛应用。现代技术条件下"电脑是人脑的延伸，电脑的理解是人脑理解的延伸。人脑对于语言的理解以'词'为基本单位，电脑对语言的理解也必须以'词'为单位"[①]。

　　总之，从侗语文教学、大众的侗文书写、媒体的侗文应用等角度来看，侗文必须分词连写。《草案》制定之时虽然没有同步出台正词法规则，但当时就已经确定了"侗文以词为书写单位"的基本原则。但是，后来的侗语教材、新闻出版物等没有以词为书写单位，明显违背了《草案》确立的基本原则。侗文今天的这种书写混乱局面，一定程度上是由侗语文专家、侗语文工作者失职造成的。侗语文专家、侗语文工作者必须高度重视侗文分词连写问题，高度认识侗文分词连写的重要性。当前，应尽快制定侗文正词法并落实到侗语文教学、新闻出版、社会用字和信息处理等领域。

二、研制侗文正词法的相关问题

　　侗文正词法是在《草案》的基础上进一步规定侗文的书写规范。制定侗文正词法应遵循以下几项基本原则：①以《汉语拼音正词法基本规则》和《信息处理用现代汉语分词规范》为基本参照。②以侗语的词为基本拼写单位，适当考虑语音、语义、语感等因素，同时兼顾词形长短适度。③分词书写单位要方便识读和书写。④正词法规则应简明、容易操作。制定侗文正词法需要解决以下几个方面的问题：

---

① 　王开扬：《汉字现代化研究》，齐鲁书社，2004，第80—81页。

（一）侗语词单位的划分

首先要了解什么是词。调查表明，以侗语为母语的人在使用侗文时对大多数概念有词的意识，尽管不是每个词都有清晰的认识。

词是语言里最小的可独立运用的单位。侗语中哪些可以作为词，哪些是词组、短语，这是必须首先解决的问题。侗语中有相当数量的概念词，人们都能够自然辨别，如：menl（天）、yaoc（我）、maxjax（螳螂）、biingcbanx（朋友）等。但是，有些口语单位是词还是词组，存在模糊现象。例如，nanx（肉）是一个词，nanx/muk（猪肉）是不是一个词？人们从语感上是将它作为一个事物的整体概念即作为一个词来理解和使用的。如果 nanx/muk 作为一个词，那么 nanx/doc（牛肉）、nanx/xongc（熊肉）、nanx/bedl（鸭肉）、nanx/max（马肉）、nanx/meeux（猫肉），也就都是词；更进一步说，nanx/bot（鸽子肉）、nanx/menx（老虎肉）、nanx/laiv（野猪肉）、nanx/angleiv（螃蟹肉），这些也应该算是词。可是，从语感上，"螃蟹肉""老虎肉"似乎并不紧密，可以分开。又如，从语法上看，xiv（是）是一个词，gueec（不）是一个词，那么，gueec/xiv（不是）是一个词还是词组呢？xiv/gueec/xiv（是不是）又如何处理，是看作三个词，还是作为一个词呢？由此可见，要贯彻分词连写原则，首先要厘清如上这些划分不明确的词。类似这些问题以及其他相关问题如何解决，如何以语法词为基础，兼顾语感、语义、词语长短，都必须进行全面分析和研究，侗文正词法才能做到对种种情况作出科学的规定。

（二）专名的拼写

专名指人名、地名、机关团体名之类的专有名词。正词法中的专名拼写，主要涉及分词连写和大小写问题。

侗族的人名。侗族人通常有三套姓名：①本名，一个人成家生育儿女之前的俗名字，都是单名，如：juc（桥）、mic（梅）。②从名，一个人成家生育儿女以后的名字，一般在儿女单名前加上"bux-""neix-""ongs-""sax-""mangh-"等通名。③学名，即汉字名，上学读书以后的名字。侗文人名的书写应遵循拼音文字的人名书写一般规则，姓和名分开写，首字母分别大写。如 Longc Lingc（龙林）。按《汉语拼音正词法基本规则》规定，已专名化的称呼，如人名、神名，需要连写，首字母大写，如"雷婆"应写成 Saxbias。按这个规定，上面所说的侗族人名中的从名，似乎也应该连写，如 Buxmic（梅爸），因为侗族的从名没有姓，它实际是平常对某人特定的称呼，具有姓名的指称功能罢了。但侗族的这种从名有点类似汉语的"王伯""刘嫂""李大妈"这类称呼。按《汉语拼音正词法基本规则》规定，带有通名的专名，通名和专名两部分分开书写。这样一来，"梅爸"应写成 Bux Mic。这些问题如何处理？制定侗文正词法规则，必须二选一，作出规定。此外，有些地方的侗族还有长名，如贵州小广侗寨的 Wangc Nyencbaoslul（王年包路）、Wangc Baosnyenclulsamp（王年包路三）这样的姓名，名字里面还有意思，是分写还是连写，也应作出科学的规定。

侗族的地名。侗语地名大多是双音节，也有部分单音节和多音节。单音节地名采用首字母大写还是全部大写？按《汉语拼音正词法基本规则》规定，应采用首字母大写。例如，"车江""增冲"的侗语名应写成"Woc""Songl"，而不是现在侗文出版物中的"WOC""SONGL"。侗语有许多带通名 xaih（寨）、senl（村）、guis（溪）、oc（地方）的地名，一般是通名在前，专名在后。按《汉语拼音正词法基本规则》规定，通名和专名应该分写，各部分首字母大写。那么，Oc Nanv（南明）、Xaih Wangc（王寨）、Xenp Jangl（剑河）、Wangcmiangc Gaos Diongl（黄茫冲）应该分写。但按《汉语拼音正词法基本规则》规定，已专名化的地名可不再区分通名和专名，首字母大写，各音节连写。侗语的"xaih""senl""guis""oc"等通名，类似汉语"贵州""沧州""津市"中的"州""市"，这类通名已经专名化，上面的侗语地名似乎又可以连写成 Ocnanv（南明）、Xaihwangc（王寨）、Wangcmiang-cgaosdiongl（黄茫冲）。

此外，专名中还有外语人名和地名，是按汉语读音用侗文拼写，还是名从主人，按原语种拼写呢？例如，"乔丹"写成 Jordan，还是写成 Jaocdans；"东京"写成 Tokyo，还是写成 Dongsjens。上述各种情况如何处理，侗文正词法都应作出清晰的规定。

（三）借词和新词的拼写

随着现代生活的发展，各民族的相互交流日益密切，每种语言都不断有新词和借词。从侗语的情况来看，汉语和其他语言的新概念和新事物，进入侗语大多是群众自发和随意照搬，语言文字职能部门工作者、专家学者、教育科技人士等都缺乏主动创造新词、翻译外来词、对外来词进行正音和规范的积极性，因而新词和外来词的侗文书写存在诸多混乱现象。例如，借词的拼写有的按本地侗语方音拼写，有的按普通话读音拼写，有的按当地汉语方言拼写。如"国家"有的写成 gueec jas，有的写成 guoc jas。标调也很混乱，有的用侗语声调字母标示，有的用汉语拼音的标调符号，有的不标声调。如"发展"就有 fac zanx、fāzhǎn、fazan 等多种写法。

同一个外来概念词，不同的人侗语译法不一致。如：侗语中 dangk、dunl、daoh 都有"热"的意义，故翻译汉语"热水"时，nemx dangk，nemx dunl，nemx daoh 三种译法都有，没有一个规范词。如："车"在侗语中是 xap，"摩托车"译为 xap mos tuoc，"汽车"却译为 qil cees。此外，有的借词新派读音和老派读音有所差异，由于没有正音规范，导致同一个汉语借词侗文书写不一样。如：红旗，老派读为 hongc jic，新派读为 hongc qic；老师，老派读为 suk，新派读为 laox sip。

实际上，对外来事物和概念，侗语创造新词有三种方式：音义全部借入、用侗语词翻译、用侗语音近义通的语素对译。第三种方法对译外来概念和事物时，一般很难找到这样的语素。多数情况是采用前两种方法。从语言的社会使用情况来看，侗语中的外来词大多数是直接音义照搬，因为没有人预先开展关于外来概念和事物的创造新词工作，群众使用时直接照搬，比较简便经济。但是，不同的地方，同一个汉语新词，照搬进来的读音，可能是当地汉语方言、官话或普通话，因而侗文的书写也会出现混乱。解决侗文借词书写混乱问题的关键是对借词进行正音规范，核心是规范吸收外来词的方法和外来词的拼写形式。

我们认为，吸收外来词，意译优先，音译次之，一词一译，避免一词多译，做到规范、简单易懂、符合侗语习惯，为群众所接受。因此，除了制定正词法规则之外，还要制定外来概念词、借词的翻译规范，并定期收集、整理和发布外来词、借词规范词表。目前，还应尽快编写《侗语外来词规范词表》和《侗文人名地名规范词表》。

（四）科学术语

科学术语即特定领域里使用的专业用语。侗语中的固有科学术语主要是传统环境知识词汇。随着科技的发展，大量新的科学术语出现。侗语要持续发展，必然要有能够表达现代科技生活的名词术语，这些名词术语将大大丰富侗语词汇，强化侗语的表达力。科学术语表示的大部分是新概念、新事物，这类词也是侗语的借词和新词，但它们与普通的新词和借词不同，科学术语更讲究规范化、标准化和国际化。侗语的科学术语主要来自汉语。汉语中的科学术语有四类：一是意译，如"激光"；二是音译，如"福尔马林"；三是音译加意译，如"摩托车"；四是字母加汉字。侗文是拼音文字，前面三类可以音译，也可以意译。第四类可以采用字母加音译，例如：B 超、X 射线，侗文分别写成 Bcaos、Xguangs。还有一种全字母的缩略外语词，侗语可以直接借入外文的字母书写，例如：CT（电子计算机断层扫描）、UFO（不明飞行物）等。这些字母词，在侗语中如何读？按英语字母的读音，还是按照汉语拼音字母的读音？从汉语中字母词的社会使用情况来看，"CT""DNA""IT"这类外来词约定俗成的读音，并不是按汉语拼音字母读音，而是按英语字母读音；但国内汉语拼音缩写词，如 GB（国家标准的代号），侗语中似乎大家都读成 guo biao。对这种情况如何处理，侗语文学者及专家应当好好调查研究，制定科学的读音规则和拼写规则。

（五）大写和缩写

《草案》第十一部分规定了侗文字母大写的规则：凡是专有名词每一个词的头一个字母大写；每一句话或每一行诗的第一个词的头一个字母大写；题目、标语、招贴等每一个主要词的头一个字母都大写，印刷体可以全部大写。例如：

Sanglhaix（上海）

Maoh bail sangx doc.（他去放牛。）

事实上，侗语中还有一些大写的情况值得考虑。如由几个词组成的专有名词，专有名词与普通名词连写在一起的。例如：

"贵州民族报"，由"贵州"和"民族报"两个专有名词组成，侗文是写作"guivxul Minccucbaol"还是"guivxul minccucbaol"呢？

再如：Geml（侗族）是专有名词，leec（书）是普通名词，它们组合成 leecgeml（侗文），它的写法是"Leecgeml""leecgeml"还是"Leec geml"呢？

侗文的缩写，有音节缩写和字母缩写两种。音节缩写，如 Mincweix（民族宗教事务委员会）。字母缩写，通常是取词或词组中每一个词的头一个字母大写，每个大写字母后面加小圆点。例如：G.X.（guivxul，贵州），Z.R.G（Zongsfac Rencminc gonglhocguoc，中华人民共和国）。

此外，还有侗语人名、国际通用单位以及科学术语的缩写也是我们应该考虑的。关于缩写我们必须要明确的是，缩写不可滥用。

（六）移行规则

《草案》第十四部分规定：侗文按音节移行。在排印或书写时，行末的多音节词若排写不完，必须写完一个音节，然后再把后一个音节整个往下移写，不容许把一个音节拆开移行，在没有写完的地方加连接号（-）。[①]

关于移行，还有两种情况在方案中没有提及，一是缩写词的移行，二是遇到在有连接号处移行时，如何表示移行连接号的问题。这也是需要考虑的。

（七）标点符号

国家为现代汉语制定了标点符号规范，拉丁字母文字书写时也有一套标点符号。因此，侗文正词法也必须对标点符号进行规定。例如，汉语有书名号"《》"、句号"。"、顿号"、"，英语没有这些符号。汉语的标点符号在计算机字库中都是全角字符，而英文的标点符号都是半角字符。侗文是拉丁字母文字，以拉丁字母文字体系的半角标点符号为基础，制定侗文标点符号规范，可能是一种较好的选择。当然，侗文具体采用哪些标点符号，如何兼顾考虑汉语标点符号，还需进一步分析和研究。

三、侗文正词法基本内容

（1）正词法主要内容和适用范围。侗文正词法主要包括字母拼写和符号使用两大部分。字母拼写包括分词连写、专名的拼写、外来词的拼写等内容，符号使用包括大写字母的用法、短横的用法、标点符号的用法等内容。侗文正词法主要适用于侗语文教学、侗文读物出版、侗文信息处理等，作为《草案》拼写侗语的补充规范。

（2）参考和应用的标准及规范文件。列出制定侗文正词法规则主要参考和引用的规范和标准，例如：《汉语拼音正词法基本规则》（GB/T 16159—2012）、《信息处理用现代汉语分词规范》（GB/T 13715—1992）、《中国盲文》（GB/T 15720—2008）。

（3）重要的术语和定义。对一些必要的名词术语进行定义和诠释。例如：词、侗文方案、拼音正词法、拼写规范及书写规则等概念。

（4）正词法的制定原则。制定正词法应贯穿和遵守的一般原则。例如：以《汉语拼音

[①] 贵州省民族语文指导委员会编《侗族语言文字问题科学讨论会汇刊》，内部资料，1959，第175页。

正词法基本规则》和《信息处理用现代汉语分词规范》为基本参照；以侗语词为基本拼写单位，适当考虑语音、语义、语感等因素，同时兼顾词形长短适度；按语法词类分节规定分词连写规则；分词书写单位要方便识读和书写；正词法规则要简明、容易操作；等等。

（5）正词法基本规则。这是正词法的主体部分。这部分按侗语的语法词类列出分词连写的规则，并举例说明规则的用法。其中包括 12 类基本词（名词、动词、形容词、代词、数词、量词、副词、拟声词、介词、连词、助词、叹词）和 10 类非词单位（字符、连接字母、缩略词、成语、大写、标调等）。在 12 类基本词中按照词类逐一陈述分词连写规则，对 10 类非词单位，根据其特殊性分别制定相关规则，如人名地名拼写规则、大写规则、缩写规则等。《侗文正词法基本规则》见附录 3。

第三节 《侗文规范词表》的研制

《侗文规范词表》是按照审音规则、侗文正词法规则而制定的侗语词表，作为侗文书面语的词语书写规范。

一、研制《侗文规范词表》的必要性

首先，研制《侗文规范词表》是侗文现代应用的需要。一方面，侗语文教学、侗族非遗保护、侗族民间文学作品的翻译出版等，对侗文的书写规范提出了要求。另一方面，社会科技的飞速发展，大量新词术语不断涌现，日常社会用语用词发生变化，譬如人名、地名、科学术语等，都需要有可参照的规范词表来统一书写形式。

其次，研制《侗文规范词表》是侗文书面语推广传播的基本条件。侗文是侗族群众使用的民族文字，大多侗族群众都关注着自己民族语言文字的规范标准问题，期待着有科学的侗文书写规范。《侗文规范词表》是基于已有的侗文规范标准研制的，是实施文字方案和正词法相关规则的具体表现，在一定程度上有助于侗文的推广与宣传。

二、研制《侗文规范词表》的原则和要求

（一）词表研制的原则

研制《侗文规范词表》是为侗族群众的侗文应用服务，为侗族的现代语言生活服务。因此，研制规范词表应遵循以下原则：①实用原则，明确规范词汇的书写是为了更大程度方便侗语文教学、媒体传播和民众使用。②分批原则，词汇是开放系统，不断会有新词进入，因此词汇规范不是一蹴而就，需要不定期进行补充更新。对现有词进行规范，也应该分批次进行。③常用性原则，先对常用词进行规范，再解决非常用词的规范问题。

（二）词表研制的要求

《侗文规范词表》的研制，是对以往侗文和侗语词汇研究成果的梳理集结，同时也是为了适应现代语言生活的需要。研制的词表应符合以下基本要求：

（1）词汇的词义应明确清晰，涵盖侗族人生活中最基本的、常用的事物、概念和知识范畴。

（2）能够满足人们日常交际和学习的基本词汇需求。

（3）重点解决侗语文教学和出版领域的用词规范。

三、《侗文规范词表》的研制

（一）研制规范词表的程序步骤

1. 汇集整理现有的词汇资料和词典

充分收集已有的侗语词典、著作中的词汇资料，建立侗文基础词表。以目前出版的侗文词典为基础，汇集词汇，建立一个基本的侗语词汇集，再参考侗语文其他著作，进行补充。以下词典和著作可以作为主要参照：

（1）《侗汉简明词典（初稿）》：贵州民族出版社出版，贵州省民族语文指导委员会研究室、中国科学院少数民族语言调查第二工作队编，该词典收录条目 8600 多个。

（2）《汉侗简明词典（初稿）》：贵州民族出版社出版，贵州省民族语文指导委员会研究室编，该词典收录条目 13000 多个。

（3）《侗汉常用词典》：贵州民族出版社出版，潘永荣、石锦宏编著，该词典收录语词

5000 余条。

（4）《侗汉词典》：民族出版社出版，欧亨元编著，该词典收录单音节词近万条，多音合成词，包括词、词组、俗语、成语、谚语等 10000 多条，合计约 23000 条词目。

（5）《通道侗语词语》：湖南人民出版社出版，石愿兵编著，该书共收录通道侗语词语 7989 个。

（6）《侗语研究》：贵州民族出版社出版，龙耀宏著，该书后面附有 2000 余条目的词汇调查表。

（7）《侗语词汇（天柱）》：贵州大学出版社出版，贵州省少数民族语言文字办公室主编，该书共收录天柱侗语词汇 12718 个。

2. 对基本词汇集的词语按常用度进行分级

词汇分级可以参照以下条件进行：

（1）对侗语文小学教材的用词词频进行统计。

（2）对侗语广播电视新闻和报纸的用词词频进行统计。

（3）对侗语社区日常生活口语的用词词频进行统计。

（4）参考一些语言调查研究的分级分类词表。

（5）参考语言调查词汇类书籍[①]。

在上述词频统计的基础上，对基本词汇集的词汇进行常用度排序，建立一个侗语三级词表，第一级常用词表大约入选 2500 个词，第二级词表入选 2000 个词，其他都划入第三级词表。

3. 按批次对词表进行规范和发布

对三级词表按照修订后的《草案》和《侗文正词法基本规则》进行分批次地审音、遴选和规范书写，并分批发布。同时，另行制定专门的《人名地名词表》《科学术语词表》。制定规范词表需要做两项工作：一是对异读词进行审音，二是按正词法明确每个词的侗文规范词形。

---

① 例如：范俊军和蓝计香的《语言调查词汇记录用表》（广东人民出版社，2017）；教育语言文字信息管理司、中国语言资源保护研究中心的《中国语言资源调查手册·民族语言（侗台语族、南亚话系）》（内部资料，2015）。

（二）《侗文规范词表》（第一批）的研制

1. 四部侗语词典的共有词统计

本书以《侗汉简明词典（初稿）》《汉侗简明词典（初稿）》《侗汉常用词典》《侗汉词典》为依据，对这四部词典的共有词进行统计，结果如下：

（1）《侗汉简明词典（初稿）》和《汉侗简明词典（初稿）》两本词典的共有词有 1910 个。

（2）《侗汉简明词典（初稿）》《汉侗简明词典（初稿）》和《侗汉词典》三本词典的共有词有 1804 个。

（3）《侗汉简明词典（初稿）》《汉侗简明词典（初稿）》《侗汉词典》和《侗汉常用词典》四本词典的共有词有 1340 个，详见表 4-2。

表 4-2　共有词整理表

序号	汉语	《侗汉简明词典（初稿）》	《汉侗简明词典（初稿）》	《侗汉词典》	《侗汉常用词典》
1	艾草	ngaih	baengx	ngaih	ngaih
2	爱好	xogp	xogp	xogp	xogp
3	安慰	xoik	anwei、saossais	xoik	xoik sais
4	按	jaemh	jaemh、an	jaemh、jaems	nyaenx
5	熬	ngaoc	ngaoc、dungl	ngaoc	sinl、ngaoc
6	八	beds	bebs	beds	beds
7	扒	bac	bac	bads	mads
8	芭蕉	biags	meixbiags、naenlbiags	meix biags	biags
9	粑粑	oux sic	sic	siic	oux siic
10	把	madc	nyaeml、bags、deic、nyuit、jangv、daems	bas	biingv、bags
11	白蜡	labx bagx	labxbagx	labx bagx	labx bagx
12	白生生	bagxsinghsingh	bagxsinghsingh	bagx singh singh	bagx singh singh
13	白糖	dangc bagx	dangc bagx	dangc gol bagx	dangc bagx
14	白天	aenlmaenl	gaosmaenl	gaos maenl、gaos wenl、aenl maenl	aenl maenl

续表

序号	汉语	《侗汉简明词典（初稿）》	《汉侗简明词典（初稿）》	《侗汉词典》	《侗汉常用词典》
15	百	begs	begs	begs	begs
16	柏树	meixpagtnot	meix pagt not、meix songcbegs	xongc begc	pagt not
17	摆动	piut	bongh beengh、baenv piut、yingh	baix	baenv
18	摆设	baix	pait、baix	baix	baix
19	拜	baiv	baiv	baiv	baiv
20	拜年	baivnyinc	baivnyinc	baiv nyinc	baiv nyinc
21	斑点	dimv	dimv、jims	dimv	dimv、jims
22	斑竹	baenljaenl	baenleenv	baenl jaenl	baenl jaenl
23	搬运	bonc	bonc、banyun、wenh	bonc、wonc	bonc、bonh、wenh
24	板壁	xeemh	kaik、xeemh	xeemh、kaik、qaik	xeemh
25	办	beenh	beenh、ban	bans、beenh	beenh
26	半	banv	banv、mangv、mangh、jodx	banv、mangv	banv
27	半途	banvbuh	banvkuenp	banv buh	banv buh
28	拌	bonl	nyaml	bonl	bonl
29	瓣儿	xeemk	xeemv、senv、teik	menx、xeemk	xeemk
30	帮助	banglbus	bangl	daengh	daengh、bangl
31	蚌	bongh	bongh、eengv	bongh	bongh
32	傍晚	jodxnyaemv	jodxnyaemv、labpmenl	yams	gaos nyaemv
33	包	beeul	beeul、dugs	baol	beeul
34	芭谷	ouxxul	ouxxul	oux xul	oux xul
35	饱	jaengv	jaengv	jangv、jaengv	jaengv
36	抱	ums	ums、kubt	ap	kubt
37	刨子	toip	toip	toip	toip

141

续表

序号	汉语	《侗汉简明词典（初稿）》	《汉侗简明词典（初稿）》	《侗汉词典》	《侗汉常用词典》
38	豹子	memxbeeuv	beeuv	beeuv	beeuv
39	杯	bil	bil、jeens	bil、daenl	bil
40	碑	bih	bialbil、bis	bih、biil	bil、bih
41	北	bagl	bagl	bagl	bagl
42	北斗星	xedlgous	beidouxing	xedl gous	xedl gous
43	背（bēi）	aemv	aemv	amv	aemv
44	背（bèi）	boih	boih	boih、boiv	laic
45	背面	liaemt	mangv liaemt	liul	liaemt
46	被子	dans	dans、yangh	dans、yangh	dans
47	奔	dingh	wip、dingh、jaengh	dingh	dingh
48	本事 / 有本事	benssih	benssih	bens sih	ags
49	崩	baengl	baengl	bangl、baengl	baengl
50	逼	yabc	biic、ebs、biigs	biees	yaenx
51	逼迫	biic	yacbiic、bipo、ebs	bieec	biic、ebs
52	荸荠	sudx	sudx	sudx	sudx
53	鼻涕	mugx	mugx	mugx	mugx
54	鼻子	naengl	naengl	nangl、naengl	naengl
55	比	bis	biix、bis	biis、biix	biix
56	笔	biedl	biedl	biedl	biedl
57	笔墨	biedlmagc	biedl magc	biedl magc	biedl magc
58	闭	nyabp	nyabp、biiv	biiv	nyabp、biiv
59	边	geel	mangv	bangv	mangv
60	边沿	biinl	geel、biinl	bieenl、biinl	bienv、biinl、mieengv
61	编	sanp	bians、sanp	sanp、xigl	daems

续表

序号	汉语	《侗汉简明词典（初稿）》	《汉侗简明词典（初稿）》	《侗汉词典》	《侗汉常用词典》
62	蝙蝠	oc	oc、yeehyuc	oc	oc
63	鞭打	biagl	biagl	biagl	biagl、biedl
64	鞭炮	peeukbiads	peeukbiads	peeuk biads、paok biedx	peeuk biads
65	变	biinv	biinv	bieenv、biinv	biinv
66	变心	piatsais	biinv sais	bieenv sais	biinv sais、piat sais
67	变样	biinv yangh	biinv yangh	biinv yangh	biinv yangh、taot yangh
68	憋	yaens	yaens	biees	yaens
69	别人	eep	jenl、eep、banx、mungxxingh	duih、eep	eep
70	瘪	wabp	webp、biees	biees	wabp
71	冰	angv	lengh、angv、ouv	angv	lengh
72	冰雹	ux	ux	ux、nil biongh	ux
73	兵	yongx	bing、yongx	bienl	yongx
74	病	ids	biingh、ids	gids、ids	biingh
75	剥	moil	bogs、moil	bogs	bogs
76	播种	bianh gas	doglxongs	daic、dogl xongs	dal baenl、dogl baenl
77	伯父	buxlaox	buxlaox、buxmags	bux laox、jas laox、bux mags	bux mags
78	簸	waenk	waenk	waenk	waenk
79	簸箕	longs	longs	lengt、longs	longs
80	补	bogl	amv、bus	anv、amv	jibs、bogl
81	布	yal	yal	jal、yal	miinc、yal
82	步	buh	jangs、buh	buh	jangs
83	才	habs	cai	gobs、saic	xah、xih、gobs

续表

序号	汉语	《侗汉简明词典（初稿）》	《汉侗简明词典（初稿）》	《侗汉词典》	《侗汉常用词典》
84	财产	eeljiv	eelseic	saic、seic	eel、jil
85	裁	liagx	liagx、dadl	liagx	liagx
86	采	daenl	cai、bul、yagl	bul	bul、daenl
87	踩	liaenh	xais、dabx	beeml	xait、yaemc
88	菜	mal	mal	mal	mal
89	菜油	yuc mal	caiyou、yucmal	yuc saiv、yuc mal	yuc mal
90	苍蝇	miungxbav	miungxbav、miungx	miungx bav	miungx
91	操心	budxlongc	soucsemp、saolsenl	budx longc、saop senp、souc semp	budx longc
92	嘈杂	haemxhaemx	nanl、qaox、xaenc	nyaoc、nyaol kap	nyoc nyoc
93	草	nyangt	nyangt	nyangt	nyangt
94	草坪	biingc nyangt	biingcnyangt	biingc nyangt	biingc nyangt
95	草鞋	jags	jags	jags	jags
96	厕所	dingc eex	cesuo、dingceex、xangveex	maoc sip、dingc eex	dingc
97	插	laemp	xebs、nyagc	laemp	saemx、nyagc、xebt
98	茶	xeec	xeec	xeec、xic	xeec
99	差错	sagt	chacuo、longplouh	sagt	sagt、xap
100	拆	lidx	lidx	lidx、libx	lidx
101	拆毁／拆散	lidx waih	lidxwaih	lidx waih	wangk
102	柴	jedl	jedl	jedl、jidl	jedl
103	馋	ngah	ngah、yags	ngah	yags
104	蝉	lemcleengh	lemcleengh	lemc leengh	lemc leengh
105	铲	kedt	xeent、gods	gods	jods

续表

序号	汉语	《侗汉简明词典（初稿）》	《汉侗简明词典（初稿）》	《侗汉词典》	《侗汉常用词典》
106	铲除/铲子	xeent	chanchu、kat	xic	xeent
107	颤动	madp	danc、madp	danc	padp
108	肠子	sais	sais	sais、hais	sais
109	敞开	tangk	langt	tangk	tangk
110	唱	qangk	qangk、dos	xangv、qangk、xangk	qangk
111	唱歌	dos al	qangk al、dos al	xangv al	dos al
112	超过	dah	chaoguo、dah、louk dahwul	dah	louk、banh
113	巢	gungl	gungl、dous	dous	gungl
114	朝廷	xeeucxongl	xeeuc xongl、xeeucjingc	xeeuc	xeeuc
115	潮湿	naemh	naemh	naemh	naemh
116	吵闹	xaoc	chaonao、qaox、naenv	qaot、gaox	mianh mianh
117	辰	xenc	xenc	xenc	xenc
118	沉淀	xaengh	yaemldingv、dogldingv、xengh	xongh deix	denh
119	撑	xeengp	xeengk、xeengp	xeengp、xeengv	xeengp
120	成千上万	gaossinp-gaosweenh	gaossinpgaosweenh	gaos sinp gaos weenh	gaos sinp gaos weenh
121	城	xingc	xingc	xingc、xenc	xingc
122	秤	guiuv	guiuv	guiuv、diuv	guiuv
123	吃	janl	jil、janl	jil、janl、jeel	janl
124	池塘	daeml	daeml、dangc、dangcxic	daeml、dangc	daeml
125	尺	xigt	xigt	xigt、xigs	xigt
126	翅膀	bav	bav	bav	bav
127	春	sagt	sagt	sagt	sagt

续表

序号	汉语	《侗汉简明词典（初稿）》	《汉侗简明词典（初稿）》	《侗汉词典》	《侗汉常用词典》
128	虫	nuic	nuic、emh	nuic、nic	nuic
129	抽打	sads	biagl	sads、biagl	biagl
130	抽筋	gius enl	soulenl、jaolenl	gius enl	gius enl
131	绸子	xucdenv	xuc、yalxuc、denv	xuc、liaol	xuc
132	稠	liogl	liogl、nagl	liogl	liogl
133	稠密	adl	choumi、adl、nal	adl	adl
134	愁	souc	souc	souc、jouc	souc
135	臭	nyenl	nyenl	nyenl	nyenl
136	出	ugs	ugs	ugs	ugs
137	出嫁	bailsaox	eev、bailsaox	bail saox、eev	eev
138	出名	ugs guanl	ugsguanl、ugsmiingc	ugs guanl	ugs guanl
139	出头	ugs gaos	ugsgaos	ugs gaos	ugs gaos
140	初	xup	xup	xup、xul、qup	xup
141	初一	xupedl	xupedl	xup edl、qup yedl	xup edl
142	锄头	qidt	qidt、xuc、jogs	qidt、gouc	qidt
143	穿山甲	lengh	lenh、lengh	lenh、lengh	lengh
144	传扬	naok	xingc、yangt	naok	mok
145	船	lol	lol	lol、lal	lol
146	串	biads	biongh、biads、xonk、tunp、laens	biads	jeeuv、jouc、biads
147	疮	gedl	gedl、singl	gedl、gadl、edl	nadl
148	窗户	dolsings	dolsings	dol sings	dol sings
149	床	xangc	xangc	xangc、doiv	xangc
150	床板	piink xangc	piinkxangc	piink xangc	gabx xangc
151	吹	xuip	xuip、sebc	xuip、xip、quip	xuip、sebc
152	吹口哨	gul siup	gulsiup、xilwiup	gul suip	xuip gul

续表

序号	汉语	《侗汉简明词典（初稿）》	《汉侗简明词典（初稿）》	《侗汉词典》	《侗汉常用词典》
153	春	xenp	xenp	xenp	xenp
154	春耕	sagsxenp	sags yangcxenp、sagsxenp	sags xenp	sags xenp
155	春天	nyanlxenp	maenlxenp、xenpxic	xenp xic	nyanl xenp、xenp xic
156	戳	nyogt	nyogt、daeml、xouv	waot、nyogt、laemv	nyogt、laemv、nyogt
157	次	daemh	daov、xonh	daov	xonh、hap
158	刺	logs	mungv、jouv	logs、nyogt、nyongs	mungv
159	聪明	guail	congming、xeil、guail	guail	diux、longc、guangl、guangl aox
160	从	mads	nyimp、songc、dah、songcdah	dah、dos	dah
161	丛	biac	biac、biaoc	biaoc	xumk、biaoc
162	凑	liimx	liimx、juml	liimx	liimx
163	粗	sop	sop	sop、sup	sop
164	粗糙	sopyogs	sopyogt、nyabt、toptaok	sop yogs、nyabt	nyabt
165	醋	sous	sous、tuk	sous	sous
166	催促	liout	liout	liout	liout
167	脆	nyobs	yimp	jaol、nyobs、yimp	yimp
168	寸	senk	senk、tenk	sunk	senk
169	搓	nyudx	sap、tap	nyudx、noc、sap、sok	nyudx
170	撮	sodt	sodt	sodt、sods、todt	sodt、nyomc
171	错	longp	louh、longp、tagt	longp、jaoh、louh	tagt
172	搭	aix	dac、jiml	aix、dac	anc、aix
173	答应	xanp	dacyenl、liingx、xanp	xanp、liingx、yengh、dac yenv	xanp、liingx、naemv

147

续表

序号	汉语	《侗汉简明词典（初稿）》	《汉侗简明词典（初稿）》	《侗汉词典》	《侗汉常用词典》
174	打	biads	heeup、duic、magt、xogl、beengv	keeup、eeup	heeup、biads
175	打赌	kaop	dahdus、kaop、maox	liangh、kaop、kaok	kaop
176	打架	daengl heeup	daenglheeup	xeengl keeup	daengl heeup
177	打搅	guabljabl	mapgaoc、gaoc	laoc	nyaos、liinh
178	打算	dahsonk	dicsonk	daengv	dah sonk
179	打仗	uivxangv	heeup jangv	uiv xangv、dic xagnl	uiv xangv、heeup xangv
180	大	daih	laox、mags	laox、mags	daih、laox
181	大粪	maocdingc	eex、dalwenp	eex	eex
182	大水	naemx mags	naemxlaox、naemxlaoh	naemx mags、naemx laox、laoh	laoh
183	大蒜	sonk	sonk	sonk、sonv	sonk
184	大腿	balangh	densbal、balangh、bal	gual laox	bal
185	带子	seel	seep	niux、seel	angl、seel
186	单 / 单子	danl	danl	danl	danl
187	单独	dogc	jiuv、dogc、laot	liup	danl liingh、dogc、laot
188	单身	liingh	danlxenp	danl、liingh	danl xenp、liingh
189	单身汉	hankliingh	hankliingh、hankxenc	hank danl、hank liingh	hank liingh、hank xenc、hank danl
190	单衣	ugs danl	ugsdanl	ugs danl	ugs danl
191	胆	bov	bov、dams	dams、bov	bov
192	淡	damh	sigt	damh、sigt	sigt
193	当面	danglnas	danglnas	dangl nas	dangl nas
194	荡	piup	weeup、gueengh	weeup	weeup
195	刀	miax	midx、daol、miax	miax、midx	miax

续表

序号	汉语	《侗汉简明词典（初稿）》	《汉侗简明词典（初稿）》	《侗汉词典》	《侗汉常用词典》
196	刀豆	dohbaglmiax	dohmiax	doh bagl miax	doh bagl miax
197	倒	daov	baengl、dao、daov、weenp	bangl、baengl、daov	youv、daov
198	到	touk	touk	touk	touk
199	稻草	bangl	bangl、guangl	bangl	bangl
200	得	lis	lis	lis	lis
201	得罪	daglsoix	lissoix	dagl soix	dagl soix 、tagt
202	灯盏	meengs	meengsbuilyuc、denglbuilyuc	dengl bil	meengs
203	蹬/蹬地	tenk	xais、jimx、jaemx	jimx	tenk
204	等	xut	gas、deng、daengs	jas	xut
205	等候	gas	gas、xut	gas、houp	gas
206	瞪眼	guingx dal	beeuvdal、ladcdal	beeuv dal、liaengl	liaengl dal
207	滴	jadl	ledp、jigs	jadl	ledp、jigs
208	笛子	jigx	jigx	jids、jigx	jigx
209	底	dingv	dingv	dingv	dingv
210	地	dih	dih	dih	dih
211	地方	dihwangp	dihwangp	dih wangp	dih wangp
212	递	longx	longx、duh	yos	longx
213	第	jih	jih	qit、jih	jih
214	点灯	jangs buil	jangs buil	jens buil yuc、jims denl	jangs buil
215	点头	koukgaos	koukgaos	kouk gaos	kouk gaos、nguv gaos
216	垫	jimh	sinh、jimh	jimh、sinh	sinh、jimh
217	雕刻	jeeul	jeeul	jeeul、qiup	jeeul、qiup

续表

序号	汉语	《侗汉简明词典（初稿）》	《汉侗简明词典（初稿）》	《侗汉词典》	《侗汉常用词典》
218	跌倒	leix	leix、begx、guenx、biedx	aenx、leix、denx、senx	leix
219	碟子	dibx	dibx	dibx	dibx
220	鼎罐	biingc	guc、biingc	guc	guc
221	钉子	jingl	jingl	jingl	jingl
222	丢脸	daglnas	doglnas	dagl nas	douv nas、dagl nas
223	东	dongl	dongl	dongl	dongl
224	冬	dongl	dongl	dongl	dongl
225	冬瓜	buc jubs	bucqubt	jubs	jubs
226	都	dul	xedt、dul	xedt、dul	xedt、gaenx、ledp
227	陡	saengv	sagl、saengv	dous、sagl、saengv	sagl
228	斗	dous	dous	dous	dous
229	斗笠	deml	deml	deml	deml
230	斗牛	gueecdaos	gueec daos、senc daengl daos	daengl daos、doc qiup、gueec yangk	gueec daos
231	豆腐	dohhuh	dohhuh	doh huh	doh huh
232	豆芽	dohngeec	ngeecdoh	doh ngeec	doh ngeec
233	豆子	doh	doh	doh	doh
234	独凳	daengv dogc	daengvdogc	daengv dogc	daengv dogc
235	读	dogc	dos、dogc	dos	dogc
236	堵塞	hank	wedl、sagp、hank、liaengv	hanv、hank	sagp、hank
237	肚脐	biolliol	bov、biolliol	bov、biol	biol
238	肚子	longc	dus、longc	longc、dus	longc
239	短	tent	tent	tent	tent
240	段	dongv	dongv	mads	ouk、dongv
241	断	dagl	dagl、duv	dagl	dagl

续表

序号	汉语	《侗汉简明词典（初稿）》	《汉侗简明词典（初稿）》	《侗汉词典》	《侗汉常用词典》
242	断气	deilsoh	duv soh	deil soh、lieeux soh	lieeux soh、duv soh、ledp soh
243	堆	beengc	beengc、dil、bongs	doil、doih、beengc	jibx、beengc、bongs、top
244	对	doiv	doiv、xongp、gouv	doiv	jangs、xingv、doiv、douh
245	对岸	lanl	mangvlanl	lanl	lanl
246	对面	doivnas	doivnas	doiv nas	mangv lanl
247	蹲	youl	youl	babl、youl、yeml	yeml、youl
248	钝	dunx	debc	debc、dunx	debc
249	顿	denv	denv	denv	denv
250	多	gungc	gungc、dah	guangx、gungc、jongc	gungc
251	躲避	lebl	lebl	nyabl、lebl	lebl、jaemc
252	鹅	nganh	nganh	nganh	nganh
253	恩情	aenlsingc	aenlsingc	singc	singc、aenl singc
254	发 / 发作	wedt	fa、wedt、beeuv	qit、wedt	beeuv、wedt
255	发酵	daenglal	wedt	daengl al、mieel、xeenk	xeenk
256	发脾气	wedtqik	wedtqik	wedt qik、yax	yax
257	发烧	wedtdunl	wedtdunl、wedtudt	wedt kudt、wedt udt	udt
258	罚	wedt	wedt	jens、wedt	wedt
259	帆	hongpbongc	hongpbongc	wongp bongc	hongp bongc
260	翻	liins	weenp、piat	weenp	yidt、piat
261	烦闷	miav	miav	miav、winl	miav、liaengv sais
262	反复	liogplieenp	piat、fanfu	xongc、piinp piat	piat liins、piinp piat
263	反正	hongcheec	fanzheng、hongcheec	hongc heec	hongc heec

续表

序号	汉语	《侗汉简明词典（初稿）》	《汉侗简明词典（初稿）》	《侗汉词典》	《侗汉常用词典》
264	饭豆	doheengl	doheengl	doh eengl	doh eengl
265	饭盒	yus	fanhe、yous	yus、yous	liibs、yous
266	方	wangp	wangp、fang	wangp	wangp
267	方便	wangpbiinh	wangpbiinh	biinh	wangp biinh、biinh
268	方向	yangk	wangpyangk、fangxiang	wangp yangk	wangp
269	纺	xat	xat	xat	xat
270	飞	bens	bens、pent	benx、bens	bens
271	飞禽	ducbens	ducbens	duc bens	duc bens
272	肥料	maoc	feiliao、maoc	maoc	maoc
273	吠	kouk	kouk	kouk	kouk
274	肺	bubs	bubs、paok	wik、bubs	bubs
275	废话	lix ongk	lixongk、sungpongk	lix ongk	liaok
276	分	wenp	wenp、pieek	wenp	wenp
277	纷纷	logclogc	fenfen	logc logc	paengk paengk、logc logc
278	坟	wenc	wenc、muh	wenc、moh	wenc
279	风	lemc	lemc	hongp、lemc、wongp	lemc
280	风箱	ol	luc	ol	ol
281	枫树	meixyaop	meix yaop	meix yaop	yaop
282	封	hongp	hongp	wongp、hongp	hongp
283	疯狗	nguapsagtangv	nguapjinl、nguap sagsangv	nguap sagt angl	nguap sagt angv
284	蜂	laol	laol	laol	laol
285	蜂蜜	dangcmedc	dangclugx	lugx dangc、medc wap	medc dangc
286	夫妻	huhsip	saoxmaix	saox maix、huh siip	saox maix、huh siip
287	孵	biaeml	biaeml	biaeml、biaenl	biaeml

续表

序号	汉语	《侗汉简明词典（初稿）》	《汉侗简明词典（初稿）》	《侗汉词典》	《侗汉常用词典》
288	伏	bebc	bebc	bebc、kaemk、habp	bebc
289	拂晓	menl ligt、ngeev guangl、yemcyangh	wocmenl、meengvmenl	ngeev guangl、yemc yangh	ngeev guangl
290	浮	bongc	bongc	bongc	bongc
291	浮标	paok	fubiao、paok	paok	paok
292	浮萍	neit	neit、ngeit	neit、ngeit	neit
293	抚摸	buds	buds	mol、buds	buds、mol
294	斧头	gaos guanl	guanl	guanl	guanl
295	俯	saemt	jaems	saemt	saemt
296	父亲	bux	bux	bux	bux
297	妇女	ducsax	funü、ducsax	sax、neix sax	duc sax
298	改嫁	sip eev	sipeev、xapdangc、xupdinl	yic dinl	siip eev
299	盖	emv	xal、mungl、emv、ebc	yaenh、gaemv、emv、xal	gaeml、mungl
300	甘心	massais	massais	biingc longc、nyigt sais	biingc sais、mas sais
301	肝	dabl	dabl	dabl、dadl	dabl
302	赶	ganh	ganx、gans	gans、ans	ganx
303	赶集	ganxgix	ganxgix、ganxqangx、gansqangc	ganx gix	ganx gix
304	敢	ams	gams	ams、ganx	ams
305	干净	singx	wop、sinl、singx	gemv、singx	wop、singx
306	干枯	jiusjadljadl	sos、jius	jius、sot	sot
307	刚才	aenljoul	gobs、aenljoul	aenl joul、aot	xenh joul、hap jul
308	钢	sangp	sangp、gangl	sangp、gangl	sangp
309	缸	angl	angl	angl	angl、gangh

续表

序号	汉语	《侗汉简明词典（初稿）》	《汉侗简明词典（初稿）》	《侗汉词典》	《侗汉常用词典》
310	高	pangp	pangp	pangp	pangp
311	高兴	upnaengl	xeengpsais、maengx	mongx、up naengl	up naengl
312	告诉	lebc	baov、lebc	baov	lebc、baov
313	告状	aovxongh	aovxongh	aov xangv	aov jangv、aov xeih
314	割	joil	ads、aenv	yods、ads	lit、joil、ads
315	歌	al	al	al	al
316	个	aemx	naenl、jagc、mungx、nadl	nenl、naenl、wul、woul	jagc、aemx、naenl
317	根	sangp	jiuc、sangp	sangp	sangp、dens
318	耕种	sags	sagsxenp	sags ongl	sags ongl
319	更加	xangc	gengjia、xangc、xangh	xangc	xangc
320	弓／箭	nat	nat、bavnat	nat	kaemt、nat
321	公鸡	aiv seit	seitaiv	seit aiv、aiv seit	aiv seit
322	拱	tenk	ungx	tenk、gongx	ungx、tenk
323	共同	sicjungh	gongtong、jungh	jungh、xongv	siic、jungh
324	沟	mieengl	mieengl	mieengl	mieengl
325	钩子	oul	oul	oul	oul
326	狗	nguap	nguap	nguap	nguap
327	估计	muh	guji、muh、muhliangl	ponk、muh、gus	gux
328	古代	saemh unv	saemhaov、danglxul	saemh unv	saemh unv
329	谷芒	jal	jaloux	jal oux、jal	jal、jal oux
330	谷子	oux ogs	ouxogs	oux、oux ogs	oux、oux ogs
331	股／股份	gux	jiul、benh	benh	gux
332	鼓	gungl	gungl	gungc、gungl	gungc
333	故事	guh	guh、nyonc	gus、nyonc	nyonc
334	故意	uv	uvweex、guv	nganl senp、uv	uv

序号	汉语	《侗汉简明词典（初稿）》	《汉侗简明词典（初稿）》	《侗汉词典》	《侗汉常用词典》
335	刮	guedx	guedx、jods	wadt、guedx、gueds	jods、guedx
336	拐棍	gonv	gonv	sonv、gonv、donv	gonv
337	棺材	meixlaox	beens、meixwangp、huvmeix、seic	meix laox	beens、meix laox
338	管	guans	guans	gonx、guans	guans
339	桂鱼（鳜鱼）	bal joiv	bal joiv、bal bingl	bal joiv、bal bingl	bingl
340	跪	jogc	jogc	jogc、guabx、quit	jogc
341	锅	daol	daol	kigt、daol	daol
342	锅巴	oux siul	guoba、ouxsiup	oux liul、gings	gings
343	锅铲	xic xeec	guochan、xicdaol、xicxeec	piat liins、xic eec	jiuh、xagx、piat liins
344	过分	daheenv	dahmuc	dah eenv	louk
345	过节	dah sigs	dahsids	dah sigs	dah sigs
346	过滤	liuuh	liuuh	diuv、liuuh	liuuh
347	过年	dah nyinc	dah nyinc	dah nyinc	dah nyinc
348	还（huán）	beis	beis	beis	beis
349	还（hái）	naengl	naengl	meengs、naengl	naengl
350	海	heit	heit	heit	heit
351	寒心	liagpsais	idssais、liagpssais	liagp sais	liagp sais
352	行	luh	hang、luh	hangc	luh、hangc
353	毫	haoc	hao	haoc	haoc
354	好	lail	lail	lail	lail
355	好比	dagxil	xongseev	il bix、xangh	il bix、il yangh
356	好歹	lailyax	lailyax	lail yax	lail yax

续表

序号	汉语	《侗汉简明词典（初稿）》	《汉侗简明词典（初稿）》	《侗汉词典》	《侗汉常用词典》
357	喝	wumx	jil、wumx	yaemx、wumx、haemx	wumx、jil
358	和	hoc	nyimp	nyimp	daengh、nyimp
359	和睦	daengl douh	daengldouh、hocxil	daengl douh	daengl douh
360	和气	hocqip	heqi、hocxil	hoc qip	hoc qip
361	河	nyal	nyal	nyal	nyal
362	河堤	jaenl nyal	baengvnyal、jaenlnyal	jaenl nyal	jaenl nyal
363	河口	bagsnyal	bagsnyal	bags nyal	bags nyal
364	盒子	habl	habp、gabl	habp、gabl	gabl
365	黑	dengv	naeml、dengv	dengv、naeml	dengv、naeml
366	黑洞洞	dengvdumlduml	dengvdumlduml	dengv duml duml	naeml meeup meeup
367	黑色	naeml	naeml	naeml	naeml
368	痕迹	haenc	henji、nyos、env	haenc、wuic	aenx
369	哼	xungt	yangl	xungt、yangl	yangl
370	横	weengc	weengc	weengc	weengc
371	横笛	jigxbanc	jigxbanc	jigx banc	jigx banc
372	横七竖八	ancanc-iuxiux	weengh geengv、weengc xiut	anc anc iux iux	anc anc iuc iuc
373	烘烤	pieengp	pieengp、xigs	pieengp	pieengp
374	红	yak	yak	yak	yak
375	红糖	dangc yak	dangcyak	dangc yak	dangc yak
376	洪水	naemxbiingclabx	naemxmags、naemxlaoh	laoh、naemx laoh	naemx laoh
377	哄	loux	loux、dingv	louv、loux、dingv	dingv、loux
378	喉咙	uc	dongcuc	uc	uc
379	猴子	munh	munh	leil、munh	munh

续表

序号	汉语	《侗汉简明词典（初稿）》	《汉侗简明词典（初稿）》	《侗汉词典》	《侗汉常用词典》
380	吼	hadsdaoh	houx、naenv、hadt	heemt、houx、hads、hadt	hads
381	后天	maenlnas	maenlnas	maenl nas	maenl nas
382	厚	nal	nal	nal	nal
383	呼呼	hudx	huxhux	huh huh、hudx hudx	hudx hudx
384	呼吸	xuipsoh	huxi、xuipsoh	songk soh、xuip soh	xuip soh
385	狐臭	medp	nyenlsaopmedp	pedp、medp、nyenl medp	nyenk
386	狐狸	nyaenpwangc	nyaenpnguap、huli	wangc yiul	wangc yiul
387	胡须	mudx	mudx	mudx	mudx
388	壶	huc	huc、bingc	wup、huc	huc
389	葫芦	boh	miaiv、boh、biul	boh、doh buc、huc luc	boh
390	糊涂	mongcjangc	daovngav、hutu、ees	ngangv ngabl、ngas xat、mongc jangc	aemp sais
391	互相	daengl	daengl	daengl	daengl
392	花	wap	wap、nugs、eenv	wap	wap
393	花朵	jagcnugs	naenlnugs	jagc nugx	nugs
394	花椒	siulhongc	wapsiul	siul	siul
395	花生	dohmagx	dohmagx、huasheng	doh magx	doh magx
396	花园	yanp wap	yanpwap、huayan	yanp wap	yanp wap
397	滑	kop	gaenl、kop	xeent、tot、gaenl	gaenl、biadx
398	滑倒	biadx	biadx、leix	begx、biadx	biadx
399	画	wak	wak	wak	wak
400	话	lix	sungp、lix	sungp、lix	lix、sungp
401	怀孕	deiclagx	jagllagx	beeul dus、beengh dus、deic lagx	jagl lagx

157

续表

序号	汉语	《侗汉简明词典（初稿）》	《汉侗简明词典（初稿）》	《侗汉词典》	《侗汉常用词典》
402	坏	waih	yax、pak、waih	waih	yax
403	欢乐	nyongcdangc	maengx	maengx、nyongc dangc	maengx
404	缓慢	nyumhnyumh	aenl	aenl	aenl
405	换	taot	wanh	qeeut、taot、wanh	taot、wanh
406	荒芜	wangp	wangp	wangp	wangp
407	慌张	wangpjangl	wangpjangl	wangp jangl、webp wabt、liuuk liik、liogp sais	liuup liik
408	黄豆	dohsongc	dohsongs	duh sungc、doh songc	doh songc
409	黄蜂	laolmant	linlmant	linl、laol mant	linl
410	黄昏	labp	labpmenl、yamsdengv、labp	labp、yaemk	labp
411	黄蜡	labx mant	labxmant、wangclabx	labx mant	labx mant
412	黄牛	senc	senc	senc	senc
413	灰	pugt	pugt	pugt	pugt
414	灰尘	penp	bungv	bungv、penp、ngigx	bungv、penp
415	灰色	pap	pap	pap	pap
416	灰心	laixsais	toiksais、paksais	pak sais、banh sais	sigt sais、liagp longc、leengx sais
417	回	wuic	xonh、xonv	xonv	xonv
418	回忆	oglxangk	xonvxangk、huiyi	xonv xangk	ogl xangk
419	蛔虫	saenxlongc	saenx	saenx	saenx
420	浑浊	aemp	aemp、aemput	aemp	aemp
421	火把	builxinh	dousbuil	xinh、dous buil、bil jil、buil xinh	xinh
422	火花	nings buil	wapbuil	nings buil	nings buil

续表

序号	汉语	《侗汉简明词典（初稿）》	《汉侗简明词典（初稿）》	《侗汉词典》	《侗汉常用词典》
423	火坑	buil sac	sacbuil	buil sac、sac buil	sac buil
424	火苗	mac buil	macbuil	mac buil、wabc	mac buil
425	饥饿	luvyags	yagsluv	luv yags	yags
426	鸡／鸡距	aiv	aiv	aiv	lap
427	鸡冠花	nugsjaenvaiv	nugs jaenvaiv	wap jenv aiv、nugs jaenv aiv	nugs jaenv aiv
428	级	kaenk	ji、kaenk、jeiv（jangs）	jeenh	jeenh
429	急忙	jadcqudt	jensjags、jemsjunx	jadc qudt、jens	jadc qudt
430	几	mieengc	mieengc	mieengc、jis	mieengc
431	计策	jiv	jivjods	jiv jods	jiv
432	记忆	nyenh	jiyi、nyenh	nyenh	nyenh
433	鲫鱼	bigx	balbigx、bigx	bigx	bigx
434	家禽	bedlaiv	bedlaiv	duc xeengp	duc xeengp
435	夹（jiā）	sabl	nyebs、gebs	nyibs、ngebt、sabl	nyibt
436	夹衣	ugs ebl	ugsebl、ugskabt	ugs kuabt、ugs ebl、ugs gabl	ugs ebl
437	颊	ngeih	ngeih	ngeih has	ngeih、ngeih nas
438	价	av	av	av、gav	av
439	价钱	avsinc	avsinc	av sinc、mah sinc	av sinc
440	架	av	av	av	av
441	架子	gangc	gav	gav sis、av	gav、gangc
442	嫁妆	gaoskap	xenpmaenv bail saox、jiazhuang	gaos kap	gaos kap
443	尖	siuv	xov	xok、xov	xok
444	肩膀	sap	sap、boulsap	sap	sap
445	剪	sidt	sidt、guenl	sins、sidt	sidt

续表

序号	汉语	《侗汉简明词典（初稿）》	《汉侗简明词典（初稿）》	《侗汉词典》	《侗汉常用词典》
446	剪刀	miuc	miuc	miiuc、sins daol、miuc	miuc
447	件	meix	hangc、jinx、meix	jinx、meix	meix
448	健康	yaengt	yaengt	yaengt	yaengt
449	健忘	ngasxat	sais lamc	lamc、ngas xat	sais lamc
450	缰绳	out	lamhpegt	out	out
451	讲	angs	angs、wah	lebc、baov、angs	wah、angs
452	胶鞋	haic gaoh	haicgaos、jiaoxie	haic jaos	haic jaoh
453	嚼	mah	ngaoh idx	ngaih	saemx、ngaoh、mah
454	绞	jads	guadl、geeuh	wanx、wuh、jeeuh	guil、guadl
455	脚	dinl	dinl	dinl	dinl
456	脚后跟	xongpdinl	xongldinl	xongp dinl、xongp、xongt	xongt dinl、xongt haic
457	叫	yigs	heemx、sint	yigs、sint	wanc、sint
458	节	langx	moux、dongv	moux	moux
459	节日	sids	jieri、maenl sids	sids、sigs	sigs
460	节省	dais	jiesheng、saens	dais、saent、senh	dais
461	洁白	bagxsebssebs	bagxsebs、bagxlup	bagx penk	bagx sebs sebs
462	结	jids	jids	jids	jids
463	结果	wenpdemh	jieguo、touklenc	wenp demh、jeds nenl、jids demh	wenp demh
464	结婚	daenglaol	jiehun、jidssenp	dangl eel	jids siip、daengl aol
465	结亲	jidssingc	jidssenp	weex senp	jids singc、aol maix、abs senp
466	结实	maenx	maenx、jieshi、jacxic	maenx、guas jax、jagl	jagl、maenx
467	睫毛	xebldal	xebldal	xebl dal	xebl dal

续表

序号	汉语	《侗汉简明词典（初稿）》	《汉侗简明词典（初稿）》	《侗汉词典》	《侗汉常用词典》
468	竭力	ledpsoh	jenhlegc、ledpsoh	ledp soh、pank mingh	ledp soh
469	姐姐	jaix miegs	jaix、beix	jaix	jaix、jaix miegs
470	解开	liaenv	liaenv	liaenv	loh、liaenv、nyaengv
471	戒指	konpmiac	konp miac、xulyenv	konp miac	konp miac
472	借	yaml	yaml	yaml	yaml
473	今天	maenlnaih	maenlnaih	maenl naih	maenl naih
474	金钱	nyaencsinc	sinc、nyaencsinc	sinc	nyaenc sinc
475	金子	jeml	jeml	jeml、jaeml	jeml
476	筋	enl	enl	enl	enl
477	紧	jaens	jaens、jens	jaens、jens	jaens
478	尽	lieeux	ledp、lieeux、wop	jenx、ledp、senh	ledp、xenl、deenh
479	近	jaenx	jaenx	jaenx	jaenx
480	禁忌	jih	jih	jih	jih
481	经常	anglus	meenh、yenc	xangc yenc、dangv、daengv、angl us	yenc、anl us
482	惊天动地	neipmenl neipdih	naenvmenlnaenvdih	neip menl neip dih	neip menl neip dih
483	井	menv	menv	menv	menv
484	颈	nyenh	nyenh	uc、oc、nyenh	nyenh
485	静悄悄	gemvgiusgius	gemvmedp medp、gemvgiulgiul	jemv qiut、gemv giul giul	gemv giul giul
486	纠缠	biedcbiangh	jiuchan、biedc	gueev leev	biedc biangh
487	九	jus	jus	jus	jus
488	久	jaengl	jaengl	jangl、jaengl	jaengl
489	韭菜	mal ngaemc	ngaemc	tongp aenv、aenv、mal ngaemc	ngaemc

续表

序号	汉语	《侗汉简明词典（初稿）》	《汉侗简明词典（初稿）》	《侗汉词典》	《侗汉常用词典》
490	救	juv	juv	jiuv、juv	juv
491	就	suh	laengx、suh	naengx、xuh、laengx、suh	xah、xuh、yah
492	就是	laengx	jiushi、xuhxih	singv、yah jangh	laengx
493	桔子（橘子）	liuc	liuc	liuc	liuc
494	举手	jiml miac	jiml miac、jushou	juix miac、unl miac	jenl inp
495	均匀	yenc	laotyangh、yenc	yenc	yenc
496	菌子	lac	lac、ac	gac、lac、ac	lac
497	竣工	bings ongl	wenpongl	kenp ongl	wenp ongl
498	开荒	eip wangp	eipwangp	xup jenc	eip wangp
499	开水	naemx lagt	naemxlagt	naemx lagt、naemx daoh	naemx lagt
500	砍	dadl	dadl、baems、deev	deev、dadl、wedc、pieent	magl、deev
501	看	liingl	nuv、naengc、deis	nuv、xaov	liingl、deis、naengc
502	烤	pieeup	pieengp、xigs	xeeup、xeeul、xigs、pieengp	xigs、pieengp
503	棵	ongl	ongl	juc、gongl、ongl、nangl	ongl
504	颗	mac	mac、nadl	nadl、mac、naenl、nenl	mac
505	咳嗽	ngoux	koukhoup、koukngouh	kouk houp、kouk ngoux	kouk houp
506	可怜	yagcsac	yagcsac	yagc sac	yagc sac
507	可惜	ait	koxxic、kotsis	miv、ait、gos sis	miv
508	客气	angsliix	keqi、eeuv	angs liix、weex nas	angs liix

序号	汉语	《侗汉简明词典（初稿）》	《汉侗简明词典（初稿）》	《侗汉词典》	《侗汉常用词典》
509	客人	egt	egt	egt、yeek	egt、yeek
510	肯	hangt	haengt	hangt、hangs	haengt
511	啃	ngaemx	ngaemx	gaiv、ngaemx	jov、ngaemx
512	坑	sac	jemc	sac	sac
513	空	ongk	ongk	ongk	kongk
514	空闲	binh	ongk、binh、kongkhanc	binh	ongk、binh
515	口	out	naenl、huk、ebl、kout、bags	muv、ebl、bags	bags
516	口吃	las	las、macjaenc	las、jaenc、mac jaens	las
517	口袋	deih	deih	deih	deih
518	枯萎	yangc	jius、sossangp	jius、yangc、sos sangl、sot	sot sangl、jius、yangc
519	苦	aemc	aemc、ut	gaemc、aemc	aemc
520	苦处	meixhut	meixhut	meix hut	meix hut
521	苦瓜	gueel aemc	gueelaemc	gueel aemc	gueel aemc
522	裤子	sov	uk、sov	uk、sov、kuk	uk、sov
523	块	donc	kuaik	weenp、kuaik	kuaik、donc
524	快	ganh	hoik	wik、weik、hoik	widt、ganx、hoik
525	筷子	xoh	xoh	xot、xoh、joh	xoh
526	窥探	liagc nuv	liagcnuv、liagcbiv	liagc nuv、buh	deis
527	捆	sugx	sugx、madc	sugx、sux、dol	sugx
528	拉	yedl	kaengk、gaic	qongt、qangk、jaic	gaic、yedl、gaengh
529	腊肉	nanx xangx	nanxxangx	nanx xangx	nanx xangx
530	辣	lianh	lianh	lianh	lianh
531	辣椒	lianh	lianhsiup、lagxlianh	lianh	lianh、lianh siul
532	来	map	map、daengl	map	map、daengl

续表

序号	汉语	《侗汉简明词典（初稿）》	《汉侗简明词典（初稿）》	《侗汉词典》	《侗汉常用词典》
533	篮子	mungl	mungl	mungl、mongl	mungl
534	烂	lanh	luic、lanh	sanh、luic、lanh	luic、lanh
535	烂泥田	yav lemh	yavlemh	yav lemh	yav lemh
536	狼	biungl	biungl	biungl	biungl
537	浪	langh	langh	langv、langh	langh
538	老	laox	laox、bens	laox	laox
539	老虎	memx	memx	memx laox、maemx laox	memx
540	老实	laoxxedc	laoxxedc	diuc、xedc、lox xedp	laox xedc
541	老鼠	not	not	not、nut	not
542	老太婆	saxlaox	saxlaox、saoclaox	sax laox、neix laox	sax laox
543	唠叨	beens	eblgungc	beens、naemv lail、nouh、nyeenh	ngonh、nguaenc nguaenc
544	勒	yadc	yadc、legc	lagt、lagc、yadc	yadc
545	了	lieeux	lieeux	kenp、lieeux	yangx
546	雷	bias	lei、bias	jas、bias	bias
547	累	lil	deilwenk、ngebc	kenk、wenk、luiv、nangs	wenk
548	冷	liagp	liagp、leengx	liagp	leengx、liagp
549	冷冰冰	liagpsimssims	liagpsimssims、leengxsulsuc	songl sius sius、singh yods yods	liagp yods yods
550	厘	liic	liic	liic	liic
551	梨	yeic	yeic	dil、duil、yeic	yeic
552	犁	keip	keip	liic、keip、qeip	keip
553	黎明	ngeevmenl	ngeevguangl、wocmenl、meengvmenl	woc menl、woc yinh、ngeev menl	ngeev menl
554	礼	liix	liix、liixxangh	lix、liix	liix

续表

序号	汉语	《侗汉简明词典（初稿）》	《汉侗简明词典（初稿）》	《侗汉词典》	《侗汉常用词典》
555	李子	duil	duil	dil、duil	duil
556	里	aox	aox、liix	aox	aox、geel
557	鲤鱼	bal miix	mieix、bal miix	bal mieix、bal miix、moux	miix
558	力气	legc	legc、soh、week	jenv、legc、soh	legc
559	历书	liigx	leecliigx	liigx	liigx
560	立春	liebcxenp	liebcxenp	liebc xenp	liebc xenp
561	立刻	xenlxic	xuhlaengx	dangv xip、laengx、yabx、xuh	laengx、xuh
562	利息	lih	lih	lih	lih
563	栗子	ledc	ledc	ledc	ledc
564	痢疾	eex dongv	liji、xaksais	eex dongv	dongv
565	连夜	lavjanl	lieencjanl	lieenc janl、lav janl、yaemc janl	lav janl
566	镰刀	liimc	liimc	gingc、liimc	liimc
567	凉	liagp	yimk、liagp	xink、liagp、ningv、liangc	leengx、liagp
568	凉快	yimk	yimk	yimk	yimk
569	凉鞋	haicjags	liangchaic、haicjags	haic jags	haic liangc
570	粮	liangc	liangc	liangc、oux	oux、liangc
571	两	yac	yac、liangx	liangx、yac	yac、liangx
572	亮堂堂	guanglsinghsingh	guangldinghdingh	guangl dingh dingh、guangl singh singh	guangl singh singh
573	辆	av	av	av	av、jagc
574	晾	giul	langh	langh、liangv、giul	giul
575	裂开	ngeev	ngeev、eip	ngeev、yegt	ngeev、piaengk
576	淋	liemc	liemc	lienc、liemc、liaemc	liemc

续表

序号	汉语	《侗汉简明词典（初稿）》	《汉侗简明词典（初稿）》	《侗汉词典》	《侗汉常用词典》
577	鳞	guenv	guenv	gunv、guenv、denv、env	guenv
578	客啬	adp	kadp、nids	nouv、adp、kadp kit kit	kaenp
579	灵验	liingcxingv	yingv	lingc、yingc、yingv、liingc xingv	liingc
580	零/零丁	liingc	liingc	liingc	liingc
581	零星	sedlsoiv	seblsoiv	sedl soiv	sedl soiv
582	留	liuuc	liuuc、douv	douv、liuuc	juml、liuuc、douv
583	流	uip	uip	ladp、kuip、uip	kuip、uip
584	流产	gongv lagx	gongvlagx、gods	gongv lagx	gongv lagx
585	流传	xonc	xonc	xonc	xonc
586	流浪	yiupyangk	yiucyingh、liulang	liuuc juc、yiup yangk	yiup yangk
587	瘤子	singl	ont	juh	singl
588	六	liogc	liogc	liogc	liogc
589	六月六	liogcnguedxliogc	liogcnguedxliogc	liogc wedx liogc	liogc guedx liogc
590	龙	liongc	long、liongc	liongc	liongc
591	聋	lagl	lagl	lengl、longl、ladl、lagl	lagl
592	聋子	kaplagl	kaplagl、aclagc	longl sis、kap lagl	kap lagl
593	笼子	wouc	wouc、logx	biuuc、wuc、wouc	wouc
594	楼	gongc	louc	louc、gongc	louc、gongc
595	楼板	bidxlouc	gabxlouc	gabx louc、guibx、bidx louc	gabx louc、guibx
596	楼房	yanc louc、yanc gongc	yanclouc、yancgongc	yanc gongc	yanc gongc
597	楼枕	ladxlouc	ladxlouc	ladx louc	ladx louc
598	搂	kubt	kubt	ap、aems、oms、kubt	kubt

序号	汉语	《侗汉简明词典（初稿）》	《汉侗简明词典（初稿）》	《侗汉词典》	《侗汉常用词典》
599	篓子	piiup	piiup	louh、loux、piiup	piiup
600	漏	louh	suds、louh	kugt、louh、tongt、songt	sebp、louh
601	芦笙	lenc	lenc	lenc	lenc
602	芦苇	luhjigx	nyangtlohjigx	luh jigx、nyangt saop、saop demc	luh jigx
603	鹿	begsags	xeenpbac、begsags	begs ags、xanl bac	begs ags
604	露水	naemxmunc	naemxmunc、naemxsens	naemx sens、naemx munc	naemx munc、sens
605	卵巢	deihgeiv	luanchao	deih lagx、sais wap	sais wap
606	乱	lonh	lonh	biax、nyaop	gax nyax、biax、lonh
607	萝卜	bagc	bagc	lox wat、bagc	bagc
608	锣	dongclac	dongclac、lac	dongc lac	lac
609	箩筐	loc	loc	lac、loc、luc	lac
610	螺蛳	louv	louv	louv	louv
611	麻木	jaol	jaol、mac	jas、jaol、ledc	jaol
612	麻雀	liait	liait	liait	liait
613	麻子	liouv	liouv、miaot	miais、liouv、bios	liouv
614	蚂蟥（蚂蟥）	miingc	miingc	miingc	miingc
615	蚂蚁	medc	medc	medc、madc	medc
616	骂	piidt	guav、jods、piidt	piidt、kadt	jods、qoip、piidt
617	埋	mogl	mogl、emv	yongl、aemv、mogl	emv、mogl
618	埋葬	moglemv	mogl、sangk	sangv、saengv、sangk	mogl、sangv、yaeml
619	买	jeis	jeis	jeis	jeis

续表

序号	汉语	《侗汉简明词典（初稿）》	《汉侗简明词典（初稿）》	《侗汉词典》	《侗汉常用词典》
620	麦子	ouxmegx	ouxmegx	oux megc	oux megx
621	卖	beel	beel	beel	beel
622	瞒	monc	manc、monc	jaenl、monc	monc
623	满	digs	digs	sungh、monx、leemc、digs	digs、sungh、biingx
624	满月	demx nyanl	digsnyanl	digs nyanl	digs nyanl
625	慢	seik	aenl	mol、nol、wanp、seik	seik、nyamk、aenl
626	忙	jens	eishoik、jens	liok、ganx、jens	jens
627	盲肠	sais beev	sais geev、saisbeev	sais beev	sais beev
628	猫	meeux	meeux	meeux	meeux
629	毛虫	nuicxanl	nuic bienl、nuicnyanp	nuic xanl	nuic xanl
630	帽子	meeuh	meeuh、emxdouc	meeut、meeuh	emx、meeuh
631	没有	lianx	gueeclis、gueec、mix	mix、lianx、gueec lis、gueec	lianx、lianx lis、gueec
632	霉	muil	mungc	mongc、mungc、muil	muil、mungc
633	妹妹	muih	nongx、nongxmiegs	nongx	nongx、muih
634	门	dol	dol	dol	dol
635	门闩	jaenc dol	xeenpdol	jaenc dol	jaenc
636	门牙	biaenl davnas	ngeecdol、biaenlnas	biaenl nas、bienl nas	biaenl nas
637	闷热	ngoul	aos、ouv nyouv、huabx	aos、ngoul、ouv	aos、ouv、obs
638	梦	biaenl	biaenl、biaenljanl	biaenl、mienh	biaenl
639	米花	oux beeuv	ouxbeeuv	oux beeuv	oux beeuv
640	米汤	naemx oux	naemx oux	naemx oux	naemx oux
641	棉桃	houk miinc	houkmiinc	houh miinc、houk miinc	houh miinc

续表

序号	汉语	《侗汉简明词典（初稿）》	《汉侗简明词典（初稿）》	《侗汉词典》	《侗汉常用词典》
642	棉絮	maenxdans	sipmiinc、miincduic、yanghmiinc、maenxdans	miinc yongc、miinc duic	adx、maenx dans
643	棉衣	ugs miinc	ugsmiinc	ugs miinc	ugs miinc
644	免	mieenx	mian、mieenx	mieenx	mieenx
645	免得	wanp	wanp、mieenxlis、miinxgus	wanp、mieenx lis	wanp、mieenx
646	面貌	miinhsinc	mianmao、nasnaengl	nas naengl	nas naengl
647	面目	miinhmogc	miinhmogc	nas	miinh mogc
648	庙	miiuh	miiuh	miiuh、miiut	miiuh
649	敏捷	liuut	hoik	liuut、liangh	liuut
650	名字	guanl	guanl	guanl、danl	guanl
651	明天	maenlmus	maenlmus	maenl mus	maenl mus
652	命	mingh	mingh	mingh	mingh
653	摸	biaens	mol、liaemc	kuap、mol、biaens	guac、kuap、mol
654	磨	baenc	baenc	baenc	ngeeh、baenc、mol
655	磨刀石	jinl baenc	bialbaenc、jinlbaenc	jinl baenc	jinl baenc
656	磨盘	lenc moh	bancmoh	lenp moh	mol
657	抹	miads	miads	miail、miads、mac、aip	xegp、miads
658	墨	magc	magc	magt、magc	magc
659	墨水	naemxmagc	naemx magc	naemx magc	naemx magc
660	墨线	miuuc	sanvmiuuc	miuuc	miuuc
661	母亲	neix	neix	neix	neix
662	木耳	lackapnot	lackapnot	lac kap not	lac kap not
663	木匠	sangh meix	sanghmeix	sangh meix	sangh meix

续表

序号	汉语	《侗汉简明词典（初稿）》	《汉侗简明词典（初稿）》	《侗汉词典》	《侗汉常用词典》
664	木桩	guenv meix	lagl	lagl、kak meix、lagl meix、genv meix	lagl
665	墓	muh	wenc、muh	muh、moh	muh
666	拿	deic	deic、aol	deic、aol	aol、nyaeml
667	哪	nup	nup	noup、oup、nup	nup
668	那个	aemx jav	naenl jav	bul jav、jagc jav、bul gav、aemx jav	jav
669	那里	geeljav	aox jav、gil jav	gil jav	geel jav
670	那些	maenv jav	maenv jav	menv jav	maenv jav
671	那样	iljav	hangc jav	il jav	il jav
672	纳	xeml	xup、qak、gueis、jeml	xeml、xav	xeml
673	男	banl	banl、lagxbanl	banl	lagx banl
674	南	namc	namc	namc	namc
675	南瓜	donglgual	donglgual	buc gax、dongl gual	buc gax
676	难（nán）	nanc	nanc	nanc	nanc
677	难（nàn）	nanh	nanh	nanh	nanh
678	脑髓	nyuic	nyuic	nyuic、nyic	nyuic
679	内心	denssais	aoxlongc	deix dus、dens sais	aox longc
680	能干	diux、liangh	nenggan、weexlis、ags gungc	haenh soh、liuuc liangh、longc yaih、ags	ags、ags soh、diux
681	泥巴	magx	magx	namh、ens	magx
682	泥鳅	nguedc	nguedc	nguedc	nguedc
683	泥土	magxtut	magx、namh	magx tut	magx
684	你	nyac	nyac	nyac	nyac
685	你们	xaop	xaop	xaop	xaop

序号	汉语	《侗汉简明词典（初稿）》	《汉侗简明词典（初稿）》	《侗汉词典》	《侗汉常用词典》
686	逆风	lemc daov	lemcdaov	lemc daov	lemc daov
687	年	nyinc	nian、nyinc	nyinc	nyinc
688	鸟	mogc	mogc	mogc	mogc
689	尿	nyeeuv	nyeeuv	nyeeuv	nyeeuv
690	尿布	binv	binx、binvnyeeuv	biinx、binv、piat eex	binv、biinx
691	捏	piagp	piagp、nyaeml	nyaeml	piagp、baens、nyaeml
692	拧	nyaent	miuds	nyaent、miuds	miedl、miuds、baens
693	牛	duc	senc、duc	liout、duc、doc	gueec、duc
694	扭	miedl	miuds	miuds	miedl、miuds、nyius
695	脓	xogc	xogc	xogc	xogc
696	疟疾	nop	biingh nop	nop	nop
697	挪动	kodt	neip	kodt、neip	kuadt、kodt
698	糯米	ouxjos	ouxjos	oux jos	oux jos
699	女	miegs	miegs	miegs	nyux、miegs
700	女婿	lagxsaox	lagxsaox	lagx saox	lagx saox
701	藕	ngoux	ngoux	ngoux	ngoux
702	爬行	ledc	kodt	ladc、ladt、ledc	ledc
703	耙	bac	bac、kaik	bac	bac
704	怕	yaot	yaot	yaot、kop	qeek、yaot
705	派	paik	paik	paik	paik
706	攀	nyeeuk	nyongv、geeus	nyeeuk、jeeuh、geeus、nyongv	nyeeuk
707	攀登	geeus	nyongv、geeus biingx	geeus	geeus

续表

序号	汉语	《侗汉简明词典（初稿）》	《汉侗简明词典（初稿）》	《侗汉词典》	《侗汉常用词典》
708	盘旋	liamx	gonh、xonh	liamx、gonh	gonh
709	旁边	mangv geel	mangvgeel、geel	mangv geel	geel
710	螃蟹	jeih	jeih	jeih、angl geiv	jeih
711	刨	beeuc	beeuc	beeuc	weds、jods、nyags
712	泡沫	bugx	bugx	bugx、bux	bugx
713	炮	peeuk	pao、peeuk	peeuk、paok	peeuk
714	陪伴	banx	banx	banx	banx
715	赔	buic	beis	beis、buic	beis
716	配	peip	pei、pik	piik、pik	peip
717	配种	aol buil	peip xongs	aol buil	aol buil
718	喷	pienk	pienk	pienk、penk	pienk
719	盆	benc	benc	benc	benc
720	捧	ubs	ubt	woc、ubs	ubs
721	碰	denv	deml、denv	denv	denv、janh
722	碰见	dungs	deml、subs、dungs	dungs	dungs、subs
723	披	beiv	beiv	beiv	beiv
724	劈	lav	deev、lav、magt	lav	magt、deev、lav
725	皮鞋	haic bic	haicbic	haic bic	haic bic
726	疲倦	deilwenk	pijuan、ngebc	deil wenk、neev、mas lags	deil wenk
727	疲劳	deilneev	deilwenk	deil neev、xemk wenk	wenk
728	琵琶	bicbac	bicbac	bic bac	bic bac
729	脾脏	bangs	miak	miak	miak
730	匹	pedp	duc	pedp、duc	pedp
731	屁	dedl	dedl	dedl	dedl
732	屁股	senx	senx、buiv	deex、senx	senx

续表

序号	汉语	《侗汉简明词典（初稿）》	《汉侗简明词典（初稿）》	《侗汉词典》	《侗汉常用词典》
733	偏	kingp	piinp	piinp、pieenp	banc、xegl、kingp
734	偏心	piinplongc	longcpiinp、piinpsais	piinp sais、piinp longc、pieenp sais	piinp sais
735	篇	piinp	piinp	piinp、pieenp、lieenp	piinp、meix
736	骗	pieenk	loux、dingv	pieenk、wangt、wok	pieenk、dingv、loux
737	漂	ligt	ligt	ligt	piaop
738	漂亮	geemv	biangv、kaenp、lailyagc	lail yagc、geemv	lail miegs
739	瓢	miaiv	miaiv	miaiv、xop	miaiv
740	票	piaop	piao	piaok、piaop、pieeuk	piaop
741	拼命	nabxmingh	paenk mingh、nabxmingh	paenk mingh、pient mingh	paenk mingh、nabx mingh
742	贫困	danghjaol	pinkun、nyads	hut、kut、dangh jaol	hut
743	平辈	biingcbanh	biingcbans	biingc banh	biingc banh
744	平时	hancxic	laengxxic	hanc xic、laengx xic	laengx xic
745	瓶子	biingc	piingc	binc、biingc、bienc	biingc
746	破	duv	lav、pak	lav	seek、duv、lav
747	破晓	wocmenl	ngeevmenl、meengvmenl	woc menl	woc menl
748	铺	pup	pup	pup、puk	puk
749	葡萄	ids	ids、demhids	ids	ids
750	瀑布	ganv nanh	naemxnanh	ganv nanh、naemx nanh	naemx nanh
751	七	sedp	sedp	sedp、sadl、sadp	sedp
752	七月	sedpnguedx	sedpnguedx	sedp nguedx	sedp nguedx
753	妻子	maix	maix	maix、jenl yanc	maix
754	期待	miungh	gas、xus、miungh	miungh、jas	xongl sais

续表

序号	汉语	《侗汉简明词典（初稿）》	《汉侗简明词典（初稿）》	《侗汉词典》	《侗汉常用词典》
755	漆	sedp	sedp	sedp、sadl	sedp
756	齐全	xoncxuh	gaenxgadl、xonc	xonc xuh、gaenx guih	xonc xuh
757	脐带	sais biol	saisbiol	sais biol	sais biol
758	起	bongc	qit、jenc	jenc	jenc、jiml、qit
759	气味	soh	sohsaop	qik、soh	soh
760	千	sinp	sinp	sinp	sinp
761	铅	yonc	qian、yonc	qeenp	yonc
762	前天	maenlunv	maenlunv	maenl unv	maenl unv
763	前晚	nyaemvunv	nyaemvunv	nyaemv unv	nyaemv unv
764	钱	sinc	sinc、qian	sinc	sinc
765	浅	linv	linv	linv、ninv	linv
766	枪	xongk	xongk	qangp、xongk	xongk
767	墙	xingc	kaik、xingcxangc	kaik、xangc、qaik	xingc
768	墙壁	kaik	kaik	qaik、kaik xingc	kaik
769	呛	kank	kank、lagl	xongv、qongk、lagl	lagl、kank
770	桥	jiuc	juic、lox	jiuc、lox	jiuc
771	翘	jeeuc	nyont、qeeuc、bids	qeeup、jeeuc、nyeeup	gons
772	撬	giuh	qeeuk	liaoh、lieeuk、qeeuk	ngeeux、qeeuk、ngagx
773	切	nyagl	dadl、sidt	sids、nyagl、adl	sidt、nyagl
774	茄子	jac	jac	jac	jac
775	亲戚	senp	senpsingc	senp、senpsingc	senl singc
776	亲人	nyencbens	nyencbens	nyenc bens	nyenc hens
777	勤俭	saemcongl	qinjian	saemc ongl	saemc ongl
778	勤快	yagp	yagp	yagp	yagp
779	青椒	lianhsiul	lianh sup	lianh sup	lianh sup

续表

序号	汉语	《侗汉简明词典（初稿）》	《汉侗简明词典（初稿）》	《侗汉词典》	《侗汉常用词典》
780	青石	bial sup	bialsup	bial sup	bial sup
781	青苔	doul	doul、nyov	nyov、doul	doul
782	青天	menlsup	menlsup	menl sup	menl sup
783	青蛙	yeel	yeel	yeel	yeel
784	青鱼	bal singp	ballagxtingp	bal singp	singp
785	轻浮	beevbids	qat、peekleeh、qatbah	beev bids、lial qap	beev bids
786	轻飘飘	qatqegtqegt	qatqegtqegt	qat qebt qebt、qat weeus weeus	qat qebt qebt
787	轻视	nuvqat	unvqat、nuveisqit	nuv qat	gux
788	轻松	wanpweeut	qingsong、qatxenp、tout	wanp weeut	saik
789	清除	kat	qingchu	kat	kat
790	清楚	tingptut	singptut	singp、tingp tut	tingp tut
791	清早	eenglhedp	hedpsaemp、gaoshedpsaemp	aenl hedp、eengl hedp	eengl hedp
792	蜻蜓	denh	denh、deengc、denhdeengc	denh、deeux	denh
793	情人	nyencsingc	singcnyih、nvencsingc	juh singc、singc nyih	singc nyih
794	请	singt	qing、sint、tingt	lah、singt	sint、singt、tingt
795	穷	jongc	hut、jongc	hut、kut	jongc
796	穷苦	jongchut	qiongku、hut、jongckut	jongc hut	hut
797	穷人	nyenc hut	nyenchut、nyencjongc	nyenc but、nyenc luv	nyenc hut
798	秋千	nyeeux	qiuqian、weeupnyeeux	nyeeux	nyeeux
799	秋天	nyanlsup	qiutian、maenlsup、tupqinp	nyanl sup	nyanl sup
800	蚯蚓	saenx	saenx	saenx、senx	saenx
801	蛆	nunl	nunl	nunl	nunl

续表

序号	汉语	《侗汉简明词典（初稿）》	《汉侗简明词典（初稿）》	《侗汉词典》	《侗汉常用词典》
802	去	quk	bail	bail	bail、quk
803	全家	daengc yanc	daengcyanc、usyanc	daengc yanc	us yanc、daengc yanc
804	全体	daengc	daengcdoux	daengc、daengc doux	daengc
805	拳头	xuic	xogl、xuic、boulxuic	junc douc、xuic	xogl、xuic
806	裙子	went	went	went	went
807	群	weenp	doux	doux	bangh、douc
808	群众	wagx	qunzhong、wagxxangh	jenl wagx、wagx xangh	wagx
809	染	yaems	yaems	yaemt、yaems	yaems
810	让	ngeengs	nyangh	nyangh	yeil、ngeengs
811	让开	yeil	geengh、eip	teik、yeil	yeil
812	惹	liail	re、nyenx、doul	leex、doul	liail、doul
813	热	dunl	dunl、udt、ouv、liongx	dunl、kudt	liongx、udt、dunl
814	热呼呼（热乎乎）	dunlhuhhuh	dunlhuhhuh、udtgungvgungv	dunl huh huh	udt houh houh、dunl huh huh
815	热闹	nyongc	naolnyeec、naohnyedx	nyongc	nagl
816	人	nyenc	nyenc	nyenc	nyenc
817	人情	singcnyih	renqing	singc	singc
818	忍痛	yaens ids	yaens ids	yaens ids	yaens ids
819	认识	woxmeel	woxmeel	wox meel	wox meel
820	日子	nyanlm aenl	maenl、nyanlmaenl	nyanl maenl、baenl	nyanl maenl
821	榕树	liongcxuh	meixliongcxuh	liongc xuh	liemc xuh、liongc xuh
822	揉	noc	nyudx、nyuic	ngabc、nyuic、noc	nyuic
823	肉	nanx	nanx、maenx	nanx	nanx
824	如果	nuv	nuvbaov、nuv	nuv、nup、yangh	yangh、nuv

序号	汉语	《侗汉简明词典（初稿）》	《汉侗简明词典（初稿）》	《侗汉词典》	《侗汉常用词典》
825	蠕动	neip neblnebl	neip	nebl nebl	neip nyobx nyobx
826	软	mas	mas	mas	mas
827	撒	laemh	nyank、piouk	bianh、nyank、piouk	bianh、piouk、nyank
828	撒娇	weexjas	weexnyeenv	weex jas	weex jees
829	撒网	dos yeep	dos yeep、dabc yeep	diml yeep、xax yeep	dos yeep
830	塞	labc	sagp、wedl、hank	biiv	liaengv、hank
831	鳃	ngabx	ngabx	ngabx、ngat	ngabx
832	三	samp	samp	samp	samp
833	三月	sampnguedx	sampnguedx	samp wedx、samp nguedx	samp nguedx
834	伞	sank	sank	sank	sank
835	桑树	aos	meixaos	meix aos	aos、meix aos
836	扫	sedl	sedl	sedl	sedl
837	扫地	sedl dih	sedldih	sedl dih	sedl yanc、sedl dih
838	扫墓	gualtingp	kat wenc、guavtingp	xah moh、gual tingp	gual qenh
839	扫射	biagl	saoshe、biagl	biagl	biagl
840	扫帚	guanglsedl	guanglsedl	guangl sedl	guangl sedl
841	嫂子	maix	maix、maixjaix、jaix	maix	maix
842	森林	das	senlin、dasmeix	longl、das	das
843	杀	sat	sat	sat	sat
844	纱	mieec	mieec	mieec	mieec
845	筛	xail	xail	xail、xaip	xaih
846	筛子	xail	xail	xaih、xaip	xaih
847	晒	xak	xak	xav、xak	xak
848	山	jenc	jenc	jenc	xeenp、jenc

续表

序号	汉语	《侗汉简明词典（初稿）》	《汉侗简明词典（初稿）》	《侗汉词典》	《侗汉常用词典》
849	山冲	lionx	jemv、jencjemh	jemh、dengh	jemh
850	山林	xeenpliemc	dasmeix、das	xeenp liemc	xeenp liemc
851	山岭	liingx	liingxjenc、jencxeenp	liingx jih	liingx jih、jenc jih
852	山坡	xeenpjenc	jencjih、jencxeenp	jenc xeenp	xeenp jenc
853	山羊	beeuc	liees	liees jenc	jingl、nyos
854	杉木	beens	meixpagt、meixbeens	beens、meix beens	pagt
855	闪电	labs	labt	labs	labs
856	扇子	waic	waic	waic	waic
857	伤口	eblxangp	shangkou、jemcids	jemc douh、ebl xangp	baic
858	商量	daengl liangc	daenglliangc	sangs liangc、xeengl liangc、daengl liangc	liangc
859	上	qak	qak	qak	qak
860	尚未	mix	naenglmix	naengl mix	mix
861	烧	daos	daos、oil、udt、dos	xigs、xids	daos、udt、xigs
862	筲箕	wudt	wudt	wudt	wudt
863	蛇	suic	suic、xac	suic、siic	suic
864	舍得	xeeh	xeexlis、yaengtxas	xeeh、xeex	xeeh
865	伸	kaengp	yos、lads	lux、yos	kaengp、ladc、longx
866	身边	geelbal	geelxenp	geel xenp	geel bal
867	身体	xenp	xenpxangh、wulxenp	xenp、xenp xangh	xenp xangh
868	呻吟	yaengl	yangl	yangl	yangl
869	深浅	yaemllinv	yaemllinv	yaeml linv、yaeml ninv	yaeml linv
870	深夜	eengljanl	banvjanl、nyaemvweep、janlweep	eengl janl	eengl janl
871	什么	mangc	mangc、ducmangc	mangc	mangc

178

续表

序号	汉语	《侗汉简明词典（初稿）》	《汉侗简明词典（初稿）》	《侗汉词典》	《侗汉常用词典》
872	升	xeengp	sheng、xengp、qak	xengp、xenl	xengp
873	生气	nyaemc	ouvqik、wedtqik、qakqik	nyoup、biinv nas	qak soh、qik、biinv nas
874	生日	xeengpnyedc	xeengpnyedc	xeengp nyedc、seenp nyic	xeengp nyedc
875	生育	xeengp	shengyu	xeengp、sangx	sangx
876	剩余	gal	gal	gal、jal	gal
877	尸首	guenvmogx	shishou、guedlxil	guenv mogx	guenv nyogx
878	湿	yagl	yagl	yagl	yagl
879	十	xebc	xil	xebl、xabl、xebc	xebc
880	十月	xebcnguedx	shiyue	xabl wedx、xebc nguedx	xebc nguedx
881	石板	bial bangh	bialbangh	bial bangh	bial bangh
882	石灰	hoip	hoip	hoip、woip	hoip
883	石灰石	jinl hoip	jinlhoip、bial hoip	jinl hoip、bial hoip	bial hoip
884	石匠	sangh bial	sanghbial	sangh bial、sangh jinl	sangh bial
885	石阶	jeiv bial	jeivbial、jangsgail	jeiv bial	jeiv bial
886	石头	bial	bial、jinl	bial、jinl	bial、jinl
887	时	xic	xic	xic	xic
888	时候	aenl	shihou、xic	xic houl	aenl、eengl、xebp
889	食指/手指	lagxdaengl aiv	lagxdaenglaiv	nyeeh miac、lagx dongl aiv	lagx miac
890	使用	xeit	yongh	yongh	yongh、xeit
891	世间	yangcanl	yangcanl、wancganl	menl guangl、yangc anl	yangc anl
892	试	xik	xik	qingk、xik、xiv	qingk、xik
893	柿子	minx	minx	minx	minx

续表

序号	汉语	《侗汉简明词典（初稿）》	《汉侗简明词典（初稿）》	《侗汉词典》	《侗汉常用词典》
894	是	jangs	jangs、xih、xingv	jangs	xingv、jangs
895	誓言	sungpsaop	shiyan	sungp saop meix liih	sungp saop
896	手	miac	miac	miac	miac
897	手腕	ucinp	shouwan、ucinp	ol inp、uc inp、oc kinp	uc inp
898	手心	guanx miac	dav miac、balmiac	guanx miac	guanx miac
899	手掌	balmiac	balmiac	bal miac、bas miac	bas miac
900	手指	lagxdaengl	lagxmiac、lagxdaengl	lagx miac	lagx miac、magl miac
901	瘦	naol	wuml	wuml、yaeml	wuml
902	瘦肉	nanx naol	nanxnaol	nanx naol、nanx yaeml、nanx naol	naol
903	书	leec	leec	leec	leec
904	书信	senk	senk	senk	senk
905	叔叔	buxov	ov、bux uns、buxnyagl、buxnyil	bux ov、bux uns	bux uns
906	梳子	keep	keep	keep	keep
907	束	nyuit	nyuit、nyaeml、sugx	madl、xius、nyuit	nyuit
908	树叶	bav meix	bavmeix	bav meix	bav meix
909	树枝	ah meix	ahmeix	av meix、ah	av meix
910	刷	kadt	kadt	kadt	kadt、kuadt
911	刷子	kadt	kadt	kadt	kadt
912	衰弱	lov	shuairuo、xuip	lov、meis、yeev	yeev
913	甩	paenk	baenv、liul	paenk、beex	wedc、xaenk、yagc、lieeul
914	霜	meel	meel	meel	meel
915	谁	nouc	nouc、mungxnup	nouc	nouc

序号	汉语	《侗汉简明词典（初稿）》	《汉侗简明词典（初稿）》	《侗汉词典》	《侗汉常用词典》
916	水	naemx	naemx	naemx	naemx
917	水坝	bil	shuiba、bil、beel	beel、bil	beel、bil
918	水草	nyangtkidt	nyangtnaemx、nyangtkidt	nyangt baoc	benh
919	水车	medl	xap、medl	xap	medl、xap
920	水牛	gueec	gueec	gueec、wic	gueec
921	水田	yav naemx	yav naemx	yav naemx	yav naemx
922	水源	dens naemx	densnaemx	dens naemx	dens naemx
923	水藻	baoc	baoc、bemhbaoc	baoc、mal bemh baoc	baoc
924	睡	nagp	nagp	nagp	nagp
925	说	xodt	wah、angs、xodt	baov、wah、xodt、xods	xodt
926	说谎	eblliaok	angsloux、wahdingv	ebl liaot	ebl liaok
927	丝	sip	sip	siip	siip
928	丝瓜	lagxyank	lagxyank	yank、lagx yank	yank
929	撕	yags	yags	yags、yat、neel	yags
930	四	sik	sik	siik	siik
931	四方	sikwangp	sikwangp	siik wangs、siiv wangs	siik wangp
932	四四方方	siksik wangpwangp	siksikwangpwangp	sul sul wangs wangs	siik siik wangp wangp
933	四月	siknguedx	siknguedx	siik nguedx	siik ngedx
934	饲养	buns	sangx	buns	saoc
935	松	longh	longh、songl	longh	longh
936	松鼠	notnent	notnent	not nent、not jens	not nent
937	松树	meix dongcbegs	meixsongc、songcbegs	meix songc	meix songc begs
938	松香	labx songc	songxiang、labxsongc	labx songc begs、xangl	labx songc begs
939	搜	kaop	youp	sout、youp	kuaop

续表

序号	汉语	《侗汉简明词典（初稿）》	《汉侗简明词典（初稿）》	《侗汉词典》	《侗汉常用词典》
940	酸	semt	semt	semt	semt
941	酸菜	mal semt	malsemt	mal saems、mal semt	mal semt
942	酸溜溜	semt liudtliudt	semtliudsliuds、semtliiusliius	semt liuds liuds	liuds
943	酸痛	semt	idssemt、semt	semt、semt ids、saemt	semt
944	算	sonk	sonk	sonk	sonk
945	算命	sonkmingh	sonkmingh	sonk mingh	sonk mingh
946	随便	songc	suibian、sailyic	mangx、songc	songc
947	岁	xoik	nyinc、xoiv	xoik、nyinc	nyinc、xoik
948	碎	soiv	soiv	soiv	soiv
949	碎米	kadp	ouxkadp	oux kadp	kadp
950	穗	mieengc	mieengc	miangc、mieengc	mieengc
951	缩	lebl	wunx、junv	soc、lebl	lebl
952	锁	baglsot	sot	bagl sot、sot	sot
953	他	maoh	maoh	maoh	maoh
954	他们	jahmaoh	eep、jahmaoh	maoh eep、jah maoh、eep	eep
955	踏	daenx	sadt、dabx	daenx、qait、tadt	nyudx、xait
956	台阶	jeiv	jeiv、jangsgail	jeiv	jeiv
957	抬头	jiml gaos	jimlgaos、jencgaos	ngangs gaos、jiml gaos	unl gaos
958	太平	taikbiingc	taikbiingc	taik biingc	taik biingc
959	太阳	davmaenl	davmaenl、nyedcdouc	dav maenl、nyedc douc	nyedc douc
960	贪	tant	taemp、tant	tant、taemp、mouc	nyamt、taemp
961	滩	sanh	sanh、sal	sal、sanh	sanh
962	坛子	ongv	ongv、songl	ongv、daemc	ongv
963	痰	xeenchoup	xeenc	xeenc houp、ngogc	xeenc

序号	汉语	《侗汉简明词典（初稿）》	《汉侗简明词典（初稿）》	《侗汉词典》	《侗汉常用词典》
964	袒护	pingp	pingp	huk	kamt
965	炭	tank	tank	tank	tank
966	探望	tamk	deis、tamk	tamk	jims、tamk
967	汤	saov	saov、tangp	tangp、saov	saov
968	糖	dangc	dangc	dangc	dangc
969	烫	tangk	tangk、laiv	tangk	tangp
970	掏	debs	guac、mol、gaic、bac	weds、gaih、weeul	onl、qoit
971	逃跑	laengh	laengh、bieeuv	laengh	laengh
972	桃子	duilbaengl	duilbaengl	dil bengl、duil baengl	duil baengl
973	讨	goul	lah、goul	goul、gaiv、jaiv	gaiv
974	套	taok	taop	taop、taok	taop、xongc
975	特殊	agsyangh	teshu、agsyangh	ags yangh	ags yangh
976	藤子	jaol	jaol	jaol	jaol
977	踢	dabx	qigt、dabx	yigt、qedt、dabx	dabx、qigt
978	提	yenl	yenl	genl、yenl	yenl
979	啼	yaenl	yaenl	yaenl	yaenl
980	天	maenl	maenl、menl	menl	maenl
981	天地	menldih	menl dih	menl dih	menl dih
982	天鹅	nganhmenl	nganhmenl	nganh menl	nganh menl
983	天牛	ngovngeds	emhngovngeds	ngov ngids	ngov ngeds
984	天下	deesmasmenl	menldih、qinphak	dees menl、dees mas menl	dees mas menl
985	田	yav	yav	yav	yav
986	填	jinc	jinc	jinc	jinc
987	舔	liac	liac	liac	liac
988	挑	dabs	dabs、qiup	dabs	qiup

续表

序号	汉语	《侗汉简明词典（初稿）》	《汉侗简明词典（初稿）》	《侗汉词典》	《侗汉常用词典》
989	挑拨	tudt	tudt	tudt	tudt
990	挑夫	hup	tiaofu	hup、dabs jos	hup
991	调皮	kapnal	tiaopi、jiulsaengl	kap nal、saoh、doul sangl	kap nal
992	铁匠	sangh dunv	sanghdunv	sangh dunv	sangh dunv
993	铁丝	sinkngeex	sinkngueex、anglkuedp	sinh kuedp	xinh kuedp
994	停泊	bagx	bagx	bagc	bagc
995	停留	savdinl	savdinl	sav dinl	sav dinl
996	停止	kiuk	tingzhi、douv	kiuk	kiuk
997	通	ungt	tongp、emk	tongp	tongp
998	铜	dongc	dongc	dongc	dongc
999	桶	wongk	wongk	wongk	wongk
1000	筒	dongc	dongc	dongc	dongc
1001	痛	ids	ids	ids、gids	ids
1002	头发	biaeml	biaemlgaos	biaeml gaos	biaeml
1003	头昏	muncgaos	nguenh gaos、munc gaos	munc gaos	nguenh gaos
1004	头昏眼花/头昏	muncdal	muncgaoswapdal	munc gaos	munc gaos munc dal
1005	头虱子	daol	daol	daol	daol
1006	秃	onk	onk、pogt	onk、pogt、oh	onk
1007	秃头	gaos onk	gaos onk、gaos pogt	gaos onk、gaos oh、gaos pogt	onk gaos
1008	突然	daihyunv	turan、dahyunk、oxsenv	beemc	laenv
1009	涂抹	nyail	miads、nadx	miail	miail
1010	土地	dihdonh	tudi、dih、dihtut、dihmagx	dihdonh、dih tut、dih	dih

序号	汉语	《侗汉简明词典（初稿）》	《汉侗简明词典（初稿）》	《侗汉词典》	《侗汉常用词典》
1011	吐	nyeel	piuup、weent、nyeel	piuuk、nyeel、dons、ngoux	piuup
1012	团鱼	biins	biins	biins	biins
1013	推	beengx	liaop、liaoh、wongt	liaoh、wongt	beengl、beengx、wongt
1014	腿	bal	bal	bal	bal
1015	退	gangv	toik	teik、toik	denl、toik
1016	吞	laens	aenp	aenp、tenp	aenp
1017	拖	top	top、guags	top	top
1018	脱	lodt	todt	lodt、tonk	lodt
1019	脱落	miodx piodt	dogl、miodx、miouh	tonk	sunv、miodx
1020	脱皮	lodt bic	todtbic	lodt bic、tonk bic	lodt bic
1021	陀螺	lohlimx	lollimx、dongclimx	loh limx	loh limx
1022	驼背	laic bams	ungxuis、laicungx	ungc leic、boh laic、boiv goms	ungx laic、bams laic
1023	挖	loul	loul、deev	deev、loul、weeul	loul、weds
1024	瓦	ngueex	ngueex	ngueex、ngeex	ngueex
1025	瓦房	yanc ngueex	yancngueex	yanc ngueex、yanc ngeex	yanc ngueex
1026	瓦窑	yiuc ngueex	yiucngueex	yiuc ngueex、yiuc ngeex	yiuc ngueex
1027	袜子	taok	wat、taok	wac、was、taok	was、taok
1028	歪	loih	yeep	yeep、pieenp	xegl
1029	外	nugs	nugs、bags	bags、wanh、nugs	nugs
1030	外婆	deel	deel	deel	deel
1031	弯	anl	oms、jongv、gons	eeus、anl、jongv	anl
1032	弯曲	gons	oulil、jongv	qongk、jongv、nyeeup	jongv、gons、miedl

续表

序号	汉语	《侗汉简明词典（初稿）》	《汉侗简明词典（初稿）》	《侗汉词典》	《侗汉常用词典》
1033	完毕	ledp	wanbi、wenp	ledp、kenp	ledp
1034	完工	ledp ongl	wenp ongl、bings ongl	bings ongl、kenp ongl	ledp ongl
1035	完全	haop	wanquan、weexlaot、lislieeux	haop	jonl、xonc
1036	玩耍	bians	weexbians	weex bians	weex bians
1037	顽皮	beml	kangp doux	beml、bul geev	kap nal
1038	晚饭	ouxnyaemv	ouxnyaemv	oux nyaemv	oux nyaemv
1039	晚上	aenlnyaemv	aenlnyaemv	gaos nyaemv、aenl nyaemv	aenl nyaemv
1040	碗	guangs	guangs、jongl	duix、guangs	duix、xongl、guangs
1041	万	weenh	weenh	wanh、weenh	weenh
1042	往日	laengxmaenl	laengxmaenl	laengx maenl	laengx maenl
1043	忘记	lamc	lamc	lamc	lamc
1044	微笑	gol nyeemsnyeems	nyeems gol	gol nyeems nyeems	nyeemh
1045	围裙	went mangv	weiqun、biinx、baoh	biinx、went mangv	biinx、went mangv
1046	围绕	lionc	lionh	lionh、lionc	lionh
1047	喂	lap	piap、lap、wei	piap	piap
1048	文字	sihleec	wenzi、sihleec	siih leec	siih
1049	吻	xudt	xuds	buds、xudt	xudt
1050	紊乱	gaxnyax	wenluan、gaxnyax、biouc	nyens nyods	anc iux
1051	稳稳当当	douhdih	wenwendangdang	douh dih	douh dih
1052	问	haemk	xais、haemk	xais、jais、haemk	haemk
1053	窝	dous	dous、gungl	dous	dous
1054	我	yaoc	yaoc	yaoc	yaoc
1055	我们	jiul	jiul	jiul、daol、jaol	jiul

续表

序号	汉语	《侗汉简明词典（初稿）》	《汉侗简明词典（初稿）》	《侗汉词典》	《侗汉常用词典》
1056	乌鸦	al	al	al、gal	al
1057	诬赖	bogl	wenxguaiv	laih、bogl、daengv sungp	daengv sungp
1058	五	ngox	ngox	ngox	ngox
1059	雾	munc	munc	munc	munc
1060	西	sip	sip	siip	siip
1061	稀烂	weengv	weengv、lanh	weengv、loic lanh、bih	weengv
1062	稀疏	laix	mangl、mangldanl	mangl yings、langh、laix	laix、lanx mux
1063	溪	guis	guis	guis	guis
1064	膝盖	emhguaov	gaosguaov、gungsguaov	emh guaov	guaov、emh guaov
1065	蟋蟀	ids	ids	ids	ids
1066	席子	mins	mins	mint、mins	mins
1067	洗	xugs	xugs、sagl	sagl、xugx、xugs	xugs
1068	洗澡	abs	abs	abs、xugx xenp、xugs xenp	abs
1069	喜欢	xeengpsais	maengx	eiv	xogp、eiv
1070	喜鹊	alxagt	xags	al xagt	xagt、al xagt
1071	细小	nyagl	sebpsoiv	siik、nyiv、nyis	nyag1、siik
1072	虾	nyoc	nyoc	nyoc	nyoc
1073	瞎／瞎眼	gox	pap	jox、gox	pap dal
1074	下	luih	luih	luih	luil、luih
1075	下边	mangv dees	mangv dees	mangv dees	dees
1076	夏	hak	hak	hak	hak
1077	夏季	nyanlhak	nyanlhak	nyanl hak	nyanl hak
1078	先生	xeengpsaenp	xeengpsenp	xeenl senl	xeengp saenp

续表

序号	汉语	《侗汉简明词典（初稿）》	《汉侗简明词典（初稿）》	《侗汉词典》	《侗汉常用词典》
1079	掀	yeeuk	yidt	yidt	yidt、nyags
1080	咸	hadp	hadp	hadp、hadl	hadp
1081	咸蛋	geiv yibs	geivyibs	geiv yibs	geiv yibs
1082	嫌弃	xeemc	xianqi、xeencxic	xeemc、yimp	xint、xeemc
1083	显示	liangs	xianshi	liangs	yeenk、liangs
1084	现金	sincyeenk	sincyeenk、sincyink	sinc yeenk	sinc
1085	现在	aenlnaih	xicnaih	xic naih、xenh naih	xic naih
1086	限	heenk	heenk	heenk、heens	heenk
1087	线	sanv	sanv	sanv	sanv
1088	乡村	senlyangp	xiangcun	yangp senl、senl yangp	senl yangp
1089	乡下	yangphak	yangphak	yangp hak	yangp
1090	相会	xongp	daengldeml	xongp、daeml subt	xongp
1091	香	dangl	yangp、dangl	dangl	dangl
1092	香烟	yeenllagx	xiangyan	yeenl、yeenl dangl	guaenc yeenl
1093	箱子	longx	longx	longx、xangp	longx
1094	详细	dahsik	xingxi、ngaencaenv、dahsik	dah siik、dah siiv	dah siik
1095	响	ongt	ungt	ongt、ungt	ongt、ungt
1096	想法	meixxangk	xiangfa、meixxangk	xangk	meix xangk
1097	巷子	hangk	liungh	liungh、hangk	liungh
1098	消失	siupsank	xiaoshi	siup、nyebc	siup sank、nyebc
1099	硝	siup	siup	siup、seeup	siup
1100	小	niv	sik、uns	niv	uns、niv
1101	小肠	sais liix	saisliix	sais liix、sais niv	sais liix
1102	小伙子	lagxhank	lagxhank	lagx hank	lagx hank

续表

序号	汉语	《侗汉简明词典（初稿）》	《汉侗简明词典（初稿）》	《侗汉词典》	《侗汉常用词典》
1103	小米	ouxbiangs	ouxbiangs	oux biangs、oux weengs	oux biangs
1104	小舌	leeuvuc	lieeuvuc、jiuvxigx	lieeuv uc	leeuv uc、lieeuv
1105	小腿	jedl	jedl、gongxjedl	bal gangs、beengh jedl、uc jedl、jedl	uc jedl
1106	笑	gol	gol	gol	gol
1107	笑嘻嘻	gol nyinlnyinl	golnyeehnyeeh	gol liil liil	gol nyeeh nyeeh
1108	些	maenv	menv	nyil、maenv	maenv
1109	斜	nengv	xegl、yeep	xegl	yeep、nengv、xegl
1110	斜坡	baih	jenclaix	beic jenc、baih jenc	baih
1111	鞋	haic	haic	haic	haic
1112	写	xas	xas	xas、xat	xap
1113	谢谢	ait	ait、nancwic	ait	ait
1114	心烦	lonhsais	nyaos longc、lonhlongc	lonh sais	lonh sais、nyaml sais
1115	心乱	lonhlongc	lonh longc	lonv longc	lonh longc、daoc longc
1116	心意	sempsais	saislongc	xenp siv	sais longc
1117	辛苦	deilhut	deilhut、senlkut	deil hut	deil hut、kuip、deil soh
1118	新	meik	meik	meik	meik
1119	擤	yaengh	yaengh	yaengh、yangt	yaengh
1120	兴旺	wangh	yaengt、wedtwangh	wangh	wangh
1121	幸亏	jangxlail	jangxlail、sonkail	jangx lail、ail naix	jangx lail
1122	性交	deeux	daengl deeux	daengl deeux	deeux
1123	姓	singk	singk	singk	singk
1124	胸	dagl	dagl	dagl	dagl

续表

序号	汉语	《侗汉简明词典（初稿）》	《汉侗简明词典（初稿）》	《侗汉词典》	《侗汉常用词典》
1125	熊	meel	meel	meel	meel
1126	休息	savsoh	savsoh、sav	sav	xaok xenp、sav
1127	修理	biil	xaok、suit	xaok、lit	xaok
1128	修路	xaok kuenp	xaok kuenp	xaok kuenp	xaok kuenp
1129	锈	yagx	yagx	yagx、singv、singk	yagx
1130	许多	oil	henx gungc lailjlngl、gungclaox	oil、loil、hoh dol	oil
1131	喧哗	houx	xuan hua、naenv	houx、naenv	naenv、houx
1132	悬崖	nanh	ganvnanh	bial dongh、ganv bial、nanh	nanh
1133	旋风	lemc xonh	lemcxonhhongl	lemc xonh	lemc xonh
1134	旋转	xonh	gonh	xonh	xonh
1135	选种	laih baenl	eensxongs	laih baenl、eens xongs	laih baenl
1136	削	piidt	piip	piip、pip、piidt	kap、piip、piidt
1137	学校	dangcyot	dangchagx、xuexiao	yop、dangc yot、dangc hagx	dangc yot
1138	雪	nuil	nuil	nuil、nil	nuil
1139	血	padt	padt	padt、tadt	padt
1140	熏	liagl	yenp、yuik	liagl、xangx、yenp	yenp、xangx
1141	寻找	woup	lah、youp、semh	woup、semh、laop	semh、xac
1142	压	jabc	gaemh、ebs、jabc、jaemh	jabc、jaenh、nyant、yap	yabl
1143	压迫	biigs	yapo、ebs	ebs	ebs
1144	押	yac	ya	yap、yac	yac
1145	押解	aiv	aiv、gaiv	aiv	aiv
1146	鸭蛋	geiv bedl	geivbedl	geiv bedl	geiv bedl

序号	汉语	《侗汉简明词典（初稿）》	《汉侗简明词典（初稿）》	《侗汉词典》	《侗汉常用词典》
1147	鸭子	bedl	bedl	bedl	bedl
1148	牙齿	ngeec	biaenl、ngeec	biaenl、bienl	biaenl
1149	芽	ngeec	ngeec	ngeec	ngeec
1150	咽喉	houp	dongcuc	houp、oc、goc、uc	uc
1151	烟	guaenc	yeenl、guaenc	yeenl、guaenc、enc	yeenl、guaenc
1152	烟囱	singsguaenc	yancong	sings guaenc	sings guaenc
1153	烟丝	yeenl sip	yeenlsip	yeenl siip	yeenl siip
1154	言语	daohlix	sungpdungl、lix	daoh lix	daoh lix
1155	岩洞	aml	jemcbial、ngamcbial、gamlbial	jemc bial、dongh bial、aml	aml
1156	沿着	sogc	suic、sogc	xenh、suic、sogc、sogx	sogc、xenh
1157	盐	gol	yimc、gol	gol、baoc	yimc、gol、baoc
1158	颜料	xagl	yanliao	liaol、xagl	xagl
1159	眼泪	naemxdal	naemxdal	naemx dal	naemx dal
1160	眼珠	nyuihdal	nyuihdal	nyuih dal、benl dal	nyuih dal
1161	燕子	eenvsis	inv、invsis	ginv、inv、eenv siis	inv
1162	秧	gas	gas、jas	gas、xas、jas	gas
1163	秧鸡	saenl	aivnaemx、mogcjaenl、jaenl	saenl	saenl
1164	秧苗	lagx	gas	yangl siis、lagx、lagx oux	gas
1165	扬名	munglwap	yangming、ugsguanl、ugsmiingc	ugs guanl	mok、mungl guanl
1166	羊	liees	liees	liees	liees
1167	阳光	kangp	kangp	qangp、kangp	kangp
1168	杨柳	liangcliuux	liangcliuux	liangc liuux	liangc liuux

续表

序号	汉语	《侗汉简明词典（初稿）》	《汉侗简明词典（初稿）》	《侗汉词典》	《侗汉常用词典》
1169	仰	ngangs	ngangs	yangc、ngangs	ngangs、liins、nguac
1170	痒	qemp	qemp	qemp	qemp
1171	样子	yoh	yanghsis、muc	yangh	yangh
1172	妖怪	guaiv	yaoguai、jaemlguaiv	guaiv、jaeml guaiv	guaiv
1173	腰	uis	uis	kuit、yeeul、uis	uis
1174	邀请	daengldul	yaoqing、tingt、jaeml、yeeul	daengl dul	yeeul
1175	邀约	jaeml	jaeml、yeeul	jaeml	jaeml
1176	窑	yiuc	yiuc	yiuc、yeeuc	yiuc
1177	摇	ngeeux	yao、yeeuc、ngaoc、ngeeuc	ngaoc、xaip、yingh、yeeuc	yingh、ngaoc
1178	摇摆	ngoglnguegs	wadpweeut、piut、baenv	xaip、ngogl nguegs	ngogl nguegs、wiut
1179	摇动	ngaoc	ngaoc	ngouc、ngaoc	nguv
1180	咬	idx	idx、ngaov、gidx	gidx、idx	ngaemx、ngobx、idx
1181	药	ems	ems	ems、sac	ems
1182	要紧	dahjens	yuvjens、dangsjenh	yuv jens、yuv jaens	yuv jens
1183	钥匙	xic	yaoshi、xicsot	xic sot、xip	xic sot
1184	鹞子	yiuh	yiuh	yiuh	yiuh
1185	耀眼	gans dal	gansdal、yansdal	yans dal	gans dal
1186	也	buh	yah、buh、nyenh	buh、yah、yeeh	yah
1187	野鸡	meeuc	meeuc	meeuc、xih	meeuc
1188	野猫	nyaenp	nyaenp meeux、nyaenp	nyaenp	nyaenp
1189	野兽	ducjenc	ducjenc	duc jenc	duc jenc
1190	野鸭	bedlmenl	bedlmenl、mogcbedl	bedl menl	bedl menl

序号	汉语	《侗汉简明词典（初稿）》	《汉侗简明词典（初稿）》	《侗汉词典》	《侗汉常用词典》
1191	野猪	laiv	laiv	laiv	laiv
1192	叶子	bav	bav	bav	bav
1193	页	bav	bav、piinp	yangl、bav	bav
1194	夜	janl	janl、nyaemv	janl、anl、nyaemv	janl
1195	一	edl	il、edl、laot	il、edl	il
1196	一辈子	daihsaemh	il saemh	lih、il saemh	il saemh
1197	一会儿	ilxic	ilhap、laotliedt	il hap、il xenh	il xenh、il xic
1198	一下子	jads	il hap、laotjeds	jads、il hap	il xenh、il hap
1199	衣服	ugs	ugs	ugs、dugs、kugt	ugs
1200	衣袖	inpugs	inpugs	inp ugs	inp ugs
1201	依靠	aok	yikao、aok、baengh	aok、baengh、dac dangl	aok、baengh
1202	依照	jiuv	yizhao、xiuv、xaol、yil	lenh	jiuv
1203	移动	yic	yic、neip、denc	yic、tongt	yic
1204	以后	mus	touklenc、dahlenc	dah lenc、xenh lenc、xic lenc	lenc、mus、dah lenc
1205	椅子	daengv jeeuh	daengvjeeuh、jeeuh	daengv jeeuh	daengv jeeuh
1206	因为	gaiv	weih、gaiv、yenlyuih	gaiv、yenl yuih	yenl yuih、gaiv
1207	银匠	sangh nyaenc	sanghnyaenc	sangh nyaenc	sangh nyaenc
1208	银子	nyaenc	nyaenc	nyenc、nyaenc	nyaenc
1209	引	yenx	yenx	yenx	yenx
1210	引线	siml	yinxian、sinv	siml	siml
1211	引诱	qink	qink、hop、loux、piaop	qink	qink
1212	隐藏	jings	yincang、xup、jaeml	jaeml、jaemc、jings、jingx	jaemc、jings、nyabl
1213	印	yenv	yenv	yenv	yebc

193

续表

序号	汉语	《侗汉简明词典（初稿）》	《汉侗简明词典（初稿）》	《侗汉词典》	《侗汉常用词典》
1214	赢	yingc	yingc	yingc	xux
1215	影子	yings	yingt	yings	yings
1216	硬	guas	guas	das、guas	guas
1217	硬邦邦	guasdengsdengs	guastaengttaengt、guasguadlguadl	guas dengs dengs、guas guedl guedl	guas guadl guadl
1218	拥挤	ngedl	ngedl、yadljadc、yadl	ngedl、yedl、yadl	ngedl
1219	忧愁	jinglsigs	yulsouc、souc、yul	yul、jingl sigs、sais lonh、souc	lonh、yul
1220	油	yuc	yuc	yuc	yuc
1221	游逛	yaokyins	youguang、lamt、heengp、yaok	yaok yins	yuc yinh
1222	游玩	heengp	heengp	lamt	yaok、heengp、wuip
1223	游泳	wuic	youyong、abs	bac naemx、waic naemx、wuic naemx	bac naemx、wuic
1224	有	meec	meec	meec	meec
1225	又	yuh	yuh	yuh	siip、yuh、eengv
1226	右	wap	wap	wap	wap
1227	鱼	bal	bal	bal、al、dal	bal
1228	鱼网（渔网）/网	yeep	yeep	yeep	yeep
1229	雨	bienl	bienl	bienl、mienl	bienl
1230	芋头	yags	yags	yags	yags
1231	鸳鸯	yemlyangl	yenlyangl	yeml yangl	yeml yangl
1232	园子	yanp	yanp	yeenp、yanp	yanp
1233	远方	senl gail	yuanfang、dihwangp gail	senl gail	gail
1234	远祖	manghbac	manghaov	mangh hac	mangh bac

续表

序号	汉语	《侗汉简明词典（初稿）》	《汉侗简明词典（初稿）》	《侗汉词典》	《侗汉常用词典》
1235	月初	dens nyanl	densnyanl、gaosnyanl	dens nyanl	dens nyanl
1236	月份	nguedx	nguedx、nyanl	nguedx、nyanl	nguedx、nyanl
1237	晕	nguenh	munc	menh、nguenh、yuns	nguenh
1238	云	mas	mas、masmenl	mas、guas	mas
1239	匀	xeemv	laotyangh、yenc	xeemv、yunc	xeemk
1240	杂草	wogc	nyangtwogc、nyangtmiaemc、wogc	gongl、wogt、wogc	wogc、senp
1241	杂乱	lonhbonh	zaluan、lonh、nyanknyigt	nyaop、nyav、lonh bonh	nyens、nyens nyaol、gaml nyaml
1242	灾难	egsnanh	egsnanh、seilnanh	egs nanh	nanh
1243	在	nyaox	nyaox、nyaoh	nyaoh	nyaoh
1244	咱们	daol	daol	daol、jiul	daol
1245	葬	sangv	sangv	sangv	sangv
1246	凿	siuk	siuv	siuk、siuv	siuk
1247	早	saeml	saemp	saemp	saemp
1248	早晨	gaoshedp	hedp、gaoshedp	gaos hedp	hedp、aenl hedp
1249	责备	yenv	zebei、guav	yenv	yenv
1250	怎样	ilnup	nupyangh、nuphangc	il nup	il nup、nup yangh
1251	增加	xangh	zengjia、qimp、al	al、qimp	qimp、xangh
1252	甑子	douv	douv	douv	douv
1253	栅栏	aengs	yagx、aengs、jouv	aengs、yagx、lanc	yagx、aengs
1254	粘	liads	eeul、jos	jos	nyic、liads、jos
1255	拃	xeep	xeep	yeep、xeep	xeep
1256	展开	geev	zhankai	keek、geev、geeh	geev、keek
1257	崭新	meikmioutmiout	meiksebtjah	meik miout miout	meik miout miout
1258	站	yunl	yunl、zhan	yunl	yunl

续表

序号	汉语	《侗汉简明词典（初稿）》	《汉侗简明词典（初稿）》	《侗汉词典》	《侗汉常用词典》
1259	蘸	gogl	yebc、gogl	yebc、gogl	yebc、gogl
1260	张	xangl	jangl、bangh、zhang	yangl	bangh、jangl
1261	长	yais	yais	yais、yait	yais
1262	长工	eit	lagxeit、xangcongl	xangc ongl、eit	eit
1263	长脚蚊	jamv	miungxjamv	miungx jamv	jamv
1264	长衫	ugs xanh	xanh yais	ugs xanh	ugs xanh、xanh
1265	丈	xangh	xangh	xangh	xangh
1266	丈夫	saox	saox、nyencbanl	saox	saox、jenl yanc
1267	胀	up	up、xeengv	xeengv	xeengv、beengh
1268	爪子	nyoul	nyoul、xeeus、lap	xeeut、nyoul、xeeus、joc	xeeus
1269	遮盖	xal	xal、emv	xal	xal
1270	折磨	dangv	zhemo	dangv	dangv
1271	这里	geelnaih	gilnaih、aoxnaih	geel naih、gil naih	geel naih
1272	这些	maenv naih	menv naih	menv naih	maenv naih
1273	这样	ilnaih	ilnaih、naihyangh	il naih	il naih、naih
1274	针	qemp	qemp	qemp、qaemp	qemp
1275	真	nyaengc	nyaengc、jingv、xenl	nyaengc、xenl	nyaengc、xah
1276	枕头	bunl	bunl、bunlgaos、zhentou	bunl gaos、munl gaos、monl	bunl
1277	争执	dabs	zhengzhi、daengleeuv	daengl daenl、dabs	niux
1278	睁/瞪	lonl	jaenl	jaenl、jenl、keip、lonl	lonl
1279	蒸	meip	saos、meip	saos、meip	meip、saos
1280	蒸气	piungp	piungp、sent	piongp、piungp	piungp
1281	整	genx	daengc、xaok	genx	daengc、gaenx、genx

续表

序号	汉语	《侗汉简明词典（初稿）》	《汉侗简明词典（初稿）》	《侗汉词典》	《侗汉常用词典》
1282	正月	nyanlxingl	xinglnguedx	xingl nguedx	nyanl xingl、xingl nguedx
1283	挣脱	xaenk	xaenk todt、paenk todt	xaenk、xaenk todt	paenk、xaenk、xaenk todt
1284	挣扎	qeeuk	zhengzha、xaenx	qeeuk	juns
1285	只	duc	bens	duc、doc	duc
1286	枝	ah	ah、jiuc	ah、av	av
1287	织布	daems dags	daems yal、weexdgs	daems jal、daems dags、jagc、taemt dangs	daems dags
1288	织布机	sungc	zhibuji、sungc	sah songc、yal gax、sungc dags	eev yiuh
1289	脂肪	laoc	nanxbuic、yue、laoc	laoc	maenc、laoc
1290	蜘蛛	ngoc	sipngoc	siip ngoc	ngoc、siip ngoc
1291	值得	jegclis	jegclis	jegc lis、xedp nis	jegc lis
1292	纸	jis	jis	xis、jis	xis
1293	指	xiv	xiv	xiv	xiv
1294	中间	dav	dangcdav	dangc dav、dangl dav	dav、dongv dav
1295	肿	bul	bul、up	bol、up、wogl、xangv	bul、wogl
1296	种田	sags yav	sags yav、weex yav	weex yav、sags yav	sags yav
1297	种子	baenl	baenl、waenc、xongs、sanx	baenl、xongs	baenl、waenc、jongs
1298	周转	guaenh	zhouzhuan、gonh	guaenh	guaenh
1299	洲	xul	xul、jul	xul	xul
1300	朱砂	xupxap	xulxap、julxap	jul sal	xup xap
1301	猪	nguk	nguk	nguk、muk	nguk
1302	猪圈	dangl nguk	jonhnguk、danglnguk	jonh muk、dangl nguk	dangl nguk

续表

序号	汉语	《侗汉简明词典（初稿）》	《汉侗简明词典（初稿）》	《侗汉词典》	《侗汉常用词典》
1303	竹鸡	baih	baih	baih、langh jil	baih
1304	竹子	baenl	baenl	baenl、guenl	baenl
1305	逐渐	dangv	dangvdangv、dangv	dangv dangv	dangv
1306	主人	xus	mungxxus、xusyanc、xuseel	xut nyenc	xus yanc
1307	煮	dungl	dungl	dungl、dongl	dungl
1308	柱子	dungh	dungh	saol、dungh、sop	dungh
1309	铸	daov	daov	daov	daov
1310	抓	deeuv	sabp、jadc、nyoul	sabl、sabp、nyaeml	sabp
1311	砖	xonl	xonl	xonl	xonl
1312	转	xonv	gonh、xonh、xonv	xonv	xonv、gueengh
1313	桩	guenv	lagl、jinx	guenv、genv、lagl	lagl
1314	装	xongl	xongl、xingc	xongl、jongl	xongl
1315	撞	sugt	janh、jungs、denv	denv、sugt	tenk、sugt
1316	追赶	laeml	laeml、nyigx	laeml、nyigx dos、wic	laeml、nyigx
1317	追究	kent	zhuijiu、semh	kenk、kent	kent
1318	追问	ngeex	haemk、saemx	ngeex、saemx	kent、saemx
1319	锥子	sonv	sonv	nyonv、sonv	sonv
1320	拙笨	bugx	zhuoben、liaengv、ees、bugx	bugx、biugx	liaengv、bugx
1321	啄	xogt	xouv	jouv、xouv	xouv、xogt
1322	啄木鸟	nyap	mogcnyap、nyap	nyap、ngal	nyap
1323	紫竹	baenlnaeml	baenlnaeml	baenl naeml	baenl naeml
1324	字	sih	sih	siih、sil	siih
1325	棕榈树	meixsip	meixsongl	meix siip、meix songl	meix siip
1326	棕绳	lamh sip	lamhsongl	lamh siip、lamh songl	lamh siip

序号	汉语	《侗汉简明词典（初稿）》	《汉侗简明词典（初稿）》	《侗汉词典》	《侗汉常用词典》
1327	鬃	songl	songl	songl	songl
1328	纵横／纵横交错	weengcxiut	weengc suic	weengc xiut	jads
1329	走	qamt	qamt	qamt、liamt	qamt、heengp
1330	走廊	dinllangc	zoulang、dinllangc	yanc bangv、dinl langc	dinl langc
1331	祖父	ongs	ongs	ongs	ongs
1332	祖母	sax	sax	sax、nais	sax
1333	祖宗	ongsbux	ongsmangh	ongs bux、gongs bux	ongs bux
1334	钻	longp	ngonv	ngonv	ngonv、laens
1335	罪	soix	soix	soih	soix
1336	昨天	maenlnyungl	maenlnyungl	maenl nyungl	maenl nyungl
1337	昨晚	nyaemvnyungl	nyaemvnyungl	nyaemv nyungl	nyaemv nyungl
1338	左	xees	xees、jees	xees	xees
1339	坐	suiv	suiv	suiv	suiv
1340	做梦	biaenljanl	biaenl janl、baenl	biaenl janl、biaenl anl	biaenl janl

2. 共有词的侗文拼写情况分析

表 4-2 中罗列了 1340 个共有词，对这些共有词的侗文拼写形式进行比较和统计，结果如下：

（1）同一个汉语，侗文书写完全一致的词，共 539 个。其中除了 dah nyinc（过年）、yaens ids（忍痛）、yav naemx（水田）、biinv yangh（变样）、sags yav（种田）、xaok kuenp（修路）、naemx oux（米汤）这 7 个词是双音节词外，其余都是单音节词。

（2）同一个汉语，侗文拼写一致，但书写形式（分连写）不一致的词，共 59 个。详见表 4-3。

表4-3　侗文书写差异对照表

序号	汉语	《侗汉简明词典（初稿）》	《汉侗简明词典（初稿）》	《侗汉词典》	《侗汉常用词典》
1	白蜡	labx bagx	labxbagx	labx bagx	labx bagx
2	拜年	baivnyinc	baivnyinc	baiv nyinc	baiv nyinc
3	苞谷	ouxxul	ouxxul	oux xul	oux xul
4	笔墨	biedlmagc	biedl magc	biedl magc	biedl magc
5	草坪	biingc nyangt	biingcnyangt	biingc nyangt	biingc nyangt
6	蝉	lemcleengh	lemcleengh	lemc leengh	lemc leengh
7	出头	ugs gaos	ugsgaos	ugs gaos	ugs gaos
8	窗户	dolsings	dolsings	dol sings	dol sings
9	单衣	ugs danl	ugsdanl	ugs danl	ugs danl
10	当面	danglnas	danglnas	dangl nas	dangl nas
11	地方	dihwangp	dihwangp	dih wangp	dih wangp
12	豆腐	dohhuh	dohhuh	doh huh	doh huh
13	独凳	daengv dogc	daengvdogc	daengv dogc	daengv dogc
14	饭豆	doheengl	doheengl	doh eengl	doh eengl
15	飞禽	ducbens	ducbens	duc bens	duc bens
16	过节	dah sigs	dahsids	dah sigs	dah sigs
17	好歹	lailyax	lailyax	lail yax	lail yax
18	河口	bagsnyal	bagsnyal	bags nyal	bags nyal
19	横笛	jigxbanc	jigxbanc	jigx banc	jigx banc
20	红糖	dangc yak	dangcyak	dangc yak	dangc yak
21	火花	nings buil	ningsbuil、wapbu	nings buil	nings buil
22	睫毛	xebldal	xebldal	xebl dal	xebl dal
23	今天	maenlnaih	maenlnaih	maenl naih	maenl naih
24	可怜	yagcsac	yagcsac	yagc sac	yagc sac
25	苦处	meixhut	meixhut	meix hut	meix hut

序号	汉语	《侗汉简明词典（初稿）》	《汉侗简明词典（初稿）》	《侗汉词典》	《侗汉常用词典》
26	苦瓜	gueel aemc	gueelaemc	gueel aemc	gueel aemc
27	腊肉	nanx xangx	nanxxangx	nanx xangx	xangx nanx
28	立春	liebcxenp	liebcxenp	liebc xenp	liebc xenp
29	米花	oux beeuv	ouxbeeuv	oux beeuv	oux beeuv
30	墨水	naemxmagc	naemx magc	naemx magc	naemx magc
31	木匠	sangh meix	sanghmeix	sangh meix	sangh meix
32	逆风	lemc daov	lemcdaov	lemc daov	lemc daov
33	女婿	lagxsaox	lagxsaox	lagx saox	lagx saox
34	琵琶	bicbac	bicbac	bic bac	bic bac
35	脐带	sais biol	saisbiol	sais biol	sais biol
36	前天	maenlunv	maenlunv	maenl unv	maenl unv
37	前晚	nyaemvunv	nyaemvunv	nyaemv unv	nyaemv unv
38	亲人	nyencbens	nyencbens	nyenc bens	nyenc bens
39	青石	bial sup	bialsup	bial sup	bial sup
40	忍痛	yaens ids	yaens、ids	yaens ids	yaens ids
41	扫帚	guanglsedl	guanglsedl	guangl sedl	guangl sedl
42	石板	bial bangh	bialbangh	bial bangh	bial bangh
43	树叶	bav meix	bavmeix	bav meix	bav meix
44	算命	sonkmingh	sonkmingh	sonk mingh	sonk mingh
45	太平	taikbiingc	taikbiingc	taik biingc	taik biingc
46	铁匠	sangh dunv	sanghdunv	sangh dunv	sangh dunv
47	停留	savdinl	savdinl	sav dinl	sav dinl
48	晚饭	ouxnyaemv	ouxnyaemv	oux nyaemv	oux nyaemv
49	咸蛋	geiv yibs	geivyibs	geiv yibs	geiv yibs
50	鸭蛋	geiv bedl	geivbedl	geiv bedl	geiv bedl
51	眼泪	naemxdal	naemxdal	naemx dal	naemx dal

续表

序号	汉语	《侗汉简明词典（初稿）》	《汉侗简明词典（初稿）》	《侗汉词典》	《侗汉常用词典》
52	杨柳	liangcliuux	liangcliuux	liangc liuux	liangc liuux
53	野兽	ducjenc	ducjenc	duc jenc	duc jenc
54	衣袖	inpugs	inpugs	inp ugs	inp ugs
55	银匠	sangh nyaenc	sanghnyaenc	sangh nyaenc	sangh nyaenc
56	紫竹	baenlnaeml	baenlnaeml	baenl naeml	baenl naenl
57	昨晚	nyaemvnyungl	nyaemvnyungl	nyaemv nyungl	nyaemv nyungl
58	白生生	bagxsinghsingh	bagxsinghsingh	bagx singh singh	bagx singh singh
59	成千上万	gaossinp-gaos-weenh	gaossinpgaosweenh	gaos sinp gaos weenh	gaos sinp gaos weenh

（3）同一个汉语词语，侗文拼写存在差异的词，共 742 个。

存在的差异主要有以下几种情况：

侗语固有词和借词的差异。如：肚子，longc/dus；肺，bus/wik/paok；坟，moh/wenc；风，lemc/hongh/wongp；夫妻，saoxmaix/huhsip；反正，hongcheec/fanzheng。

声母的差异。如：乌鸦，gal/al；菌子，lac/gac/ac；剩，gal/jal；鱼，bal/dal/al。

韵母的差异。如：饱，jangv/jaengv；船，lol/lal；篮子，mungl/mongl；煮，dungl/dongl；西，sip/siip；四，sil/siik；天，maenl/menl；蚯蚓，saenx/senx。

声调的差异。如：尺，xigt/sigs；大蒜，sonk/sonv；浪，langh/langv；筛子，xaip/xaih；咸，hadp/hadl；写，xas/xat/xap；长，yais/yait；罪，soix/soih；枝，ah/av。

（三）根据审音规范和正词法，编制《侗文规范词表》（第一批）

（1）对侗文书写完全一致的这 539 个词，单音节词书写不变，双音节词连写，如：dah nyinc（过年），写作 dahnyinc。

（2）对侗文拼写一致，分连写不一致的这 59 个词，就不需要审音，只需按正词法书写。如：昨晚，nyaemvnyungl/nyaemv nyungl，按照《侗文正词法基本规则》（征求意见稿）5.2 条例（表示整体概念的双音节和三音节结构，连写），其规范的书写形式应为 nyaemvnyungl；白生生，bagxsinghsingh/bagx singh singh，按照《侗文正词法基本规则》（征求意见稿）6.1.3.1 条例（单字形容词与用来表示形容词生动形式的前附成分或后附成分，连写），其规范的书写形式应为 bagxsinghsingh；成千上万，gaossinp-gaos-weenh/gaossinpgaosweenh/gaos sinp gaos weenh，按照《侗文正词法基本规则》（征求意见稿）6.1.12.1 条例（四字成语可分为两个双字词的，中间加连接号；不能分为两个双字词的，则连写），其规范的书写形式应为 gaossinp-gaosweenh。

（3）对存在差异的另外 742 个词，先对其进行审音，再按正词法规范书写。如：夫妻，saoxmaix/saox maix/huhsip/huh siip，按照审音原则，优先选择本民族固有音 saoxmaix/saox maix，再按照书写规则，连写，其规范的书写形式应为 saoxmaix。

《侗文规范词表》（第一批）见附录 4。

第五章 侗文人名地名和新词术语的规范

第一节 侗文人名地名的规范

人名地名的规范是语言规范和文字应用的一个重要方面。目前，侗语的人名地名存在着拼写多样化、翻译不统一等问题。这些问题不仅会给人们的日常生活、社会交流造成诸多不便，同时人名地名拼写不规范，对语言文字规范工作也是一种阻碍。因此，有必要对侗文人名地名进行规范。

一、侗文人名的规范

（一）侗族人名的构成及拼写现状

侗族人通常有三套姓名：一是本名，是出生时所取的俗名字，不论男女，都是单名，这个名字从出生一直用到结婚生子。二是从名，做了父母和祖父母之后，其人名先后都要变更。有孩子后，便从子名，男性在孩子的名前冠以"bux"字，以"bux+孩名"作为自己的名字，女性则在孩子的名字前冠以"neix"字，以"neix+孩名"作为自己的名字，分别表示某人之父或某人之母；有孙子后，便从孙名，男性在孙子的名前冠以"gongs"字，以"gongs+孙名"作为自己的名字，女性在孙子名前冠以"sax"字，以"sax+孙名"作为自己的名字，分别表示某人之爷爷或某人之奶奶。这种取名方式称之为子名亲制。三是学名，即汉字名，上学以后的名字。

关于侗文中出现的人名拼写情况，下面以《侗族民间文学选读：侗文、汉文对照》（史锦宏、潘永荣、欧亨元整理，贵州民族出版社，2016）、《全国侗语新闻联播》（2018 年第17、18 期）、《贵州民族报》（1998—2018 年）为取样范围，进行统计分析。详见表 5-1。

表 5-1　侗文人名拼写情况

取样范围	汉语人名（一）	侗文拼写（一）	汉语人名（二）	侗文拼写（二）
《侗族民间文学选读：侗文、汉文对照》	郎干	Langc Ganl	猛子	meengc siih
	郎夜	Langc Yeel	元宝	yonc baox
	刘妹	liuuc muih	陆本笋	Luc Benx Songx
	刘金	liuuc jeml	县官	xeenp gonh
	刘二	liuuc nyih	媒婆	Sax laox
	姜良	Xangl Liangc	梁山伯	Liangc Xanp Beec
	姜妹	Xangl Muih	祝英台	Xuc Yenl dais
	丁郎	Jingl Langc	林则徐	lienc seec xic
	龙女	Liongc Nyux	洪秀全	hongc xoul jeenc
	盘古	bonc gux	孟姜女	Mongl jangl nyuix
	女娲	sanp wangp	秦始皇	senc sis wangc
	伏羲	Fuc xis	李世民	liix sil mienc
	神农	Senc nongc		
《全国侗语新闻联播》（2018 年第 17、18 期）	周永金	zhouh yongx jinh	陆金香	lul jinh xangh
	王红元	Wangc hongc yonc	杨昌儒	yangc changh ruc
	杨再美	yangc zail meix	刘雯	liouc wenc
	周明锋	zhouh mingc faengh	黄小例	fangc xaox lil
	张应兰	zhangh yingl lanc	杨青	yangc qingh
	邓锡英	daengl xic yingh	月吉丽	weec jic lil
	陆志旺	lul zhil wangl	黄合良	fangc hoc liangc
《贵州民族报》（1998—2018 年）	罗进	loc jenl	高凌平	GOAS LING PING
	维乐	weic loc	任乌晶	RENL WUH JINH
	石庆坤	sih qingl kunh	袁正良	YEENG ZENL LIANGC
	郑维藩	Zenl weic fanh	潘年斌	PANS NIANC BINGS
	吴军	Wuc Juns	王之政	WANGC ZIIS ZENL
	徐飞	Xiic Feih	敖家辉	AOC JAS FEIS

续表

取样范围	汉语人名（一）	侗文拼写（一）	汉语人名（二）	侗文拼写（二）
《贵州民族报》（1998—2018年）	霍可以	Hol Kox Yix	杨通银	YANGC TONGS YINC
	莫章海	Moc Zangh Haix	龙耀宏	LONGC YAOL HONGC
	王红光	WangcHongc guangs	杨进铨	YANGC JINL QIANC
	傅安辉	FUL ANS FEIS	吴定勇	WUC DINGL YONGX
	顾久	GUL JIUX	杨胜明	YANGC SENGL MINC
	刘妹	LIUUC MUIH	王先琼	WANGC XIEENS QIONGC
	吴大华	WUC DAL FAC	杨昌猛	YANGC CANGH MUNGX

从表 5-1 可以看出，目前侗文人名拼写形式普遍存在不统一现象。主要表现在以下三个方面：

（1）姓和名的连写问题。普遍的情况是姓名的每个音节都分写。

（2）姓和名的大小写问题。有以下三种情况：①姓的首字母大写，双名第一个音节首字母大写，第二个音节首字母小写，如 Xuc Yenl dais（祝英台）；②姓氏和双名音节的首字母都大写，如 Liangc Xanp Beec（梁山伯）；③姓和名都小写，如 liuuc jeml（刘金）。

（3）拼写方式不一样。这主要是在学名和汉语名的问题上，有的是按普通话拼写，如 zhouh yongx jinh（周永金）；有的是按西南官话拼写，如 lenc sees xic（林则徐）。

另外，侗族历史人名的翻译多样，书面语不统一。侗族有不少传奇人物，由于侗族过去没有文字，这些人物的名字叫法，单凭口头流传，而各个地方的方音有别，叫法不统一，写成书面语，一个名字就有几种写法。如"萨岁"是侗族崇拜的祖母神，各地叫法不同，目前书面语中就有"sax siiv""sax mags""sax laox""sax tink bas""sax tians bas"等写法。再如"姜良""姜妹"是侗族人类起源传说中的人物，侗文中分别有"jiangl liangc""jiangl muih""Xangl Liangc""Xangl Muih"等多种写法。

（二）规范侗文人名的途径

同一人名出现多种拼写形式，使得人们在人名拼写中无法辨认哪一种是正确、规范的书写形式，造成人名书写上的混乱。这些问题得不到及时解决，将影响侗族人名的正确表达和使用。

侗文人名规范首先是人名拼写问题。这个问题又可分两层：第一层是姓和名的分连写问题，第二层是姓和名的大小写问题。其次就是侗族历史人名的翻译统一问题。解决人名拼写的问题，应遵循正词法的人名书写一般规则，并从以下几个方面统一规范：

（1）姓与名分开书写，首字母分别大写。这也是现行的汉语拼音人名拼写的国家标准，具有权威性和推广性，在海内外也得到认可，且在使用过程中基本不存在混乱现象。

（2）从名，遵循从名分写，首字母分别大写，如"弘爸"应该写成 Bux Hongc。侗语的从名没有姓，是平常交往中对某人的称呼，但这个称呼并没有专名化，且从名由父母通称＋子女名或祖父母通称＋孙名组成，这种从名与汉语中专名通名的情况类似，《汉语拼音正词法基本规则》6.2.1.3 条规定："老""小""大""阿"等与后面的姓、名、排行分写，分写部分的首字母分别大写。这种写法也与《汉语拼音正词法基本规则》中专名通名的写法一致。

（3）本名，首字母应大写。侗语的本名是孩子出生时取的名字，具有特定的指称功能，同时侗语本名是单名，这有点类似汉语单姓的情况。按《汉语拼音正词法基本规则》，汉语的单姓，拼写时首字母应大写。[①]

（4）侗族历史人名、神名要进行专名统一，减少因翻译不同而造成书面语混乱的现象。对侗族社会生活中流传的人物进行统计，至少表 5-2 中的这些姓名的书写形式要统一规范。

表 5-2　侗族的历史人名、神名及简介

类别	姓名	简介
女神	萨岁	侗族南部地区崇拜的祖母神，最高的保护神。
	杏妮	"萨岁"的本名，相传出生于从江一带。
英雄人物	吴勉	元末明初，贵州侗族农民起义首领。
	王天培	贵州天柱人，著名的北伐军将领。

---

① 教育部语言文字信息管理司组编《〈汉语拼音正词法基本规则〉解读》，语文出版社，2012，第 69 页。

续表

类别	姓名	简介
机智人物	卜宽	贵州榕江车江人，被称为侗族的"阿凡提"。
	陆本松	清道光至光绪年间（1821—1908 年），贵州黎平肇兴人。
	天神哥	贵州剑河南明人。
爱情人物	珠郎	清道光年间（1821—1850 年），贵州榕江车江的一对恋人，他们的爱情故事在侗族地区家喻户晓，后改编成侗戏——《珠郎娘美》，这部侗戏被列入了第二批国家级非物质文化遗产名录（2008）。
	娘美	

（5）汉语或其他语言人名的拼写，按西南官话读音用侗文拼写，分连次序具体可参照侗文人名书写规则的相关规定。

（三）侗文人名书写规则

（1）侗语人名中的姓和名分写，首字母分别大写。单名首字母大写。例如：

Wuc Yeenl（吴燕）　　　　　　Yeenl（燕）

Wangc Jeenlgueec（王建国）　　Jaos（娇）

（2）人名与职务、称呼等分写，职务、称呼等首字母小写。例如：

Wangc xeenlsangx（王县长）

Longc laoxsis（龙老师）

（3）"bux（父亲）""neix（母亲）""gongs（爷爷）""sax（奶奶）"等与后面的姓名分写，首字母分别大写。例如：

Bux Yeenl（燕的父亲）　　　　Gongs Jenx（锦的爷爷）

Neix Yeenl（燕的母亲）　　　　Sax Jenx（锦的奶奶）

（4）"aox（阿）""laox（老）"等与后面的姓、名、排行分写，首字母分别大写。例如：

Aox Kons（阿宽）	Laox Eel（老二）
Aox Liangc（阿梁）	Laox Wux（老五）

（5）已经专名化的称呼连写，首字母大写。例如：

Saxsiiv（萨岁）	Wucmieenx（吴勉）
Buxgonl（卜宽）	Nyangcmuih（娘美）

（6）外语人名，按照汉语读音用侗文拼写，书写原则参照一般姓名书写原则。例如：

Jaocdans（乔丹）

二、侗文地名的规范

地名规范化是语言文字规范化的一个重要方面，也是地名研究工作的重要内容。地名规范化是指按照一定的要求，统一地名的书写形式。我国地名规范化主要包括汉语地名规范化（含各方言地名规范化）、少数民族地名规范化及其汉译规范化、地名的国际标准化三个方面的内容。[①] 侗语地名是侗族人用侗语对自己居住环境地的命名。这里谈侗文地名的规范主要是指书写规范，包括侗语地名侗文书写和侗语地名汉文译写两方面的规范。

（一）侗语地名的特点

要对侗语地名进行规范，必须对侗族地区的地名进行全面的调查和研究。由于侗语地名没有专门的著作，以下 770 个侗语地名主要来源于笔者调查所得和石林先生提供，以及期刊论文和《全国侗语新闻联播》中标注的部分地名。这 770 个侗语地名涉及贵州、湖南和广西三省（自治区），按音节分类汇总，详见表 5-3。

---

① 戴红亮：《汉译"通名"统一规范化的原则及意义——以壮傣语支语言为例》，《语言文字应用》2005 年第 2 期。

表 5-3   侗语地名书写情况

	序号	侗语地名	汉译地名	县属
	1	Dengs	顶洞	从江
	2	Guanv	贯洞	从江
	3	Janl	占里	从江
	4	Loc	洛香	从江
	5	Tangc	塘洞	从江
	6	Teiv	西山	从江
	7	Lemc	伦洞	从江
	8	Dox	托里	从江
	9	Saov	绍洞	从江
	10	Songl	增冲	从江
	11	Guis	魁洞	锦屏
	12	Joil	巨寨	锦屏
单音节地名	13	Liouc	流洞	锦屏
（共68个）	14	Suv	秀洞	锦屏
	15	Aml	干团	黎平
	16	Bags	八德	黎平
	17	Dangc	塘洞	黎平
	18	Danx	潭洞	黎平
	19	Deengx	顶洞	黎平
	20	Dugs	独洞	黎平
	21	Gaol	高安	黎平
	22	Liaiv	赖洞	黎平
	23	Maoc	茅贡	黎平
	24	Piidt	皮林	黎平
	25	Sais	甩洞	黎平
	26	Sais	洒洞	黎平
	27	Saok	肇兴	黎平

序号	侗语地名	汉译地名	县属
28	Wangx	往里	黎平
29	Xaengv	尚洞	黎平
30	Xams	三龙	黎平
31	Xop	佳所	黎平
32	Biingc	平柱溪	榕江
33	Hos	沃州	榕江
34	Wos	车江	榕江
35	Yiuc	堡上	榕江
36	Bangh	甲棒	融水
37	Gap	河村	融水
38	Hans	下坎	融水
39	Yonh	融水	融水
40	Laml	思英	融水
41	Limc	林洞	融水
42	Logc	甲乐	融水
43	Lunl	伦洞	融水
44	Ngongx	甲昂	融水
45	Pinv	聘洞	融水
46	Waih	寨怀	融水
47	Xies	东水	融水
48	Yangc	洋洞	融水
49	Biac	岜团	三江
50	Dugs	独峒	三江
51	Gaol	高安	三江
52	Guanv	冠峒	三江
53	Nyogc	富禄	三江
54	Lol	楼团	通道
55	Demx	邓团	通道
56	Ganv	间冲	通道
57	Liouc	流团	通道

单音节地名（共68个）

续表

	序号	侗语地名	汉译地名	县属
单音节地名 （共 68 个）	58	Los	骆团	通道
	59	Mongh	猛洞	通道
	60	Munv	闷团	通道
	61	Nanx	滩冲	通道
	62	Senv	逊冲	通道
	63	Xogl	团头	通道
	64	Xonh	曹家冲	通道
	65	Yaix	上岩	通道
	66	Yanc	远冲	通道
	67	Dugx	独峒	新晃
	68	Gaml	甘屯	新晃
双音节地名 （共 598 个）	1	Biingc meix	平妹	从江
	2	Biingc meix	丙梅	从江
	3	Biingc samp	三千	从江
	4	Biingc mih	丙妹	从江
	5	Biingc meik	从江	从江
	6	Dongh danx	东胆	从江
	7	Gaos senl	高增	从江
	8	Biingc muic	梅林	从江
	9	Liongc duc	龙图	从江
	10	Siis wangc	小黄	从江
	11	Senl dih	信地	从江
	12	Xaih lanh	宰兰	从江
	13	Xaih sumh	寨秀	从江
	14	Bags guav	八卦	剑河
	15	Banv jenc	半坡	剑河
	16	Bbanc gaot	盘高	剑河
	17	Banc hongc	盘洪	剑河
	18	Banc xap	盘下	剑河
	19	Banc loc	盘罗	剑河

续表

	序号	侗语地名	汉译地名	县属
	20	Banc wouc	盘浮	剑河
	21	Banv senl	磻溪	剑河
	22	Jenc bangp	岑榜	剑河
	23	Banv gangh	半岭	剑河
	24	Daih wangs	大广	剑河
	25	Bat nyal	半江	剑河
	26	Beex guil	白桂	剑河
	27	Beex lul	白露	剑河
	28	Biingc moh	坪墓	剑河
	29	Gaos bial	高坝	剑河
	30	Dangc sal	塘沙	剑河
	31	Dangc sap	唐沙	剑河
	32	Daov max	倒马	剑河
	33	Das sangv	大丧	剑河
双音节地名 （共 598 个）	34	Das liees	加烈	剑河
	35	Denk dot	凳夺	剑河
	36	Dih wenc	地文	剑河
	37	Dongh jenc	洞岑	剑河
	38	Dongh jac	洞甲	剑河
	39	Dongh jongk	洞同	剑河
	40	Dongh jangx	洞蒋	剑河
	41	Dongh lol	洞罗	剑河
	42	Dongh jiuk	小广坳	剑河
	43	Dongh mat	洞麻	剑河
	44	Eenl saov	赶曹	剑河
	45	Gaos wangp	高方	剑河
	46	Gemh xaih	更寨	剑河
	47	Geml doul	更度	剑河
	48	Geml nemx	敏洞	剑河
	49	Geml toul	沟洞	剑河

续表

	序号	侗语地名	汉译地名	县属
	50	Geml xah	谢寨	剑河
	51	Yav ngouc	化教	剑河
	52	Xenp jangl	剑河	剑河
	53	Haop jiuc	壕吉	剑河
	54	Jas laox	假老	剑河
	55	Jav mongt	亚蒙	剑河
	56	Jenc guangs	岑广	剑河
	57	Jenc mant	辛勤	剑河
	58	Jenc benx	岑本	剑河
	59	Banc jenc	盘岑	剑河
	60	Banc lol	盘乐	剑河
	61	Biinc jenc	平岑	剑河
	62	Kaos lemh	高楞	剑河
	63	Kiuk lenc	大坳	剑河
双音节地名（共598个）	64	Biinc jus	平鸠	剑河
	65	Kuis lil	归利	剑河
	66	Kuis enc	圭仁	剑河
	67	Kuis mianl	圭面	剑河
	68	Kuis yongp	归涌	剑河
	69	Kuis nyinx	归引	剑河
	70	Piinc jius	平秋	剑河
	71	Moh gangs	墨杠	剑河
	72	Oc dongh	窝洞	剑河
	73	Oc namv	南明	剑河
	74	Oc yonv	坝上	剑河
	75	Pac wenc	八文	剑河
	76	Piinc mas	大坪	剑河
	77	Samp boul	三垴坡	剑河
	78	Sees wangs	小广	剑河
	79	Tees dongh	洞脚	剑河

续表

	序号	侗语地名	汉译地名	县属
	80	Tonc jiec	团结	剑河
	81	Toux ox	斗我	剑河
	82	Ul tongh	乌洞	剑河
	83	Ul menv	乌闷	剑河
	84	Das yuc	油茶山	剑河
	85	Xangp laox	大香洞	剑河
	86	Xangp nyeeus	小香洞	剑河
	87	Xongp miiuh	庙冲	剑河
	88	Yak leih	牙累	剑河
	89	Bags piaos	八瓢	锦屏
	90	Banc nyal	盘孖	锦屏
	91	Banc nyal	盘淼	锦屏
	92	Banc youc	盘游	锦屏
	93	Banc yak	磐下	锦屏
双音节地名	94	Banx lanx	魁胆	锦屏
（共 598 个）	95	Biinc yanc	平然	锦屏
	96	Biinc danv	平炭	锦屏
	97	Dih menc	地门	锦屏
	98	Bongh youc	凸域	锦屏
	99	Bongh lanl	凸兰	锦屏
	100	Boul jenc	凸今	锦屏
	101	Buc ruc	不如	锦屏
	102	Gaos lial	高坝	锦屏
	103	Dangc genc	芦笙塘	锦屏
	104	Dangc lenc	塘伦	锦屏
	105	Dangc wangc	堂皇	锦屏
	106	Daol bongl	到凸	锦屏
	107	Das jac	达甲	锦屏
	108	Dav das	大它	锦屏
	109	Dav boul	大凸	锦屏

续表

	序号	侗语地名	汉译地名	县属
	110	Deml lemh	澄冷	锦屏
	111	Deml yak	顿亚	锦屏
	112	Deml nyic	登尼	锦屏
	113	Dih menc	地扪	锦屏
	114	Geml ngox	更我	锦屏
	115	Dih sox	地左	锦屏
	116	Dongh wanh	洞万	锦屏
	117	Gaoc jenc	高芩	锦屏
	118	Gaoc jenc	高琴	锦屏
	119	Gaos haoc	高壕	锦屏
	120	Gaos jenc	高廷	锦屏
	121	Gaos jenc	高勤	锦屏
	122	Gaos guis	高溪	锦屏
	123	Geml wangc	黄门	锦屏
双音节地名	124	Geml wangc	侗闷	锦屏
（共598个）	125	Geml boul	登布	锦屏
	126	Jouh xol	九勺	锦屏
	127	Guis xail	归腮	锦屏
	128	Guis dav	归大	锦屏
	129	Guis yeec	归叶	锦屏
	130	Guis yeec	圭叶	锦屏
	131	Guis dongh	归洞	锦屏
	132	Guis xeec	归穴	锦屏
	133	Guis longv	归弄	锦屏
	134	Guis gul	圭故	锦屏
	135	Guis liongc	魁龙	锦屏
	136	Guis wangc	诡皇	锦屏
	137	Guis danx	归胆	锦屏
	138	Haoc menv	壕闷	锦屏
	139	Haoc laiv	壕赖	锦屏

	序号	侗语地名	汉译地名	县属
	140	Haoc laiv	豪赖	锦屏
	141	Haoc jenc	蒿琴	锦屏
	142	Haoc deml	郝登	锦屏
	143	Haoc ul	毫故	锦屏
	144	Iuk jeenv	店坳	锦屏
	145	Mongl beel	孟伯	锦屏
	146	Jenc laox	庭大坡	锦屏
	147	Banc jenc	盘岑	锦屏
	148	Bos rox	皮所	锦屏
	149	Biinc jeml	平金	锦屏
	150	Oc siup	平秋	锦屏
	151	Mangl beel	芒迫	锦屏
	152	Miiul beeh	瑶白	锦屏
	153	Miiul beeh	苗白	锦屏
双音节地名	154	Nyal laox	清水江	锦屏
（共 598 个）	155	Oc lios	平略	锦屏
	156	Op youc	凹域	锦屏
	157	Op meix	凹美	锦屏
	158	Nyal nyeeus	小江	锦屏
	159	Gongs longs	新寨	锦屏
	160	Ul mieenl	故面	锦屏
	161	Ul gul	务故	锦屏
	162	Geml nyinh	彦洞	锦屏
	163	Xaih mungc	者蒙	锦屏
	164	Xaih louc	者楼	锦屏
	165	Xaih yenc	采芹	锦屏
	166	Xaih banp	潘寨	锦屏
	167	Xaih mungs	启蒙	锦屏
	168	Xaih wangc	王寨	锦屏
	169	Xangh wangc	锦屏	锦屏

续表

	序号	侗语地名	汉译地名	县属
	170	Xaih ngox	寨五	锦屏
	171	Xiv yenx	石引	锦屏
	172	Yak leil	亚泪	锦屏
	173	Yak al	下歌	锦屏
	174	Yak meik	亚妹	锦屏
	175	Xaih moh	者母	锦屏
	176	Jenc bangp	岑榜	锦屏
	177	Biinc dank	坪炭	锦屏
	178	Biingc benl	平笨	锦屏
	179	Boul xeiv	抱锡	锦屏
	180	Dangc doc	塘夺	锦屏
	181	Dangc gal	塘嘎	锦屏
	182	Dangc nyenl	塘客	锦屏
	183	Ddees miiuh	的庙	锦屏
双音节地名	184	Deml das	丁达	锦屏
（共598个）	185	Oc liongc	各龙	锦屏
	186	Gaos jenc	高岑	锦屏
	187	Gaos das	高达	锦屏
	188	Guis leil	归类	锦屏
	189	Guis sot	归梭	锦屏
	190	Guis yil	归意	锦屏
	191	Guis weengc	归横	锦屏
	192	Haop laiv	毫赖	锦屏
	193	Iuk lenc	扣仑	锦屏
	194	Jenc menv	岑闷	锦屏
	195	Jenc nenl	岑嫩	锦屏
	196	Jenc geml	岑更	锦屏
	197	Jenc lanl	岑烂	锦屏
	198	Jenc zanl	岑赞	锦屏
	199	Jenc miiul	岑谬	锦屏

续表

	序号	侗语地名	汉译地名	县属
	200	Jenc liangc	岑良	锦屏
	201	Lav liv	破鼎罐	锦屏
	202	Liongc yais	龙霭	锦屏
	203	Senl buc	婆洞	锦屏
	204	Xongp lanl	冲烂	锦屏
	205	Yak naov	亚闹	锦屏
	206	Bags dees	八德	黎平
	207	Baih donl	摆东	黎平
	208	Bial bagx	白岩	黎平
	209	Bianv diaoc	便习	黎平
	210	Biinc songh	平松	黎平
	211	Dih menh	地门	黎平
	212	Biingc nyingv	平宁	黎平
	213	Biingc bemh	坪板	黎平
双音节地名	214	Gaos nyal	高架	黎平
（共 598 个）	215	Des yongc	大榕	黎平
	216	Des laoh	德老	黎平
	217	Dih jens	地青	黎平
	218	Dongh langh	东郎	黎平
	219	Gaos nyenc	高宁	黎平
	220	Nyal gengl	河更	黎平
	221	Ail waic	界牌	黎平
	222	Ngox guaix	黎平	黎平
	223	Jaih beec	宰白	黎平
	224	Jaih daox	宰岛	黎平
	225	Senl panl	潘老	黎平
	226	Jix dangc	已塘	黎平
	227	Maengl yaeml	猛彦	黎平
	228	Maengl yangc	杨潭	黎平
	229	Maengl yaeml	孟彦	黎平

续表

	序号	侗语地名	汉译地名	县属
双音节地名（共 598 个）	230	Meix yaol	枫木	黎平
	231	Biingc duc	平途	黎平
	232	Nyal gal	大架	黎平
	233	Nyal gual	孖挂	黎平
	234	Nyal xangl	孖相	黎平
	235	Jenc danc	潭洞	黎平
	236	Senl joiv	巨洞	黎平
	237	Senl gov	过洞	黎平
	238	Senl xouv	秀洞	黎平
	239	Senl buc	卜洞	黎平
	240	Senl kaol	高村	黎平
	241	Senl dih	信地	黎平
	242	Wenl biic	皮林	黎平
	243	Xaih ngac	牙寨	黎平
	244	Xaih douc	寨头	黎平
	245	Xaih mags	宰麻	黎平
	246	Xaih mags	栽麻	黎平
	247	Xaih bav	坝寨	黎平
	248	Xaih muh	母寨	黎平
	249	Oc ail	怀寨	榕江
	250	Xaih xap	车寨	榕江
	251	Xaih nyal	宰孖	榕江
	252	Aml liees	干烈	榕江
	253	Bags liangc	八良	榕江
	254	Bags nyal	八孖	榕江
	255	Bianv wot	车江坝	榕江
	256	Biingc yiuh	平友	榕江
	257	Gaos bial	高扒	榕江
	258	Buv hoc	布合	榕江
	259	Buv loc	布罗	榕江

	序号	侗语地名	汉译地名	县属
	260	Buv xiuc	布休	榕江
	261	Buv dih	布地	榕江
	262	Dinl das	定塔	榕江
	263	Dogh angl	都江	榕江
	264	Gaos buv	高布	榕江
	265	Gaos nyal	高孖	榕江
	266	Jemh xeenp	沙冲	榕江
	267	Jemh biags	芭蕉冲	榕江
	268	Jemh baoc	柚子冲	榕江
	269	Jemh daeml	鱼池冲	榕江
	270	Jemh langc	情郎冲	榕江
	271	Lagx youx	腊有	榕江
	272	Liingx dav	中岭	榕江
	273	Longl miiul	苗大冲	榕江
双音节地名	274	Longl donc	圆冲	榕江
（共598个）	275	Longl wangc	王冲	榕江
	276	Maengl panl	头堂	榕江
	277	Maengl sengx	场潭	榕江
	278	Nanh louv	螺蛳瀑布	榕江
	279	Nanh ganv	千崖	榕江
	280	Nyal wos	车江	榕江
	281	Ul xul	榕江	榕江
	282	Nyic beec	尼白	榕江
	283	Samp baos	三宝	榕江
	284	Saml beenl	色边	榕江
	285	Sanl koul	山寇	榕江
	286	Tiuk yak	红土坳	榕江
	287	Tiuk dadl	断脉坳	榕江
	288	Tiuk sax	祖母坳	榕江
	289	Unx meeux	卯包	榕江

续表

序号	侗语地名	汉译地名	县属
290	Unx xeep	沙包	榕江
291	Unx yint	青枫包	榕江
292	Xaih taemv	宰登	榕江
293	Xaih bangl	宰胖	榕江
294	Xaih aov	宰告	榕江
295	Xaih kous	口寨	榕江
296	Xaih yaol	寨蒿	榕江
297	Xaih yodc	月寨	榕江
298	Bags gap	河村口	融水
299	Bags daos	江潭	融水
300	Bial muic	梅崖	融水
301	Bial lav	破崖	融水
302	Bingc bol	坡坪	融水
303	Bingc senc	牛坪	融水
304	Bux yongc	盘荣	融水
305	Bux xingc	必成	融水
306	Bux wangc	不王	融水
307	Daml duc	葫芦塘	融水
308	Dangc gaoh	塘口	融水
309	Das douv	大斗	融水
310	Diees lis	底利	融水
311	Diees yav	底雅	融水
312	Dongh gangl	大东江	融水
313	Dongh dieenl	洞安	融水
314	Dongh qas	垌叉	融水
315	Dongh haov	同后	融水
316	Duh langc	都郎	融水
317	Guis waol	归报	融水
318	Gaos xax	高霞	融水
319	Gaos ngac	加牙	融水

双音节地名
（共 598 个）

续表

序号	侗语地名	汉译地名	县属
320	Higl mongl	孖孟	融水
321	Higl xax	霞溪	融水
322	Higl jums	阴溪	融水
323	Higl daol	斗溪	融水
324	Iul bol	坡上	融水
325	Iul dangc	三防	融水
326	Jangl jinc	元宝	融水
327	Jinc jaoc	岑油	融水
328	Jinc buih	岑被	融水
329	Jinc buil	岑碑	融水
330	Jinc hans	岑汗	融水
331	Jinc beds	八坡	融水
332	Jinc lanl	岑览	融水
333	Jiuc laox	大桥	融水
334	Jumh lux	朦胧谷	融水
335	Mangl noh	奶塘	融水
336	Mangl jaol	藤潭	融水
337	Mangv gueec	牛潭	融水
338	Mans laox	大寨	融水
339	Nas miiuh	前庙	融水
340	Nyal yongc	融江	融水
341	Nyal hans	下坎河	融水
342	Nyal bunl	潘沟	融水
343	Sunl yengl	大荣	融水
344	Damp llaiv	野猪塘	融水
345	Xangh hans	上坎	融水
346	Xic gus	十古	融水
347	Yav laoc	雅楼	融水
348	Yav nyingl	雅英	融水
349	Yav jiuc	瑶族田	融水

双音节地名（共598个）

223

续表

	序号	侗语地名	汉译地名	县属
	350	Yongc yonh	融水	融水
	351	Dongh haop	东号	三江
	352	Dongh hap	东哈	三江
	353	Ac mais	岩寨	三江
	354	Ac guanv	冠洞	三江
	355	Uis dov	归座	三江
	356	Bags liangc	良口	三江
	357	Bags xal	华夏	三江
	358	Bags xal	八下	三江
	359	Bags donc	琶团	三江
	360	Bags douv	八斗	三江
	361	Bags namc	八南	三江
	362	Bags loc	八洛	三江
	363	Bial maih	石美	三江
双音节地名	364	Biingc xip	平细	三江
（共 598 个）	365	Biingc wac	平娃	三江
	366	Biingc beds	八坪	三江
	367	Gaos biac	高扒	三江
	368	Des jinc	大田	三江
	369	Gal lac	耳笋	三江
	370	Gaos yux	高友	三江
	371	Gaos ngox	高武	三江
	372	Gaos gaenc	高更	三江
	373	Gaos xuh	高秀	三江
	374	Jemh ngueex	瓦寨	三江
	375	Biingc muic	梅林	三江
	376	Jih liil	吉利	三江
	377	Jongl buh	中步	三江
	378	Mac anl	马安	三江
	379	Oc xuih	水团	三江

续表

	序号	侗语地名	汉译地名	县属
	380	Samp nyal	三江	三江
	381	Gueengv yaeml	深坳	三江
	382	Guis bav	溪大	三江
	383	Senl lieix	和里	三江
	384	Senl dedl	七团	三江
	385	Senl sail	晒江	三江
	386	Senl yongx	涌尾	三江
	387	Senl dongh	顺洞	三江
	388	Ul gongc	孔冲	三江
	389	Waic yinh	怀远	三江
	390	Wangc xeeuc	王朝	三江
	391	Wangc xangh	王相	三江
	392	Bah yos	约溪口	三江
	393	Uih dav	治大	三江
双音节地名（共598个）	394	Gont xangc	款场	三穗
	395	Sans feil	三穗	三穗
	396	Oc bangl	邦洞	天柱
	397	Banc gangv	盘杠	天柱
	398	Biic yav	皮夏	天柱
	399	Biingc moh	都岭	天柱
	400	Dih doh	地豆	天柱
	401	Deml ngaoc	登敖	天柱
	402	Dih yav	平湖	天柱
	403	Xaih hanv	汉寨	天柱
	404	Aol waic	界牌	天柱
	405	Guis yenl	归车	天柱
	406	Jeenp xuih	天柱	天柱
	407	Miiul jaih	柳寨	天柱
	408	Oc seds	客寨	天柱
	409	Oc buc	卜寨	天柱

续表

	序号	侗语地名	汉译地名	县属
	410	Oc biaix	摆洞	天柱
	411	Oc yuv	注溪	天柱
	412	Xangc hanv	石洞	天柱
	413	Xaih rangl	章寨	天柱
	414	Oc aml	甘洞	天柱
	415	Oc oul	口洞	天柱
	416	Oc biongx	凸洞	天柱
	417	Oc gongl	邦寨	天柱
	418	Oc jiuc	黄桥	天柱
	419	Xaih yingl	寨应	天柱
	420	Ac xinh	而春	通道
	421	Ac xangc	而堂	通道
	422	Ac lugs	而六	通道
	423	Bags bangs	八帮	通道
双音节地名	424	Bags nguap	狗冲外	通道
（共 598 个）	425	Biax luh	八路	通道
	426	Bic bac	琵琶	通道
	427	Biingc danx	坪坦	通道
	428	Daih llix	大理	通道
	429	Goc liongc	各龙	通道
	430	Dih miax	地马	通道
	431	Dogc pal	独坡	通道
	432	Dongs ngox	牙屯堡	通道
	433	Ebl ngongh	猛口	通道
	434	Geex diinc	田家	通道
	435	Geex juis	克居	通道
	436	Geex yol	药冲	通道
	437	Bags nyal	河口	通道
	438	Gueengv lenc	古伦	通道
	439	Jaos yuix	芋头	通道

	序号	侗语地名	汉译地名	县属
	440	Jeml jimh	金殿	通道
	441	longl xenc	陇城	通道
	442	Banv laox	潘老	通道
	443	Lagx jax	拉假	通道
	444	Mac liongc	马龙	通道
	445	Biingc wic	水牛坪	通道
	446	Senl guanl	惯洞	通道
	447	Xenv jaih	新寨	通道
	448	Tongs daol	通道	通道
	449	Wangc gal	王家	通道
	450	Wangc tut	皇都	通道
	451	Wenl dul	温都	通道
	452	Wul haol	古貌	通道
	453	Xaih megx	麦寨	通道
双音节地名	454	Yangc gal	杨家	通道
（共598个）	455	Jih dav	冶大	通道
	456	Yiuc biingc	瑶坪	通道
	457	Bags haop	八毫	通道
	458	Bags bial	八牌	新晃
	459	Genh liuc	留坡	通道
	460	Genh diul	鱼塘破	通道
	461	Gux youx	古友	通道
	462	Jaih jinl	坝寨	通道
	463	Jix dat	吉大	通道
	464	Jongl gal	钟家	通道
	465	Lenl qongs	岭冲	通道
	466	Liangc liux	杨柳树	通道
	467	Dis gas	比家	新晃
	468	Qongc wanl	冲万	通道
	469	Qongc nyhdet	冲嫩	通道

续表

	序号	侗语地名	汉译地名	县属
	470	Qongt yat	冲华	通道
	471	Qongt whap	沟溪冲	通道
	472	Dangc dongh	潭洞	通道
	473	Banc ais	盘衰	新晃
	474	Banc laox	盘老	新晃
	475	Banc bais	湃溪	新晃
	476	Bav bings	坝坪	新晃
	477	Bav sas	坝沙	新晃
	478	Bax yeel	八夜	新晃
	479	Bax maox	扒茂	新晃
	480	Bax yos	外约溪	新晃
	481	Dangc liongc	大塘	新晃
	482	Xaih daengv	凳寨	新晃
双音节地名	483	Biingc taul	茅坪	新晃
（共 598 个）	484	Biingc saoc	坪草	新晃
	485	Biings dongc	坪桶	新晃
	486	Guox dieenv	店上	新晃
	487	Dal puv	大堡	新晃
	488	Gaos yhaih	高寨	新晃
	489	Dangc qamt	塘庚	新晃
	490	Dih jingv	中寨	新晃
	491	Dih yav	地芽	新晃
	492	Dis sangl	地桑	新晃
	493	Goc gongv	贡溪	新晃
	494	Dis jinl	石头寨	新晃
	495	Gaos youp	高友	新晃
	496	Yav whap	狗田	新晃
	497	Guiv gens	桂根	新晃
	498	Gaop liongl	禾滩	新晃
	499	Oc tanc	禾滩	新晃

续表

	序号	侗语地名	汉译地名	县属
双音节地名 （共598个）	500	Kank nyal	河坎	新晃
	501	Genh memx	老虎坡	新晃
	502	Guanl mangl	潭洞	新晃
	503	Khank menv	井坎	新晃
	504	Guiv guangs	桂光	新晃
	505	Guiv dic	桂堤	新晃
	506	Gguiv daiv	桂岱	新晃
	507	Guiv qiangl	桂江	新晃
	508	Guox kenp	坑头	新晃
	509	Guox ppak	帕溪村	新晃
	510	Guox angl	恩溪村	新晃
	511	Guox wenh	稳溪村	新晃
	512	Guox yos	约溪村	新晃
	513	Guox jius	秋溪	新晃
	514	Kol lail	科赖	新晃
	515	Guox liongc	龙田冲	新晃
	516	Haoc yav	毫亚	新晃
	517	Haoc laox	毫老	新晃
	518	Jaih laox	老寨	新晃
	519	Jaih wenh	稳溪寨	新晃
	520	Jaos dongv	洞脑	新晃
	521	Jaos mongh	梦溪头	新晃
	522	Jaos liux	上了溪	新晃
	523	Jaos yos	约溪头	新晃
	524	Jaos doc	牛头寨	新晃
	525	Jenc ais	长坡	新晃
	526	Jenc niul	苗坡	新晃
	527	Jiul langc	桥郎	新晃
	528	Jiul ans	桥安	新晃
	529	Kol saih	克寨	新晃

续表

	序号	侗语地名	汉译地名	县属
双音节地名 （共 598 个）	530	Kol yoh	约溪	新晃
	531	Lail qit	赖溪	新晃
	532	Meix laox	美老	新晃
	533	Meix hedt	板栗寨	新晃
	534	Muph linl	岩嘴	新晃
	535	Muph dangc	麻塘	新晃
	536	Qenc mangp	岑芒	新晃
	537	Qenc dongl	东村	新晃
	538	Qongp wenl	冲温	新晃
	539	Qongp yav	冲亚	新晃
	540	Saih tanl	塘寨	新晃
	541	Saih ul	上寨	新晃
	542	Genh xangs	香坡寨	新晃
	543	Av meik	新田	新晃
	544	Tanl liongl	龙塘	新晃
	545	Woc dangc	禾塘	新晃
	546	Woc leil	猴子坳	新晃
	547	Xangv gal	向家	新晃
	548	Xens fangl	新晃	新晃
	549	Xih qit	世溪	新晃
	550	Xingl longc	兴隆	新晃
	551	Yav qait	踩溪	新晃
	552	Av mhant	黄毛	新晃
	553	Jenc pangp	岑榜	新晃
	554	Bial bagv	白岩	新晃
	555	Bux gas	头家	新晃
	556	Bux yenh	半江村	新晃
	557	Dangc nongh	塘弄	新晃
	558	Jenc mangp	蒿山	新晃
	559	Dees liongc	山下	新晃

	序号	侗语地名	汉译地名	县属
	560	Dhaop nemx	浓溪	新晃
	561	Dih ninv	黄土坡	新晃
	562	Dih sos	地说	新晃
	563	Fav qit	化溪	新晃
	564	Gail laox	老街	新晃
	565	Jaih diuc	比足	新晃
	566	Jaos dongx	头洞	新晃
	567	Jenc liuc	留山	新晃
	568	Jenc diuc	足山	新晃
	569	Jenc mungl	兰山	新晃
	570	Jenc lingc	岑龙	新晃
	571	Jenc doh	岑豆	新晃
	572	Kank av	田坎	新晃
	573	Kuot ginv	燕子窝	新晃
双音节地名	574	Leih gal	吕家	新晃
（共 598 个）	575	Liangc gal	梁家	新晃
	576	Maengs longc	龙潭	新晃
	577	Menv laox	老井	新晃
	578	Mubl linl	目拎	新晃
	579	Nugl qongs	炉冲	新晃
	580	Wol jenc	禾岑	新晃
	581	Wol huiv	阿雀	新晃
	582	Geenv av	田界	芷江
	583	Av fangl	方田	芷江
	584	Bah mongh	梦溪口	芷江
	585	Nas lanl	对门	隆回
	586	Ngac nganh	雁鹅村	隆回
	587	Senl liongc	兴隆	龙山
	588	Ul liongl	芙蓉	龙山
	589	Av dat	牙大	龙山

续表

	序号	侗语地名	汉译地名	县属
双音节地名 （共 598 个）	590	Wol nyinc	棉花寨	古丈
	591	Qangh ngueex	瓦厂	古丈
	592	Yenl av	田塍	溆浦
	593	Zoh qit	左溪	溆浦
	594	Liongc sengl	龙胜	龙胜
	595	Boul jenc	报京	镇远
	596	Av ais	长田	会同
	597	Dangc fus	虎塘	衡南
	598	Wenh xul	靖州	靖州
三音节地名 （共 96 个）	1	Banc yav yaic	盘亚牙	剑河
	2	Banh jenc lanl	班岑烂	剑河
	3	Banv senl ul	上磻溪	剑河
	4	Banv jinx jinl	半井金	剑河
	5	Bat jeent jiuc	八仙桥	剑河
	6	Bongh jav laox	堡亚老	剑河
	7	Dengs haop laox	登豪老	剑河
	8	Dengs xongp xangc	登冲场	剑河
	9	Dinl das bieens	定它本	剑河
	10	Dinl das xaov	定它桥	剑河
	11	Dongh max liongc	董马龙	剑河
	12	Dongh guis nyemx	洞归嫩	剑河
	13	Dongh hank jiv	洞汗计	剑河
	14	Gangh jav max	岗亚马	剑河
	15	Gaos biinc jongl	鼓坪	剑河
	16	Guil huoc lac	归河辣	剑河
	17	Haop kuangs saix	壕光彩	剑河
	18	Haop meix wongp	封山湾	剑河
	19	Haop lax guap	狗仔冲	剑河
	20	Haop sanp eex	豪散也	剑河
	21	Jenc samp boul	岑三凸	剑河

	序号	侗语地名	汉译地名	县属
	22	Jenc jiv baox	岑计堡	剑河
	23	Jenc meix lanc	岑美拦	剑河
	24	Jenc deev doc	岑得夺	剑河
	25	Jenc bal doc	岑把夺	剑河
	26	Gaos banc meik	高盘妹	剑河
	27	Gaos lonc poul	高峦堡	剑河
	28	Gaos yenc benl	高银笨	剑河
	29	Gaos xais aov	高老寨	剑河
	30	Gaos jiuc laox	大桥口	剑河
	31	Gaos jav seit	高亚塞	剑河
	32	Gaos jav muk	高亚亩	剑河
	33	Gaos jenc lil	高岑栗	剑河
	34	Gaos jav liux	高下柳	剑河
	35	Giuk yav lliinx	干田坳	剑河
三音节地名	36	Guis laox ans	归老安	剑河
（共96个）	37	Laox yingc bonc	老营盘	剑河
	38	Miiuh wangc songt	王冲庙	剑河
	39	Ttih guih jaih	地归牙	剑河
	40	Xongp bih yeeuh	烂泥冲	剑河
	41	Banc xaih geml	盘寨更	锦屏
	42	Banc dav mieenl	盘大沟	锦屏
	43	Banc laox mieenl	盘老面	锦屏
	44	Banc yak leil	盘下累	锦屏
	45	Banc jenc nyinv	盘岑彦	锦屏
	46	Biinc guis renc	平归仁	锦屏
	47	Dangc xeenc jenc	唐全坡	锦屏
	48	Gaoc biinc rangh	襄坪	锦屏
	49	Guis laox wangc	归老黄	锦屏
	50	Haoc yak meik	豪下妹	锦屏
	51	Yak xongp moh	墓冲田	锦屏

续表

	序号	侗语地名	汉译地名	县属
	52	Banc sat liees	盘杀难	锦屏
	53	Banv jenc miiuh	半岑谬	锦屏
	54	Jenc ens mant	岑恩蛮	锦屏
	55	Jenc meix duil	岑美对	锦屏
	56	Jenc meix yaox	岑美瑶	锦屏
	57	Jenc meix daiv	岑美带	锦屏
	58	Jenc nganl max	岑按马	锦屏
	59	Jenc samp ongs	岑散翁	锦屏
	60	Banc jenc memx	虎盘	榕江
	61	Banc jenc hoip	石灰盘	榕江
	62	Banc dih huc	符地盘	榕江
	63	Liingx sagx yanc	屋基岭	榕江
	64	Senl gaos ganv	高坝	榕江
三音节地名	65	Tiuk dal gueec	牛眼坳	榕江
（共96个）	66	Unx liemc xuh	榕树包	榕江
	67	Unx seit bedl	公鸭包	榕江
	68	Bux xingc ul	上必成	融水
	69	Bux xingc dees	下必成	融水
	70	Gaos jinc xax	高岑霞	融水
	71	Hikl xax ngaoc	霞娥溪	融水
	72	Jumh dingc gaos	冲亭高	融水
	73	Jumh maix jons	冲梅庄	融水
	74	Mangl liongc laox	大龙潭	融水
	75	Mangl liongc dis	小龙潭	融水
	76	Mangl meix liungl	榕树潭	融水
	77	Mangl has junp	杀人潭	融水
	78	Mangl suix dieenl	水电站潭	融水
	79	Nyal buih gangl	贝江	融水
	80	Xies dongc gangl	小东江	融水
	81	Jih liongc biingc	龙坪坡	三江

	序号	侗语地名	汉译地名	县属
三音节地名（共96个）	82	Xaih wunl gac	坡顶村	三江
	83	Av meix sangl	桑木田	通道
	84	Av meix saol	枫树溪	通道
	85	Dih liv jiuc	碧李桥	通道
	86	Ganl loc dienc	干罗亭	通道
	87	Genc meix saol	琴美烧	通道
	88	Genh sanl jeeul	三朝坡	通道
	89	Jangh gangl ngaov	蒋家坳	通道
	90	Jenc meix saol	枫树坡	通道
	91	Kaos jenc ais	高岑哀	通道
	92	Woc daov lenc	倒凤坡	通道
	93	Bags dah wangc	八大王	通道
	94	Jenc dah lanh	岑他烂	通道
	95	Muh wangc jiv	墓皇帝	通道
	96	Qenc dongl wangl	东村	新晃
四音节地名（共7个）	1	Banc nyal ul mieenl	盘孖姑面	锦屏
	2	Banv jenc guis yeec	半坡归穴	锦屏
	3	Bags higl xax ngaoc	霞娥溪口	融水
	4	Bags nyal buih gangl	贝江河口	融水
	5	Guees jinc bial muic	梅崖山顶	融水
	6	Kiuk meix liix oul	弯李坳	剑河
	7	Wangc miangc gaox tiongl	黄芒冲	通道
五音节地名（共1个）	1	Jinc lagl hags bip daos	烧人山	融水

从表5-2中可以看出，侗语地名主要有以下特点：

（1）侗语地名以双音节、三音节为主。由具体事物的词素组成的侗语地名，占侗语地名总数的百分之八十以上。例如：

锦屏县魁胆村的"Guis weengc（归横）"，汉译为"溪+横"，因村边一条横向流淌的小溪而得名；

锦屏县龙霭村的村名"Liongc yais（龙霭）"，汉译为"龙＋长"，因村旁似长龙状的山梁而得名；

剑河县谢寨村的"Gangh jav max（岗亚马）"，汉译为"高坡＋田＋马"，因坡田形如马而得名；

榕江县的"Tiuk dal gueec（牛眼坳）"，汉译为"坳＋眼睛＋水牛"，以水牛眼睛形容山坳突出。

侗语的单音节地名，主要在黎平、榕江、从江、锦屏、三江、融水、通道等南部方言区，北部方言区除了新晃侗族自治县的个别地名是单音节外，其他地方几乎没有。四音节以上的地名很少，一般都是些小地名。

（2）侗语地名由"通名＋专名"构成，通名居前，专名居后，即定语在后，中心词在前。例如：

    Jenc lanl（岑烂）   Jenc bangp（岑榜）

    Jenc liongc（岑龙）   Jenc doh（岑豆）

    Jenc menv（岑闷）

以上地名中，"jenc"（岑）是通名。

侗语地名中的通名大部分都是有意义的，由表示自然地理或人文特征的词充当。根据以上 770 个侗语地名的统计，使用频率较高的通名如表 5-4 所示。

表 5-4　侗语地名中的常见通名

序号	侗语	汉语	汉语释义	示例
1	jenc	岑、庭、勤	坡	Jenc dongh（岑洞）、Jenc mant（辛勤）
2	xaih	宰、寨、者、栽	寨	Xaih mags（宰麻）、Xaih wangc（王寨）
3	banc	盘、磐	盘	Banc wouc（盘浮）、Banc yak（磐下）
4	gaos	高	头	Gaos bial（高坝）、Gaos xuh（高秀）
5	bags	八、琶、华	口	Bags loc（八洛）、Bags donc（琶团）

续表

序号	侗语	汉语	汉语释义	示例
6	biingc	坪、平、丙	坪	Biingc mas（大坪）、Biingc duc（平途）
7	oc	窝、各	地方	Oc dongh（窝洞）、Oc siup（平秋）
8	senl	信、兴	村	Senl dih（信地）、Senl liongc（兴隆）
9	guis	归、圭、魁、诡	溪	Guis leil（归类）、Guis liongc（魁龙）
10	dongh	洞、东、同、董、峝、桐	洞	Dongh jenc（洞庭）、Dongh qas（桐叉）
11	dangc	塘、唐、堂	塘	Dangc lenc（塘伦）、Dangc sap（唐沙）
12	dih	地	地	Dih menc（地扪）、Dih sox（地左）
13	geml	更、登	侗	Gemldoul（更度）、Geml boul（登布）
14	nyal	大、孖、尼、淼、架	河	Nyal gal（大架）、Nyal gual（孖挂）
15	mangl	芒	潭	Mangv beel（芒迫）、Mangv jaol（藤潭）
16	haoc	壕、豪、毫、蒿、郝	冲	Haoc laiv（壕赖）、Haoc yav（毫亚）
17	yav	下、化、牙、亚、雅	田	Yav jeis（下堆）、Yav ngouc（化敉）
18	das	大、达、加	山	Das douv（大斗）、Das liees（加烈）

侗语地名中的专名，一般由动物、植物、地理方位、物产、姓氏、历史传说等方面的词充当。例如：

（1）通名＋动物，见表 5-5。

表 5-5 "通名＋动物"类地名

序号	侗语	汉语	汉语释义
1	Biingc duc	平途	biingc（坪）、duc（牛）
2	Guis leil	归类	guis（溪）、leil（猴子）
3	Haop laiv	毫赖	haoc（冲）、laiv（野猪）
4	Senl liongc	兴隆	senl（寨）、liongc（龙）
5	Haop lax guap	狗仔冲	haop（冲）、lax guap（狗崽）

（2）通名＋植物，见表5-6。

表5-6 "通名＋植物"类地名

序号	侗语	汉语	汉语释义
1	Das nyangt	达酿	das（坡）、nyant（草）
2	Jenc meix daiv	岑美带	jenc（坡）、meix daiv（板栗树）
3	Jenc meix saol	琴美烧	jenc（坡）、meix saol（枫树）
4	Mangl meix liungl	榕树潭	mangl（潭）、meix liungl（榕树）
5	Jemh biags	芭蕉冲	jemh（冲）、biags（桑树）

（3）通名＋地理方位，见表5-7。

表5-7 "通名＋地理方位"类地名

序号	侗语	汉语	汉语释义
1	Xaih bangp	宰胖	xaih（寨）、bangp（高处）
2	Xaih ul	上寨	xaih（寨）、ul（上）
3	Bongh lanl	凸兰	bongh（山埴）、lanl（对面）
4	Liingx dav	中岭	liingx（山脊）、dav（中间）
5	Iuk lenc	扣仑	iuk（山坳）、lenc（后）

（4）通名＋物产，见表5-8。

表5-8 "通名＋物产"类地名

序号	侗语	汉语	汉语释义
1	Jenc doh	岑豆	jenc（坡）、doh（豆）
2	Senl buc	婆洞	senl（村）、buc（白瓜）
3	Biinc dank	坪炭	biinc（坪）、dank（炭）
4	Biinc jeml	平金	biinc（平）、jeml（黄金）
5	Dangc sap	唐沙	dangc（塘）、sap（沙子）

（5）通名＋姓氏／民族，见表 5-9。

表 5-9　"通名＋姓氏／民族"类地名

序号	侗语	汉语	汉语释义
1	Senl banl	潘老	senl（村）、banl（潘）
2	Maengl yangc	杨潭	maengl（潭）、yangc（杨）
3	Xaih wangc	王寨	xaih（寨）、wangc（王）
4	Jenc miiul	岑谬	jenc（坡）、miiul（苗族）
5	Yav yiuc	亚瑶	yav（田）、yiuc（瑶族）

侗族以山、水命名的地名数量庞大。如：jenc（山）、jih（坡，南侗词）、gangh（山岗）、das（山林）、boul（山坳）、haoc（山谷，北侗词）、jemh（山谷，南侗词）、nanh(悬崖，南侗词）、banc（平缓山腰地带）、giuk（山坳）、unx（小山包，南侗词）、buv（小林山，南侗词）、biingc（平地）、liingx（山岭，南侗词）、bianv（山中田坝，南侗词）、longl（深山，南侗词）、nyal（河）、guis（溪）、bags（河口）、mangl（潭）、dangc（池塘）。yav（田）字体系的地名分布也十分广泛。这些命名与侗族的生存环境和生计方式以及侗族的传统文化密切相连。侗族是百越民族的后裔，侗族的祖先沿河而下，寻觅平坦适宜耕作之地，多择平缓坡地、河滩溪口而居，在河谷两岸繁衍生息。侗语地名凸显了依山傍水、重山重水的特点，也反映了侗族先民的生活情趣和审美价值取向。

（二）侗语地名的不规范现象

侗语地名的不规范现象主要表现在：

1. 标准音和方音差异问题

有些地名不是按照侗语标准语读音而是按方言变体读音书写，从而造成一字多形的混乱情况。例如，新晃侗族自治县的潭洞和榕江县的场潭，两个"潭"字意思一样，均为深潭的意思，侗语标准语为 maengl，但前者按当地的读音写为 mangl，后者按侗语标准语写为 maengl。侗语地名中的"八""华""琶"等字，一般都具有汉语的"溪口""河口"的意思，标准侗语写为 bags，有不少侗族地区则按方言读音写为 bas。例如：三江侗族自治县的华夏和黎平县的八德，因当地读音与标准语相同而分别写为 Bags xal、Bags dees；而剑河县的八卦和新晃侗族自治县的约溪口，因按照当地的读音分别书写为 Bas guav、Bah yos，与侗语标准语不一致。这些差异的形成，是侗语的塞音韵尾 -g 尾在北部方言已经失落的结果。而依据侗语方言读音而不是依据侗语标准语进行书写的侗语地名，显然对侗文的试行和使用造成了不必要的混乱。

2. 侗语地名的汉译用字不规范

侗语地名的汉文书写多采用音译的办法，汉译用字存在对音不规范现象。例如：

侗语地名汉译时用字读音对应不够严格，也就是说，没有用汉字中读音和侗语相近的字来音译侗语地名，而是用了读音差距较大的汉字来音译侗语地名。[①] 例如：

yav（田），如果按音位对应关系，应选"亚""摁"，但汉译却用"下""化""牙""亚""雅"等字，从而出现了一个侗语音节对汉语三个音位的现象。又如：

bags（河口、溪口），根据音位对应原则，汉译用"八""巴"等字较为合适，但有的却译成了"琶""华"，从而使人无法真正将两者音位对应起来。

nyal（河），汉语中没有这样的音节，如果按照语音相近原则，译成"那""大""孖"等字较为接近，但却被译为"淼""尼"，语音差别很大。

同音不同译。一个侗语音对应几种译音用字（几种译法），造成地名使用的混乱。例如：

Dugs	Guanv	Sais	Bags liangc	Bags nyal
独峒（三江）	贯洞（从江）	甩洞（黎平）	良口（三江）	八孖（榕江）
独洞（黎平）	冠崮（三江）	洒洞（黎平）	八良（榕江）	河口（通道）

Bags xal	Benv senl	Banc lol	Banc nyal	Biingc meik
华夏（三江）	盘溪（剑河）	盘罗（剑河）	盘孖（锦屏）	从江（从江）
八下（三江）	礴溪（剑河）	盘乐（剑河）	盘淼（锦屏）	丙梅（从江）

---

① 戴红亮：《西双版纳傣语地名研究》，中央民族大学出版社，2012，第 191 页。

Boul jenc	Gaos ngal	Guis yeec	Dih yav
报京（镇远）	高架（黎平）	归叶（锦屏）	地芽（新晃）
凸今（锦屏）	高孖（榕江）	圭叶（锦屏）	平湖（天柱）

同译不同音，即用一个汉语地名翻译成两个不同的侗语地名。例如：

半江	地门	顶洞	高坝
Bat nyal（剑河）	Dih menh（黎平）	Deengx（黎平）	Gaos bial（剑河）
Bux yenh（新晃）	Dih menc（锦屏）	Dengs（从江）	Senl gaos ganv（榕江）

高友	各龙	归类	界牌
Gaos yux（三江）	Goc liongc（通道）	Guis leil（锦屏）	Ail waic（黎平）
Gaos youp（新晃）	Oc liongc（锦屏）	Guis lil（剑河）	Aol waic（天柱）

伦洞	潘老	治大	潭洞
Lemc（黎平）	Banv laox（通道）	Jih dav（通道）	Guanl mangl（新晃）
Lunl（融水）	Senl laox（黎平）	Uih dav（三江）	Jenc danc（黎平）

3. 侗语地名没有正词法规则，也会出现混乱

下面（表 5-10）是 2018 年第 24 期《全国侗语新闻联播》字幕中的地名和《侗族民间文学选读：侗文、汉文对照》中的地名不一致的地方。

表 5-10　《全国侗语新闻联播》（2018 年第 24 期）与《侗族民间文学选读：侗文、汉文对照》中

地名不一致分析表

大小写不一致	《侗族民间文学选读：侗文、汉文对照》	Liic Pienc （黎平）	Yenx Congc xeenp （永从县）
	《全国侗语新闻联播》 （2018 年第 24 期）	liic pienc （黎平）	xinh fangl （新晃）

续表

借用不一致	《侗族民间文学选读：侗文、汉文对照》（西南官话）	yongc jangh（榕江）	guangh siil（广西）	hoc nanc senx（河南省）
	《全国侗语新闻联播》（2018 年第 24 期）（普通话）	Zhix jangh（芷江）	guangh xip（广西）	hongc zhouh（洪州）

（三）侗文地名规范的原则及方法

侗文地名不规范会严重妨碍侗文的社会使用，对侗文地名进行规范，是侗语文规范的一项重要任务。侗语地名规范应遵循以下原则：

侗文地名书写应遵循以标准语词为主，方言土语词为辅的原则。由于大部分的侗语地名主要涉及山水地理以及动植物等常用词，这类词一般都属于侗语词汇系统中的基本成分，因此侗语地名应采用这些标准词汇，若过分强调地名的地域性语音特征，则可能因各地在声母、韵母及声调上的细微差异，导致同一词语出现多种形态，这无疑会增加使用的复杂度，不利于侗语地名的统一认知与便捷应用。侗文地名应坚持分词连写。《草案》第十一部分规定："专有名词，如人名、地名、机关名、团体、书篇、文件、会议等名称每一个词的头一个字母都大写。"[①] 但如何分词连写，并没有制定具体规则。参考《汉语拼音正词法基本规则》，建议侗文地名按以下规则书写：

（1）单音节地名的首字母大写。例如：

Suv（秀洞）　　　　Loc（洛香）　　　　Waih（寨怀）　　　　Liouc（流团）

Maoc（茅贡）　　　Guanv（贯洞）　　　Dugs（独崗）　　　　Xaengv（尚洞）

（2）双音节及以上地名，不再区分专通名，各音节连写，首字母大写。例如：

Ocsiup（平秋）　　　　Xaihbangl（宰胖）　　　　Giukmeixliixoul（弯李坳）

Gemldoul（更度）　　　Jencnganlmax（岑按马）　　　Miiuhwangcsongt（王冲庙）

---

① 贵州省民族语文指导委员会编《侗族语言文字问题科学讨论会汇刊》，内部资料，1959，第 174 页。

（3）行政区划通名和专名分写，各部分首字母大写。例如：

Guiljul Sengx（贵州省）

Xanghwangc Yeenk（锦屏县）

Xenpjangl Yeenk Gemlxah Cenh（剑河县谢寨村）

Qeencdongsnanc Miiulgeml Silsilzous（黔东南苗族侗族自治州）

（4）非侗语地名，按汉语方言读音用侗文拼写。例如：

Beecjens（北京）　　　　　　　Dongsjens（东京，Tokyo）

Guangxdongs（广东）　　　　　Lencdens（伦敦，London）

Cangcjangs（长江）　　　　　　Yenldul（印度，India）

（5）侗语地名汉译用字也应规范。

侗语地名的汉译规范要兼顾侗语南北方言情况，对使用面广、使用频繁高的通名进行统计，统一用字。例如：表示"田"的 yav，统一译为"亚"；表示"溪流"的 guis，统一译为"圭"；表示"河口"或"溪口"的 bags，统一译为"八"。

侗语地名的汉语翻译，尽量通名和专名分译。通名除了要语音对应外，选字也要具有唯一性，尽可能做到"一音一字"，专名则重在语音对应，而选字可有一定的放松。通名用到的汉译字，专名尽量不再使用。

第二节　新词术语的规范

随着知识经济和信息技术突飞猛进，新事物层出不穷，社会各个领域都出现了大量的新词术语。第 6 版《现代汉语词典》，增收新词语 3000 多条，如高铁、首付、房贷、团购、网购、冷暴力、二手房、廉租房、裸婚、山寨、云计算、电子书、大龄青年、医疗保险、父亲节、粉丝、八卦、出糗、CPI（消费者价格指数）、ETC（电子不停车收费系统）、

243

PM2.5（细颗粒物）等。第 7 版《现代汉语词典》，增收新词语 400 余条，如白菜价、爆红、点赞、顶包、真凶、出戏、博主、民宿、吐槽、微信、血拼、刷屏、鸡枞、免单、炫富、二维码、广场舞、EV（电动汽车）、HR（人力资源）、VR（虚拟现实）、PM10（可吸入颗粒物）等。新词术语是语言词汇中最积极的组成部分，可以丰富语言词汇。在语言文字规范方面，新词术语的规范也是一项重要任务。2022 年版的《现代汉语规范词典》新增近千条词语，有互联网＋、移动支付、群聊点赞、网红、脑补等反映时代发展的热词和一些贴近日常的网络用语。侗语的新词术语规范问题也应该同时纳入词汇规范来通盘规划。

一、侗语新词术语的概念及借用方式

（一）侗语新词术语的概念

通常所说的新词术语，是指随同新事物新思想的涌现而在语言中形成的新词汇。侗语中的新词术语主要包括以下三个方面：①过去侗语中没有使用过的词和术语。②原来侗语中没有能够准确表达原意，而现在已从汉语或其他少数民族语言借进来的新词新术语。③随着社会发展，新事物的涌现，在侗语中出现的新词概念。

（二）侗语新词术语的借用方式

侗语处在与汉语、苗语、壮语等多语言接触的环境中，因而不断地吸收大量外来词，由于汉文化的强势地位和影响，汉语借词占绝对优势。具体来说侗语吸收汉语借词的形式有下列几种：

（1）全借（音译）。按当地汉语方言读音直接移植到侗语，这类借词也称即音译词。例如：

sisxangx（思想）　　kaisfeip（开会）　　xeenk sangx（县长）

（2）半借半译，即侗汉璧合。一部分用借词词素，一部分用侗语固有词素，按侗语固有构词格式构成合成词或词组。例如，下面的词，第一个语素是侗语词素，第二个语素是汉语词素。

bencjaos（塑料盆）　　nangcdongl（冬笋）　　malbagx（白菜）　　naemxmagc（墨水）

（3）借音注义。以音译借词为专称，前面加侗语词素作为通称，构成词。例如，下面的词，前面一个字是侗语词素，作为通称，后面两个音节是音译汉语词。

mal（菜）

mal beec cail（白菜）　　mal bos cail（菠菜）

doh（豆）

doh sivjiv（四季豆）

（4）意译。用侗语词素翻译整个汉语词。例如：

sumx abs（浴室）　　　　nyenc dos bal（渔夫）

目前而言，侗语主要用完全音译的方式借入新词术语。随着社会的发展，以及侗族社会的不断开放，新词术语将会大量进入侗语。如何对新词术语进行规范，使它们丰富侗语词汇，增强侗语词汇的生命力，这是规范侗语新词术语的一项重要任务。

二、侗语新词术语的规范

（一）侗语新词术语现状及存在的问题

侗语中的新词术语大部分都是基于汉语音译借入的。大量使用汉语新借词，虽然可以促进汉语的推广及汉语和侗语之间的信息交换，有利于侗语文的丰富和发展，但新词术语如果不进行规范，则会对侗语词汇的自主创新产生消极影响。直接音译的新词术语过多，一是听起来像汉语方言，会让其他民族的人误以为侗语类似汉语方言，有文化的侗族群众会觉得这不是我们的侗语；二是长期大量使用直接音译的新词术语，可能造成民族固有词越来越被人淡忘，侗语的词汇整合力和创新力被削弱，进而使得侗族文化悄然流失。2015年5月1日，侗族群众梦寐以求的《全国侗语新闻联播》正式开播，但播出之后的效果不尽人意。不少群众调侃为"双语新闻""夹侗版新闻联播"。让我们看一下《全国侗语新闻联播》2017 年第 24 期的一段播报：

Nyaoh yih liaoc kongs jeens tos penc gongs zoc lix,Yul pienc jas tingc yis shengs weex qeens yues fuc wuv,weex lis fuc pinc duiv xiangv baop zangv jis zhil.

（在医保脱贫攻坚工作中，玉屏通过推行家庭医生签约服务工作，建立起扶贫对象医疗保障机制。）

把这段新闻中的汉语借词"还原"成汉字，便是：nyaoh 医保脱贫攻坚工作里，玉屏家庭医生签约服务，weex lis 扶贫对象保障机制。这段文字里只有 2 个侗语词，难怪会被侗族群众调侃。

我们并不反对汉语借词。上面的新闻例子恰恰说明了新词术语规范的重要性。这里涉及新词术语规范的根本原则问题：是直接全部音译照搬，还是根据侗语的规律和侗族群众的语言习惯，采用意译或是意译和音译结合的方式。目前，少数民族语言的新闻节目普遍存在新词术语全部音译照搬的问题，各民族干部群众对此很不认同，普遍认为"这不是我们的语言"。造成这种局面和后果，主要是新词术语的规范工作严重滞后，或者民族地区新闻出版部门以及民族语文工作职能部门，根本就没有开展这方面的工作。

因此，新词术语融入侗语的关键在于如何遵从侗语的语言规律，适应侗族群众的语言习惯与认知模式。上面的新闻如果译成下面的侗文，侗族群众可能更容易认同和接受：

Nyaoh nuv bingh todt gkut siv naih,Yul pienc xac nyenc oc yanc nuv bingh,weex lis todt gkut baop zangv jis zil.

把这则新闻中的汉语借词"还原"成汉字，便是：nyaoh nuv bingh todt gkut siv naih，玉屏 xac nyenc oc yanc nuv bingh，weex lis todt gkut 保障机制。

显然，这样的侗语新闻和侗文新闻稿，才更像侗语文。但要达到这样的翻译效果，目前还面临以下困难：首先，侗族地区培养的侗语文学生数量少，且未经过侗语写作和翻译方面的专业训练，能从事侗 - 汉翻译工作的人非常少。其次，侗语文的专家学者主要关注自己的学术研究，很少有人进行新词术语规范的研究和实践。再次，侗语文工作职能部门和侗语文工作者缺乏新词术语规范的意识，未曾开展过侗语文新词术语规范工作，使得侗语文新词术语处于自然发展的状态。

（二）侗语新词术语规范的思路

关于少数民族语言中的新词术语问题，1959 年少数民族辞书工作会议曾达成了共识："在民族语言中没有的或不能确切表达的新词术语，首先从汉语借入；适当地运用民族语言中可以发展的有生命力的东西，正确地制订新词；从外国语中借用我们所需要的和适用的成分。"[①] 这对少数民族语言的新词术语工作起到了一定的指导作用。但由于在几十年的侗文试行推广实践中并没有开展过新词术语的规范工作，造成了侗语中大量直接音译照搬汉语新词术语的现象，以致侗语新闻节目中的上述情况成为了常态。直接音译照搬汉语新词术语，将严重削弱侗语的词汇整合力和创新力，加快侗语传统固有词汇系统的流失和瓦解，破坏侗语结构的稳定性，最终会导致侗语失去自己的特点。可见，开展新词术语的规范工作是侗语文工作的当务之急。

如何对新词术语进行规范？基本思路应该是：借入的新词术语以意译为主，音译为辅。新词术语规范应尽量走在传播的前面，即在新词术语尚未广泛传播时，制定新词术语的侗语标准读音和侗文规范书写形式，并通过广播、电视及报刊公布使用。这样，既可以避免新词术语的读音和书写混乱，也可以促进侗语的词汇整合力和创新力。

从侗语文长远发展出发，鼓励用本民族词汇翻译新词术语。但是，是否用本民族词汇制定的新词术语都便于广大人民群众使用和理解呢？这也不能一概而论。一般来说，用本民族语言材料制定的新词术语是有比较容易理解和使用的一面，但是也不能过分强调侗语材料制定新词术语的作用。因为从群众约定俗成的口语来看，侗语的新词术语可能主要还是多用音译，这是不争的事实，如果一味将所有词都用意译，也很难在群众中推广和传播。制定新词术语，不能口语一套，书面语又是另外一套。口语中约定俗成的新词术语，书面语应该适应口语。勉强用侗语中原有成分创造一些群众很难懂的或是不适用的词，也不符合语言发展的客观规律。例如，"手机"是大家最熟悉的东西，广大侗族群众已经都称之为

---

① 傅懋勣：《关于少数民族语言中新词术语问题的几点意见》，《中国民族》1962 年第 3 期。

souxjis，如果硬要用侗语的词素翻译，那就是 miac jis（拿在手上的机子），这样反而使人不懂。再如"'伟大'一词，从侗语古语中挖出一个'mags yagx'，就是南部方言的三江，龙胜，通道等地都接受不了，有时年轻人还把它作为开玩笑的笑柄：'longc xaol mags yagx'你们的肚子大得很难看（意思是到大月孕期），如拿到北部方言区则更难以接受"[①]。

（三）侗语新词术语规范的原则

要解决侗语新词术语在运用与规范层面的问题，首先要确立规范的原则。下面就侗语翻译新词术语时应遵循的原则和方法提出自己的观点。

侗语新词术语规范应遵循以下两个原则：

（1）群众性原则。便于广大侗族群众理解和使用，这是新词术语规范的基本原则。从侗语的实际应用出发，充分尊重侗族群众的语言习惯，所规范的新词术语尽可能贴近群众，尽量口语化，以便群众听得懂、方便用、愿意用。

（2）"挖、创、借"的原则。准确来说应该是先挖再创后借。首先，挖掘侗语中固有的或旧的名词术语，对其赋予新的内涵。其次，在挖掘条件不能满足的情况下，运用侗语构词规律和方法，充分利用语法资源，为翻译新词术语开辟新的途径。最后，在挖和创都不能满足的条件下，采取借用方式，从其他语言中借用新词。换言之，在侗语新词术语创制时，首先要看侗语中有无合适的词，如有对等词，则应优先考虑用本民族固有词和传统词。

侗语新词术语规范，具体方法如下：

（1）挖掘和运用原有侗语词根和固有语言材料，按侗语构词习惯创造新词，例如：

nyenc（人）	sumx（房）
nyenc ees（笨人）	sumx abs（浴室）
nyenc yeenxyiv（演员）	sumx leec（书房）
nyenc sonkxangv（会计）	

（2）给侗语原有旧词赋予新义或扩大原义。例如：

---

① 杨通锦、杨锡：《侗语翻译琐议》，载贵州省民委民族语文办公室编，石锦宏主编《侗语文集》，贵州民族出版社，1993，第 165 页。

naov reec（热闹）—繁荣　　　　il yangh（一样）—平等

begs singv（百姓）—人民　　　　sinc（钱）—资金

jax（假）—虚伪

（3）按照新词意义用侗语意译。例如：

weex ongl（文盲）　　　gal sinc（余额）　　　dens qit meix xangk（初心）

todt ut（脱贫）　　　　mus lenc（未来）　　　xangs dangs meec sinc（土豪）

lingx sinc dah benl（低保户）　fongh qil weex lail（正能量）

（4）侗语口语约定俗成的汉语音译新词术语，按侗语读法（方言）转写。例如：

soux jis（手机）　　　sil nyeec（事业）　　　gaos teec（高铁）

fuc pienc（扶贫）　　　qix nyeec（企业）　　　wencfal（文化）

ful lieec wangx（互联网）　　dangx yeenc（党员）

（5）半意译半音译，一部分用本民族语言，一部分采用汉语借词。例如：

daengv nyeec（创业）　　　fal xoc maoc（化学肥料）

sul jul laox（大数据）　　　yac xoc il weex（两学一做）

kuaot boc feip（酒博会）　　samp nyeenx samp sic（三严三实）

（6）单纯字母词，整体借入。例如：

VIP　　CS　　GB　　GDP　　CT　　WTO　　HSK　　DVD

（7）混合字母词，字母、数字不变，汉字按侗语的读音转写。例如：

Bcaos（B 超）

AAzil（AA 制）

kas lasOK（卡拉 OK）

三、对侗语新词术语规范的几点建议

国家民族事务委员会于 2010 年先后发布了《国家民委关于做好少数民族语言文字管理工作的意见》和《国家民委关于进一步做好民族语文翻译工作的指导意见》两份文件，为开展少数民族语言翻译工作营造了适宜的政策环境。新词术语的规范是少数民族语言翻译面临的重要问题。当前，侗语新词术语的规范急需解决以下问题：

（1）成立侗语文新词术语规范委员会，组织专家对近年政治、经济、教育、科技等各领域的新词术语进行收集、整理、翻译和审定，并定期发布侗语文新词术语规范表。

（2）编写《侗语新词术语规范词典》。吕叔湘先生说过："词汇研究的结果可以总结在词典里。"[①] 目前出版的四部侗语词典中只有《汉侗简明词典（初稿）》收录了汉语借词，距今已 60 余年，早已跟不上时代的步伐。编写《侗语新词术语规范词典》，并每隔两年或三年进行一次新词修订补充，使新词术语的规范工作持续化。

（3）新闻出版、广播电视、教育教学、民族语文管理等部门应发挥侗语文规范的排头兵和领头羊作用，在播音、节目制作、图书报刊出版中，自觉地使用规范的侗语文，积极宣传规范的侗语文。应将侗语文的规范使用纳入各级民族语文新闻出版、广播电视节目的质量检查和考核内容中。

（4）侗语文专家、语文工作者要担负起新词术语规范的责任，不能只专注于个人的学术研究，要经常深入侗族地区，进行侗语文社会使用的调查研究，广泛收集新时代侗族社会出现的新词术语及群众约定俗成的词语表达，积极主动地做好新词术语的规范和宣传工作。

本书经过资料汇集、比较、筛选，初步整理了《侗文新词术语》（第一批），见附录 5；《侗文民族名人名表》（第一批），见附录 6；《侗文地名表》（第一批），见附录 7。

---

① 吕叔湘：《汉语研究工作者的当前任务》，《中国语文》1961 年第 4 期。

结　语

在当今社会，少数民族语言文字若缺乏规范化建设，将难以顺利推进其现代化进程。若无法紧跟现代化步伐，这些语言文字便难以在民族的现代化生活中保持活跃，进而可能导致其功能退化、价值丧失，甚至走向衰败和消亡。侗语文要发展，也必须适应侗族现代语言生活的需要。现代化是侗语文社会功能和文化功能得以充分发挥的基本条件，也是当代社会现实条件下侗语文生存和发展的必由之路。实现侗语文现代化的前提和基本要求就是侗语文的规范化。几十年来，侗语文规范化工作严重滞后，只有寥寥几人偶尔零零碎碎做一点，未能持续和形成系统。一方面原因在于，民族地方语文职能部门和语文工作者的民族语言文字规范意识比较淡薄，同时也缺乏相关的基本理论和基础知识。另一方面原因在于，侗语文专家学者只专注于自己个人的学术研究，对当代社会侗语文的发展规划缺乏热情或漠不关心。本书将侗语文规范作为研究对象，对《侗文方案（草案）》的修订、侗语审音和读音规范、侗文正词法规则、侗语规范词表的研制、侗语人名地名和新词术语的规范等内容进行了探讨和研究，这正是充分关注当代侗族社会语言生活的变化，关切侗语文的当代社会需求与侗语文的生死存亡，并全面总结侗语言的研究历史和现状而做出的一种服务现实的选择。侗语文规范研究是一项系统工程，有赖于侗语言专家学者、地方语文工作者、新闻出版人、广播电视媒体人等各界人士进行全面而持续的合作。侗语文的规范化将大大促进侗语文的现代化，使侗语文真正为广大侗族群众服务。

本书探讨了侗语文规范的若干具体问题，并总体上达到了以下预期目标：

（1）对《侗文方案（草案）》做了全面分析，指出了其中存在的问题并提出了修订建议。

（2）研制了《侗文正词法基本规则》。

（3）汇集和分析了近几十年侗语文教材、词典、报刊、著作中的侗文，整理了《侗文规范词表》（第一批）。

（4）根据侗族社会用词用语情况，整理制定了《侗文新词术语》（第一批）。

迄今为止，上述调查研究工作在侗族语言文化界未曾系统地开展过。为完成上述研究任务，实现设想的侗语文规范目标，本人做了以下调研工作：

（1）几乎收集了20世纪50年代以来所有关于侗语与侗文的政策文件、侗语文教材、《贵州民族报》侗文专栏内容、侗语新闻广播内容等一系列珍贵的历史档案资料与文献资料，走访了中国民族语文翻译中心、贵州省民族宗教事务委员会、贵州省民族博物馆、贵州省黔东南州地方志编纂委员会办公室、贵州省黔东南州档案馆、贵州大学出版社、贵州民族出版社、黎平县广播电视台等部门单位，以及贵州民族大学、贵州师范学院、凯里学院等院校，收集了上百份资料。

（2）对收集的资料文献，进行了数字化处理，并将几部词典和教材中的侗语词汇制成了电子数据表。

（3）对黎平、榕江、天柱、剑河等侗族地区的社会用语和日常口语的新词使用情况，通过问卷、观察和访谈等方式，进行了社会语言调查。同时对100余位在校侗族学生的日常口语新词情况也进行了调查。

当然，侗语文规范工作是一项艰巨的长期任务，远非个人力量所能完成。侗语文的规范，不仅是对侗语文工作者、侗语言专家的专业理论和实践能力的检验，也是对侗语文工作者和侗语言专家的语言服务精神的考验。侗语文的规范，还有很长的路要走。限于笔者个人的学识和精力，本书只是一个系统的开端，后续还有许多工作要做。例如，《侗文规范词表》《侗文新词术语》《侗文地名表》还需继续与时俱进，整理和发布第二批、第三批。

侗语文规范化和现代化是侗族民众的共同需求和美好愿望，也是侗语文生存和发展的时代要求。著名社会语言学家大卫·克里斯托尔（2003）在联合国教科文组织濒危语言国际专家会议上曾指出："语言族群自身必须有拯救自己语言的意识。"[①] 侗族地方语文工作者及侗语言专家学者应主动担负起传承和发展侗族语言文化的责任和使命，从民族进步、群众受惠的高度，认真思考侗语文规范化问题，积极推进侗语文长远发展规划工作，使侗语文更好地适应侗族群众的现代社会生活。

①　范俊军编译《联合国教科文组织关于保护语言与文化多样性文件汇编》，民族出版社，2006，第9页。

参考文献

一、著作

[1] 曹德和 . 语言应用和语言规范研究 [M]. 北京：文化艺术出版社，中国社会科学出版社，2006.

[2] 朝克，李云兵，等 . 中国民族语言文字研究史论·第二卷·南方卷 [M]. 北京：中国社会科学出版社，2013.

[3] 陈孝玲 . 侗台语核心词研究 [M]. 成都：巴蜀书社，2011.

[4] 戴红亮 . 西双版纳傣语地名研究 [M]. 北京：中央民族大学出版社，2012.

[5] 戴庆厦，赵小兵 . 中国少数民族语言文字信息处理研究与发展 [M]. 北京：民族出版社，2010.

[6] 戴昭铭 . 规范语言学探索 [M]. 上海：上海三联书店，1998.

[7] 戴昭铭 . 现代汉语规范化答问 [M]. 北京：北京大学出版社，2016.

[8] 范俊军，肖自辉 . 语言调查词汇记录用表 [M]. 广州：广东人民出版社，2017.

[9] 贵州省民委民族语文办公室，石锦宏 . 侗语文集 [M]. 贵阳：贵州民族出版社，1993.

[10] 贵州省少数民族语言文字办公室，贵州省少数民族语言文字学会：贵州新创民族文字五十年 [Z]. 黔新出 2009 一次性内资准字第 318 号，2009：196-200。

[11] 国家民委文宣司 . 民族语文政策法规汇编 [M]. 北京：民族出版社，2006.

[12] 国家语言文字工作委员会 . 中国语言文字事业发展报告（2017）[M]. 北京：商务印书馆，2017.

[13] 《汉语拼音正词法论文选》编辑组 . 汉语拼音正词法论文选 [M]. 北京：文字改革出版社，1985.

[14] 蒋兴礼，等 . 三江侗族语言使用现状及演变 [M]. 南宁：广西民族出版社，2014.

[15] 教育部语言文字信息管理司 . 常用语言文字规范手册 [M]. 北京：商务印书馆，2016.

[16] 教育部语言文字信息管理司 . 《汉语拼音正词法基本规则》解读 [M]. 北京：语文出版社，2012.

[17] G. 隆多 . 术语学概论 [M]. 刘钢，刘健，译 . 北京：科学出版社，1985.

[18] 李晋有 . 中国少数民族语言文字现代化文集 [M]. 北京：民族出版社，1999.

[19] 李如龙. 地名与语言学论集 [M]. 福州：福建省地图出版社，1993.

[20] 李如龙. 汉语地名学论稿 [M]. 上海：上海教育出版社，1998.

[21] 李宇明. 中国少数民族语言文字规范化信息化报告 [M]. 北京：民族出版社，2011.

[22] 李宇明. 中国语言规划三论 [M]. 北京：商务印书馆，2015.

[23] 梁敏. 侗语简志 [M]. 北京：民族出版社，1980.

[24] 刘兴策. 语言规范精要 [M]. 武汉：华中师范大学出版社，1999.

[25] 刘云汉，王俊霞. 语文规范化简论 [M]. 保定：河北大学出版社，2002.

[26] 龙从军，燕海雄. 中国民族语言研究与应用 第 1 辑 [M]. 北京：中国社会科学出版社，2016.

[27] 吕冀平，戴昭铭. 当前我国语言文字的规范化问题 [M]. 上海：上海教育出版社，1999.

[28] 吕叔湘. 语文近著 [M]. 上海：上海教育出版社，1987.

[29] 贵州省少数民族语言文字办公室. 侗族民间文学选读：侗文、汉文对照 [M]. 石锦宏，潘永荣，欧亨元，整理. 贵阳：贵州民族出版社，2016.

[30] 屈哨兵. 语言服务引论 [M]. 北京：商务印书馆，2016.

[31] 沈阳，邵敬敏. 新时期语言文字规范化问题研究 [M]. 北京：商务印书馆，2017.

[32] 史灿方，孙曼均. 语言规范与语言应用探索 [M]. 南京：南京大学出版社，2008.

[33] 史灿方. 语言规范现象分析 [M]. 徐州：中国矿业大学出版社，2014.

[34] 苏培成，颜逸明，尹斌庸. 语文现代化论文集 [M]. 北京：商务印书馆，2002.

[35] 孙宏开，等. 中国的语言 [M]. 北京：商务印书馆，2007.

[36] 覃晓航. 现代壮语 [M]. 北京：民族出版社，1994.

[37] 覃秀红. 语言接触的强度与语言演变：语言接触下的现代壮语：泰文 [M]. 广州：世界图书出版广东有限公司，2015.

[38] 王建华.21 世纪语言文字应用规范论析 [M]. 杭州：浙江教育出版社，2000.

[39] 王开扬. 汉字现代化研究 [M]. 济南：齐鲁书社，2004.

[40] 王力. 中国现代语法 [M]. 北京：商务印书馆，2011.

[41] 韦煜. 贵州少数民族语言文字研究 [M]. 武汉：华中科技大学出版社，2018.

[42] 杨汉基. 侗语与文字推行 [Z]. 内部资料，1986.

[43] 杨汉基. 侗语语法 [Z]. 内部资料，1986.

[44] 杨汉基，张盛．简明侗语语法 [M]．贵阳：贵州民族出版社，1993.

[45] 张玉来，程凯．汉语言文字规范化研究与指导 [M]．济南：山东教育出版社，1992.

[46] 赵晓聃．语言意义的规范性维度：基于规则遵循问题的研究 [M]．北京：科学出版社，2016.

[47] 芷江侗族自治县县志编纂委员会．芷江县志 [M]．北京：生活·读书·新知三联书店，1993.

[48] 周庆生．语言生活与语言政策：中国少数民族研究 [M]．北京：社会科学文献出版社，2015.

[49] 朱楚宏．汉语规范化中介现象论 [M]．北京：清华大学出版社，2015.

[50] 曾晓渝．侗台苗瑶语言的汉借词研究 [M]．北京：商务印书馆，2010.

[51] 卢子林，吕渊．贵州堂安侗语调查研究 [C]// 肖远平，刘实鹏．人文学术·思辨与实证．北京：中央民族大学出版社，2017：9-19.

[52] 范俊军．联合国教科文组织关于保护语言与文化多样性文件汇编 [M]．北京：语文出版社，2006.

[53] 广西壮族自治区少数民族语言文字工作委员会研究室．壮语新词术语汇编 [M]．南宁：广西民族出版社，1992.

二、期刊、论文、报纸

[1] 薄文泽．侗语和佯 AAAg 语的一个语序变化 [J]．民族语文，1997（3）：32-36.

[2] 毕谦琦，王艳红．石洞侗语汉借词历史层次分析 [J]．语言科学，2017，16（3）：307-318.

[3] 曹志耘．通道侗语声母的不送气化现象：兼与赣语比较 [J]．民族语文，2014（3）：37-44.

[4] 陈维刚．侗族名称考 [J]．民族研究，1981（5）：49.

[5] 陈孝玲．侗台语核心词研究 [D]．武汉：华中科技大学，2009.

[6] 陈宗林．三江侗语汉语借词声母系统研究 [J]．湖北民族学院学报（哲学社会科学版），2000，18（3）：89-93.

[7] 陈宗林．三江侗语汉语借词声调的多层次性 [J]．湛江师范学院学报，2000，21（2）：96-99.

[8] 陈宗林．三江侗语早期汉借词来源于六甲话考 [J]．民族语文，1999（5）：68-73.

[9] 戴红亮．汉译"通名"统一规范化的原则及意义：以壮傣语支语言为例 [J]．语言文字应用，2005（2）：22-28.

[10] 戴庆厦．论"科学保护各民族语言文字" [J]．语言文字应用，2013（1）：17-19.

[11] 邓敏文．《侗文方案》补充修订的初步设想 [J]．百色学院学报，2014，27（4）：35-38.

[12] 范俊军.关于《瑶文方案》(草案)的思考 [J].广东技术师范学院学报,2009(6):11-16.

[13] 付大林.侗语发展的危机与思考 [J].凯里学院学报,2007,25(5):41-42+48.

[14] 傅懋勣.关于少数民族语言中新词术语问题的几点意见 [J].中国民族,1962(3):25-27+35-37.

[15] 贵州省民委民族语文办公室.侗文试行工作调查总结报告 [J].贵州民族研究(季刊),1996(1):86-91.

[16] 海路,李芳兰.侗族新创文字的历史沿革 [J].贵州民族研究,2010,31(6):142-149.

[17] 海路,李芳兰.侗族新创文字应用研究评述:以相关文献研究为线索 [J].湖北民族学院学报(哲学社会科学版),2010,28(6):31-36.

[18] 海路.族群认同视野下的侗文教育 [J].湖南师范大学教育科学学报,2009,8(2):20-24.

[19] 何彦诚.侗语下坎话概况 [J].民族语文,2006(5):67-80.

[20] 洪寒松.侗族族称、族源初探 [J].贵州民族研究,1985(3):100-106.

[21] 黄行.我国少数民族语言的方言划分 [J].民族语文,2007(6):3-11.

[22] 黄勇.辅音尾演变最快的侗语方言:新晃李树侗语 [J].民族论坛,1994(1):83-90+40.

[23] 黄勇.李树侗话辅音韵尾的演变规律 [J].民族语文,1985(2):48-54.

[24] 姜莉芳.新晃汉语中的侗语成分 [J].中央民族大学学报(哲学社会科学版),2004,31(2):103-106.

[25] 李宇明.语言服务与语言消费 [J].教育导刊(上半月),2014(7):93-94.

[26] 龙国莲.三江侗语声母的历史层次 [J].广西民族大学学报(哲学社会科学版),2013,35(6):25-29.

[27] 龙景科.侗语"形名"组合的主项位移功能分析 [J].贵州民族研究,2009,29(4):85-90.

[28] 龙景科.侗语词缀的现状与发展 [J].凯里学院学报,2016,34(2):85-88.

[29] 龙景科.侗语疑问句探略 [J].凯里学院学报,2007,25(5):43-45.

[30] 龙明耀.侗文的创立与推行 [J].贵州民族研究,1983(3):35-39.

[31] 龙耀宏.侗语方言复音词的历史来源探析 [J].贵州民族学院学报(哲学社会科学版),2010(4):41-44.

[32] 龙耀宏.侗语方音研究 [D].上海:上海师范大学,2012.

[33] 龙耀宏.侗语苗语语音的共时比较研究:兼论侗族苗族的历史接触关系 [J].贵州民族研究,2012,33(6):215-220.

[34] 龙耀宏. 侗语中的汉语古音举例 [J]. 贵州民族研究，1987（2）：59-61.

[35] 龙耀宏. 侗族族称考释 [J]. 贵州民族研究（季刊），1993（2）：89-96.

[36] 罗雨镓. 高酿侗语语音研究 [D]. 贵阳：贵州民族大学，2017.

[37] 吕叔湘. 汉语研究工作者的当前任务 [J]. 中国语文，1961（4）：1-6.

[38] 潘永荣，张盛. 侗文中现代汉语借词标调问题浅析与构想 [J]. 贵州民族研究（季刊），1998（4）：131-136.

[39] 潘永荣. 平江侗语语音初探：兼与标准音点比较 [J]. 贵州民族研究（季刊），1990（1）：142-150.

[40] 彭婧. 侗语韵尾研究 [D]. 贵阳：贵州民族大学，2013.

[41] 彭婧，范俊军. 关于制定《拼音侗文正词法》的若干问题 [J]. 广东第二师范学院学报，2016，36（1）：86-90.

[42] 彭巧燕. 新晃汉语与侗语词汇的相互影响 [J]. 衡阳师范学院学报，2004，25（5）：73-75.

[43] 石林. 报京侗语代词的词缀 mjin⁶[J]. 民族语文，1985（4）：37-41.

[44] 石林. 侗语代词分析 [J]. 民族语文，1986（5）：40-46.

[45] 石林. 侗语的变音变调现象 [J]. 民族语文，1983（5）：44-47+53.

[46] 石林. 侗语地名的得名、结构和汉译 [J]. 贵州民族研究（季刊），1996（2）：154-164.

[47] 石林. 侗语复辅音声母考 [J]. 南开学报（哲学社会科学版），1983（2）：69-75.

[48] 石林. 侗语方言土语的划分应作适当调整 [J]. 民族语文，1990（6）：50-55.

[49] 石林. 侗语方言土语间理解度调查 [J]. 贵州民族学院学报（哲学社会科学版），2010（4）：32-36.

[50] 石林. 侗语声调的共时表现和历时演变 [J]. 民族语文，1991（5）：26-34.

[51] 石林. 侗语声调的区别性特征 [J]. 民族语文，1992（3）：28-32.

[52] 石林. 侗语中汉语新借词的读音 [J]. 民族语文，1994（5）：1-11+23.

[53] 石林. 广西罗城那冷侗语音系 [J]. 百色学院学报，2015，28（5）：35-39.

[54] 石林. 论侗语形容词 [J]. 贵州民族研究，1985（4）：124-136+111.

[55] 石若屏. 浅谈侗族的族源与迁徙 [J]. 贵州民族研究，1984（4）：75-88.

[56] 孙宏开. 汉语拼音方案与少数民族文字的创制 [J]. 现代语文，2002（2）：22-23.

[57] 孙宏开. 汉语拼音方案与少数民族文字的创制与改革 [J]. 语言文字应用，2013（1）：50-51.

[58] 唐守奇. 论芷江侗语的濒危 [J]. 贵州师范大学学报（社会科学版），2008（6）：49-52.

[59]　唐育红.侗汉双语教学:在探索中发展 [J].中国民族教育,2009(12):26-28.

[60]　唐育红.贵州侗汉双语文教学调查研究 [D].北京:中央民族大学,2009.

[61]　田铁.侗、汉语词和词的构成浅析 [J].贵州民族学院学报(社会科学版),1999(3):23-27.

[62]　田铁.侗语、汉语词类用法浅较 [J].贵州民族学院学报(社会科学版),2000(1):57-60.

[63]　田铁.侗语和汉语的短语及句子语序浅析 [J].贵州民族研究(季刊),2000(1):153-157.

[64]　王春德.谈谈苗文中的几个问题 [J].贵州民族研究,1984(3):29-32+35.

[65]　王德温.侗语半浊声母的历史演变 [J].贵州民族研究,1984(3):86-96.

[66]　王贵生.侗语语音与黔东南东部方言:兼谈通过音系对比描述方言状况的方法 [J].黔东南民族师专学报(哲社版),1996,14(4):27-28.

[67]　韦婧.侗语发展的危机思考与侗汉双语教育 [J].科技信息,2013(4):210.

[68]　吴平欢.侗语小舌音研究 [D].南宁:广西民族大学,2013.

[69]　吴延栋.侗族是百越一支发展起来的土著民族 [J].贵州民族研究(季刊),1993(2):66-74.

[70]　伍国桃,李平.民族语言保护视野下的贵州地方本科院校课堂教学研究 [J].吉林广播电视大学学报,2016(2):67-68.

[71]　肖亚丽.从借词看侗、汉语言的相互影响 [J].贵州民族研究,2012,33(1):180-184.

[72]　肖亚丽.侗语动词的语法化考察 [J].贵州民族研究,2008,28(5):131-135.

[73]　肖亚丽.略论汉语拼音方案中的字母表 [J].语文学刊,2004(10):76-78.

[74]　许杨阳.贵州侗族地区侗语的使用现状及发展趋势:以锦屏县启蒙镇为例 [D].重庆:重庆师范大学,2010.

[75]　许士仁.学习民族语文 做好民族工作 [J].贵州民族研究,1984(3):51-53.

[76]　杨昌嗣,银军.略论侗文使用的局限性和可行性 [J].中南民族学院学报(哲学社会科学版),1988(5):90-95.

[77]　杨权.论侗语声调的发展及其在侗歌中的特点 [J].中央民族学院学报,1992(3):79-85.

[78]　杨权.努力促进侗文发展 [J].贵州民族研究,1983(3):15-19.

[79]　杨通银.市场经济机制下的侗语文 [J].贵州民族研究(季刊),1995(3):135-138.

[80]　杨通银,房艳平.湖南通道"本地人"语言和文化中的侗汉接触和混合 [J].广西民族大学学报(哲学社会科学版),2011,33(2):40-46.

[81] 杨盛中.学习民族文字的意义和作用 [J].贵州民族研究，1985（3）：76-77.

[82] 詹姆士 A.马蒂索夫.拉祜语文字方案中的若干问题 [J].赵衍荪，译.民族语文，1984（3）：27-38.

[83] 张浩明.推动语言文字信息管理工作科学发展 [N].中国教育报，2013-01-08（1）.

[84] 张景霓，苏丹.广西三江侗语使用情况及演变趋势预测 [J].广西民族大学学报（哲学社会科学版），2016，38（2）：191-196.

[85] 张人位.苗文、布依文、侗文在贵州的推行实践 [J].民族语文，1986（6）：1-4.

[86] 曾晓渝.三江侗语中古汉语借词 [J].民族语文，2006（4）：15-27.

[87] 曾笑丽.湖南洞口菲溪侗语语音词汇研究 [D].长沙：湖南师范大学，2015.

[88] 郑国乔，杨权.榕江侗话的语音 [J].贵州民族研究，1985（2）：138-151.

[89] 郑国乔.侗语声调 [J].贵州民族研究，1983（3）：135-141.

[90] 周国炎，孙平.文字在布依族语言保持和文化传承中的作用 [J].贵阳学院学报（社会科学版）（双月刊），2014（3）：18-22.

[91] 周自厚.也谈词汇规范化的原则 [J].语文建设，1998（8）：7-9.

[92] 班玄.贵州简称"黔"与侗水语支民族的自称 [J].贵州民族研究，2018，39（7）：178-180.

[93] 吴忠军.侗族源流考 [J].广西民族学院学报（哲学社会科学版），1998，20（3）：65-68.

[94] 张民.探侗族自称的来源和内涵 [J].贵州民族研究（季刊），1995（1）：89-94.

[95] 杨进铨.也谈侗族族称 [J].贵州民族研究（季刊），1993（1）：86-92.

[96] 张寿祺.关于侗族名称的来源问题 [J].民族研究，1982（3）：56-59+62.

三、标准及词典

[1] 中华人民共和国机械电子工业部.信息处理用现代汉语分词规范：GB/T 13715—1992[S].北京：中国标准出版社，1993.

[2] 全国残疾人康复和专用设备标准化技术委员会.中国盲文：GB/T 15720—2008 [S].中华人民共和国民政部，2009.

[3] 教育部语言文字信息管理司.汉语拼音正词法基本规则：GB/T 16159—2012[S].教育部语言文字信息管理司，2012.

[4] 教育部语言文字信息管理司.中国人名汉语拼音字母拼写规则：GB/T 28039—2011 [S].教育部

语言文字信息管理司，2012.

[5] 中文书刊名称汉语拼音拼写法：GB 3259—92[S]. 全国文献工作标准化技术委员会，1992.

[6] 贵州省民族语文指导委员会研究室，中国科学院少数民族语言调查第二工作队 . 侗汉简明词典
（初稿）[M]. 贵阳：贵州民族出版社，1959.

[7] 贵州省民族语文指导委员会研究室 . 汉侗简明词典（初稿）[M]. 贵阳：贵州民族出版社，1961.

[8] 欧亨元 . 侗汉词典 [M]. 北京：民族出版社，2004.

[9] 潘永荣，石锦宏 . 侗语常用词典 [M]. 贵阳：贵州民族出版社，2008.

[10] 商务印书馆辞书研究中心 . 通用规范汉字字典 [M]. 北京：商务印书馆，2013.

[11] 中国民族语文翻译局 . 现代壮语词典 [M]. 桂林：广西民族出版社，2013.

附录1：《侗文方案（草案）》①

一、侗文方案（草案）遵照国务院批准的"关于少数民族文字方案中设计字母的五项原则"制定的，字母形式采用拉丁字母，侗语和汉语相同的语音在侗文中用和汉语拼音方案相同的字母来表示。

二、侗族标准语以侗语南部方言为基础方言，以贵州省榕江话的语音为标准音。

三、侗文共有 26 个字母，字母的次序、名称和发音如下表：

印刷体	大写	A	B	C	D	E	F	G	H	I	J	K	L	M
	小写	a	b	c	d	e	f	g	h	i	j	k	l	m
手写体	大写	*a*	*B*	*C*	*D*	*E*	*F*	*G*	*H*	*I*	*J*	*K*	*L*	*M*
	小写	*a*	*b*	*c*	*d*	*e*	*f*	*g*	*h*	*i*	*j*	*k*	*l*	*m*
名称		a	bee	cee	dee	e	eef	gee	he	i	jee	kee	eel	eem
音标对照	国际音标	a	p	ts'	t	ə	f	k	h	i	ȶ	k'	l	m
	汉语拼音方案	a	b	c	d	e	f	g	h	i	j	k	l	m
	注音字母	ㄚ	ㄅ	ㄘ	ㄉ	ㄜ	ㄈ	ㄍ	ㄏ	ㄧ	ㄐ	ㄎ	ㄌ	ㄇ
印刷体	大写	N	O	P	Q	R	S	T	U	V	W	X	Y	Z
	小写	n	o	p	q	r	s	t	u	v	w	x	y	z
手写体	大写	*N*	*O*	*P*	*Q*	*R*	*S*	*T*	*U*	*V*	*W*	*X*	*Y*	*Z*
	小写	*n*	*o*	*p*	*q*	*r*	*s*	*t*	*u*	*v*	*w*	*x*	*y*	*z*

---

① 引自：贵州省民族语文指导委员编《侗族语言文字问题科学讨论会汇刊》，内部资料，1959，第166—176 页。

续表

名称		nee	o	pee	qiu	ar	ees	tee	u	vee	wa	xi	ya	zee
音标对照	国际音标	n	o	pʻ	tʻ	ʐə	s	tʻ	u	v	w	ɕ	j	ts
	汉语拼音方案	n	o	p	q	r	s	t	u	v	w	x	y	z
	注音字母	ㄋ	ㄛ	ㄆ	ㄑ	ㄖ	ㄙ	ㄊ	ㄨ		ㄨ	ㄒ	ㄧ	ㄗ

注：① b，c，d，f，g，h，j，k，l，m，n，p，q，r，s，t，w，x，y，z 是辅音字母，a，e，i，o，u 是元音字母。辅音字母 l，p，c，s，t，x，k，h 兼做调号，字母 v 只用来表示声调。

② 为了便于记忆，字母可以分成四句来念：

a	b	c	d	e	f	g
h	i	j	k	l	m	n
o	p	q	r	s	t	
u	v	w	x	y	z	

四、侗文共有 32 个声母，其中 7 个声母（右上角有 * 号的）只用于现代汉语借词。列举如下：

b	p	m	f*	w
d	t	n	s	l
j	q	ny	x	y
g	k	ng	h	
bi-	pi-	mi-	li-	
gu-	ku-	ngu-		
zh*	ch*	sh*	r*	
z*	c*			

注：①在元音前的 bi-、pi-、mi-、li 是颚（腭）化声母，在元音前的 gu-、ku-、ngu- 是唇化声母。

②ny 读国际音标 [ɲ]，侗语的 nyac（你），nyaoh（住）都是这个声母。

例字：

bal 鱼	pap 灰色	mac 舌	fu 富（农）	wah 讲
dal 眼睛	tap 私奔	nal 厚	lav 破	sap 肩
jal 谷芒	qak 上	nyal 河	xav 晒	yav 田
gas 秋	kap 耳朵	ngox 五	haic 鞋	
bial 岩石	piap 嗜喂	maic 手	liac 舔	
guas 硬	kuaot 酒	nguedx 月份		
zhi（自）治	chi 赤（道）	shi 实（践）	ri 日（记）	
zi 自（治）	ci（动）词			

五、侗文共有 64 个韵母，其中 14 个韵母（表中右上角有 * 号的）专用于现代汉语借词。固有韵母 50 个。由元音字母（a，e，i，o，u）或元音字母加韵尾构成。可以做韵尾的元音和辅音有 i，o，u，m，n，ng，b，d，g 等。下面列出韵母表。

	-i	-o -u	-m	-n	-ng	-b	-d	-g	i-	u-
a	ai	ao	am	an	ang	ab	ad	ag	ia*	ua*
			aem	aen	aeng				ie*	ue*
e*	ei		em	en	eng	eb	ed	eg	iao*	uai*
ee		eeu	eem	een	eeng				ian*	uan*
i		iu	im	in	ing	ib	id	ig	iang*	uang*
o	oi	ou	om	on	ong	ob	od	og	iong*	uo*
u	ui	uu	um	un	ung	ub	ud	ug		u*

注：①单的写 e 和 ei，em，en，eng 等项中的主要元音 e 是短 e，实际读音和汉语拼音

方案中的 e 相同，即央元音 [ə]，双写的 ee 即 ee，eeu，eem，een，eeng 五个韵母的主要元音 ee 是长 e[e:]，比单写的短 e 读音舌位靠前偏高些。

② aem，aen，aeng 三个韵母的主要元音 ae 是短 a，实际读成介于 a 和 e 之间的 [ɐ]。

③ eb，ed，eg，ab，ad，ag 六个韵母在调号 l，p，c 的前面读短音，即 e 读短音 e[ə]，a 读短 a[ɐ]；在调号 s，t，x 的前面读长音，即 e 读长 e[e:]，a 读长 [a:]。

④ 以 i 为主要元音的韵母 i，iu，im，in，ing，ib，id，ig，在声母 j，q，ny，x，y 和在颚（腭）化声母（即带 i 的声母）后面，i 的读法和汉语拼音方案里的 i[i] 相同；在其他的情况下，字母 i 的读音舌位较低，读如国际音标的 [ɪ]。

⑤ uu 只出现在 bi-pi-mi-li- 四个颚（腭）化声母的后面，读音和 u 相同。如 biuuh 打嘟噜，piuup 吐（涎），miuuc 墨线，liuuh 滤。

例字：

al	歌	eens	选择
aiv	鸡	eengl	粥
aox	内	(ebs)	（使）弯（直）
amv	"补"衣	(beds)	八
anl	麻	(egs)	隔
angl	缸	il	一
abs	洗澡	ius	蕨菜
ads	割	kimt	开（鱼塘）
ags	各	inv	粑菜，燕子
aemc	苦（味）	ingl	臭虫
aenl	慢	dibs	截糯刀
daengv	凳子	ids	痛
(dabl)	肝	bigx	鲫鱼
adl	密	ov	叔父
(dagl)	断	oil	许多

续表

de	德	oux	米饭
eip	开	womv	阴（天）
ems	药	gonh	旋转
enl	筋	ongs	祖父
engl	猿猴	obs	（热）敷
ebl	咀巴	sods	吸
bedl	鸭子	ogs	谷子
legc	力量	ul	姑母
eel	家	uip	流
eeus	杀	biuuc	禾胎
eems	减	ums	抱
unl	扛	xiang	湘、乡
ungc	驼（背）	xiong	英（雄）
ubs	捧（水）	lu	旅（行）
udt	燃	hua	（合作）化
ugs	出	guo	（共和）国
xia	虾（米）	huai	怀（安）
tie	铁（路）	tuan	（共青）团
tiao	跳（舞）	huang	黄（平）
tian	天（安门）	jüe	决（战）

六、侗文有 9 个声调符号，分别用 9 个辅音字母加在音节的后面来表示。下面列出声调表：

调名	l 调	p 调	c 调	s 调	t 调	x 调	v 调	k 调	h 调
调值	55 ˥	35 ˩	212 ˩	323 ˩	13 ˩	31 ˩	53 ˥	453 ˥	33 ˧
调号	l	p	c	s	t	x	v	k	h

续表

调名		l调	p调	c调	s调	t调	x调	v调	k调	h调
例字	舒声调	bal（鱼）	pap（灰色）	bac（耙）	bas（姑母）	qat（轻）	miax（刀）	bav（叶子）	pak（破坏）	bah（糠）
	促声调	bedl（鸭）	sedp（七）	medc（蚂蚁）	bads（钵头）	padt（血）	bagx（白）			

七、侗文音节的结构次序是：声母—韵母—音调，有的音节缺声母。只有：韵母—声调。列表说明如下：

类型	例字	声母	韵母	声调
声母＋韵母＋声调	maoh（他）	m	ao	h
韵母＋声调	eenv（隔离）		een	v

八、侗文多音节词要连写。多音节词划分音节的方法如下：

凡用元音字母或辅音字母 n，ng，r 收尾的词后面没有调号的都是现代汉语借词；此外所有的词凡在辅音 m，n，ng，b，d，g 后面或元音后面的辅音（l，p，c，s，t，x，v，k，h）都是前一音节的调号例如：

naemxngueec	（口水，延）	应读作	naenx—ngueec
maenlnyungl	（昨天）	应读作	maenl—nyungl
wangksemp	（放心）	应读作	wangk—semp
liebcxenp	（立春）	应读作	liebc—xenp
medcdangc	（蜜蜂）	应读作	medc—dangc
lagxmiegs	（女子）	应读作	lagx—miegs
lailyagc	（美丽）	应读作	lail—yagc

九、侗文中新词术语尽可能从汉语中吸收，按照汉语拼音方案书写。汉语借词的拼音

方法如下：早期汉语借词按在侗语中的实际读音拼写并标调号，新借词完全依照汉语拼音方案中所规定的拼音规则拼写，要求新借词的词形和汉语拼音方案相同，但不标声调。在汉语普通话未普及以前，借词可以按当地汉话的语音来读。

十、侗文以词为书写单位。一个词包括两个音节以上的，把这些音节连在一起写。需要连写的音节大体有以下几种情况：

1. 不能拆开的复音词。如：

lemcleengh（蝉）　　　nyilnyais（蜈蛤子）

maxjaix（螳螂）　　　agsyangh（奇怪）

2. 作为一个整体从汉语吸收进来的复合词。例如：

jiefangjun（解放军）　　hezuoshe（合作社）　　gongchandang（共产党）

3. 重叠的词根。例如：

mungxmungx（个个）　　yancyanc（寨家）

4. 带有附加成分的复合词。例如：

jihedl（第一）　　　　lagxmiegs（女子）

yakhuhhuh（红冬冬）　　bagxaebssebs（雾白）

5. 几个独立意义的成分结合成的复合词。如：

eipnas（笑容）　　　　biingcbanx（朋友）

malbagx（白菜）　　　suicsikdinl（四脚蛇）

guanglsedl（扫地）　　　　nyagljeengx（少许）

dinlmiac（手艺）　　　　xonvdinl（回门）

xeenpdol（门闩）　　　　pedpnas（可耻）

十一、侗文中的大写字母用于以下场合：

1.专有名词，如人名、地名、机关名、团体、书篇、文件、会议等名称每一个词的头一个字母都大写。如：

Beijing（北京）　　　　Mao-Zedong（毛泽东）

2.每一句话或每一行诗的第一个词的头一个字母大写。如：

Yanc jiul mungxmungx liangp weex ongl.

（我家个个都爱劳动。）

Nyedcdouc ugs map kangp daih saos.

Yangcyangc jiuv laos gaox yanc map;

Lis mao zhuxi daiv map shijie meik,

Nyencgaeml xeds eiv taot lieeux nyincanl lail.

（太阳一出照山坡，侗家寨子好暖和；毛主席带来了新世界，侗家唱起了新山歌。）

3.题目、标语、招贴等，每一个主要词的头一个字母都大写；印刷体可以全部大写。如：

Mao Zhuxi Weenh Nyinc！或 MAO ZHUXI WEENH NYINC！

（毛主席万岁！）

4.其他特定的场合。

十二、侗文可以利用缩写的形式，缩写可以有音节缩写和字母缩写两种：

1. 音节的缩写：常用的连写，不很常用的当中加短横。如：

Minwei（民委）　　　　Gongqingtuan（共青团）　　　　Quan-zong（全总）

2. 某些特定的最常用的词或词组。字母缩写可以取词的头一个字母后面加一点，如：b.306（第 306 页）；或者取词组中每一个词的头一个字母，后面各加一点，排在一起。如：Z.R.G.(ZhonghuaRenminGongheguo. 中华人民共和国)：或者是取每一个音节的声母连在一起写，后面加一点。如：tzh.（tongzhi，同志）。此外国际通用的度量衡单位和科学术语的缩写可按国际习惯书写。如：km.（公里）c.c.（立方公分）H（氢）。

缩写不可滥用，其写法应按照词典里规定缩写的形式缩写。

十三、侗文中可以夹用阿拉伯数字 1.2.3.4.5.6.7.8.9.0；但阿拉伯数字应该和侗文字母分开书写。如：nyanl 3（第三个月）不能写作 nyanl3。当阿拉伯数字需要和侗文字母拼写的音节连写的时候，应在数字与侗文字母当中用短横隔开。如 jih-3（第三）。

十四、侗文按音节移行。就是说，在排印或书写时，行末的多音词如排写不完，必须写完前一个音节，然后再把后一个音节整个往下移写，不容许把一个音节拆开移行。移行时必须在上一行末了加一短横（-）表示词没写完；下一行的开头则不用短横。如：

Jiefang map, Gongchandang lingdao daol piatxenp, ling-dao daol jianshe shehuizhuyi.

（解放后，共产党领导我们翻身，领导我们建设社会主义。）

十五、侗文采用以下的标点符号：

1. 句号 [.] 用在陈述句的末了，表示说完了一句话。

2. 逗号 [，] 用在句子中停顿的地方。

3. 分号 [；] 用在长句子中几个相关的并列的小句子之间的停顿的地方。

4. 冒号 [：] 用在提示下文或总结上文的地方。直接引用完整的句子时，引述的句子前面也用冒号。

5. 问号 [？] 用在疑问句的末了。

6. 感叹号 [！] 用在带有情感或语气强烈的句子的末了。

7. 引号 [""] 或 [' '] 用于直接引述的语句外边；需要特别引起注意的词语也可以外加引号。引述句中又有该用引号的地方，可以在双引号内套用单引号。

8. 括号 [（）] 用在注解上文的不必读出的词句外边。

9. 破折号 [——] 用在句中，表示注解前面的话，或者表示说话的中断或转折等。

10. 省略号 [......] 用在有省略的地方或者话没有说完的句子的末了，表示有删节省略，或者说话时意有未尽。

11. 书篇号 [《》] 用在书篇题目的名称之外。

附录 2：侗文与国际音标对照表 ①

侗文字母表

A	B	C	D	E	F	G
H	I	J	K	L	M	N
O	P	Q	R	S	T	
U	V	W	X	Y	Z	

侗文声母表

侗文	b	p	m	f*	w	d	t	n	s	l
国际音标	p	ph	m	f	w	t	th	n	s	l
侗文	j	q	ny	x	y	g	k	ng	h	
国际音标	ȶ	ȶh	ȵ	ɕ	j	k	kh	ŋ	h	
侗文	bi	pi	mi	li	gu	ku	ngu	z*	c*	
国际音标	pj	phj	mj	lj	kw	khw	ŋw	ts	tsh	

说明：有 * 号的只用于汉语借词。

侗文韵母表

侗文	a	ai	ao	am	an	ang	ab	ad	ag
国际音标	a	ai	au	am	an	aŋ	ap ɐp	at ɐt	ak ɐk
侗文	ae			aem	aen	aeng			
国际音标	ɐ			ɐm	ɐn	ɐŋ			
侗文	ee		eeu	eem	een	eeng	eb	ed	eg

① 参见彭婧编著《侗语 900 句》，世界图书出版社广东有限公司，2023，第 219—220 页。

续表

	e		eu	em	en	eŋ	ep əp	et ət	ek ək
国际音标	e		eu	em	en	eŋ	ep əp	et ət	ek ək
侗文	e	ei		em	en	eng			
国际音标	ə	əi		əm	ən	əŋ			
侗文	i	ii	iu	im	in	ing	ib	id	ig
国际音标	ɪ	i	ɪu	ɪm	ɪn	ɪŋ	ɪp	ɪt	ɪŋ
侗文	o	oi	ou	om	on	ong	ob	od	og
国际音标	o	oi	əu	om	on	oŋ	op	ot	ok
侗文	u	ui	uu	um	un	ung	ub	ud	ug
国际音标	u	ui	u	um	un	uŋ	up	ut	uk

说明：北部侗语 –g 韵尾一般不发音。南部侗语一般要发音。

侗文声调表

调号		l	p	c	s	t	x	v	k	h
调值		55	35	22	33	13	31	53	453	44
例字	舒声调	bal	bap	bac	nas	biat	bax	bav	yak	bah
		腿	灰	耙	脸	翻	蝗虫	叶	红	糠
	促声调	bedl	sedp	medc	beds	padt	bagx			
		鸭	七	蚁	八	血	白			

附录 3：《侗文正词法基本规则》^①

1 范围

本规则明确了用《侗文方案（草案）》书写现代侗语的规则。内容包括字母拼写和符号使用两大部分。具体包括分词连写、人名地名拼写、外来词、大写、标调、移行、标点符号等。为了适应特殊的需要，同时规定了一些变通规则。

本规则适用于侗语教学、编辑出版、信息处理或其他方面应用。

2 参考和引用的标准及规范文件

《侗文方案（草案）》（1958 年 10 月，中央民族事务委员会批准试验推行）

《关于讨论壮文方案和少数民族文字方案中设计字母的几项原则》（1957 年 12 月 10 日，国务院第 63 次会议通过）

《汉语拼音正词法基本规则》（GB/T 16159—2012）（2013 年 6 月 29 日，国家质量监督检验检疫总局、中国国家标准化管理委员会发布）

《信息处理用现代汉语分词规范》（GB/T 13715—1992）（1993 年 10 月 4 日，国家技术监督局发布）

《中国盲文》（GB/T 15720—2008）（2008 年 9 月 19 日，国家质量监督检验检疫总局、中国国家标准化管理委员会发布）

---

① 该基本规则系笔者根据《侗文方案（草案）》中的相关规定，并参照《关于讨论壮文方案和少数民族文字方案中设计字母的几项原则》、《汉语拼音正词法基本规则》（GB/T 16159—2012）、《信息处理用现代汉语分词规范》（GB/T 13715—1992）、《信息处理用现代汉语分词规范》（GB/T 13715—1992）、《中国盲文》等文件资料，自行整理而成，非官方发布。

3 术语和定义

下列术语和定义适用于本文件。

3.1 词

语言里最小的、可以独立运用的单位。

3.2 侗文方案

书写侗语的文字方案，1958 年 10 月，中央民族事务委员会批准试验推行。方案采用拉丁字母，是帮助学习侗族文字和推广侗族语言文化的工具。

3.3 侗文正词法

侗文的拼写规范及书写规则。

4 制定原则

4.1 本规则是以《侗文方案（草案）》《关于少数民族文字方案中设计字母的几项原则》《汉语拼音正词法基本规则》《信息处理用现代汉语分词规范》为基本参照。

4.2 以侗语的词为基本书写单位，适当考虑语音、语义、语感等因素，同时兼顾词形长短适度。

4.3 按语法词类分节规定分词连写规则。

4.4 分词书写单位要方便识读和书写。

4.5 正词法规则要简明、容易操作。

5 总 则

5.1 拼写侗语基本上以词为书写单位。例如：

wap（花）	jil（吃）	lail（好）	yaoc（我）
ngox（五）	nenl（个）	xiv（很）	yuc（条）
dongc（和）	dos（从）	lis（的）	fax（哗）
woxmeel（认识）		ouxjos（糯米）	
suillail（最好）		xixyisjis（洗衣机）	

5.2 表示一个整体概念的双音节和三音节结构，连写。例如：

malbax（白菜）

lisnuv（看见）

yancmeik（新家）

dinlmiac（手艺）

nyangtdaoc（巴芒草）

liongcjilnaemx（虹）

doivgueecxuh（对不起）

livyongpyeenp（双胞胎）

5.3 四音节及四音节以上表示一个整体概念的名称，按词或语节（词语内部由语音停顿而划分成的片段）分写，不能按词划分的，全部连写。例如：

kebpjil davmenl（月食）

laxsaox qakyanc（上门郎）

mangxlis mangxxeiv（胡说八道）

xanghgungc xanghlail（多多益善）

5.4 单音节词重叠时，连写；双音节词重叠时，分写。例如：

bulbul（个个）

meixmeix（件件）

nuvnuv（看看）

wanpwanp（慢慢）

yakyak（红红）

daovdaov（次次）

yancyanc（家家）

bapbut bapbut（灰白灰白）

重叠并列即 AABB 式结构，连写。例如：

laillailheekheek（好好坏坏）

leicleicnivniv（大大小小）

jakjakluihluih（上上下下）

bailbailxonvxonv(来来回回)

benlbenlanlanl（日日夜夜）

sinpsinpwanhwanh（千千万万）

含否定词的重叠结构，连写。例如：

xivgueecxiv（是不是）

lailgueeclail（好不好）

bailgueecbail（去不去）

yuvgueecyuv（要不要）

5.5 单音节前附成分，如 jup（初）、gaos（时间）、lax（小）、laox（老）、oc（地点）等，或单音节后附成分，如 sis（人）等，与其他词语，连写。例如：

jupsamp（初三）

jupngox（初五）

gaoswenll（中午）

gaosnyemv（晚上）

laxuns（小孩）

laxmuk（猪崽）

laoxwanl（男人）

laoxwangc（老吴）

ocaih（这里）   ocyodp（学校）

longlsis（聋子）   ngaxsis（傻子）

biamhsis（怂人）   nouvsis（吝啬鬼）

5.6 为了便于阅读和理解，某些并列的词、语素之间或某些缩略语当中可用连接号。例如：

yac-samp benl（两三天）   xis ngox-liogc nyinc（十五六岁）

zongs-xiaox xoc（中小学）   xal-yongc gaossuc（厦蓉高速）

6 基本规则

6.1 分词连写规则

6.1.1 名词

6.1.1.1 名词后面接方位词，分写。例如：

us meix（树上）   dees jiuc（桥下）   aox nyal（河里）

dool wanvwanh（门外面）   bieenl genp（路边）

6.1.1.2 名词与方位词已经成词的，连写。例如：

ulmenl（天上）   deesdih（地下）

banvmenl（空中）   naldool（门外）

6.1.2 动词

6.1.2.1 动词与后面的动态助词"dos""genp""lieeux""dah"，连写。例如：

suivdos（坐着）   deillieeux（死了）

baildah（去过）   jilgenp（吃完）

6.1.2.2 句末的"lieeux""genp"兼做语气助词时，分写。例如：

Maoh bail genp!（他走了！）

Dous aiv naih yaoc dos oux genp.（这些鸡我喂了。）

Bens leec naih yaoc nuv genp lieeux.（这本书我看完了。）

6.1.2.3 动词与所带的宾语，分写；单字动词和单字宾语，连写。例如：

jil ouxnyemv（吃晚饭）   savdus（洗衣）   dongloux（煮饭）

deev bavseeul（砍芭蕉）   nuvleec（看书）   xassiih（写字）

动宾式合成词中间插入其他成分的，分写。例如：

sins dah il laov bieml（理过两次发）

jil genp samp biingc（喝了三瓶）

6.1.2.4 动词（或形容词）后面的补语是单音节，连写；补语是多音节，分写。例如：

jiljangv（吃饱）　　　　　　　sinsdav（剪断）

guangxil（多点）　　　　　　　lixlail（整好）

jeenx usbail（跑出去）　　　　benx laocmap（飞进来）

6.1.3 形容词

6.1.3.1 单字形容词与用来表示形容词生动形式的前附成分或后附成分，连写。例如：

guanglyeblyebl（亮晶晶）　　　bapbapguangl（蒙蒙亮）

nalnoknok（厚墩墩）　　　　　nemlmeeupmeeup（黑漆漆）

semtbieivbieiv（酸唧唧）

6.1.3.2 单字形容词与后面表示程度的"il"（些、点），连写；其他分写。例如：

nivil（小些）　　　　　　　　demk il（矮了点）

wanpnyit il（开心点）　　　　benxwenk il（本分点）

6.1.4 代词

6.1.4.1 代词 yaoc、maoh 等与后面的单字名词，连写；其他分写。例如：

yaocmas（我妈妈）　　　　　　nyacyanc（你家）

maoheep（他们自己）　　　　　nyac saxal（你自己）

6.1.4.2 指示代词 aih（这）、gav（那），疑问代词 oup（哪）、noup（哪）与后面的单字名词或单字量词，连写；名词或量词是双字时，分写。例如：

ilnaih（这点）　　　　　　　　mangvgav（那边）

gangsgav（那时）　　　　　　　bulnaih（这般）

bulnyenc aih（这个人）　　　　aivseit gav（那只母鸡）

6.1.5 数词和量词

6.1.5.1 数字一般用侗语拼音拼写，需要用阿拉伯数字的，则保留阿拉伯数字写法。例如：

xisngox nenl（15 个）　　　　　xebc nyinc（十年）

2018 nyinc（2018 年）　　　　　717 kevjis（717 客机）

6.1.5.2 十一到九十九之间的整数，连写。例如：

xisnyih（十二）　　　　　　　sampxis（三十）

ngoxxisngox（五十五）　　　　jusxisjus（九十九）

6.1.5.3 beds（百）、sinp（千）、wanh（万）、yil（亿）与前面的个位数，连写。wanh（万）、yil（亿）与前面的数词"十"，连写；与前面十位以上的数，则分写。例如：

jussinp（九千）

xisbeds wanh（十八万）

yacbeds jusxisliogc wanh linc yacbeds jusxislamp（二百九十六万零二百九十三）

liogcxisjus yil bedssinp yacbeds bedsxis wanh（六十九亿八千二百八十万）

6.1.5.4 数词与前面表示序号的"第"中间，加连接号。例如：

dil-yic（第一）　　　　　　　dil-sicbac（第十八）

数词（限于"一"至"十"）与前面表示序数的"初"，连写。例如：

jupsamp（初三）　　　　　　　jupxebl（初十）

6.1.5.5 代表月日的数词，与"月""日"分写。代表特殊时间，中间加连接号。例如：

wux haol（五号）　　　　　　　samp wedx（三月）

bas-yis（八一）　　　　　　　qis-qis（七·七）

6.1.5.6 单字数词与量词，连写；其他则分写。例如：

ilwul（一个）　　　　　　　　yacmuv（两口）

il luix wanv oux（一碗半饭）　sivjenl nanx（四斤肉）

数词、量词与表示约数的 jongc（多）、bax（来）、jis（几），连写。例如：

wanhbax guaik sinc（万来块钱）　jiswenp sinc（几分钱）

xebljongc bul enc（十多个人）　jisbenl ongl（几天工夫）

xis jis（十几）、jis xis（几十）连写。例如：

xisjis bul enc（十几个人）　　jisxis loc aiv（几十只鸡）

两个邻近的数字或表位数的单位并列表示约数，中间加连接号。例如：

yac-samp benl（两三天）　　　ngox-liogc nenl（六七个）

sinp-beds nyinc（千百年）

量词重叠表"每一"时，连写。例如：

bulbul enc（个个人）   meixmeix dus（件件衣服）

复合量词内各并列成分，连写。例如：

dunsgongslix（吨公里）   mieeuxlicfangsmix（秒立方米）

6.1.6 副词

副词和后面的词都是单音节时，连写；其他则分写。例如：

taikdux（太丑）   saivmap（再来）

haokxiv（都是）   eishangc（不肯）

yangh xeiv lis（这么能讲）   gueec lail yeenp（不怎么好）

6.1.7 介词

介词与后面的词都是单音节时，连写；其他则分写。例如：

nyaohyanc（在家）   wihnyac（为了你）

nyaoh xixlenc（在后面）   dah ulmenl map（从天上来）

dangl dos jus wedx（生在九月）   lianc nyac luh gueec senk（连你都不信）

6.1.8 连词

连词与其他词语，分写。例如：

yaoc nyimp nyac（我和你）   il wenl yuh wenl（一天又一天）

yuv dangl yuv banp（又香又甜）   Bail haip xiv gueec bail?（去还是不去？）

Yuv xiv nyac gueec liangp hop,xuh semp il seiv.（要是你不想学，就早点说。）

6.1.9 助词

6.1.9.1 结构助词和前面的单音节词，连写；其他则分写。例如：

yaoclis leec（我的书）   yonghlis（用的）

xitlis（值得）   wanpwanp lis bail（慢慢的去）

Jaol yuv laillail lis dosleec.（我们要好好的读书。）

6.1.9.2 语气助词 ah（啊）、nak（啦）、lax（啦）、yangx（啦）、lox（啰）、gop（吧）、map（嘛）等与其他词语，分写。例如：

Lail map（好啊！）

Weik bail lax!（快走啦！）

Beex ngees genp gop!（就别再哭啰！）

Songx gop gueec map genp gox?（估计不来了吧？）

Nyac yeex nyaoh aih ah?（你也在这里啊？）

6.1.9.3 动态助词 dos（着）、genp（了）、lieeux（了）、yangx（了）、dah（过）和前面的单音节词，连写；其他则分写。例如：

jilgenp（吃了）   xonvbail genp（回去了）

nuvdos（看着）   baildah yacdaov（去过两次）

6.1.10 叹词

叹词与其他词语，分写。例如：

Haix!weex jaoh genp!（唉！弄错了！）

Hengx,yaoc gueecyuv genp!（哼，我不要了！）

Eil! nongc haip meex yangc map xiv?（噫！怎么还没来？）

Ens, yaoc wox genp.（嗯，我知道了。）

6.1.11 拟声词

拟声词与其他词语，分写。例如：

gol haxhax（笑哈哈）   map nemx faxfax（来水哗哗）

gongtbias deenxdeenx（打雷蹦蹦）   songk paok bungxbungx（放炮噼噼）

guap gouk wangv wangv（狗叫汪汪）

6.1.12 成语和熟语

6.1.12.1 四字成语可分为两个双字词的，中间加连接号；不能分为两个双字词的，则连写。例如：

daemx gaos-lioc kap（蒙头掩耳）   xis bax-sih neml（白纸黑字）

dengv menl-mas dih（昏天黑地）   dieens daov-dieens naox（颠三倒四）

6.1.12.2 非四字成语和其他熟语，按词分写。例如：

Ouxliagp nanc xenc donc.（冷饭捏不成团。喻：破镜不能重圆）

Aivlaox enl weep.（大种公鸡叫得迟。喻：大器晚成）

Diuv gueec lic dac.（秤不离砣。喻：不可分开）

6.2 人名地名拼写规则

6.2.1 人名拼写

6.2.1.1 姓和名分写，姓在前，名在后。复姓连写，双姓中间加连接号。姓和名的首字母分别大写。双姓两个字的首字母都大写。笔名、别名等，按姓名写法处理。例如：

Wuc Yeenl（吴燕）　　　　　Lix Xiaoxmingc（李小明）

Ngousyangc Meixyul（欧阳美玉）　Taoc-Lix Lincfangs（陶李琳芳）

6.2.1.2 人名与职务、称呼等，分写；职务、称呼首字母小写。例如：

Wangc xeenlsangx（王县长）　　Longc laoxsis（龙老师）

Jangs xieenssengs（姜先生）　　Sus jiex（苏姐）

Xiulbos jul（秀波叔叔）　　　　Yangc asyic（杨阿姨）

6.2.1.3 已经专名化的称呼，连写，首字母大写。例如：

Wucmieenx（吴勉）　　　　　Saxbias（雷婆）

Buxguanl（卜贯）　　　　　　Zusbacgail（猪八戒）

6.2.1.4 bux（父亲）、neix（母亲）、gongs（爷爷）、sax（奶奶）等与后面的姓名，分写，分写部分的首字母分别大写。例如：

Bux Yeenl（燕的父亲）　　　　Gongs Jenx（锦的爷爷）

Neix Yeenl（燕的母亲）　　　　Sax Jenx（锦的奶奶）

6.2.1.5 aox（阿）、laox（老）等与后面的姓、名、排行，分写，分写部分的首字母分别大写。例如：

Aox Kons（阿宽）　　　　　　Laox Wux（老五）

6.2.1.6 外语人名，按照汉语读音用侗文拼写，书写原则参照一般姓名书写原则。例如：

Jaocdans（乔丹）

6.2.2 地名拼写

6.2.2.1 侗语地名中的单音节地名，首字母大写。例如：

Guanv（贯洞）　　　　Wos（车江）　　　　Saov（肇兴）

Loc（洛香）　　　　　　　　Biix（皮林）　　　　　　　　Maoc（茅贡）

6.2.2.2 侗语地名双音节及以上地名，不再区分专通名，各音节连写，首字母大写。例如：

Ocnamv（南明）　　　　Guismieenl（归面）　　　　Gaosbial（高坝）

Guvxul（贵州）　　　　　Jencguangs（岑光）　　　　Xaihwangc（锦屏）

Miiuhwangcsongt（王冲庙）

6.2.2.3 行政区划分单位通名，如 sengx（省）、silsilqis（自治区）、silsilzous（自治州）、sil（市）、yeenl（县）、silsilyeenl（自治县）、yangp（乡）、minccucyangp（民族乡）、cuns（村）等，与地域专名分开写，各首字母大写。例如：

Guilzous Sengx（贵州省）

Jenxbingc Yeenl（锦屏县）

Jeenlhoc Yeenl gemlxah Cuns（剑河县谢寨村）

Qeencdongsnanc Miiulgeml Silsilzous（黔东南苗族侗族自治州）

6.2.2.4 汉语地名专名和通名，分写，各部分首字母大写。已专名化的不再区分专名和通名，各音节连写。例如：

Beecjens（北京）　　　　　Xaoxgaos Sans（小高山）

Cangcjangs（长江）　　　　Qingssuixjangs（清水江）

Ngailkangs Yisyuanl（爱康医院）

6.2.2.5 外语地名，按汉语读音用侗文拼写，后面加括号注明原文拼写。例如：

Dongsjens（Tokyo）　　　Yenldul（India）　　　　Lencdens（London）

6.3　大写规则

6.3.1 句子开头的字母大写。例如：

Juc genp naih bens lail jamt.（这条路真好走。）

6.3.2 专有名词的首字母大写。例如：

Beixjings（北京）　　　　Gueecqingl（清明）　　　　Bulyiszuc（布依族）

由几个词组成的专有名词，每个词的首字母大写。例如：

Xinshuac Susdieenl（新华书店）　　　Tieeclul Yisyuanl（铁路医院）

Rencminc Rilbaol（人民日报）　　　　Minczuc Cusbanxseel（民族出版社）

在标题、标语、招贴等特殊场合，专有名词的所有字母可全部大写。例如：

BEIXJINGS（北京）　　　　　　ZHANGQIANGC（郑强）

6.3.2 专有名词与普通名词成分连写在一起的，是专有名词或视为专有名词的，首字母大写。

Sungpgeml（侗语）　　　　　　Allaox（侗族大歌）

Xaihmiiul（苗乡）　　　　　　Guangxdongssungp（广东话）

6.4 缩写规则

6.4.1 连写的拼写单位（多音节或连写的表示一个整体概念的结构），缩写时取每个汉字拼音的首字母，大写并连写。例如：

Beixjings（缩写：BJ）（北京）　　Gaostieep（缩写：GT）（高铁）

6.4.2 分写的拼写单位（按词或语节分写的表示一个整体概念的结构），缩写时以词或语节为单位取首字母，大写并连写。例如：

Guocjias biaoszhunx（缩写：GB）（国家标准）

Zhongshuac Rencminc gonglhecguoc（缩写：ZRG）（中华人民共和国）

6.4.3 为了给汉语拼音的缩写形式做出标记，可在每个大写字母后加原点。例如：

Beixjings（北京）（也可缩写：B.J.）　　　　Gaostieep（高铁）（也可缩写：G.T.）

6.4.4 人名的缩写，姓全写，首字母或每个字母大写；名取每个拼音的首字母，大写，后面加小圆点。例如：

Yangc Qings（缩写：Yangc Q. 或 YANGC Q.）（杨青）

Lix Jianlguoc（缩写：Lix J.G. 或 LIX J.G.）（李建国）

6.4.5 字母缩写可取词的头一个字母后面加一点，例如：

第 306 页（缩写：b.306）

6.4.6 国际通用的科学术语和单位的缩写可按国际习惯书写。例如：

BC（公元前）　　　IS（冰岛）　　　CD（激光唱片）　　　　km/h（千米每小时）

6.5 标调规则

6.5.1 声调用辅音字母表示，缀在韵母末尾。例如：

nas（脸）　　　　　　suiv（坐）

283

bavmeix（树叶）　　dov mienl（下雨）

6.5.2 新词和外来词一律用对应的侗语声调标示。例如：

faszanx（发展）　　　　　　guocjias（国家）

dieenlsil（电视）　　　　　　zenglnengcliangl（正能量）

6.5.3 人名、地名和专名，可以不标声调。例如：

Beijing（北京）　　　　　　Guizou（贵州）

6.6 移行规则

6.6.1 移行按音节拆分，在没有写完的地方加连接号。例如

bavdeeux（蝴蝶）移作"……bav-

deeux"（蝴蝶）

不能移作"……b-

avdeeux"（蝴蝶）

缩写词（如字母缩写，人名的缩写部分）不可移行。例如：

Jangs Y.F.（姜映芳）移作"……Jangs-

Y.F."（姜映芳）

不能移作"……Jangs Y.-

F."（姜映芳）

6.6.2 在有连接号处移行时，末尾保留连接号，下行开头补加连接号。例如：

yac-samp benl（两三天）移作"……yac-

-samp benl"（两三天）

6.7 标点符号规则

侗语标点符号一律使用半角标点符号，标点符号后面空一个字符。

6.7.1 句号 [.] 用在陈述句的结尾处，表示说完了一句话。

6.7.2 逗号 [,] 用在句子中停顿的地方。

6.7.3 分号 [;] 用在长句子中几个相关的并列的小句子之间停顿的地方。

6.7.4 冒号 [:] 用在提示下文或总结上文的地方。直接引用完整的句子时，引述的句子前面也用冒号。

6.7.5 问号 [?] 用在疑问句的结尾处。

6.7.6 感叹号 [!] 用在带有情感或语气强烈的句子结尾处。

6.7.7 引号 [" "][' '] 用于直接引述的语句外边，需要特别引起注意的词语也可以外加引号。引述句中又有该用引号的地方，可以在双引号内套用单引号。

6.7.8 括号 [( )] 标示语段中的注释内容、补充说明或其他特定意义的语句。

6.7.9 破折号 [——] 用在句中，表示注解前面的话，或者表示说话的中断或转折。

6.7.10 省略号 [……] 用在有省略的地方或者话没有说完的句子结尾处，表示有删节省略，或者说话时意有未尽。

6.7.11 书名号 [《 》][〈 〉] 标示语段中出现的各种作品的名称。

6.8 变通规则

6.8.1 为便于侗语信息处理，表示整体概念的多音节结构，可全部连写。例如：

siljeelfeiswuczicwencfalyiccanx（世界非物质文化遗产）

附录4：《侗文规范词表》（第一批） ①

序号	汉语	规范侗文	四本词典侗文情况②
1	艾草	ngaih	ngaih①、baengx②、ngaih③、ngaih④
2	爱好	xogp	xogp①、xogp②、xogp③、xogp④
3	安慰	xoik	xoik①、anwei②、saossais②、xoik③、xoik sais④
4	按	jaeml	jaemh①、jaemh②、an②、jaemh③、jaems③、nyaenx④
5	熬	ngaoc	ngaoc①、ngaoc②、dungl②、ngaoc③、sinl③、ngaoc④
6	八	beds	beds①、bebs②、beds③、beds④
7	扒	bads	bac①、bac②、bads③、mads④
8	芭蕉	biags	biags①、meixbiags②、naenlbiags②、meix biags③、biags④
9	粑粑	siic	oux sic①、sic②、siic③、oux siic④
10	把	bags	madc①、nyaeml②、bags②、deic②、nyuit②、jangv②、daems②、bas③、biingv③、bags④
11	白菜	malbagx	malbagx①、malbagx②、mal bagx④
12	白蜡	labx bagx	labx bagx①、labxbagx②、labx bagx③、labx bagx④
13	白生生	bagxsinghsingh	bagxsinghsingh①、bagxsinghsingh②、bagx singh singh③、bagx singh singh④
14	白糖	dangc bagx	dangc bagx①、dangc bagx②、dangc gol bagx③、dangc bagx④
15	白天	gaosmaenl	aenlmaenl①、gaosmaenl②、gaos maenl③、gaos wenl③、aenl maenl③、aenl maenl④

---

① 该规范词表系笔者以《侗汉简明词典（初稿）》《汉侗简明词典（初稿）》《侗汉词典》《侗汉常用词典》等词典为资料来源，自行整理而成，其中"规范侗文"部分为笔者个人建议，非官方发布。

② 注：右上角①表示来源于《侗汉简明词典（初稿）》，②来源于《汉侗简明词典（初稿）》，③来源于《侗汉词典》，④来源于《侗汉常用词典》。

续表

序号	汉语	规范侗文	四本词典侗文情况
16	百	begs	begs①、begs②、begs③、begs④
17	柏树	meixpagtnot	meixpagtnot①、meix pagt not②、meix songcbegs②、xongc begc③、pagt not④
18	摆动	baenv piut	piut①、bongh beengh②、baenv piut②、yingh②、baix③、baenv④
19	摆设	pait	baix①、pait②、baix③、baix④
20	拜	baiv	baiv①、baiv②、baiv③、baiv④
21	拜年	baivnyinc	baivnyinc①、baivnyinc②、baiv nyinc③、baiv nyinc④
22	斑点	dimv	dimv①、dimv②、jims②、dimv③、dimv④、jims④
23	斑竹	baenljaenl	baenljaenl①、baenleenv②、baenl jaenl③、baenl jaenl④
24	搬运	bonc	bonc①、bonc②、banyun②、wenh②、bonc③、wonc③、bonc④、bonh④、wenh④
25	板壁	xeemh	xeemh①、kaik②、xeemh②、xeemh③、kaik③、qaik③、xeemh④
26	办	beenh	beenh①、beenh②、ban②、bans③、beenh③、beenh④
27	半	banv	banv①、banv②、mangv②、mangh②、jodx②、banv③、mangv③、banv④
28	半途	banvbuh	banvbuh①、banvkuenp②、banv buh③、banv buh④
29	拌	bonl	bonl①、nyaml②、bonl③、bonl④
30	瓣儿	xeemv	xeemk①、xeemv②、senv②、teik②、menx③、xeemk③、xeemk④
31	帮助	bangl	banglbus①、bangl②、daengh③、daengh③、bangl④
32	蚌	bongh	bongh①、bongh②、eengv②、bongh③、bongh④
33	傍晚	jodxnyaemv	jodxnyaemv①、jodxnyaemv②、labpmenl②、yams③、gaos nyaemv④
34	包	beeul	beeul①、beeul②、dugs②、baol③、beeul④
35	苞谷	ouxxul	ouxxul①、ouxxul②、wangjiv②、oux xul③、oux xul④
36	饱	jaengv	jaengv①、jaengv②、jangv③、jaengv③、jaengv④
37	抱	ums	ums①、ums②、kubt②、ap③、kubt④
38	刨子	toip	toip①、toip②、toip③、toip④
39	豹子	memxbeeuv	memxbeeuv①、beeuv②、beeuv③、beeuv④

续表

序号	汉语	规范侗文	四本词典侗文情况
40	杯	bil	bil①、bil②、jeens②、bil③、daenl③、bil④
41	碑	bih	bih①、bialbil②、bis②、bih③、biil③、bil④、bih④
42	北	bagl	bagl①、bagl②、bagl③、bagl④
43	北斗星	xedlgous	xedlgous①、beidouxing②、xedl gous③、xedl gous④
44	北方	baglwangp	baglwangp①、baglwangp②、bagl wangl③
45	背（bēi）	aemv	aemv①、aemv②、amv③、aemv④
46	背（bèi）	boih	boih①、boih②、boih③、boiv③、laic④
47	背面	mangv liaemt	liaemt①、mangv liaemt②、liul③、liaemt④
48	被子	dans、yangh	dans①、dans②、yangh②、dans③、yangh③、dans④
49	奔	dingh	dingh①、wip②、dingh②、jaengh②、dingh③、dingh④
50	本事	benssih	benssih①、benssih②、bens sih③、ags④
51	崩	baengl	baengl①、baengl②、bangl③、baengl③、baengl④
52	逼	biic	yabc①、biic②、ebs②、biigs②、biees③、yaenx④
53	逼迫	biic	biic①、yacbiic②、bipo②、ebs②、bieec③、biic④、ebs④
54	荸荠	sudx	sudx①、sudx②、sudx③、sudx④
55	鼻涕	mugx	mugx①、mugx②、mugx③、mugx④
56	鼻子	naengl	naengl①、naengl②、nangl③、naengl③、naengl④
57	比	biix	bis①、biix②、bis③、biis③、biix③、biix④
58	笔	biedl	biedl①、biedl②、biedl③、biedl④
59	笔墨	biedlmagc	biedlmagc①、biedl magc②、biedl magc③、biedl magc④
60	闭	nyabp、biiv	nyabp①、nyabp②、biiv③、biiv③、nyabp④、biiv④
61	边	mangv	geel①、mangv②、bangv③、mangv④
62	边沿	biinl	biinl①、geel②、biinl②、bieenl②、biinl③、bienv④、biinl④、mieengv④
63	编	sanp	sanp①、bians②、sanp②、sanp③、xigl③、daems④
64	蝙蝠	oc	oc①、oc②、yeehyuc②、oc③、oc④

续表

序号	汉语	规范侗文	四本词典侗文情况
65	鞭打	biagl	biagl[1]、biagl[2]、biagl[3]、biagl[4]、biedl[4]
66	鞭炮	peeukbiads	peeukbiads[1]、peeukbiads[2]、peeuk biads[3]、paok biedx[3]、peeuk biads[4]
67	变	biinv	biinv[1]、biinv[2]、bieenv[3]、biinv[3]、biinv[4]
68	变心	biinv sais	piatsais[1]、biinv sais[2]、bieenv sais[3]、biinv sais[4]、piat sais[4]
69	变样	biinv yangh	biinv yangh[1]、biinv yangh[2]、biinv yangh[3]、biinv yangh[4]、taot yangh[4]
70	憋	yaens	yaens[1]、yaens[2]、biees[3]、yaens[4]
71	别人	eep	eep[1]、jenl[2]、eep、banx[2]、mungxxingh、duih[3]、eep[3]、eep[4]
72	瘪	wabp	wabp[1]、webp[2]、biees[2]、biees[3]、wabp[4]
73	冰	angv	angv[1]、lengh[2]、angv[2]、ouv[3]、angv[3]、lengh[4]
74	冰雹	ux	ux[1]、ux[2]、ux[3]、nil biongh[3]、ux[4]
75	兵	yongx	yongx[1]、bing[2]、yongx[2]、bienl[3]、yongx[4]
76	病	biingh、ids	ids[1]、biingh[2]、ids[2]、gids[3]、ids[3]、biingh[4]
77	剥	bogs	moil[1]、bogs[2]、moil[2]、bogs[3]、bogs[4]
78	播种	doglxongs	bianh gas[1]、doglxongs[2]、daic[3]、dogl xongs[3]、dal baenl[4]、dogl baenl[4]
79	伯父	buxlaox、bux mags	buxlaox[1]、buxlaox[2]、buxmags[2]、bux laox[3]、jas laox[3]、bux mags[3]、bux mags[4]
80	簸	waenk	waenk[1]、waenk[2]、waenk[3]、waenk[4]
81	簸箕	longs	longs[1]、longs[2]、lengt[3]、longs[3]、longs[4]
82	补	amv	bogl[1]、amv[2]、bus[2]、anv[3]、amv[3]、jibs[4]、bogl[4]
83	布	yal	yal[1]、yal[2]、jal[3]、yal[3]、miinc[4]、yal[4]
84	步	buh	buh[1]、jangs[2]、buh[2]、buh[3]、jangs[4]
85	才	gobs	habs[1]、cai[2]、gobs[3]、saic[3]、xah[4]、xih[4]、gobs[4]
86	财产	eelseic	eeljiv[1]、eelseic[2]、saic[3]、seic[3]、eel jil[4]

续表

序号	汉语	规范侗文	四本词典侗文情况
87	裁	liagx	liagx①、liagx②、dadl②、liagx③、liagx④
88	采	daenl	daenl①、cai②、bul②、yagl②、bul③、bul④、daenl④
89	踩	xait	liaenh①、xais②、dabx②、beeml③、xait④、yaemc④
90	菜	mal	mal①、mal②、mal③、mal④
91	菜油	yucmal	yuc mal①、caiyou②、yucmal②、yuc saiv③、yuc mal③、yuc mal④
92	苍蝇	miungxbav	miungxbav①、miungxbav②、miungx②、miungx bav③、miungx④
93	操心	budxlongc、saopsemp	budxlongc①、soucsemp②、saolsenl②、budx longc③、saop senp③、souc semp③、budx longc④
94	嘈杂	nyaoc	haemxhaemx①、nanl②、qaox②、xaenc②、nyaoc③、nyaol kap③、nyoc nyoc④
95	草	nyangt	nyangt①、nyangt②、nyangt③、nyangt④
96	草坪	biingcnyangt	biingc nyangt①、biingcnyangt②、biingc nyangt③、biingc nyangt④
97	草鞋	jags	jags①、jags②、jags③、jags④
98	厕所	dingc eex、maoc sip	dingc eex①、cesuo②、dingceex②、xangveex②、maoc sip③、dingc eex③、dingc④
99	曾祖母	sax mangh	saxmangh①、saxmangh②、sax mangh③
100	插	laemp、nyagc	laemp①、xebs②、nyagc②、laemp③、saemx④、nyagc④、xebt④
101	茶	xeec	xeec①、xeec②、xeec③、xic③、xeec④
102	差错	sagt	sagt①、chacuo②、longplouh②、sagt③、sagt④、xap④
103	拆	lidx	lidx①、lidx②、lidx③、libx③、lidx④
104	拆毁	lidx waih	lidx waih①、lidxwaih②、lidx waih③、wangk④
105	柴	jedl	jedl①、jedl②、jedl③、jidl③、jedl④
106	馋	ngah	ngah①、ngah②、yags②、ngah③、yags④
107	蝉	lemcleengh	lemcleengh①、lemcleengh②、lemc leengh③、lemc leengh④
108	铲	gods	kedt①、xeent②、gods②、gods③、jods④
109	铲除/铲子	xeent	xeent①、chanchu②、kat②、xic③、xeent④

续表

序号	汉语	规范侗文	四本词典侗文情况
110	颤动	danc	madp①、danc②、madp②、danc③、padp④
111	肠子	sais	sais①、sais②、sais③、hais③、sais④
112	敞开	tangk	tangk①、langt②、tangk③、tangk④
113	唱	qangk	qangk①、qangk②、dos②、xangv②、qangk③、xangk③、qangk④
114	唱歌	dos al、qangk al	dos al①、qangk al②、dos al②、xangv al③、dos al④
115	超过	dah	dah①、chaoguo②、dah②、louk dahwul②、dah③、louk④、banh④
116	巢	gungl、dous	gungl①、gungl②、dous②、dous③、gungl④
117	朝廷	xeeuc xongl	xeeucxongl①、xeeuc xongl②、xeeucjingc②、xeeuc③、xeeuc④
118	潮湿	naemh	naemh①、naemh②、naemh③、naemh④
119	吵闹	qaox	xaoc①、chaonao②、qaox②、naenv②、qaot③、gaox③、mianh mianh④
120	辰	xenc	xenc①、xenc②、xenc③、xenc④
121	沉淀	denh	xaengh①、yaemldingv②、dogldingv②、xengh②、xongh deix③、denh④
122	撑	xeengp	xeengp①、xeengk②、xeengp②、xeengp②、xeengv③、xeengp④
123	成千上万	gaossinp gaosweenh	gaossinp-gaosweenh①、gaossinpgaosweenh②、gaos sinp gaos weenh③、gaos sinp gaos weenh④
124	城	xingc	xingc①、xingc②、xingc③、xenc③、xingc④
125	秤	guiuv	guiuv①、guiuv②、guiuv③、diuv③、guiuv④
126	吃	janl、jil	janl①、jil②、janl②、jil③、janl③、jeel③、janl④
127	池塘	daeml	daeml①、daeml②、dangc②、dangcxic②、daeml③、dangc③、daeml④
128	尺	xigt	xigt①、xigt②、xigt③、xigs③、xigt④
129	翅膀	bav	bav①、bav②、bav③、bav④
130	春	sagt	sagt①、sagt②、sagt③、sagt④
131	虫	nuic	nuic①、nuic②、emh③、nuic③、nic③、nuic④
132	抽打	biagl	sads①、biagl②、sads③、biagl③、biagl④
133	抽筋	gius enl	gius enl①、soulenl②、jaolenl②、gius enl③、gius enl④

续表

序号	汉语	规范侗文	四本词典侗文情况
134	绸子	xuc	xucdenv[1]、xuc[2]、yalxuc[2]、denv[2]、xuc[3]、liaol[3]、xuc[4]
135	稠	liogl	liogl[1]、liogl[2]、nagl[2]、liogl[3]、liogl[4]
136	稠密	adl	adl[1]、choumi[2]、adl[2]、nal[2]、adl[3]、adl[4]
137	愁	souc	souc[1]、souc[2]、souc[3]、jouc[3]、souc[4]
138	臭	nyenl	nyenl[1]、nyenl[2]、nyenl[3]、nyenl[4]
139	出	ugs	ugs[1]、ugs[2]、ugs[3]、ugs[4]
140	出嫁	bailsaox、eev	bailsaox[1]、eev[2]、bailsaox[2]、bail saox[3]、eev[3]、eev[4]
141	出名	ugs guanl	ugs guanl[1]、ugsguanl[2]、ugsmiingc[2]、ugs guanl[3]、ugs guanl[4]
142	出头	ugs gaos	ugs gaos[1]、ugsgaos[2]、ugs gaos[3]、ugs gaos[4]
143	初	xup	xup[1]、xup[2]、xup[2]、xul[3]、qup[3]、xup[4]
144	初一	xupedl	xupedl[1]、xupedl[2]、xup edl[3]、qup yedl[3]、xup edl[4]
145	锄头	qidt	qidt[1]、qidt[2]、xuc[2]、jogs[2]、qidt[3]、gouc[3]、qidt[4]
146	穿山甲	lengh	lengh[1]、lenh[2]、lengh[2]、lenh[3]、lengh[3]、lengh[4]
147	传扬	naok	naok[1]、xingc[2]、yangt[2]、naok[3]、mok[4]
148	船	lol	lol[1]、lol[2]、lol[3]、lal[3]、lol[4]
149	串	biads、jeeuv	biads[1]、biongh[2]、biads[2]、xonk[2]、tunp[2]、laens[2]、biads[3]、jeeuv[4]、jouc[4]、biads[4]
150	疮	gedl	gedl[1]、gedl[2]、singl[2]、gedl[3]、gadl[3]、edl[3]、nadl[4]
151	窗户	dolsings	dolsings[1]、dolsings[2]、dol sings[3]、dol sings[4]
152	床	xangc、doiv	xangc[1]、xangc[2]、xangc[3]、doiv[3]、xangc[4]
153	床板	piink xangc	piink xangc[1]、piinkxangc[2]、piink xangc[3]、gabx xangc[4]
154	吹	xuip	xuip[1]、xuip[2]、sebc[2]、xuip[3]、xip[3]、quip[3]、xuip[4]、sebc[4]
155	吹口哨	gul siup	gul siup[1]、gulsiup[2]、xilwiup[2]、gul suip[3]、xuip gul[4]
156	春	xenp	xenp[1]、xenp[2]、xenp[3]、xenp[4]
157	春耕	sagsxenp	sagsxenp[1]、sags yangcxenp[2]、sagsxenp[2]、sags xenp[3]、sags xenp[4]

续表

序号	汉语	规范侗文	四本词典侗文情况
158	春天	nyanlxenp	nyanlxenp①、maenlxenp②、xenpxic②、xenp xic③、nyanl xenp④、xenp xic④
159	戳	nyogt	nyogt①、nyogt②、daeml②、xouv②、waot③、nyogt③、laemv③、nyogt④、laemv④、nyogt④
160	次	daov	daemh①、daov②、xonh②、daov③、xonh④、hap④
161	刺	nyongs	logs①、mungv②、jouv②、logs③、nyogt③、nyongs③、mungv④
162	聪明	guail	guail①、congming②、xeil②、guail②、guail③、diux④、longc guangl④、guangl aox④
163	从	dah	mads①、nyimp②、songc②、dah②、songcdah②、dah③、dos③、dah④
164	丛	biaoc	biac①、biac②、biaoc②、biaoc③、xumk③、biaoc④
165	凑	liimx	liimx①、liimx②、juml②、liimx③、liimx④
166	粗	sop	sop①、sop②、sop③、sup③、sop④
167	粗糙	sopyogs、nyabt	sopyogs①、sopyogt②、nyabt②、toptaok②、sop yogs③、nyabt③、nyabt④
168	醋	sous	sous①、sous②、tuk②、sous③、sous④
169	催促	liout	liout①、liout②、liout③、liout④
170	脆	yimp、jaol	nyobs①、yimp②、jaol②、nyobs③、yimp③、yimp④
171	寸	senk	senk①、senk②、tenk②、sunk③、senk④
172	搓	nyudx、sok	nyudx①、sap②、tap②、nyudx③、noc③、sap③、sok③、nyudx④
173	撮	sodt	sodt①、sodt②、sodt③、sods③、todt③、sodt④、nyomc④
174	错	longp、jaoh	longp①、louh②、longp②、tagt②、longp③、jaoh③、louh③、tagt④
175	搭	aix、dac	aix①、dac②、jiml②、aix③、dac③、anc④、aix④
176	答应	liingx、dacyenl	xanp①、dacyenl②、liingx②、xanp③、xanp③、liingx③、yengh③、dac yenv③、xanp④、liingx④、naemv④
177	打	heeup	biads①、heeup②、duic②、magt②、xogl②、beengv②、keeup③、eeup③、heeup④、biads④
178	打赌	kaop	kaop①、kaop②、maox②、dahdus②、liangh③、kaop③、kaok③、kaop④

续表

序号	汉语	规范侗文	四本词典侗文情况
179	打架	daengl heeup	daengl heeup①、daenglheeup②、xeengl keeup③、daengl heeup④
180	打搅	laoc	guabljabl①、mapgaoc②、gaoc②、laoc③、nyaos④、liinh④
181	打算	dahsongk	dahsonk①、dicsonk②、daengv③、dah sonk④
182	打仗	uivxangv	uivxangv①、heeup jangv②、uiv xangv③、dic xagnl③、uiv xangv④、heeup xangv④
183	大	laox	daih①、laox②、mags②、laox③、mags③、daih④、laox④
184	大粪	eex	maocdingc①、eex②、dalwenp②、eex③、eex④
185	大水	naemx laox、laoh	naemx mags①、naemxlaox②、naemxlaoh②、naemx mags③、naemx laox③、laoh③、laoh④
186	大蒜	sonk	sonk①、sonk②、sonk③、sonv③、sonk④
187	大腿	bal	balangh①、densbal②、balangh②、bal②、gual laox③、bal④
188	带子	seel	seel①、seep②、niux③、seel③、angl④、seel④
189	单 / 单子	danl	danl①、danl②、danl③、danl④
190	单独	dogc	dogc①、jiuv②、dogc②、laot②、liup③、danl liingh④、dogc④、laot④
191	单身	danlxenp、liinh	liingh①、danlxenp②、danl③、liinh③、danl xenp④、liingh④
192	单身汉	hankliingh	hankliingh①、hankliingh②、hankxenc②、hank danl③、hank liingh③、hank liingh④、hank xenc④、hank danl④
193	单衣	ugsdanl	ugs danl①、ugsdanl②、ugs danl③、ugs danl④
194	胆	bov、dams	bov①、bov②、dams②、dams③、bov③、bov④
195	淡	sigt	damh①、sigt②、damh③、sigt③、sigt④
196	当面	dangl nas	danglnas①、danglnas②、dangl nas③、dangl nas④
197	荡	weeup	piup①、weeup②、gueengh③、weeup③、weeup④
198	刀	miax	miax①、daol②、midx②、miax②、miax③、midx③、miax④
199	刀豆	doh baglmiax	dohbaglmiax①、dohmiax②、doh bagl miax③、doh bagl miax④
200	倒	daov、bangl	daov①、dao②、daov②、baengl②、weenp②、bangl③、baengl③、daov③、youv④、daov④

续表

序号	汉语	规范侗文	四本词典侗文情况
201	到	touk	touk①、touk②、touk③、touk④
202	稻草	bangl	bangl①、bangl②、guangl②、bangl③、bangl④
203	得	lis	lis①、lis②、lis③、lis④
204	得罪	dagl soix	daglsoix①、lissoix②、dagl soix③、dagl soix④、tagt④
205	灯盏	meengs builyuc	meengs①、meengsbuilyuc②、denglbuilyuc②、dengl bil③、meengs④
206	蹬	tenk	tenk①、xais②、jimx②、jaemx②、jimx③、tenk④
207	等	gas	xut①、gas②、deng②、daengs②、houp③、jas③、gas④、xut④
208	等候	gas	gas①、gas②、xut②、gas③、houp③、gas④
209	瞪眼	beeuv dal、liaengl dal	guingx dal①、beeuvdal②、ladcdal②、beeuv dal③、liaengl③、liaengl dal④
210	滴	jigs	jadl①、ledp②、jigs②、jadl③、ledp④、jigs④
211	笛子	jigx	jigx①、jigx②、jids②、jigx③、jigx④
212	底	dingv	dingv①、dingv②、dingv③、dingv④
213	地	dih	dih①、dih②、dih③、dih④
214	地方	dihwangp	dihwangp①、dihwangp②、dih wangp③、dih wangp④
215	递	longx、yos	longx①、longx②、duh②、yos③、longx④
216	第	jih	jih①、jih②、qit③、jih③、jih④
217	点灯	jangs buil、jims denl	jangs buil①、jangs buil②、jens buil yuc③、jims denl③、jangs buil④
218	点头	kouk gaos	koukgaos①、koukgaos②、kouk gaos③、kouk gaos④、nguv gaos④
219	垫	jimh	jimh①、sinh②、jimh②、jimh③、sinh③、sinh④、jimh④
220	雕刻	jeeul	jeeul①、jeeul②、jeeul③、qiup③、jeeul④、qiup④
221	跌倒	leix、senx	leix①、leix②、begx②、guenx②、biedx②、aenx③、leix③、denx③、senx③、leix④
222	碟子	dibx	dibx①、dibx②、dibx③、dibx④
223	鼎罐	guc	biingc①、guc②、biingc②、guc③、guc④
224	钉子	jingl	jingl①、jingl②、jingl③、jingl④

续表

序号	汉语	规范侗文	四本词典侗文情况
225	丢脸	dagl nas	daglnas①、doglnas②、dagl nas③、douv nas④、dagl nas④
226	东	dongl	dongl①、dongl②、dongl③、dongl④
227	冬	dongl	dongl①、dongl②、dongl③、dongl④
228	冬瓜	buc jubs	buc jubs①、bucqubt②、jubs③、jubs④
229	都	dul、xedt	dul①、xedt②、dul②、xedt③、dul③、xedt④、gaenx④、ledp④
230	陡	saengv、sagl	saengv①、sagl①、saengv②、dous③、sagl③、saengv③、sagl④
231	斗	dous	dous①、dous②、dous③、dous④
232	斗笠	deml	deml①、deml②、deml③、deml④
233	斗牛	gueec daos、daengl daos	gueecdaos①、gueec daos②、senc daengl daos②、daengl daos③、doc quip③、gueec yangk③、gueec daos④
234	豆腐	dohhuh	dohhuh①、dohhuh②、doh huh③、doh huh④
235	豆芽	dohngeec	dohngeec①、ngeecdoh②、doh ngeec③、doh ngeec④
236	豆子	doh	doh①、doh②、doh③、doh④
237	独凳	daengv dogc	daengv dogc①、daengvdogc②、daengv dogc③、daengv dogc④
238	读	dogc	dogc①、dos②、dogc②、dos③、dogc④
239	堵塞	hank、sagp	hank①、wedl②、sagp②、hank②、liaengv②、hanv③、hank③、sagp④、hank④
240	肚脐	biolliol、bov	biolliol①、bov②、biolliol②、bov③、biol③、biol④
241	肚子	longc	longc①、dus②、longc②、longc③、dus③、longc④
242	短	tent	tent①、tent②、tent③、tent④
243	段	dongv	dongv①、dongv②、mads③、ouk④、dongv④
244	断	dagl	dagl①、dagl②、duv②、dagl③、dagl④
245	断气	duv soh	deilsoh①、duv soh②、deil soh③、lieeux soh③、lieeux soh④、duv soh④、ledp soh④
246	堆	beengc	beengc①、beengc②、dil②、bongs②、doil③、doih③、beengc③、jibx④、beengc④、bongs④、top④

序号	汉语	规范侗文	四本词典侗文情况
247	对	doiv	doiv①、doiv②、xongp②、gouv②、doiv③、jangs④、xingv④、doiv④、douh④
248	对岸	manvlanl	lanl①、mangvlanl②、lanl③
249	对面	doivnas	doivnas①、doivnas②、doiv nas③、mangv lanl④
250	蹲	youl	youl①、youl②、babl③、youl③、yeml③、yeml④、youl④
251	钝	debc	dunx①、debc②、debc③、dunx③、debc④
252	顿	denv	denv①、denv②、denv③、denv④
253	多	gungc、guangx	gungc①、gungc②、dah②、guangx③、gungc③、jongc③、gungc④
254	躲避	lebl	lebl①、lebl②、nyabl③、lebl③、lebl④、jaemc④
255	鹅	nganh	nganh①、nganh②、nganh③、nganh④
256	恩情	aenlsingc	aenlsingc①、aenlsingc②、singc③、singc④、aenl singc④
257	二月	nyihnguedx	nyihnguedx①、nyih nguedx③、nyih guedx④
258	发 / 发作	wedt	wedt①、fa②、wedt②、beeuv②、qit③、wedt③、beeuv④、wedt④
259	发酵	daenglal	daenglal①、wedt②、daengl al③、mieel③、xeenk③、xeenk④
260	发脾气	wedt qik	wedtqik①、wedtqik②、wedt qik③、yax③、yax④
261	发烧	wedt udt	wedtdunl①、wedtdunl②、wedtudt②、wedt kudt③、wedt udt③、udt④
262	罚	wedt	wedt①、wedt②、jens③、wedt③、wedt④
263	帆	hongpbongc	hongpbongc①、hongpbongc②、wongp bongc③、hongp bongc④
264	翻	weenp、piat	liins①、weenp②、piat②、weenp③、yidt④、piat④
265	烦闷	miav	miav①、miav②、miav③、winl③、miav④、liaengv sais④
266	反复	piinp piat	liogplieenp①、piat②、fanfu②、xongc②、piinp piat③、piat liins④、piinp piat④
267	反正	hongcheec	hongcheec①、fanzheng②、hongcheec②、hongc heec③、hongc heec④
268	饭豆	doheengl	doheengl①、doheengl②、doh eengl③、doh eengl④
269	饭盒	yous	yus①、fanhe②、yous②、yus③、yous③、liibs④、yous④
270	方	wangp	wangp①、wangp②、fang②、wangp③、wangp④

续表

序号	汉语	规范侗文	四本词典侗文情况
271	方便	wangpbiinh	wangpbiinh①、wangpbiinh②、biinh③、wangp biinh④、biinh④
272	方向	wangp yangk	yangk①、fangxiang②、wangpyangk②、wangp yangk③、wangp④
273	纺	xat	xat①、xat②、xat③、xat④
274	飞	bens	bens①、bens②、pent②、benx③、bens③、bens④
275	飞禽	ducbens	ducbens①、ducbens②、duc bens③、duc bens④
276	肥料	maoc	maoc①、feiliao②、maoc②、maoc③、maoc④
277	吠	kouk	kouk①、kouk②、kouk③、kouk④
278	肺	bubs	bubs①、bubs②、paok②、wik③、bubs③、bubs④
279	废话	sungpongk	lix ongk①、sungpongk②、lixongk②、lix ongk、liaok④
280	分	wenp	wenp①、wenp②、pieek②、wenp③、wenp④
281	纷纷	logclogc	logclogc①、fenfen②、logc logc③、paengk paengk④、logc logc④
282	坟	moh	wenc①、wenc②、muh②、wenc③、moh③、wenc④
283	风	lemc	lemc①、lemc②、hongp③、wongp②、lemc③、lemc④
284	风箱	ol	ol①、luc②、ol③、ol④
285	枫树	meixyaop	meixyaop①、meix yaop②、meix yaop③、yaop④
286	封	hongp	hongp①、hongp②、wongp③、hongp③、hongp④
287	疯狗	nguap sagtangv	nguapsagtangv①、nguapjinl②、nguap sagsangv②、nguap sagt angl③、nguap sagt angv④
288	蜂	laol	laol①、laol②、laol③、laol④
289	蜂蜜	medc dangc	dangcmedc①、dangclugx②、lugx dangc③、medc wap③、medc dangc④
290	夫妻	saoxmaix	huhsip①、saoxmaix②、huhtip②、saox maix③、huh siip③、saox maix④、huh siip④
291	孵	biaeml	biaeml①、biaeml②、biaeml③、biaenl③、biaeml④
292	伏	bedc	bebc①、bebc②、bebc③、kaemk③、habp③、bebc④

续表

序号	汉语	规范侗文	四本词典侗文情况
293	拂晓	ngeevguangl	menl ligt①、ngeev guangl①、yemcyangh①、wocmenl②、meengvmenl②、wocmenl②、ngeev guangl③、yemc yangh③、ngeev guangl④
294	浮	bongc	bongc①、bongc②、bongc③、bongc④
295	浮标	paok	paok①、fubiao②、paok②、paok③、paok④
296	浮萍	ngeit	neit①、neit②、ngeit②、neit③、ngeit③、neit④
297	抚摸	buds	buds①、buds②、mol③、buds③、buds④、mol④
298	斧头	guanl	gaos guanl①、guanl②、guanl③、guanl④
299	俯	saemt	saemt①、jaems②、saemt③、saemt④
300	父亲	bux	bux①、bux②、bux③、bux④
301	妇女	neixsax	ducsax①、funü②、ducsax②、sax③、neix sax③、duc sax④
302	改嫁	siip eev	sip eev①、sipeev②、xapdangc②、xupdinl②、yic dinl③、siip eev④
303	盖	emv	emv①、xal②、mungl②、emv②、ebc②、yaenh③、gaemv③、emv③、xal③、gaeml④、mungl④
304	甘心	massais	massais①、massais②、biingc longc③、nyigt sais③、biingc sais④、mas sais④
305	肝	dabl、semp	dabl①、dabl②、dabl③、dadl③、dabl④
306	赶	ans	ganh①、ganx①、gans②、gans③、ans③、ganx④
307	赶集	ganxqangc	ganxgix①、ganxgix②、ganxqangx②、gansqangc②、ganx gix③、ganx gix④
308	敢	ams	ams①、gams②、ams③、ganx③、ams④
309	干净	singx	singx①、wop②、sinl②、singx②、gemv③、singx③、wop④、singx④
310	干枯	jius、sot	jiusjadljadl①、sos②、jius②、jius③、sot③、sot④
311	刚才	aenl joul	aenljoul①、gobs②、aenljoul②、aenl joul③、aot③、xenh joul④、hap jul④
312	钢	gangl	sangp①、sangp②、gangl②、sangp③、gangl③、sangp④
313	缸	angl	angl①、angl②、angl③、angl④、gangh④

续表

序号	汉语	规范侗文	四本词典侗文情况
314	高	pangp	pangp①、pangp②、gao②、pangp③、pangp④
315	高兴	upnaengl	upnaengl①、xeengpsais②、maengx②、mongx③、up naengl③、up naengl④
316	高音	sohseit	gaoyin②、sohpangp②、soh seit③、seit④
317	告诉	baov	lebc①、baov②、lebc②、baov③、lebc④、baov④
318	告状	aovxongv	aovxongh①、aovxongh②、aov xangv③、aov jangv④、aov xeih④
319	割	ads	joil①、ads②、aenv②、yods③、ads③、lit④、joil④、ads④
320	歌	al	al①、al②、al③、al④
321	个	naenl	aemx①、naenl①、jagc②、mungx②、nadl②、nenl③、naenl③、wul③、woul③、jagc④、aemx④、naenl④
322	根	sangp	sangp①、sangp②、jiuc③、sangp③、sangp④、dens④
323	耕种	sags ongl	sags①、sagsxenp②、sags ongl③、sags ongl④
324	更加	xangc	xangc①、gengjia②、xangc②、xangh②、xangc③、xangc④
325	弓/箭	nat	nat①、nat②、bavnat③、nat③、kaemt④、nat④
326	公鸡	aiv seit	aiv seit①、seitaiv②、seit aiv③、aiv seit③、aiv seit④
327	拱	tenk	tenk①、ungx②、tenk③、gongx③、ungx④、tenk④
328	共同	jungh	sicjungh①、gongtong②、jungh②、jungh③、xongv③、siic④、jungh④
329	沟	mieengl	mieengl①、mieengl②、mieengl③、mieengl④
330	钩子	oul	oul①、oul②、oul③、oul④
331	狗	nguap	nguap①、nguap②、nguap③、nguap④
332	估计	muh	muh①、guji②、muh②、muhliangl②、ponk③、muh③、gus③、gux④
333	古代	saemh unv	saemh unv①、saemhaov②、danglxul②、saemh unv③、saemh unv④
334	谷芒	jal oux	jal①、jaloux②、jal oux③、jal③、jal④、jal oux④
335	谷子	oux ogs	oux ogs①、ouxogs②、oux③、oux ogs③、oux④、oux ogs④
336	股/股份	benh	gux①、jiul②、benh②、benh③、gux④
337	鼓	gungl	gungl①、gungl②、gungc③、gungl③、gungc④

续表

序号	汉语	规范侗文	四本词典侗文情况
338	故事	nyonc	guh①、guh②、nyonc②、gus③、nyonc③、nyonc④
339	故意	sangl semp	uv①、uvweex②、guv③、nganl senp③、uv③、uv④
340	刮	guedx	guedx①、guedx②、jods②、wadt③、guedx③、gueds③、jods④、guedx④
341	拐棍	gonv	gonv①、gonv②、sonv③、gonv③、donv③、gonv④
342	棺材	meixlaox	meixlaox①、beens②、meixwangp②、seic③、huvmeix③、meix laox③、beens④、meix laox④
343	管	gonx	guans①、guans②、gonx③、guans③、guans④
344	鳜鱼	bal bingl	bal joiv①、bal joiv②、bal bingl②、bal joiv③、bal bingl③、bingl④
345	跪	jogc	jogc①、jogc②、jogc③、guabx③、quit③、jogc④
346	锅	daol	daol①、daol②、kigt③、daol③、daol④
347	锅巴	oux liul	oux siul①、guoba②、ouxsiup②、oux liul③、gings③、gings④
348	锅铲	xicxeec	xic xeec①、guochan②、xicdaol②、xicxeec③、piat liins③、xic eec③、jiuh④、xagx④、piat liins④
349	过分	daheenv	daheenv①、dahmuc②、dah eenv③、louk④
350	过节	dah sigs	dah sigs①、dahsids②、dah sigs③、dah sigs④
351	过滤	liuuh	liuuh①、liuuh②、diuv③、liuuh③、liuuh④
352	过年	dah nyinc	dah nyinc①、dah nyinc②、dah nyinc③、dah nyinc④
353	还（huán）	beis	beis①、beis②、beis③、beis④
354	还（hái）	naengl	naengl①、naengl②、meengs③、naengl③、naengl④
355	海	heit	heit①、heit②、heit③、heit④
356	寒心	liagpsais	liagpsais①、idssais②、liagpssais②、liagp sais③、liagp sais④
357	行	luh	luh①、luh②、hang③、hangc③、luh④、hangc④
358	毫	haoc	haoc①、hao②、haoc③、haoc④
359	好	lail	lail①、lail②、lail③、lail④
360	好比	il bix	dagxil①、xongseev②、il bix③、xangh③、il bix④、il yangh④
361	好歹	lailyax	lailyax①、lailyax②、lail yax③、lail yax④

续表

序号	汉语	规范侗文	四本词典侗文情况
362	喝	wumx	wumx[1]、jil[2]、wumx[2]、yaemx[3]、wumx[3]、haemx[3]、wumx[4]、jil[4]
363	和	nyimp	hoc[1]、nyimp[2]、nyimp[3]、daengh[4]、nyimp[4]
364	和睦	daengldouh	daengl douh[1]、daengldouh[2]、hocxil[2]、daengl douh[3]、daengl douh[4]
365	和气	hocqip	hocqip[1]、heqi[2]、hocxil[2]、hoc qip[3]、hoc qip[4]
366	和尚	hocxangh	hocxangh[1]、hocxangh[2]、hoc xangh[4]
367	河	nyal	nyal[1]、nyal[2]、nyal[3]、nyal[4]
368	河堤	jaenlnyal	jaenl nyal[1]、baengvnyal[2]、jaenlnyal[2]、jaenl nyal[3]、jaenl nyal[4]
369	河口	bagsnyal	bagsnyal[1]、bagsnyal[2]、eblnyal[2]、bags nyal[3]、bags nyal[4]
370	盒子	gabl	habl[1]、gabl[2]、habp[2]、habp[3]、gabl[3]、gabl[4]
371	黑	naeml、dengv	dengv[1]、naeml[2]、dengv[2]、dengv[3]、naeml[3]、dengv[4]、naeml[4]
372	黑洞洞	dengvdumlduml	dengvdumlduml[1]、dengvdumlduml[2]、dengv duml duml[3]、naeml meeup meeup[4]
373	黑色	naeml	naeml[1]、naeml[2]、naeml[3]、naeml[4]
374	痕迹	haenc	haenc[1]、henji[2]、nyos[2]、env[3]、haenc[3]、wuic[4]、aenx[4]
375	哼	yangl	xungt[1]、yangl[2]、xungt[3]、yangl[3]、yangl[4]
376	横	weengc	weengc[1]、weengc[2]、weengc[3]、weengc[4]
377	横笛	jigxbanc	jigxbanc[1]、jigxbanc[2]、jigx banc[3]、jigx banc[4]
378	横七竖八	ancanc iuxiux	ancanc-iuxiux[1]、weengh geengv[2]、weengcxiut[2]、anc anc iux iux[3]、anc anc iuc iuc[4]
379	烘烤	pieengp	pieengp[1]、pieengp[2]、xigs[2]、pieengp[3]、pieengp[4]
380	红	yak	yak[1]、yak[2]、yak[3]、yak[4]
381	红糖	dangc yak	dangc yak[1]、dangcyak[2]、dangc yak[3]、dangc yak[4]
382	洪水	naemxlaoh	naemxbiingclabx[1]、naemxlaoh[2]、naemxmags[2]、laoh[3]、naemx laoh[3]、naemx laoh[4]
383	哄	loux	loux[1]、loux[2]、dingv[2]、louv[3]、loux[3]、dingv[3]、dingv[4]、loux[4]
384	喉咙	uc	uc[1]、dongcuc[2]、uc[3]、uc[4]

续表

序号	汉语	规范侗文	四本词典侗文情况
385	猴子	munh、leil	munh[1]、munh[2]、leil[3]、munh[3]、munh[4]
386	吼	hads	hadsdaoh[1]、houx[2]、naenv[2]、hadt[2]、heemt[2]、houx[3]、hads[3]、hadt[3]、hads[4]
387	后天	maenlnas	maenlnas[1]、maenlnas[2]、maenl nas[3]、maenl nas[4]
388	厚	nal	nal[1]、nal[2]、nal[3]、nal[4]
389	呼呼	hudx hudx	hudx[1]、huxhux[2]、huh huh[3]、hudx hudx[3]、hudx hudx[4]
390	呼吸	xuip soh	xuipsoh[1]、huxi[2]、xuipsoh[2]、songk soh[3]、xuip soh[3]、xuip soh[4]
391	狐臭	medp	medp[1]、nyenlsaopmedp[2]、pedp[2]、medp[3]、nyenl medp[3]、nyenk[4]
392	狐狸	wangc yiul	nyaenpwangc[1]、huli[2]、nyaenpnguap[2]、wangc yiul[3]、wangc yiul[4]
393	胡须	mudx	mudx[1]、mudx[2]、mudx[3]、mudx[4]
394	壶	wup	huc[1]、huc[2]、bingc[2]、wup[3]、huc[3]、huc[4]
395	葫芦	boh	boh[1]、miaiv[2]、boh[2]、biul[2]、boh[3]、doh buc[3]、huc luc[3]、boh[4]
396	糊涂	mongcjangc	mongcjangc[1]、hutu[2]、ees[2]、daovngav[2]、ngangv ngabl[3]、ngas xat[3]、mongc jangc[3]、aemp sais[4]
397	互相	daengl	daengl[1]、daengl[2]、daengl[3]、daengl[4]
398	花	wap	wap[1]、wap[2]、nugs[2]、eenv[2]、wap[3]、wap[4]
399	花朵	jagcnugs	jagcnugs[1]、naenlnugs[2]、jagc nugx[3]、nugs[4]
400	花椒	siul	siulhongc[1]、wapsiul[2]、siul[3]、siul[4]
401	花生	doh magx	dohmagx[1]、huasheng[2]、dohmagx[2]、doh magx[3]、doh magx[4]
402	花园	yanp wap	yanp wap[1]、huayan[2]、yanpwap[2]、yanp wap[3]、yanp wap[4]
403	滑	gaenl	kop[1]、gaenl[2]、kop[2]、xeent[3]、tot[3]、gaenl[3]、gaenl[4]、biadx[4]
404	滑倒	biadx	biadx[1]、biadx[2]、leix[2]、begx[3]、biadx[3]、biadx[4]
405	画	wak	wak[1]、wak[2]、wak[3]、wak[4]
406	话	sungp、lix	lix[1]、sungp[2]、lix[2]、sungp[3]、lix[3]、lix[4]、sungp[4]
407	怀孕	deiclagx	deiclagx[1]、jagllagx[2]、beeul dus[3]、beengh dus[3]、deic lagx[3]、jagl lagx[4]

续表

序号	汉语	规范侗文	四本词典侗文情况
408	坏	waih	waih[1]、yax[2]、pak[2]、waih[2]、waih[3]、yax[4]
409	欢乐	nyongcdangc	nyongcdangc[1]、maengx[2]、maengx[3]、nyongc dangc[3]、maengx[4]
410	缓慢	aenl	nyumhnyumh[1]、aenl[2]、aenl[3]、aenl[4]
411	换	taot	taot[1]、wanh[2]、qeeut[3]、taot[3]、wanh[3]、taot[4]、wanh[4]
412	荒芜	wangp	wangp[1]、wangp[2]、wangp[3]、wangp[4]
413	慌张	liogp sais	wangpjangl[1]、wangpjangl[2]、wangp jangl[3]、webp wabt[3]、liuuk liik[3]、liogp sais[3]、liuup liik[4]
414	黄豆	dohsongc	dohsongc[1]、dohsongs[2]、duh sungc[3]、doh songc[3]、doh songc[4]
415	黄蜂	linlmant	laolmant[1]、linlmant[2]、linl[3]、laol mant[3]、linl[4]
416	黄昏	labp	labp[1]、yamsdengv[2]、labpmenl[2]、labp[3]、labp[3]、yaemk[4]、labp[4]
417	黄蜡	labx mant	labx mant[1]、labxmant[2]、wangclabx[3]、labx mant[3]、labx mant[4]
418	黄牛	senc	senc[1]、senc[2]、senc[3]、senc[4]
419	灰	pugt	pugt[1]、pugt[2]、pugt[3]、pugt[4]
420	灰尘	penp	penp[1]、bungv[2]、bungv[3]、penp[3]、ngigx[3]、bungv[4]、penp[4]
421	灰色	pap	pap[1]、pap[2]、pap[3]、pap[4]
422	灰心	paksais	laixsais[1]、paksais[2]、toiksais[2]、pak sais[3]、banh sais[3]、sigt sais[4]、liagp longc[4]、leengx sais[4]
423	回	xonv	wuic[1]、xonh[2]、xonv[2]、xonv[3]、xonv[4]
424	回忆	xonv xangk	oglxangk[1]、huiyi[2]、xonvxangk[2]、xonv xangk[3]、ogl xangk[4]
425	蛔虫	saenx	saenxlongc[1]、saenx[2]、saenx[3]、saenx[4]
426	浑浊	aemp	aemp[1]、aemp[2]、aemput[2]、aemp[3]、aemp[4]
427	火把	buil xinh	builxinh[1]、dousbuil[2]、xinh[2]、dous buil[3]、bil jill[3]、buil xinh[3]、xinh[4]
428	火花	nings buil	nings buil[1]、ningsbuil[2]、wapbuil[2]、nings buil[3]、nings buil[4]
429	火坑	sac buil	buil sac[1]、sacbuil[2]、buil sac[3]、sac buil[3]、sac buil[4]
430	火苗	mac buil	mac buil[1]、macbuil[2]、mac buil[3]、wabc[3]、mac buil[4]

续表

序号	汉语	规范侗文	四本词典侗文情况
431	饥饿	luv yags	luvyags[1]、yagsluv[2]、luv yags[3]、yags[4]
432	鸡／鸡距	aiv	aiv[1]、aiv[2]、aiv[3]、lap[4]
433	鸡冠花	nugs jaenv aiv	nugsjaenvaiv[1]、nugs jaenvaiv[2]、wap jenv aiv[3]、nugs jaenv aiv[3]、nugs jaenv aiv[4]
434	级	jeenh	kaenk[1]、ji[2]、kaenk[2]、jeiv(jangs)[2]、jeenh[3]、jeenh[4]
435	急忙	jadcqudt	jadcqudt[1]、jensjags[2]、jemsjunx[2]、jadc qudt[3]、jens[3]、jadc qudt[4]
436	几	mieengc	mieengc[1]、mieengc[2]、mieengc[3]、jis[3]、mieengc[4]
437	计策	jivjods	jiv[1]、jivjods[2]、jiv jods[3]、jiv[4]
438	记忆	nyenh	nyenh[1]、jiyi[2]、nyenh[2]、nyenh[3]、nyenh[4]
439	鲫鱼	bigx	bigx[1]、balbigx[2]、bigx[2]、bigx[3]、bigx[4]
440	家畜	yanghxeengp	yanghxeengp[1]、ducyanc[2]、ducxeengpyanc[2]、duc xeengp[3]、yangh xeenp[3]
441	家禽	ducxeengp	bedlaiv[1]、bedlaiv[2]、duc xeengp[3]、duc xeengp[4]
442	夹（jiā）	nyibs	sabl[1]、nyebs[2]、gebs[2]、nyibs[3]、ngebt[3]、sabl[3]、nyibt[4]
443	夹子	nyebs	jiaz[2]、nyebs[2]、gebs[2]、jac[3]、as[3]、nyibt[4]
444	夹衣	ugs ebl	ugs ebl[1]、ugskabt[2]、ugsebl[2]、ugs kuabt[3]、ugs ebl[3]、ugs gabl[3]、ugs ebl[4]
445	颊	ngeih	ngeih[1]、ngeih[2]、ngeih has[3]、ngeih[4]、ngeih nas[4]
446	价	av	av[1]、av[2]、av[3]、gav[4]、av[4]
447	价钱	avsinc	avsinc[1]、avsinc[2]、av sinc[3]、mah sinc[3]、av sinc[4]
448	架	av	av[1]、av[2]、av[3]、av[4]
449	架子	gav sis	gangc[1]、gav[2]、gav sis[3]、av[3]、gav[4]、gangc[4]
450	嫁妆	gaoskap	gaoskap[1]、jiazhuang[2]、xenpmaenv bail saox[2]、gaos kap[3]、gaos kap[4]
451	尖	xov	siuv[1]、xov[2]、xok[3]、xov[3]、xok[4]
452	肩膀	sap	sap[1]、sap[2]、boulsap[2]、sap[3]、sap[4]

续表

序号	汉语	规范侗文	四本词典侗文情况
453	剪	sidt	sidt①、sidt②、guenl②、sins③、sidt③、sidt④
454	剪刀	miuc	miuc①、miuc②、miiuc③、sins daol③、miuc③、miuc④
455	件	meix	meix①、hangc②、jinx②、meix②、jinx③、meix③、meix④
456	健康	yaengt	yaengt①、yaengt②、yaengt③、yaengt④
457	健忘	sais lamc	ngasxat①、sais lamc②、lamc lail③、ngas xat③、sais lamc④
458	缰绳	out	out①、lamhpegt②、out③、out④
459	讲	angs、wah	angs①、angs②、wah②、lebc③、baov③、angs③、wah④、angs④
460	胶鞋	haicjaos	haic gaoh①、jiaoxie②、haicgaos②、haic jaos③、haic jaoh④
461	嚼	ngaih	mah①、ngaoh idx②、ngaih③、saemx④、ngaoh④、mah④
462	绞	geeuh	jads①、guadl②、geeuh②、wanx③、wuh③、jeeuh③、guil④、guadl④
463	脚	dinl	dinl①、dinl②、dinl③、dinl④
464	脚后跟	xongpdinl	xongpdinl①、xongldinl②、xongp dinl③、xongp③、xongt③、xongt dinl④、xongt haic
465	叫	sint	yigs①、heemx②、sint②、yigs③、sint③、wanc④、sint④
466	节	moux	langx①、moux②、dongv②、moux③、moux④
467	节日	sids	sids①、jieri②、maenl sids②、sids③、sigs③、sigs④
468	节省	dais	dais①、jiesheng②、saens②、dais③、saent③、senh③、dais④
469	洁白	bagxsebs	bagxsebssebs①、bagxsebs②、bagxlup②、bagx penk③、bagx sebs sebs④
470	结	jids	jids①、jids②、jids③、jids④
471	结果	wenp demh	wenpdemh①、jieguo②、touklenc②、wenp demh③、jeds nenl③、jids demh③、wenp demh④
472	结婚	danglaol	daenglaol①、jiehun②、jidssenp②、dangl eel③、jids siip③、daengl aol④
473	结亲	jidssenp	jidssingc①、jidssenp②、weex senp③、jids singc③、aol maix④、abs senp④

续表

序号	汉语	规范侗文	四本词典侗文情况
474	结实	maenx	maenx[1]、jieshi[2]、jacxic[2]、maenx[2]、maenx[3]、guas jax[3]、jagl[3]、jagl[4]、maenx[4]
475	睫毛	xebldal	xebldal[1]、xebldal[2]、xebl dal[3]、xebl dal[4]
476	竭力	ledpsoh	ledpsoh[1]、ledpsoh[2]、jenblegc[2]、ledp soh[3]、pank mingh[3]、ledp soh[4]
477	姐姐	jaix miegs	jaix miegs[1]、jaix[2]、beix[2]、jaix[3]、jaix[4]、jaix miegs[4]
478	解开	liaenv	liaenv[1]、liaenv[2]、liaenv[3]、loh[4]、liaenv[4]、nyaengv[4]
479	戒指	konpmiac	konpmiac[1]、konp miac[2]、xulyenv[2]、konp miac[3]、konp miac[4]
480	借	yaml	yaml[1]、yaml[2]、yaml[3]、yaml[4]
481	今天	maenl naih	maenlnaih[1]、maenlnaih[2]、maenl naih[3]、maenl naih[4]
482	金钱	sinc	nyaencsinc[1]、sinc[2]、nyaencsinc[3]、sinc[3]、nyaenc sine[4]
483	金子	jeml	jeml[1]、jeml[2]、jeml[3]、jaeml[4]、jeml[4]
484	筋	enl	enl[1]、enl[2]、enl[3]、enl[4]
485	紧	jaens	jaens[1]、jaens[2]、jens[2]、jaens[3]、jens[3]、jaens[4]
486	尽	ledp	lieeux[1]、ledp[2]、lieeux[2]、wop[2]、jenx[2]、ledp[3]、senh[3]、ledp[4]、xenl[4]、deenh[4]
487	近	jaenx	jaenx[1]、jaenx[2]、jaenx[3]、jaenx[4]
488	禁忌	jih	jih[1]、jih[2]、jih[3]、jih[4]
489	经常	anglus	anglus[1]、yenc[2]、meenh[2]、xangc yenc[3]、dangv[3]、daengv[3]、angl us[3]、yenc[4]、anl us[4]
490	惊天动地	neipmenl neipdih	neipmenl neipdih[1]、naenvmenlnaenvdih[2]、neip menl neip dih[3]、neip menl neip dih[4]
491	井	menv	menv[1]、menv[2]、menv[3]、menv[4]
492	颈	nyenh	nyenh[1]、nyenh[2]、uc[3]、oc[3]、nyenh[3]、nyenh[4]
493	静悄悄	gemvgiusgius	gemvgiusgius[1]、gemvgiulgiul[2]、gemvmedp medp[2]、jemv qiut[3]、gemv giul giul[3]、gemv giul giul[4]
494	纠缠	biedcbiangh	biedcbiangh[1]、jiuchan[2]、biedc[2]、gueev leev[3]、biedc biangh[4]

续表

序号	汉语	规范侗文	四本词典侗文情况
495	九	jus	jus[1]、jus[2]、jus[3]、jus[4]
496	久	jaengl	jaengl[1]、jaengl[2]、jangl[3]、jaengl[3]、jaengl[4]
497	韭菜	mal ngaemc	mal ngaemc[1]、ngaemc[2]、tongp aenv[3]、aenv[3]、mal ngaemc[3]、ngaemc[4]
498	救	juv	juv[1]、juv[2]、jiuv[3]、juv[3]、juv[4]
499	就	xuh	suh[1]、laengx[2]、suh[2]、naengx[3]、xuh[3]、laengx[3]、suh[3]、xah[4]、xuh[4]、yah[4]
500	就是	xuh xiv	laengx[1]、jiushi[2]、xuhxih[2]、singv[3]、yah jangh[3]、laengx[4]
501	橘子	liuc	liuc[1]、liuc[2]、liuc[3]、liuc[4]
502	举手	jiml miac	jiml miac[1]、jushou[2]、jiml miac[2]、juix miac[3]、unl miac[3]、jenl inp[4]
503	均匀	yenc	yenc[1]、laotyangh[2]、yenc[2]、yenc[3]、yenc[4]
504	菌子	lac	lac[1]、lac[2]、ac[2]、gac[3]、lac[3]、ac[3]、lac[4]
505	竣工	kenp ongl	bings ongl[1]、wenpongl[2]、kenp ongl[3]、wenp ongl[4]
506	开荒	eip wangp	eip wangp[1]、eipwangp[2]、xup jenc[3]、eip wangp[4]
507	开水	naemx lagt	naemx lagt[1]、naemxlagt[2]、naemx lagt[3]、naemx daoh[3]、naemx lagt[4]
508	砍	deev	dadl[1]、dadl[2]、baems[2]、deev[2]、deev[3]、dadl[3]、wedc[3]、pieent[3]、magl[4]、deev[4]
509	看	nuv	liingl[1]、nuv[2]、naengc[2]、deis[2]、nuv[3]、xaov[3]、liingl[4]、deis[4]、naengc[4]
510	烤	pieengp	pieeup[1]、pieengp[2]、xigs[2]、xeeup[2]、xeeul[3]、xigs[3]、pieengp[3]、xigs[4]、pieengp[4]
511	棵	ongl	ongl[1]、ongl[2]、juc[3]、gongl[3]、ongl[3]、nangl[3]、ongl[4]
512	颗	mac	mac[1]、mac[2]、nadl[2]、nadl[3]、mac[3]、naenl[3]、nenl[3]、mac[4]
513	咳嗽	koukhoup	ngoux[1]、koukhoup[2]、koukngouh[2]、kouk houp[3]、kouk ngoux[3]、kouk houp[4]

续表

序号	汉语	规范侗文	四本词典侗文情况
514	可怜	yagcsac	yagcsac[①]、yagcsac[②]、yagc sac[③]、yagc sac[④]
515	可惜	miv	ait[①]、koxxic[②]、kotsis[②]、miv[③]、ait[③]、gos sis[③]、miv[④]
516	客气	angsliix	angsliix[①]、keqi[②]、eeuv[②]、angs liix[③]、weex nas[③]、angs liix[④]
517	客人	egt	egt[①]、egt[②]、egt[③]、yeek[③]、egt[④]、yeek[④]
518	肯	hangt	hangt[①]、haengt[②]、hangt[③]、hangs[③]、haengt[④]
519	啃	ngaemx	ngaemx[①]、ngaemx[②]、gaiv[③]、ngaemx[③]、jov[④]、ngaemx[④]
520	坑	sac	sac[①]、jemc[②]、sac[③]、sac[④]
521	空	ongk	ongk[①]、ongk[②]、ongk[③]、kongk[④]
522	空闲	binh	binh[①]、ongk[②]、binh[②]、kongkhanc[②]、binh[③]、ongk[④]、binh[④]
523	口	bags	out[①]、ebl[②]、kout[②]、bags[②]、naenl[②]、huk[②]、muv[③]、ebl[③]、bags[③]、bags[④]
524	口吃	las	las[①]、las[②]、macjaenc[②]、las[③]、jaenc[③]、mac jaens[③]、las[④]
525	口袋	deih	deih[①]、deih[②]、deih[③]、deih[④]
526	枯萎	jius、yangc	yangc[①]、jius[②]、sossangp[②]、jius[③]、yangc[③]、sos sangl[③]、sot[③]、sot sangl[④]、jius[④]、yangc[④]
527	苦	aemc	aemc[①]、aemc[②]、ut[②]、gaemc[③]、aemc[③]、aemc[④]
528	苦处	meix hut	meixhut[①]、meixhut[②]、meix hut[③]、meix hut[④]
529	苦瓜	gueelaemc	gueel aemc[①]、gueelaemc[②]、gueel aemc[③]、gueel aemc[④]
530	裤子	sov	sov[①]、uk[②]、sov[②]、uk[③]、sov[③]、kuk[④]、uk[④]、sov[④]
531	块	kuaik	donc[①]、kuaik[②]、weenp[③]、kuaik[③]、kuaik[④]、donc[④]
532	快	hoik	ganh[①]、hoik[②]、wik[③]、weik[③]、hoik[③]、widt[④]、ganx[④]、hoik[④]
533	筷子	xoh	xoh[①]、xoh[②]、xot[③]、xoh[③]、joh[④]、xoh[④]
534	窥探	liagc nuv	liagc nuv[①]、liagcnuv[②]、liagcbiv[③]、liagc nuv[③]、buh[③]、deis[④]
535	捆	sugx	sugx[①]、sugx[②]、madc[②]、sugx[③]、sux[③]、dol[③]、sugx[④]
536	拉	gaic	yedl[①]、gaic[②]、kaengk[②]、qongt[③]、qangk[③]、jaic[③]、gaic[④]、yedl[④]、gaengh[④]

309

续表

序号	汉语	规范侗文	四本词典侗文情况
537	腊肉	nanxxangx	nanx xangx①、nanxxangx②、nanx xangx③、nanx xangx④
538	辣	lianh	lianh①、lianh②、lianh③、lianh④
539	辣椒	lianh	lianh①、lianhsiup②、lagxlianh②、lianh③、lianh④、lianh siul④
540	来	map	map①、map②、daengl②、map③、map④、daengl④
541	篮子	mungl	mungl①、mungl②、jaoc②、mungl③、mongl③、mungl④
542	烂	lanh	lanh①、luic②、lanh②、sanh③、luic③、lanh③、luic④、lanh④
543	烂泥田	yavlemh	yav lemh①、yavlemh②、yav lemh③、yav lemh④
544	狼	biungl	biungl①、biungl②、biungl③、biungl④
545	浪	langh	langh①、langh②、langv③、langh③、langh④
546	老	laox	laox①、laox②、bens②、laox③、laox④
547	老虎	memx	memx①、memx②、memx laox③、maemx laox③、memx④
548	老实	diuc	laoxxedc①、laoxxedc②、diuc③、xedc③、lox xedp③、laox xedc④
549	老鼠	not	not①、not②、not③、nut③、not④
550	老太婆	sax laox	saxlaox①、saxlaox②、saoclaoc③、sax laox③、neix laox③、sax laox④
551	唠叨	beens	beens①、eblgungc②、beens③、naemv lail③、nouh③、nyeenh③、ngonh④、nguaenc nguaenc④
552	勒	yadc	yadc①、yadc②、legc②、lagt③、lagc③、yadc③、yadc④
553	了	lieeux	lieeux①、lieeux②、kenp③、lieeux③、yangx④
554	雷	bias	bias①、bias②、lei②、jas③、bias③、bias④
555	累	wenk	lil①、deilwenk②、ngebc②、kenk③、wenk③、luiv③、nangs③、wenk④
556	冷	liagp	liagp①、liagp②、leengx②、liagp③、leengx③、liagp④
557	冷冰冰	liagpsimssims	liagpsimssims①、liagpsimssims②、leengxsulsuc③、songl sius sius③、singh yods yods③、liagp yods yods④
558	厘	liic	liic①、liic②、liic③、liic④
559	梨	yeic	yeic①、yeic②、dil③、duil③、yeic③、yeic④
560	犁	keip	keip①、keip②、liic③、keip③、qeip③、keip④

续表

序号	汉语	规范侗文	四本词典侗文情况
561	黎明	ngeevmenl	ngeevmenl①、ngeevguangl①、wocmenl②、meengvmenl②、woc menl③、woc yinh③、ngeev menl③、ngeev menl④
562	礼	liix	liix①、liix②、liixxangh②、lix③、liix③、liix④
563	李子	duil	duil①、duil②、dil③、duil③、duil④
564	里	aox	aox①、aox②、liix②、aox③、aox④、geel④
565	鲤鱼	bal miix	bal miix①、mieix②、bal miix②、bal mieix③、bal miix③、moux③、miix④
566	力气	legc	legc①、legc②、soh②、week②、jenv③、legc③、soh③、legc④
567	历书	leecliigx	liigx①、leecliigx②、liigx③、liigx④
568	立春	liebcxenp	liebcxenp①、liebcxenp②、liebc xenp③、liebc xenp④
569	立刻	xuhlaengx	xenlxic①、xuhlaengx②、dangv xip③、laengx③、yabx③、xuh③、laengx④、xuh④
570	利息	lih	lih①、lih②、lih③、lih④
571	栗子	ledc	ledc①、ledc②、ledc③、ledc④
572	痢疾	eexdongv	eex dongv①、liji②、xaksais②、eex dongv③、dongv④
573	连夜	lavjanl	lavjanl①、lieencjanl②、lieenc janl③、lav janl③、yaemc janl③、lav janl④
574	镰刀	liimc	liimc①、liimc②、gingc③、liimc③、liimc④
575	凉	liagp	liagp①、yimk②、liagp②、xink③、liagp③、ningv③、liangc③、leengx④、liagp④
576	凉快	yimk	yimk①、yimk②、yimk③、yimk④
577	凉鞋	haic jags	haicjags①、liangchaic②、haicjags②、haic jags③、haic liangc④
578	粮	liangc	liangc①、liangc②、liangc③、oux③、oux④、liangc④
579	两	yac	yac①、yac②、liangx②、liangx③、yac③、yac④、liangx④
580	亮堂堂	guanglsinghsingh	guanglsinghsingh①、guangldinghdingh②、guangl dingh dingh③、guangl singh singh③、guangl singh singh④
581	辆	av	av①、av②、av③、av④、jagc④

续表

序号	汉语	规范侗文	四本词典侗文情况
582	晾	langh	giul①、langh②、langh③、liangv③、giul③、giul④
583	裂开	ngeev	ngeev①、ngeev②、eip②、ngeev③、yegt③、ngeev③、piaengk④
584	淋	liemc	liemc①、liemc②、lienc③、liemc③、liaemc③、liemc④
585	鳞	guenv	guenv①、guenv②、gunv③、guenv③、denv③、env③、guenv④
586	吝啬	adp	adp①、kadp②、nids②、nouv②、adp③、kadp kit kit③、kaenp④
587	灵验	liingcxingv	liingcxingv①、yingv①、lingc②、yingc②、yingv③、liingc xingv③、liingc④
588	零 / 零丁	liingc	liingc①、liingc②、liingc③、liingc④
589	零星	sebl soiv	sedlsoiv①、seblsoiv②、sedl soiv③、sedl soiv④
590	留	liuuc	liuuc①、liuuc②、douv②、douv③、liuuc③、juml④、liuuc④、douv④
591	流	kuip	uip①、uip②、ladp③、kuip③、uip③、kuip④、uip④
592	流产	gongvlagx	gongv lagx①、gongvlagx②、gods②、gongv lagx③、gongv lagx④
593	流传	xonc	xonc①、xonc②、xonc③、xonc④
594	流浪	yiup yangk	yiupyangk①、liulang②、yiucyingh②、liuuc juc③、yiup yangk③、yiup yangk④
595	瘤子	singl	singl①、ont②、juh③、singl④
596	六	liogc	liogc①、liogc②、liogc③、liogc④
597	六月六	liogcnguedxliogc	liogcnguedxliogc①、liogcnguedxliogc②、liogc wedx liogc③、liogc guedx liogc④
598	龙	liongc	liongc①、liongc②、long②、liongc③、liongc④
599	聋	lagl	lagl①、lagl②、lengl③、longl③、ladl③、lagl③、lagl④
600	聋子	lagl	kaplagl①、kaplagl②、aclagl②、longl sis③、kap lagl③、kap lagl④
601	笼子	wouc	wouc①、wouc②、logx②、biuuc③、wuc③、wouc③、wouc④
602	楼	louc	gongc①、louc②、louc③、gongc③、louc④、gongc④
603	楼板	bidxlouc	bidxlouc①、gabxluc②、gabx luc③、guibx③、bidx louc③、gabx lonc④、guibx④

序号	汉语	规范侗文	四本词典侗文情况
604	楼房	yancgongc	yanc louc①、yancgongc②、yanclouc③、yanc gongc③、yanc gongc④
605	楼枕	ladxlouc	ladxlouc①、ladxlouc②、ladx louc③、ladx louc④
606	搂	kubt	kubt①、kubt②、ap③、aems③、oms③、kubt③、kubt④
607	篓子	piiup	piiup①、piiup②、louh③、loux③、piiup③、piiup④
608	漏	louh	louh①、louh②、suds②、kugt③、louh③、tongt③、songt③、sebp③、louh④
609	芦笙	lenc	lenc①、lenc②、lenc③、lenc④
610	芦苇	luhjigx	luhjigx①、nyangtlohjigx②、luh jigx③、nyangt saop③、saop demc③、luh jigx④
611	鹿	begsags	begsags①、begsags②、xeenpbac②、begs ags③、xanl bac③、begs ags④
612	露水	naemx munc	naemxmunc①、naemxmunc②、naemxsens②、naemx sens③、naemx munc③、naemx munc④、sens④
613	卵巢	deihlagx	deihgeiv①、luanchao②、deih lagx③、sais wap③、sais wap④
614	乱	lonh	lonh①、lonh②、biax③、nyaop③、gax nyax③、biax④、lonh④
615	萝卜	bagc	bagc①、bagc②、lox wat③、bagc③、bagc④
616	锣	dongclac	dongclac①、lac②、dongclac③、dongc lac③、lac④
617	箩筐	lac	loc①、loc②、lac③、loc③、luc③、lac④
618	螺蛳	louv	louv①、louv②、louv③、louv④
619	麻木	jaol	jaol①、jaol②、mac②、jas③、jaol③、ledc③、jaol④
620	麻雀	liait	liait①、liait②、liait③、liait④
621	麻子	liouv	liouv①、liouv②、miaot②、miais③、liouv③、bios③、liouv④
622	蚂蟥	miingc	miingc①、miingc②、miingc③、miingc④
623	蚂蚁	medc	medc①、medc②、medc③、madc③、medc④
624	骂	piidt	piidt①、guav②、jods②、piidt②、piidt③、kadt③、jods④、qoip④、piidt④
625	埋	mogl	mogl①、mogl②、emv②、yongl③、aemv③、mogl③、emv④、mogl④

续表

序号	汉语	规范侗文	四本词典侗文情况
626	埋葬	sangv	moglemv①、mogl②、sangk②、sangv③、saengv③、sangk③、mogl④、sangv④、yaeml④
627	买	jeis	jeis①、jeis②、jeis③、jeis④
628	麦子	ouxmegx	ouxmegx①、ouxmegx②、oux megc③、oux megx④
629	卖	beel	beel①、beel②、beel③、beel④
630	瞒	monc	monc①、manc②、monc②、jaenl③、monc③、monc④
631	满	digs	digs①、digs②、man②、sungh③、monx③、leemc③、digs③、digs④、sungh④、biingx④
632	满月	digs nyanl	demx nyanl①、digsnyanl②、digs nyanl③、digs nyanl④
633	慢	seik	seik①、aenl②、mol③、nol③、wanp③、seik③、seik④、nyamk④、aenl④
634	忙	jens	jens①、jens②、eishoik③、liok③、ganx③、jens③、jens④
635	盲肠	sais beev	sais beev①、sais geev②、saisbeev②、sais beev③、sais beev④
636	猫	meeux	meeux①、meeux②、meeux③、meeux④
637	毛虫	nuic xanl	nuicxanl①、nuic bienl②、nuicnyanp②、nuic xanl③、nuic xanl④
638	帽子	meeuh	meeuh①、meeuh②、emxdouc②、meeut③、meeuh③、emx④、meeuh④
639	没有	gueec lis	lianx①、gueeclis②、gueec②、mix②、mix③、lianx③、gueec lis③、gueec③、lianx③、lianx lis④、gueec④
640	霉	mungc	muil①、mungc②、mongc③、mungc③、muil③、muil④、mungc④
641	妹妹	nongx	muih①、nongx②、nongxmiegs②、nongx③、nongx④、muih④
642	门	dol	dol①、dol②、dol③、dol④
643	门闩	jaencdol	jaencdol①、xeenpdol②、jaenc dol③、jaenc④
644	门牙	biaenlnas	biaenl davnas①、ngeecdol②、biaenlnas②、biaenl nas③、bienl nas③、biaenl nas④
645	闷热	ouv	ngoul①、aos②、ouvnyouv②、huabx②、aos③、ngoul③、ouv③、aos④、ouv④、obs④
646	梦	biaenl	biaenl①、biaenl②、biaenljanl②、biaenl③、mienh③、biaenl④

续表

序号	汉语	规范侗文	四本词典侗文情况
647	迷信	jeenc	jeenc①、mixin②、jeenc③
648	米花	ouxbeeuv	oux beeuv①、ouxbeeuv②、oux beeuv③、oux beeuv④
649	米汤	naemx oux	naemx oux①、naemx oux②、naemx oux③、naemx oux④
650	密植	laemp nal	laemp nal①、mizhi②、laemp na1③
651	棉花	miinc	miinc①、miinc②、miinc③、miinc④
652	棉桃	houkmiinc	houk miinc①、houkmiinc②、houh miinc③、houk miinc③、houh miinc④
653	棉絮	yanghmiinc	maenxdans①、sipmiinc②、miincduic②、yanghmiinc②、maenxdans②、miinc yongc③、miinc duic③、adx③、maenx dans④
654	棉衣	ugs miinc	ugs miinc①、ugsmiinc②、ugs miinc③、ugs miinc④
655	免	mieenx	mieenx①、mieenx②、mian②、mieenx③、mieenx④
656	免得	mieenx lis	wanp①、wanp②、mieenxlis②、miinxgus②、wanp③、mieenx lis③、wanp④、mieenx④
657	面貌	nasnaengl	miinhsinc①、mianmao②、nasnaengl②、nas naengl③、nas naengl④
658	面目	miinhmogc	miinhmogc①、miinhmogc②、nas③、miinh mogc④
659	庙	miiuh	miiuh①、miiuh②、miiuh③、miiut③、miiuh④
660	敏捷	liuut	liuut①、hoik②、liuut③、liangh③、liuut④
661	名字	guanl	guanl①、guanl②、guanl③、danl③、guanl④
662	明天	maenlmus	maenlmus①、maenlmus②、maenl mus③、maenl mus④
663	命	mingh	mingh①、mingh②、mingh③、mingh④
664	摸	mol	biaens①、mol②、liaemc②、kuap③、mol③、biaens③、guac④、kuap④、mol④
665	磨	baenc	baenc①、baenc②、baenc③、ngeeh③、baenc④、mol④
666	磨刀石	jinl baenc	jinl baenc①、bialbaenc②、jinlbaenc②、jinl baenc③、jinl baenc④
667	磨盘	lenp moh	lenc moh①、bancmoh②、lenp moh③、mol④
668	抹	miads	miads①、miads②、miail③、miads③、mac③、aip③、xegp④、miads④

续表

序号	汉语	规范侗文	四本词典侗文情况
669	墨	magc	magc①、magc②、magt③、magc③、magc④
670	墨水	naemxmagc	naemxmagc①、naemx magc②、naemx magc③、naemx magc④
671	墨线	sanvmiuuc	miuuc①、sanvmiuuc②、miuuc③、miuuc④
672	母亲	neix	neix①、neix②、neix③、neix④
673	亩	moux	mux①、moux②、mux③、moux③
674	木耳	lackapnot	lackapnot①、lackapnot②、lac kap not③、lac kap not④
675	木匠	sanghmeix	sangh meix①、sanghmeix②、sangh meix③、sangh meix④
676	木桩	guenv meix	guenv meix①、lagl②、lagl③、kak meix③、genv meix③、guenv meix③、lagl④
677	墓	muh	muh①、wenc②、muh②、muh③、moh③、muh④
678	拿	deic	deic①、deic②、aol②、deic③、aol③、aol④、nyaeml④
679	哪	nup	nup①、nup②、noup③、oup③、nup③、nup④
680	那个	naenl jav	aemx jav①、naenl jav②、bul jav③、jagc jav③、bul gav③、aemx jav③、jav④
681	那里	gil jav	geeljav①、gil jav②、aox jav②、gil jav③、geel jav④
682	那些	maenv jav	maenv jav①、maenv jav②、menv jav③、maenv jav④
683	那样	il jav	iljav①、hangc jav②、il jav③、il jav④
684	纳	xeml	xeml①、qak②、gueis②、jeml②、xup②、xeml③、xav③、xeml④
685	男	banl	banl①、banl②、lagxbanl②、banl③、lagx banl④
686	南	namc	namc①、namc②、namc③、namc④
687	南瓜	donglgual	donglgual①、donglgual②、buc gax③、dongl gual③、buc gax④
688	难 (nán)	nanc	nanc①、nanc②、nanc③、nanc④
689	难 (nàn)	nanh	nanh①、nanh②、nanh③、nanh④
690	脑髓	nyuic	nyuic①、nyuic②、nyuic③、nyic③、nyuic④
691	脑子	nyuicgaos	emh①、nyuic②、nyuicgaos③、emh③、nyuic gaos③
692	内心	aoxlongc	denssais①、aoxlongc②、deix dus③、dens sais③、aox longc④

续表

序号	汉语	规范侗文	四本词典侗文情况
693	内脏	ducaox	ducaox②、xalxuih②、duc gaox③、sais longc④
694	能干	ags soh	diux①、liangh①、weexlis②、ags gungc②、nenggan②、haenh soh③、liuuc liangh③、longc yaih③、ags③、ags④、ags soh④、diux④
695	泥巴	magx	magx①、magx②、namh③、ens③、magx④
696	泥鳅	nguedc	nguedc①、nguedc②、nguedc③、nguedc④
697	泥土	magxtut	magxtut①、magx②、namh②、magx tut③、magx④
698	你	nyac	nyac①、nyac②、nyac③、nyac④
699	你们	xaop	xaop①、xaop②、xaop③、xaop④
700	逆风	lemcdaov	lemc daov①、lemcdaov②、lemc daov③、lemc daov④
701	年	nyinc	nyinc①、nyinc②、nian②、nyinc③、nyinc④
702	鸟	mogc	mogc①、mogc②、mogc③、mogc④
703	尿	nyeeuv	nyeeuv①、nyeeuv②、nyeeuv③、nyeeuv④
704	尿布	binv	binv①、binvnyeeuv②、binx②、biinx③、binv③、piat eex③、binv④、biinx④
705	捏	nyaeml	piagp①、nyaeml②、piagp②、nyaeml③、piagp④、baens④、nyaeml④
706	拧	miuds	nyaent①、miuds②、nyaent③、miuds③、miedl④、miuds④、baens④
707	牛	duc	duc①、senc②、duc②、liout③、duc③、doc③、gueec④、duc④
708	扭	miuds	miedl①、miuds②、miuds③、miedl④、miuds④、nyius④
709	脓	xogc	xogc①、xogc②、xogc③、xogc④
710	疟疾	nop	nop①、biingh nop②、nop③、nop④
711	挪动	kodt	kodt①、neip②、kodt③、neip③、kuadt④、kodt④
712	糯米	ouxjos	ouxjos①、ouxjos②、oux jos③、oux jos④
713	女	miegs	miegs①、miegs②、miegs③、nyux④、miegs④
714	女婿	lagxsaox	lagxsaox①、lagxsaox②、lagx saox③、lagx saox④
715	藕	ngoux	ngoux①、ngoux②、ngoux③、ngoux④
716	爬行	ledc	ledc①、kodt②、ladc③、ladt③、ledc③、ledc④

续表

序号	汉语	规范侗文	四本词典侗文情况
717	耙	bac	bac[1]、bac[2]、kaik[2]、bac[3]、bac[4]
718	怕	yaot	yaot[1]、yaot[2]、yaot[3]、kop[3]、qeek[4]、yaot[4]
719	派	paik	paik[1]、paik[2]、paik[3]、paik[4]
720	攀	nyeeuk	nyeeuk[1]、nyongv[2]、geeus[2]、nyeeuk[3]、jeeuh[3]、geeus[3]、nyongv[3]、nyeeuk[4]
721	攀登	geeus	geeus[1]、nyongv[2]、geeux biingx[2]、geeus[3]、geeus[4]
722	盘旋	gonh	liamx[1]、gonh[2]、xonh[2]、liamx[3]、gonh[3]、gonh[4]
723	旁边	mangvgeel	mangv geel[1]、mangvgeel[2]、geel[2]、mangv geel[3]、geel[4]
724	螃蟹	jeih	jeih[1]、jeih[2]、jeih[3]、angl geiv[3]、jeih[4]
725	刨	beeuc	beeuc[1]、beeuc[2]、beeuc[3]、weds[4]、jods[4]、nyags[4]
726	泡沫	bugx	bugx[1]、bugx[2]、bugx[3]、bux[3]、bugx[4]
727	炮	peeuk	peeuk[1]、pao[2]、peeuk[2]、peeuk[3]、paok[3]、peeuk[4]
728	陪伴	banx	banx[1]、banx[2]、banx[3]、banx[4]
729	赔	beis	buic[1]、beis[2]、beis[3]、buic[4]、beis[4]
730	配	piik	peip[1]、pei[2]、pik[2]、piik[3]、pik[3]、peip[4]
731	配种	aol buil	aol buil[1]、peip xongs[2]、aol buil[3]、aol buil[4]
732	喷	pienk	pienk[1]、pienk[2]、pienk[3]、penk[3]、pienk[4]
733	盆	benc	benc[1]、benc[2]、benc[3]、benc[4]
734	捧	ubs	ubs[1]、ubt[2]、woc[3]、ubs[3]、ubs[4]
735	碰	denv	denv[1]、deml[2]、denv[2]、denv[3]、denv[4]、janh[4]
736	碰见	dungs	dungs[1]、deml[2]、subs[2]、dungs[2]、dungs[3]、dungs[4]、subs[4]
737	披	beiv	beiv[1]、beiv[2]、beiv[3]、beiv[4]
738	劈	lav	lav[1]、deev[2]、lav[2]、magt[3]、lav[3]、magt[4]、deev[4]、lav[4]
739	皮鞋	haic bic	haic bic[1]、haicbic[2]、haic bic[3]、haic bic[4]
740	疲倦	deilwenk	deilwenk[1]、pijuan[2]、ngebc[2]、deil wenk[3]、neev[3]、mas lags[3]、deil wenk[4]

续表

序号	汉语	规范侗文	四本词典侗文情况
741	疲劳	deilneev	deilneev[①]、deilwenk[②]、deil neev[③]、xemk wenk[③]、wenk[④]
742	琵琶	bicbac	bicbac[①]、bicbac[②]、bic bac[③]、bic bac[④]
743	脾脏	miak	bangs[①]、miak[②]、miak[③]、miak[④]
744	匹	pedp	pedp[①]、duc[②]、pedp[③]、duc[③]、pedp[④]
745	屁	dedl	dedl[①]、dedl[②]、dedl[③]、dedl[④]
746	屁股	senx、ongl eex	senx[①]、senx[②]、buiv[②]、deex[③]、senx[③]、senx[④]
747	偏	piinp	kingp[①]、piinp[②]、piinp[③]、pieenp[③]、banc[④]、xegl[④]、kingp[④]
748	偏心	piinp sais	piinplongc[①]、longcpiinp[②]、piinpsais[②]、piinp sais[③]、piinp longc[③]、pieenp sais[③]、piinp sais[④]
749	篇	piinp	piinp[①]、piinp[②]、piinp[③]、pieenp[③]、lieenp[③]、piinp[③]、meix[④]
750	骗	wangt	pieenk[①]、loux[②]、dingv[②]、pieenk[③]、wangt[③]、wok[③]、pieenk[④]、dingv[④]、loux[④]
751	漂	ligt	ligt[①]、ligt[②]、ligt[③]、piaop[④]
752	漂亮	lailyagc	geemv[①]、biangv[②]、kaenp[②]、lailyagc[②]、lail yagc[③]、geemv[③]、lail miegs[④]
753	瓢	miaiv	miaiv[①]、miaiv[②]、miaiv[③]、xop[③]、miaiv[④]
754	票	piaop	piaop[①]、piao[②]、piaok[③]、piaop[③]、pieeuk[③]、piaop[④]
755	拼命	paenk mingh	nabxmingh[①]、paenk mingh[②]、nabxmingh[③]、paenk mingh[③]、pient mingh[③]、paenk mingh[④]、nabx mingh[④]
756	贫困	danghjaol	danghjaol[①]、pinkun[②]、nyads[②]、hut[③]、kut[③]、dangh jaol[③]、hut[④]
757	平辈	biingc banl	biingcbanh[①]、biingcbans[②]、biingc banh[③]、biingc banh[④]
758	平时	laengxxic	hancxic[①]、laengxxic[②]、hanc xic[③]、laengx xic[③]、laengx xic[④]
759	瓶子	biingc	biingc[①]、piingc[②]、binc[③]、biingc[③]、bienc[③]、biingc[④]
760	泼水	wadt naemx	pogp naemx[①]、pogp naemx[②]、wadt naemx[③]
761	破	lav	duv[①]、lav[②]、pak[②]、lav[③]、seek[④]、duv[④]、lav[④]
762	破晓	wocmenl	wocmenl[①]、ngeevmenl[②]、meengvmenl[②]、woc menl[③]、woc menl[④]

续表

序号	汉语	规范侗文	四本词典侗文情况
763	铺	puk	pup①、pup②、pup③、puk③、puk④
764	葡萄	ids	ids①、ids②、demhids②、ids③、ids④
765	瀑布	naemxnanh	ganv nanh①、naemxnanh②、ganv nanh③、naemx nanh③、naemx nanh④
766	七	sedp	sedp①、sedp②、sedp③、sadl③、sadp③、sedp④
767	七月	sedpnguedx	sedpnguedx①、sedpnguedx②、sedp nguedx③、sedp nguedx④
768	妻子	maix	maix①、maix②、maix③、jenl yanc④、maix④
769	期待	miungh	miungh①、gas②、xus②、miungh②、miungh jas③、xongl sais④
770	漆	sedp	sedp①、sedp②、sedp③、sadl③、sedp④
771	齐全	xoncxuh	xoncxuh①、gaenxgadl②、xonc②、xonc xuh③、gaenx guih③、xonc xuh④
772	脐带	saisbiol	sais biol①、saisbiol②、sais biol③、sais biol④
773	起	jenc	bongc①、qit②、jenc②、jenc③、jenc④、jiml④、qit④
774	气味	soh	soh①、sohsaop②、qik③、soh③、soh④
775	千	sinp	sinp①、sinp②、sinp③、sinp④
776	铅	yonv	yonc①、qian②、yonc②、qeenp③、yonc④
777	前天	maenlunv	maenlunv①、maenlunv②、maenl unv③、maenl unv④
778	前晚	nyaemvunv	nyaemvunv①、nyaemvunv②、nyaemv unv③、nyaemv unv④
779	钱	sinc	sinc①、sinc②、qian②、sinc③、sinc④
780	浅	linv	linv①、linv②、linv③、ninv③、linv④
781	枪	xongk	xongk①、xongk②、qangp③、xongk③、xongk④
782	墙	kaik	xingc①、kaik②、xingcxangc②、kaik③、xangc③、qaik③、xingc④
783	墙壁	kaik	kaik①、kaik②、qaik③、kaik xingc③、kaik④
784	呛	kank	kank①、kank②、lagl②、xongv③、qongk③、lagl③、lagl④、kank④
785	桥	jiuc	jiuc①、juic②、lox②、jiuc③、lox③、jiuc④

续表

序号	汉语	规范侗文	四本词典侗文情况
786	翘	jeeuc	jeeuc①、nyont②、qeeuc②、bids②、qeeup③、jeeuc③、nyeeup③、gons④
787	撬	qeeuk	giuh①、qeeuk②、liaoh③、lieeuk③、qeeuk③、ngeeux④、qeeuk④、ngagx④
788	切	sidt	nyagl①、dadl②、sidt②、adl③、sids③、nyagl③、sidt④、nyagl④
789	茄子	jac	jac①、jac②、jac③、jac④
790	亲戚	senpsingc	senp①、senpsingc②、senp③、senpsingc③、senl singc④
791	亲人	nyencbens	nyencbens①、nyencbens②、nyenc bens③、nyenc hens④
792	勤俭	saemcongl	saemcongl①、qinjian②、saemc ongl③、saemc ongl④
793	勤快	yagp	yagp①、yagp②、yagp③、yagp④
794	青椒	lianhsiul	lianhsiul①、lianh sup②、lianh sup③、lianh sup④
795	青石	bial sup	bial sup①、bialsup②、bial sup③、bial sup④
796	青苔	doul	doul①、doul②、nyov③、nyov③、doul③、doul④
797	青天	menlsup	menlsup①、menlsup②、menl sup③、menl sup④
798	青蛙	yeel	yeel①、yeel②、yeel③、yeel④
799	青鱼	bal singp	bal singp①、ballagxtingp②、bal singp③、singp④
800	轻浮	beevbids	beevbids①、qat②、peekleeh②、qatbah②、beev bids③、lial qap③、beev bids④
801	轻飘飘	qatqegtqegt	qatqegtqegt①、qatqegtqegt②、qat qebt qebt③、qat weeus weeus③、qat qebt qebt④
802	轻视	nuvqat	nuvqat①、unvqat②、nuveisqit③、nuv qat③、gux④
803	轻松	wanp weeut	wanpweeut①、qingsong②、qatxenp②、tout②、wanp weeut③、saik④
804	清除	kat	kat①、qingchu②、kat③、kat④
805	清楚	singptut	tingptut①、singptut②、singp③、tingp tut③、tingp tut④
806	清早	eengl hedp	eenglhedp①、hedpsaemp②、gaoshedpsaemp②、aenl hedp③、eengl hedp③、eengl hedp④

321

续表

序号	汉语	规范侗文	四本词典侗文情况
807	蜻蜓	denh	denh[1]、denh[2]、deengc[2]、denhdeengc[2]、denh[3]、deeux[3]、denh[4]
808	情人	singcnyih	nyencsingc[1]、singcnyih[2]、nvencsingc[2]、juh singc[3]、singc nyih[3]、singc nyih[4]
809	请	singt	singt[1]、qing[2]、sint[2]、tingt[2]、lah[3]、singt[3]、sint[4]、singt[4]、tingt[4]
810	穷	kut	jongc[1]、hut[2]、jongc[3]、hut[3]、kut[4]、jongc[4]
811	穷苦	jongckut	jongchut[1]、qongku[2]、jongckut[2]、hut[2]、jongc hut[3]、hut[4]
812	穷人	nyenc kut	nyenc hut[1]、nyenchut[2]、nyencjongc[2]、nyenc but[3]、nyenc luv[3]、nyenc hut[4]
813	秋千	weeup nyeeux	nyeeux[1]、qiuqian[2]、weeupnyeeux[2]、nyeeux[3]、nyeeux[4]
814	秋天	nyanlsup	nyanlsup[1]、qiutian[2]、maenlsup[2]、tupqinp[2]、nyanl sup[3]、nyanl sup[4]
815	蚯蚓	saenx	saenx[1]、saenx[2]、saenx[3]、senx[3]、saenx[4]
816	蛆	nunl	nunl[1]、nunl[2]、nunl[3]、nunl[4]
817	去	bail	quk[1]、bail[2]、bail[3]、bail[4]、quk[4]
818	全家	daengc yanc	daengc yanc[1]、daengcyanc[2]、usyanc[2]、daengc yanc[3]、us yanc[4]、daengc yanc[4]
819	全体	daengc doux	daengc[1]、daengcdoux[2]、daengc[3]、daengc doux[3]、daengc[4]
820	拳头	xuic	xuic[1]、xogl[2]、xuic[2]、boulxuic[2]、junc douc[3]、xuic[3]、xogl[4]、xuic[4]
821	裙子	went	went[1]、went[2]、went[3]、went[4]
822	群	doux	weenp[1]、doux[2]、doux[3]、bangh[4]、douc[4]
823	群众	wagx xangh	wagx[1]、qunzhong[2]、wagxxangh[2]、jenl wagx[3]、wagx xangh[3]、wagx[4]
824	染	yaems	yaems[1]、yaems[2]、yaemt[3]、yaems[3]、yaems[4]
825	让	nyangh	ngeengs[1]、nyangh[2]、nyangh[3]、saip[3]、sail[3]、yeil[4]、ngeengs[4]
826	让开	yeil	yeil[1]、geengh[2]、eip[3]、teik[3]、yeil[3]、yeil[4]
827	惹	doul	liail[1]、re[2]、nyenx[2]、doul[2]、leex[3]、doul[3]、liail[4]、doul[4]

续表

序号	汉语	规范侗文	四本词典侗文情况
828	热	dunl	dunl①、dunl②、udt②、ouv②、liongx②、dunl③、kudt③、liongx④、udt④、dunl④
829	热乎乎	dunlhuhhuh	dunlhuhhuh①、dunlhuhhuh②、udtgungvgungv②、dunl huh huh③、udt houh houh④、dunl huh huh④
830	热闹	naolnyeec	nyongc①、naolnyeec②、naohnyedx②、nyongc③、nagl④
831	人	nyenc	nyenc①、nyenc②、nyenc③、nyenc④
832	人情	singc	singcnyih①、renqing②、singc③、singc④
833	忍痛	yaens ids	yaens ids①、yaens ids②、yaens ids③、yaens ids④
834	认识	woxmeel	woxmeel①、woxmeel②、wox meel③、wox meel④
835	日子	nyanlmaenl	nyanlm aenl①、maenl②、nyanlmaenl②、nyanl maenl③、baenl③、nyanl maenl④
836	榕树	liongcxuh	liongcxuh①、meixliongcxuh②、liongc xuh③、liemc xuh④、liongc xuh④
837	揉	nyuic	noc①、nyudx②、nyuic②、ngabc③、nyuic③、noc③、nyuic④
838	肉	nanx	nanx①、nanx②、maenx②、nanx③、nanx④
839	如果	nuv	nuv①、nuvbaov②、nuv②、nuv③、nup③、yangh③、yangh④、nuv④
840	蠕动	neipneblnebl	neip neblnebl①、neip②、nebl nebl③、neip nyobx nyobx④
841	软	mas	mas①、mas②、mas③、mas④
842	撒	nyank	laemh①、nyank②、piouk②、bianh③、nyank③、piouk③、bianh④、piouk④、nyank④
843	撒娇	weexjas	weexjas①、weexnyeenv②、weex jas③、weex jees④
844	撒网	dos yeep	dos yeep①、dos yeep②、dabc yeep②、diml yeep③、xax yeep③、dos yeep④
845	塞	hank	labc①、sagp②、wedl②、hank②、biiv③、biiv④、liaengv④、hank④
846	鳃	ngabx	ngabx①、ngabx②、ngabx③、ngat④、ngabx④
847	三	samp	samp①、samp②、samp③、samp④

续表

序号	汉语	规范侗文	四本词典侗文情况
848	三月	sampnguedx	sampnguedx[1]、sampnguedx[2]、samp wedx[3]、samp nguedx[3]、samp nguedx[4]
849	伞	sank	sank[1]、sank[2]、sank[3]、sank[4]
850	桑树	meixaos	aos[1]、meixaos[2]、meix aos[3]、aos[4]、meix aos[4]
851	扫	sedl	sedl[1]、sedl[2]、sedl[3]、sedl[4]
852	扫地	sedl dih	sedl dih[1]、sedldih[2]、sedl dih[3]、sedl yanc[4]、sedl dih[4]
853	扫墓	xah moh	gualtingp[1]、kat wenc[2]、guavtingp[2]、xah moh[3]、gual tingp[3]、gual qenh[4]
854	扫射	biagl	biagl[1]、saoshe[2]、biagl[2]、biagl[3]、biagl[4]
855	扫帚	guanglsedl	guanglsedl[1]、guanglsedl[2]、guangl sedl[3]、guangl sedl[4]
856	嫂子	maixjaix	maix[1]、maix[2]、maixjaix[2]、jaix[3]、maix[3]、maix[4]
857	森林	das laox	das[1]、senlin[2]、dasmeix[2]、longl[3]、das[3]、das[4]
858	杀	sat	sat[1]、sat[2]、sat[3]、sat[4]
859	纱	mieec	mieec[1]、mieec[2]、mieec[3]、mieec[4]
860	筛	xail	xail[1]、xail[2]、xail[3]、xaip[3]、xaih[4]
861	筛子	xail	xail[1]、xail[2]、xaih[3]、xaip[3]、xaih[4]
862	晒	xak	xak[1]、xak[2]、xav[3]、xak[3]、xak[4]
863	山	jenc	jenc[1]、jenc[2]、jenc[3]、xeenp[3]、jenc[4]
864	山冲	jemh	lionx[1]、jemv[2]、jencjemh[2]、jemh[3]、dengh[3]、jemh[4]
865	山林	xeenp liemc	xeenpliemc[1]、dasmeix[2]、das[2]、xeenp liemc[3]、xeenp liemc[4]
866	山岭	liingxjenc	liingx[1]、liingxjenc[2]、jencxeenp[2]、liingx jih[3]、liingx jih[3]、jenc jih[4]
867	山坡	xeenpjenc	xeenpjenc[1]、jencjih[2]、jencxeenp[2]、jenc xeenp[3]、xeenp jenc[4]
868	山羊	liees jenc	beeuc[1]、liees[2]、liees jenc[3]、jingl[3]、nyos[4]
869	杉木	meix beens	beens[1]、meixpagt[2]、meixbeens[2]、beens[3]、meix beens[3]、pagt[4]
870	闪电	labs	labs[1]、labt[2]、labs[3]、labs[4]

序号	汉语	规范侗文	四本词典侗文情况
871	扇子	waic	waic①、waic②、waic③、waic④
872	伤口	eblxangp	eblxangp①、shangkou②、jemcids②、jemc douh③、ebl xangp③、baic④
873	商量	daenglliangc	daengl liangc①、daenglliangc②、sangs liangc②、xeengl liangc②、daengl liangc③、liangc④
874	上	qak	qak①、qak②、qak③、qak④
875	上边	mangvwul	mangv wul①、mangvwul②、mangv ul③
876	上面	mangv wul	mangv wul①、mangvwul②、kenp uul③、wul③
877	尚未	naengl mix	mix①、naenglmix②、naengl mix③、mix④
878	烧	daos	daos①、daos②、oil②、udt②、dos②、xigs③、xids③、daos④、udt④、xigs④、oil④
879	筲箕	wudt	wudt①、wudt②、wudt③、wudt④
880	蛇	suic	suic①、suic②、xac②、suic③、siic③、suic④
881	舍得	xeeh	xeeh①、xeexlis②、yaengtxas②、xeeh③、xeex③、xeeh④
882	伸	yos	kaengp①、yos②、lads②、lux③、yos③、kaengp④、ladc④、longx④、yos④
883	身边	geelxenp	geelbal①、geelxenp②、geel xenp③、geel bal④
884	身体	wul xenp	xenp①、xenpxangh②、wulxenp②、xenp③、xenp xangh③、xenp xangh④
885	呻吟	yangl	yaengl①、yangl②、yangl③、yangl④
886	深浅	yaemllinv	yaemllinv①、yaemllinv②、yaeml linv③、yaeml ninv③、yaeml linv④
887	深夜	eengljanl	eengljanl①、banvjanl②、nyaemvweep②、janlweep②、eengl janl③、eengl janl④
888	什么	mangc	mangc①、mangc②、ducmangc②、mangc③、mangc④
889	升	xengp	xeengp①、sheng②、xengp②、qak②、xengp③、xenl③、xengp④
890	生气	qakqik	nyaemc①、wedtqik②、qakqik②、ouvqik②、nyoup③、biinv nas③、qak soh④、qik④、biinv nas④

续表

序号	汉语	规范侗文	四本词典侗文情况
891	生日	xeengp nyedc	xeengpnyedc[1]、xeengpnyedc[2]、xeengp nyedc[3]、seenp nyic[3]、xeengp nyedc[4]
892	生育	sangx	xeengp[1]、shengyu[2]、xeengp[3]、sangx[3]、sangx[4]
893	剩余	gal	gal[1]、gal[2]、gal[3]、jal[3]、gal[4]
894	尸首	guenvmogx	guenvmogx[1]、shishou[2]、guedlxil[2]、guenv mogx[3]、guenv nyogx[4]
895	湿	yagl	yagl[1]、yagl[2]、yagl[3]、yagl[4]
896	十	xedc	xebc[1]、xil[2]、xebl[3]、xabl[3]、xebc[3]、xebc[4]
897	十月	xebc nguedx	xebcnguedx[1]、shiyue[2]、xabl wedx[3]、xebc nguedx[3]、xebc nguedx[4]
898	石板	bial bangh	bial bangh[1]、bialbangh[2]、jinlkuaik[2]、bial bangh[3]、bial bangh[4]
899	石灰	hoip	hoip[1]、hoip[2]、hoip[3]、woip[3]、hoip[4]
900	石灰石	bial hoip	jinl hoip[1]、jinlhoip[2]、bial hoip[2]、jinl hoip[3]、bial hoip[3]、bial hoip[4]
901	石匠	sangh bial	sangh bial[1]、sanghbial[2]、sangh bial[3]、sangh jinl[3]、sangh bial[4]
902	石阶	jeiv bial	jeiv bial[1]、jeivbial[2]、jangsgail[2]、jeiv bial[3]、jeiv bial[4]
903	石头	bial、jinl	bial[1]、bial[2]、jinl[2]、bial[3]、jinl[3]、bial[4]、jinl[4]
904	时	xic	xic[1]、xic[2]、xic[3]、xic[4]
905	时候	xic houl	aenl[1]、shihou[2]、xic[2]、xic houl[3]、aenl[4]、eengl[4]、xebp[4]
906	时期	buh	buh[1]、shiqi[2]、xic[2]、buh[2]、buh[4]
907	食指/手指	lagxdaenglaiv	lagxdaengl aiv[1]、lagxdaenglaiv[2]、nyeeh miac[3]、lagx dongl aiv[3]、miac[4]
908	使用	yongh	xeit[1]、yongh[2]、yongh[3]、yongh[4]、xeit[4]
909	世间	yangcanl	yangcanl[1]、yangcanl[2]、wancganl[2]、menl guangl[3]、yangc anl[3]、yangc anl[4]
910	试	xik	xik[1]、xik[2]、qingk[3]、xik[3]、xiv[3]、qingk[4]、xik[4]
911	柿子	minx	minx[1]、minx[2]、minx[3]、minx[4]
912	是	jangs、xiv	jangs[1]、jangs[2]、xih[2]、xingv[2]、douh[3]、jangs[3]、xingv[4]、jangs[4]
913	誓言	sungpsaop	sungpsaop[1]、shiyan[2]、sungp saop meix liih[3]、sungp saop[4]

续表

序号	汉语	规范侗文	四本词典侗文情况
914	手	miac	miac①、miac②、miac③、miac④
915	手腕	ucinp	ucinp①、shouwan②、ucinp②、ol inp③、uc inp③、oc kinp③、uc inp④
916	手心	guanx miac	guanx miac①、dav miac②、balmiac②、guanx miac③、guanx miac④
917	手掌	basmiac	balmiac①、balmiac②、bal miac③、bas miac③、bas miac④
918	手指	lagx miac	lagxdaengl①、lagxmiac②、lagxdaengl②、lagx miac③、lagx miac④、magl miac④
919	瘦	wuml	naol①、wuml②、wuml③、yaeml③、wuml④
920	瘦肉	nanx naol	nanx naol①、nanxnaol②、nanx naol③、nanx yaeml③、nanx naol③、naol④
921	书	leec	leec①、leec②、leec③、leec④
922	书信	senk	senk①、senk②、senk③、senk④
923	叔叔	bux uns	buxov①、ov②、bux uns②、buxnyagl②、buxnyil②、bux ov③、bux uns③、bux uns④
924	梳子	keep	keep①、keep②、keep③、keep④
925	束	nyuit	nyuit①、nyuit②、nyaeml③、sugx③、madl③、xius③、nyuit③、nyuit④
926	树叶	bavmeix	bav meix①、bavmeix②、bav meix③、bav meix④
927	树枝	ahmeix	ah meix①、ahmeix②、av meix③、ah③、av meix④
928	刷	kadt	kadt①、kadt②、kadt③、kadt④、kuadt④
929	刷子	kadt	kadt①、kadt②、kadt③、kadt④
930	衰弱	yeev	lov①、shuairuo②、xuip②、lov③、meis③、yeev③、yeev④
931	甩	paenk	paenk①、baenv②、liul②、paenk③、beex③、wedc④、xaenk④、yagc④、lieeul④
932	霜	meel	meel①、meel②、meel③、meel④
933	谁	nouc	nouc①、nouc②、mungxnup③、nouc③、nouc④
934	水	naemx	naemx①、naemx②、naemx③、naemx④
935	水坝	bil	bil①、shuiba②、bil②、beel②、beel③、bil③、beel④、bil④

续表

序号	汉语	规范侗文	四本词典侗文情况
936	水草	nyangtnaemx	nyangtkidt[1]、nyangtnaemx[2]、nyangtkidt[2]、nyangt baoc[3]、benh[4]
937	水车	medl	medl[1]、xap[2]、medl[3]、xap[3]、medl[4]、xap[4]
938	水牛	gueec	gueec[1]、gueec[2]、gueec[3]、wic[4]、gueec[4]
939	水田	yav naemx	yav naemx[1]、yav naemx[2]、yav naemx[3]、yav naemx[4]
940	水源	dens naemx	dens naemx[1]、densnaemx[2]、dens naemx[3]、dens naemx[4]
941	水藻	mal bemh baoc	baoc[1]、baoc[2]、bemhbaoc[2]、baoc[3]、mal bemh baoc[3]、baoc[4]
942	睡	nagp	nagp[1]、nagp[2]、nagp[3]、nagp[4]
943	说	xodt	xodt[1]、wah[2]、angs[2]、xodt[2]、baov[3]、wah[3]、xodt[3]、xods[3]、xodt[4]
944	说谎	eblliaok	eblliaok[1]、angsloux[2]、wahdingv[2]、ebl liaot[3]、ebl liaok[4]
945	丝	sip	sip[1]、sip[2]、siip[3]、siip[4]
946	丝瓜	lagxyank	lagxyank[1]、lagxyank[2]、yank[3]、lagx yank[3]、yank[4]
947	撕	yags	yags[1]、yags[2]、yags[3]、yat[3]、neel[3]、yags[4]
948	四	siik	sik[1]、sik[2]、siik[3]、siiv[3]、siik[4]
949	四方	siik wangs	sikwangp[1]、sikwangp[2]、siik wangs[3]、siiv wangs[3]、siik wangp[4]
950	四四方方	siiksiik wangpwangp	siksik wangpwangp[1]、siksikwangpwangp[2]、sul sul wangs wangs[3]、siik siik wangp wangp[4]
951	四月	siik nguedx	siknguedx[1]、siknguedx[2]、siik nguedx[3]、siik ngedx[4]
952	饲养	sangx	buns[1]、sangx[2]、buns[3]、saoc[4]
953	松	longh	longh[1]、longh[2]、songl[3]、longh[3]、longh[4]
954	松鼠	notnent	notnent[1]、notnent[2]、not nent[3]、not jens[3]、not nent[4]
955	松树	meixsongc	meix dongcbegs[1]、meixsongc[2]、songcbegs[2]、meix songc[3]、meix songc begs[4]
956	松香	labx songc begs	labx songc[1]、songxiang[2]、labxsongc[2]、labx songc begs[3]、xangl[3]、labx songc begs[4]
957	搜	youp	kaop[1]、youp[2]、sout[3]、youp[3]、kuaop[4]

续表

序号	汉语	规范侗文	四本词典侗文情况
958	酸	semt	semt①、semt②、semt③、semt④
959	酸菜	mal semt	mal semt①、malsemt②、mal saems③、mal semt③、mal semt④
960	酸溜溜	semtliudsliuds	semt liudtliudt①、semtliudsliuds②、semtliiusliius②、semt liuds liuds③、liuds④
961	酸痛	semt ids	semt①、idssemt②、semt②、semt③、semt ids③、saemt③、semt④
962	算	sonk	sonk①、sonk②、sonk③、sonk④
963	算命	sonkmingh	sonkmingh①、sonkmingh②、sonk mingh③、sonk mingh④
964	随便	songc	songc①、suibian②、sailyic②、mangx③、songc③、songc④
965	岁	nyinc	xoik①、nyinc②、xoiv②、xoik③、nyinc③、nyinc④、xoik④
966	碎	soiv	soiv①、soiv②、soiv③、soiv④
967	碎米	oux kadp	kadp①、ouxkadp②、oux kadp③、kadp④
968	穗	mieengc	mieengc①、mieengc②、miangc③、mieengc③、mieengc④
969	缩	lebl	lebl①、wunx②、junv②、soc③、lebl③、lebl④
970	锁	baglsot	baglsot①、sot②、bagl sot③、sot③、sot④
971	他	maoh	maoh①、maoh②、maoh③、maoh④
972	他们	eep	jahmaoh①、eep②、jahmaoh③、maoh eep③、jah maoh③、eep③、eep④
973	踏	daenx	daenx①、sadt②、dabx③、daenx③、qait③、tadt③、nyudx④、xait④
974	台阶	jeiv	jeiv①、jeiv②、jangsgail②、jeiv③、jeiv④
975	抬头	jiml gaos	jiml gaos①、jimlgaos②、jencgaos②、ngangs gaos③、jiml gaos③、unl gaos④
976	太平	taikbiingc	taikbiingc①、taikbiingc②、taik biingc③、taik biingc④
977	太阳	nyedcdouc	davmaenl①、davmaenl②、nyedcdouc②、dav maenl③、nyedc douc③、nyedc douc④
978	贪	tant	tant①、taemp②、tant②、tant③、taemp③、mouc③、nyamt④、taemp④
979	滩	sanh	sanh①、sanh②、sal②、sal③、sanh③、sanh④
980	坛子	ongv	ongv①、ongv②、songl②、ongv③、daemc③、ongv④

续表

序号	汉语	规范侗文	四本词典侗文情况
981	痰	xeenc houp	xeenchoup①、xeenc②、xeenc houp③、ngogc③、xeenc④
982	袒护	pingp	pingp①、pingp②、huk③、kamt④
983	炭	tank	tank①、tank②、tank③、tank④
984	探望	tamk	tamk①、deis②、tamk②、tamk③、jims③、tamk④
985	汤	saov	saov①、saov②、tangp②、tangp③、saov③、saov④
986	糖	dangc	dangc①、dangc②、dangc③、dangc④
987	烫	tangk	tangk①、tangk②、laiv②、tangk③、tangp④
988	掏	weds	debs①、guac②、mol②、gaic②、bac②、weds③、gaih③、weeul③、onl④、qoit④
989	逃跑	laengh	laengh①、laengh②、bieeuv②、laengh③、laengh④
990	桃子	duilbaengl	duilbaengl①、duilbaengl②、dil bengl③、duil baengl③、duil baengl④
991	讨	goul	goul①、lah②、goul②、goul③、gaiv③、jaiv③、gaiv④
992	套	taok	taok①、taop②、taop③、taok③、taop④、xongc④
993	特殊	agsyangh	agsyangh①、teshu②、agsyangh②、ags yangh③、ags yangh④
994	藤子	jaol	jaol①、jaol②、jaol③、jaol④
995	踢	dabx、qigt	dabx①、qigt②、dabx②、yigt③、qedt③、dabx③、dabx④、qigt④
996	提	yenl	yenl①、yenl②、genl③、yenl③、yenl④
997	啼	yaenl	yaenl①、yaenl②、yaenl③、yaenl④
998	天	maenl	maenl①、maenl②、menl②、menl③、maenl④
999	天地	menl dih	menldih①、menl dih②、menl dih③、menl dih④
1000	天鹅	nganhmenl	nganhmenl①、nganhmenl②、nganh menl③、nganh menl④
1001	天牛	ngovngeds	ngovngeds①、emhngovngeds②、ngov ngids③、ngov ngeds④
1002	天下	dees mas menl	deesmasmenl①、menldih②、qinphak②、dees menl③、dees mas menl③、dees mas menl④
1003	田	yav	yav①、yav②、tian②、yav③、yav④
1004	填	jinc	jinc①、jinc②、jinc③、jinc④

续表

序号	汉语	规范侗文	四本词典侗文情况
1005	舔	liac	liac①、liac②、liac③、liac④
1006	挑	dabs	dabs①、dabs②、qiup②、dabs③、qiup④
1007	挑拨	tudt	tudt①、tudt②、tudt③、tudt④
1008	挑夫	hup	hup①、tiaofu②、hup③、dabs jos③、hup④
1009	调皮	kap nal	kapnal①、tiaopi②、jiulsaengl②、kap nal③、saoh③、doul sangl③、kapnal④
1010	铁匠	sangh dunv	sangh dunv①、sanghdunv②、sangh dunv③、sangh dunv④
1011	铁丝	sinh kuedp	sinkngeex①、sinkngueex②、anglkuedp②、sinh kuedp③
1012	停泊	bagc	bagx①、bagx②、bagc③、bagc④
1013	停留	savdinl	savdinl①、savdinl②、sav dinl③、sav dinl④
1014	停止	kiuk	kiuk①、tingzhi②、douv②、kiuk③、kiuk④
1015	通	tongp	ungt①、tongp②、emk②、tongp③、tongp④
1016	铜	dongc	dongc①、dongc②、dongc③、dongc④
1017	桶	wongk	wongk①、wongk②、wongk③、wongk④
1018	筒	dongc	dongc①、dongc②、dongc③、dongc④
1019	痛	ids	ids①、ids②、ids③、gids③、ids④
1020	头发	biaemlgaos	biaeml①、biaemlgaos②、biaeml gaos③、biaeml④
1021	头昏	muncgaos	muncgaos①、nguenh gaos②、munc gaos②、munc gaos③、nguenh gaos④
1022	头昏眼花/头昏	muncgaoswapdal	muncdal①、muncgaoswapdal②、munc gaos、munc gaos munc dal④
1023	头虱子	daol	daol①、daol②、daol③、daol④
1024	秃	onk	onk①、onk②、pogt②、onk③、pogt③、oh③、onk④
1025	秃头	gaos onk	gaos onk①、gaos onk②、gaos pogt②、gaos onk③、gaos oh③、gaos pogt③、onk gaos④
1026	突然	dahyunk	daihyunv①、turan②、dahyunk②、oxsenv②、beemc③、laenv④

续表

序号	汉语	规范侗文	四本词典侗文情况
1027	涂抹	miail	nyail[1]、miads[2]、nadx[2]、miail[3]、miail[4]
1028	土地	dihtut	dihdonh[1]、tudi[2]、dih[2]、dihtut[2]、dihmagx[2]、dihdonh[3]、dih tut[3]、dih[3]、dih[4]
1029	吐	piuup	nyeel[1]、piuup[2]、weent[2]、nyeel[2]、piuuk[3]、nyeel[3]、dons[3]、ngoux[3]、piuup[4]
1030	团鱼	biins	biins[1]、biins[2]、biins[3]、biins[4]
1031	推	wongt	beengx[1]、liaop[2]、liaoh[2]、wongt[2]、liaoh[3]、wongt[3]、beengl[4]、beengx[4]、wongt[4]
1032	腿	bal	bal[1]、bal[2]、bal[3]、bal[4]
1033	退	toik	gangv[1]、toik[2]、teik[3]、toik[3]、denl[4]、toik[4]
1034	吞	aenp	laens[1]、aenp[2]、aenp[3]、tenp[3]、aenp[4]
1035	拖	top	top[1]、top[2]、guags[2]、top[3]、top[4]
1036	脱	lodt	lodt[1]、todt[2]、lodt[3]、tonk[3]、lodt[4]
1037	脱落	miodx	miodx piodt[1]、dogl[2]、miodx[2]、miouh[2]、tonk[3]、sunv[4]、miodx[4]
1038	脱皮	lodt bic	lodt bic[1]、todtbic[2]、lodt bic[3]、tonk bic[3]、lodt bic[4]
1039	陀螺	lohlimx	lohlimx[1]、lollimx[2]、dongclimx[2]、loh limx[3]、loh limx[4]
1040	驼背	boiv goms	laic bams[1]、ungxuis[2]、laicungx[2]、ungc leic[3]、boh laic[3]、boiv goms[3]、ungx laic[4]、bams laic[4]
1041	挖	loul	loul[1]、loul[2]、deev[2]、deev[3]、loul[3]、weeul[3]、loul[4]、wed[4]
1042	瓦	ngueex	ngueex[1]、ngueex[2]、ngueex[3]、ngeex[3]、ngueex[4]
1043	瓦房	yanc ngueex	yanc ngueex[1]、yancngueex[2]、yanc ngueex[3]、yanc ngeex[3]、yanc ngueex[4]
1044	瓦窑	yiuc ngueex	yiuc ngueex[1]、yiucngueex[2]、yiuc ngueex[3]、yiuc ngeex[3]、yiuc ngueex[4]
1045	袜子	taok	taok[1]、wat[2]、taok[2]、wac[3]、was[3]、taok[3]、was[4]、taok[4]
1046	歪	yeep	loih[1]、yeep[2]、yeep[3]、pieenp[3]、xegl[4]
1047	外	nugs	nugs[1]、nugs[2]、bags[2]、bags[3]、wanh[3]、nugs[3]、nugs[4]

续表

序号	汉语	规范侗文	四本词典侗文情况
1048	外婆	deel	deel[1]、deel[2]、deel[3]、deel[4]
1049	弯	anl	anl[1]、oms[2]、jongv[2]、gons[2]、eeus[3]、anl[3]、jongv[3]、anl[4]
1050	弯曲	jongv	gons[1]、oulil[2]、jongv[2]、qongk[3]、jongv[3]、nyeeup[3]、jongv[4]、gons[4]、miedl[4]
1051	完毕	ledp	ledp[1]、wanbi[2]、wenp[2]、ledp[3]、kenp[3]、ledp[4]
1052	完工	ledp ongl	ledp ongl[1]、wenp ongl[2]、bings ongl[2]、bings ongl[3]、kenp ongl[3]、ledp ongl[4]
1053	完全	haop	haop[1]、wanquan[2]、weexlaot[2]、lislieeux[2]、haop[3]、jonl[4]、xonc[4]
1054	玩耍	weex bians	bians[1]、weexbians[2]、weex bians[3]、weex bians[4]
1055	顽皮	beml	beml[1]、kangp doux[2]、beml[3]、bul geev[3]、kap nal[4]
1056	晚饭	ouxnyaemv	ouxnyaemv[1]、ouxnyaemv[2]、oux nyaemv[3]、oux nyaemv[4]
1057	晚上	aenlnyaemv	aenlnyaemv[1]、aenlnyaemv[2]、gaos nyaemv[3]、aenl nyaemv[3]、aenl nyaemv[4]
1058	碗	guangs	guangs[1]、guangs[2]、jongl[2]、duix[3]、guangs[3]、duix[4]、xongl[4]、guangs[4]
1059	万	weenh	weenh[1]、weenh[2]、wanh[3]、weenh[3]、weenh[4]
1060	往日	laengxmaenl	laengxmaenl[1]、laengxmaenl[2]、laengx maenl[3]、laengx maenl[4]
1061	忘记	lamc	lamc[1]、lamc[2]、lamc[3]、lamc[4]
1062	微笑	gol nyeems nyeems	gol nyeemsnyeems[1]、nyeems gol[2]、gol nyeems nyeems[3]、nyeemh[4]
1063	围裙	went mangv	went mangv[1]、weiqun[2]、biinx[2]、baoh[2]、biinx[3]、went mangv[3]、biinx[4]、went mangv[4]
1064	围绕	lionh	lionc[1]、lionh[2]、lionh[3]、lionc[3]、lionh[4]
1065	喂	piap	lap[1]、piap[2]、lap[3]、wei[2]、piap[3]、piap[4]
1066	文字	siih leec	sihleec[1]、wenzi[2]、sihleec[3]、siih leec[3]、siih[4]
1067	吻	xudt	xudt[1]、xuds[2]、buds[3]、xudt[3]、xudt[4]
1068	紊乱	gaxnyax	gaxnyax[1]、wenluan[2]、gaxnyax[2]、biouc[3]、nyens nyods[3]、anc iux[4]

续表

序号	汉语	规范侗文	四本词典侗文情况
1069	稳稳当当	douhdih	douhdih①、wenwendangdang②、douh dih③、douh dih④
1070	问	haemk	haemk①、xais②、haemk②、xais③、jais③、haemk③、haemk④
1071	窝	dous	dous①、dous②、gungl②、dous③、dous④
1072	我	yaoc	yaoc①、yaoc②、yaoc③、yaoc④
1073	我们	jiul	jiul①、jiul②、jiul③、daol③、jaol③、jiul④
1074	乌鸦	al	al①、al②、al③、gal③、al④
1075	诬赖	daengv sungp	bogl①、wenxguaiv②、laih③、bogl③、daengv sungp③、daengv sungp④
1076	五	ngox	ngox①、ngox②、ngox③、ngox④
1077	雾	munc	munc①、munc②、munc③、munc④
1078	西	siip	sip①、xi②、sip②、siip③、siip④
1079	稀烂	weengv	weengv①、weengv②、lanh②、weengv③、loic lanh③、bih③、weengv④
1080	稀疏	laix	laix①、mangl②、mangldanl②、mangl yings③、langh③、laix③、laix④、lanx mux④
1081	溪	guis	guis①、guis②、guis③、guis④
1082	膝盖	emhguaov	emhguaov①、gaosguaov②、gungsguaov②、emh guaov③、guaov④、emh guaov④
1083	蟋蟀	ids	ids①、ids②、ids③、ids④
1084	席子	mins	mins①、mins②、mint③、mins③、mins④
1085	洗	xugs	xugs①、xugs②、sagl②、sagl③、xugx③、xugs③、xugs④
1086	洗澡	abs	abs①、abs②、abs③、xugx xenp③、xugs xenp③、abs④
1087	喜欢	xeengp sais	xeengpsais①、maengx②、eiv③、xogp④、eiv④
1088	喜鹊	al xagt	alxagt①、xags②、al xagt③、xagt④、al xagt④
1089	细小	siik	nyagl①、sebpsoiv②、siik③、nyiv③、nyis③、nyag1④、siik④
1090	虾	nyoc	nyoc①、nyoc②、nyoc③、nyoc④
1091	瞎/瞎眼	pap	gox①、pap②、jox③、gox③、pap dal④

续表

序号	汉语	规范侗文	四本词典侗文情况
1092	下	luih	luih①、luih②、luih③、luil④、luih④
1093	下边	mangv dees	mangv dees①、mangv dees②、mangv dees③、dees④
1094	夏	hak	hak①、hak②、hak③、hak④
1095	夏季	nyanlhak	nyanlhak①、nyanlhak②、nyanl hak③、nyanl hak④
1096	先生	xeengpsaenp	xeengpsaenp①、xeengpsenp②、xeenl senl③、xeengp saenp④
1097	掀	yidt	yeeuk①、yidt②、yidt③、yidt④、nyags④
1098	咸	hadp	hadp①、hadp②、hadp③、hadl③、hadp④
1099	咸蛋	geiv yibs	geiv yibs①、geivyibs②、geiv yibs③、geiv yibs④
1100	嫌弃	xeemc	xeemc①、xianqi②、xeencxic②、xeemc③、yimp③、xint④、xeemc④
1101	显示	liangs	liangs①、xianshi②、liangs③、yeenk④、liangs④
1102	现金	sincyeenk	sincyeenk①、sincyeenk②、sincyink②、sinc yeenk③、sinc④
1103	现在	xicnaih	aenlnaih①、xicnaih②、xic naih③、xenh naih③、xic naih④
1104	限	heenk	heenk①、heenk②、heenk③、heens③、heenk④
1105	线	sanv	sanv①、sanv②、sanv③、sanv④
1106	乡村	senlyangp	senlyangp①、xiangcun②、yangp senl③、senl yangp③、senl yangp④
1107	乡下	yangphak	yangphak①、yangphak②、yangp hak③、yangp④
1108	相会	xongp	xongp①、daengldeml②、xongp③、daeml subt③、xongp④
1109	香	dangl	dangl①、yangp②、dangl②、dangl③、dangl④
1110	香烟	yeenl dangl	yeenllagx①、xiangyan②、yeenl③、yeenl dangl③、guaenc yeenl④
1111	箱子	longx	longx①、longx②、longx③、xangp③、longx④
1112	详细	dahsiik	dahsik①、xingxi②、ngaencaenv②、dahsik②、dah siik③、dah siiv③、dah siik④
1113	响	ongt	ongt①、ungt②、ongt③、ungt③、ongt④、ungt④
1114	想法	meixxangk	meixxangk①、xiangfa②、meixxangk②、xangk③、meix xangk④
1115	巷子	liungh	hangk①、liungh②、liungh③、hangk③、liungh④

续表

序号	汉语	规范侗文	四本词典侗文情况
1116	消失	siupsank	siupsank[①]、xiaoshi[②]、siup[③]、nyebc[③]、siup sank[④]、nyebc[④]
1117	硝	siup	siup[①]、siup[②]、siup[③]、seeup[③]、siup[④]
1118	小	niv	niv[①]、sik[②]、uns[②]、niv[③]、uns[④]、niv[④]
1119	小肠	sais liix	sais liix[①]、saisliix[②]、sais liix[③]、sais niv[④]、sais liix[④]
1120	小伙子	lagxhank	lagxhank[①]、lagxhank[②]、lagx hank[③]、lagx hank[④]
1121	小米	ouxbiangs	ouxbiangs[①]、ouxbiangs[②]、oux biangs[③]、oux weengs[③]、oux biangs[④]
1122	小舌	leeuvuc	leeuvuc[①]、lieeuvuc[②]、jiuvxigx[②]、lieeuv uc[③]、leeuv uc[④]、lieeuv[④]
1123	小腿	uc jedl	jedl[①]、jedl[②]、gongxjedl[②]、bal gangs[③]、beengh jedl[③]、uc jedl[③]、jedl[③]、uc jedl[④]
1124	笑	gol	gol[①]、gol[②]、gol[③]、gol[④]
1125	笑嘻嘻	golnyeehnyeeh	gol nyinlnyinl[①]、golnyeehnyeeh[②]、gol liil liil[③]、gol nyeeh nyeeh[④]
1126	些	maenv	maenv[①]、menv[②]、nyil[③]、maenv[③]、maenv[④]
1127	斜	xegl	nengv[①]、xegl[②]、yeep[②]、xegl[③]、yeep[④]、nengv[④]、xegl[④]
1128	斜坡	baih jenc	baih[①]、jenclaix[②]、beic jenc[③]、baih jenc[③]、baih[④]
1129	鞋	haic	haic[①]、haic[②]、haic[③]、haic[④]
1130	写	xas	xas[①]、xas[②]、xas[③]、xat[③]、xap[④]
1131	谢谢	ait	ait[①]、ait[②]、nancwic[③]、ait[③]、ait[④]
1132	心烦	lonhsais	lonhsais[①]、nyaos longc[②]、lonhlongc[②]、lonh sais[③]、lonh sais[④]、nyaml sais[④]
1133	心乱	lonh longc	lonhlongc[①]、lonh longc[②]、lonv longc[③]、lonh longc[④]、daoc longc[④]
1134	心意	saislongc	sempsais[①]、saislongc[②]、xenp siv[③]、sais longc[④]
1135	辛苦	deilhut	deilhut[①]、deilhut[②]、senlkut[②]、deil hut[③]、deil hut[④]、kuip[④]、deil soh[④]
1136	新	meik	meik[①]、meik[②]、meik[③]、meik[④]
1137	擤	yaengh	yaengh[①]、yaengh[②]、wedtwangh[②]、yaengh[③]、yangt[③]、yaengh[④]
1138	兴旺	wangh	wangh[①]、yaengt[②]、wedtwangh[②]、wangh[③]、wangh[④]

序号	汉语	规范侗文	四本词典侗文情况
1139	幸亏	jangxlail	jangxlail①、jangxlail②、sonkail②、jangx lail③、ail naix③、jangx lail④
1140	性交	daengl deeux	deeux①、daengl deeux②、daengl deeux③、deeux④
1141	姓	singk	singk①、singk②、singk③、singk④
1142	胸	dagl	dagl①、dagl②、dagl③、dagl④
1143	熊	meel	meel①、meel②、xiong②、meel③、meel④
1144	休息	savsoh	savsoh①、savsoh②、sav③、sav③、xaok xenp④、sav④
1145	修理	xaok	biil①、xaok②、suit②、xaok③、lit③、xaok④
1146	修路	xaok kuenp	xaok kuenp①、xaok kuenp②、xaok kuenp③、xaok kuenp④
1147	锈	yagx	yagx①、yagx②、yagx③、singv③、singk③、yagx④
1148	许多	oil	oil①、henx gungc②、lailjingl②、gungclaox②、oil③、loil③、hoh dol③、oil④
1149	喧哗	houx	houx①、xuan hua②、naenv②、houx③、naenv③、naenv④、houx④
1150	悬崖	nanh	nanh①、ganvnanh②、bial dongh③、ganv bial③、nanh③、nanh④
1151	旋风	lemc xonh	lemc xonh①、lemcxonhhongl②、lemc xonh③、lemc xonh④
1152	旋转	xonh	xonh①、gonh③、xonh③、xonh④
1153	选种	eens xongs	laih baenl①、eensxongs②、laih baenl③、eens xongs③、laih baenl④
1154	削	piip	piidt①、piip②、piip③、pip③、piidt③、kap③、piip④、piidt④
1155	学校	dangcyot	dangcyot①、xuexiao②、dangchagx②、yop③、dangc yot③、dangc hagx③、dangc yot④
1156	雪	nuil	nuil①、nuil②、nuil③、nil③、nuil④
1157	血	padt	padt①、padt②、padt③、tadt③、padt④
1158	熏	yenp	liagl①、yenp②、yuik②、liagl③、xangx③、yenp③、yenp④、xangx④
1159	寻找	semh	woup①、lah②、youp②、semh②、woup③、semh③、laop③、semh④、xac④
1160	压	jabc	jabc①、jabc②、jaemh②、gaemh②、ebs③、jabc③、jaenh③、nyant③、yap③、yabl④

续表

序号	汉语	规范侗文	四本词典侗文情况
1161	压迫	ebs	biigs①、yapo②、ebs②、ebs③、ebs④
1162	押	yac	yac①、ya②、yap③、yac③、yac④
1163	押解	aiv	aiv①、aiv②、gaiv③、aiv③、aiv④
1164	鸭蛋	geiv bedl	geiv bedl①、geivbedl②、geiv bedl③、geiv bedl④
1165	鸭子	bedl	bedl①、bedl②、bedl③、bedl④
1166	牙齿	biaenl	ngeec①、biaenl②、ngeec②、biaenl③、bienl③、biaenl④
1167	芽	ngeec	ngeec①、ngeec②、ngeec③、ngeec④
1168	咽喉	dongcuc	houp①、dongcuc②、houp③、oc③、goc③、uc③、uc④
1169	烟	yeenl	guaenc①、yeenl②、guaenc②、yeenl②、guaenc③、enc③、yeenl④、guaenc④
1170	烟囱	singsguaenc	singsguaenc①、yancong②、sings guaenc③、sings guaenc④
1171	烟丝	yeenlsip	yeenl sip①、yeenlsip②、yeenl siip③、yeenl siip④
1172	言语	liix	daohlix①、sungpdungl②、lix②、daoh lix③、daoh lix④
1173	岩洞	jemcbial	aml①、jemcbial②、ngamcbial②、gamlbial②、jemc bial③、dongh bial③、aml③、aml④
1174	沿着	sogc	sogc①、suic②、sogc②、xenh③、suic③、sogc③、sogx③、sogc④、xenh④
1175	盐	gol	gol①、gol②、yimc②、gol③、baoc③、yimc④、gol④、baoc④
1176	颜料	xagl	xagl①、yanliao②、liaol③、xagl③、xagl④
1177	眼泪	naemxdal	naemxdal①、naemxdal②、naemx dal③、naemx dal④
1178	眼珠	nyuihdal	nyuihdal①、nyuihdal②、nyuih dal③、benl dal③、nyuih dal④
1179	燕子	inv	eenvsis①、inv②、invsis②、ginv③、inv③、eenv siis③、inv④
1180	秧	gas	gas①、gas②、jas②、gas③、xas③、jas③、gas④
1181	秧鸡	saenl	saenl①、aivnaemx②、mogcjaenl②、jaenl②、saenl③、saenl④
1182	秧苗	gas	lagx①、gas②、yangl siis③、lagx③、lagx oux③、gas④

续表

序号	汉语	规范侗文	四本词典侗文情况
1183	扬名	ugsguanl	munglwap①、yangming②、ugsguanl②、ugsmiingc②、ugs guanl③、mok④、mungl guanl④
1184	羊	liees	liees①、liees②、liees③、liees④
1185	阳光	kangp	kangp①、kangp②、qangp③、kangp③、kangp④
1186	杨柳	liangcliuux	liangcliuux①、liangcliuux②、liangc liuux③、liangc liuux④
1187	仰	ngangs	ngangs①、ngangs②、yangc③、ngangs③、ngangs④、liins④、nguac④
1188	痒	qemp	qemp①、qemp②、qemp③、qemp④
1189	样子	yanghsis	yoh①、yanghsis②、muc②、yangh③、yangh④
1190	妖怪	guaiv	guaiv①、yaoguai②、jaemlguaiv②、guaiv③、jaeml guaiv③、guaiv④
1191	腰	uis	uis①、uis②、kuit③、yeeul③、uis③、uis④
1192	邀请	jaeml	daengldul①、yaoqing②、jaeml②、yeeul②、tingt②、daengl dul③、yeeul④
1193	邀约	jaeml	jaeml①、jaeml②、yeeul②、jaeml③、jaeml④
1194	窑	yiuc	yiuc①、yiuc②、yiuc③、yeeuc③、yiuc④
1195	摇	ngaoc	ngeeux①、yao②、ngaoc②、ngeeuc②、yeeuc②、ngaoc③、xaip③、yingh③、yeeuc③、yingh④、ngaoc④
1196	摇摆	ngogl nguegs	ngoglnguegs①、wadpweeut②、piut②、baenv②、xaip③、ngogl nguegs③、ngogl nguegs④、wiut④
1197	摇动	ngaoc	ngaoc①、ngaoc②、ngouc③、ngaoc③、nguv④
1198	咬	idx	idx①、idx②、ngaov②、gidx②、gidx③、idx③、ngaemx④、ngobx④、idx④
1199	药	ems	ems①、ems②、ems③、sac③、ems④
1200	要紧	yuv jens	dahjens①、yuvjens②、dangsjenh②、yuv jens③、yuv jaens③、yuv jens④
1201	钥匙	xic sot	xic①、yaoshi②、xicsot②、xic sot③、xip③、xic sot④
1202	鹞子	yiuh	yiuh①、yiuh②、yiuh③、yiuh④
1203	耀眼	yansdal	gans dal①、yansdal②、gansdal②、yans dal③、gans dal④

续表

序号	汉语	规范侗文	四本词典侗文情况
1204	也	yah	buh①、yah②、buh②、nyenh②、buh③、yah③、yeeh③、yah④
1205	野鸡	meeuc	meeuc①、meeuc②、meeuc③、xih③、meeuc④
1206	野猫	nyaenp	nyaenp①、nyaenp meeux②、nyaenp③、nyaenp④、nyaenp④
1207	野兽	duc jenc	ducjenc①、ducjenc②、duc jenc③、duc jenc④
1208	野鸭	bedlmenl	bedlmenl①、bedlmenl②、mogcbedl②、bedl menl③、bedl menl④
1209	野猪	laiv	laiv①、laiv②、laiv③、laiv④
1210	叶子	bav	bav①、bav②、bav③、bav④
1211	页	bav	bav①、bav②、piinp②、yangl③、bav③、bav④
1212	夜	janl	janl①、janl②、nyaemv②、janl③、anl③、nyaemv③、janl④
1213	一	il	edl①、il②、edl②、laot②、il③、edl③、il④
1214	一辈子	ilsaemh	daihsaemh①、il saemh②、lih③、il saemh③、il saemh④
1215	一会儿	ilhap	ilxic①、ilhap②、laotliedt②、il hap③、il xenh③、il xenh④、il xic④
1216	一下子	il hap	jads①、il hap②、laotjeds②、jads③、il hap③、il xenh④、il hap④
1217	衣服	ugs	ugs①、ugs②、ugs③、dugs③、kugt③、ugs④
1218	衣袖	inpugs	inpugs①、inpugs②、inp ugs③、inp ugs④
1219	依靠	aok	aok①、yikao②、aok②、baengh②、aok③、baengh③、dac dangl③、aok④、baengh④
1220	依照	jiuv	jiuv①、yizhao②、xiuv②、xaol②、yil②、lenh③、jiuv④
1221	移动	yic	yic①、yic②、neip②、denc②、yic③、tongt③、yic④
1222	以后	dah lenc	mus①、touklenc②、dahlenc②、dah lenc③、xenh lenc③、xic lenc③、lenc④、mus④、dah lenc④
1223	椅子	daengv jeeuh	daengv jeeuh①、daengvjeeuh②、jeeuh②、daengv jeeuh③、daengv jeeuh④
1224	因为	gaiv	gaiv①、gaiv②、yenlyuih②、weih②、gaiv③、yenl yuih③、yenl yuih④、gaiv④
1225	银匠	sanghnyaenc	sangh nyaenc①、sanghnyaenc②、sangh nyaenc③、sangh nyaenc④

续表

序号	汉语	规范侗文	四本词典侗文情况
1226	银子	nyaenc	nyaenc①、nyaenc②、nyenc③、nyaenc③、nyaenc④
1227	引	yenx	yenx①、yenx②、yenx③、yenx④
1228	引线	siml	siml①、yinxian②、sinv②、siml③、siml④
1229	引诱	qink	qink①、qink②、hop②、loux③、piaop③、qink③、qink④
1230	隐藏	jings	jings①、yincang②、xup②、jaeml②、jaeml③、jaemc③、jings③、jingx③、jaemc④、jings④、nyabl④
1231	印	yenv	yenv①、yenv②、yenv③、yebc④
1232	赢	yingc	yingc①、yingc②、yingc③、xux④
1233	影子	yings	yings①、yingt②、yings③、yings④
1234	硬	guas	guas①、guas②、das③、guas③、guas④
1235	硬邦邦	guasguadlguadl	guasdengsdengs①、guastaengttaengt①、guasguadlguadl②、guas dengs dengs③、guas guedl guedl③、guas guadl guadl④
1236	拥挤	ngedl	ngedl①、ngedl②、yadljadc②、yadl②、ngedl③、yedl③、yadl③、ngedl④
1237	忧愁	jingl sigs	jinglsigs①、yulsouc②、souc②、yul②、yul③、jingl sigs③、sais lonh③、souc③、lonh④、yul④
1238	油	yuc	yuc①、yuc②、yuc③、yuc④
1239	游逛	yaokyins	yaokyins①、youguang②、lamt②、yaok②、heengp②、yaok yins③、yuc yinh④
1240	游玩	heengp	heengp①、heengp②、lamt③、yaok④、heengp④、wuip④
1241	游泳	wuic naemx	wuic①、youyong②、abs②、bac naemx③、waic naemx③、wuic naemx③、bac naemx④、wuic④
1242	有	meec	meec①、meec②、meec③、meec④
1243	又	yuh	yuh①、yuh②、yuh③、siip④、yuh④、eengv④
1244	右	wap	wap①、wap②、wap③、wap④
1245	鱼	bal	bal①、bal②、bal③、al③、dal③、bal④
1246	渔网/网	yeep	yeep①、yeep②、yeep③、yeep④

续表

序号	汉语	规范侗文	四本词典侗文情况
1247	雨	bienl	bienl①、bienl②、bienl③、mienl③、bienl④
1248	雨天	maenl bienl	maenl bienl①、maenl bienl②、maenl bienl③
1249	芋头	yags	yags①、yags②、yags③、yags④
1250	鸳鸯	yemlyangl	yemlyangl①、yenlyangl②、yeml yangl③、yeml yangl④
1251	园子	yanp	yanp①、yanp②、yeenp③、yanp③、yanp④
1252	远方	senl gail	senl gail①、yuanfang②、dihwangp gail②、senl gail③、gail④
1253	远祖	mangh bac	manghbac①、manghaov②、mangh hac③、mangh bac④
1254	月初	dens nyanl	dens nyanl①、gaosnyanl②、densnyanl②、dens nyanl③、dens nyanl④
1255	月份	nguedx	nguedx①、nguedx②、nyanl②、nguedx③、nyanl③、nguedx④、nyanl④
1256	晕	nguenh	nguenh①、munc②、menh②、nguenh③、yuns③、nguenh④
1257	云	mas	mas①、mas②、masmenl②、mas③、guas③、mas④
1258	匀	xeemv	xeemv①、laotyangh②、yenc②、xeemv③、yunc③、xeemk④
1259	杂草	wogc	wogc①、nyangtwogc②、nyangtmiaemc②、wogc②、gongl③、wogt③、wogc③、wogc③、senp④
1260	杂乱	lonhbonh	lonhbonh①、zaluan②、lonh②、nyanknyigt②、nyaop③、nyav③、lonh bonh③、nyens④、nyens nyaol④、gamlnyaml④
1261	灾难	egsnanh	egsnanh①、egsnanh②、seilnanh②、egs nanh③、nanh④
1262	在	nyaoh	nyaox①、nyaox②、nyaoh②、nyaoh③、nyaoh④
1263	咱们	daol	daol①、daol②、daol③、jiul③、daol④
1264	葬	sangv	sangv①、sangv②、sangv③、sangv④
1265	凿	siuk	siuk①、siuv②、siuk③、siuv③、siuk④
1266	早	saemp	saeml①、saemp②、saemp③、saemp④
1267	早晨	gaoshedp	gaoshedp①、hedp②、gaoshedp②、gaos hedp③、hedp④、aenl hedp④
1268	早饭	ouxhedp	ouxhedp①、ouxhedp②、oux hedp③、oux yedp③
1269	责备	yenv	yenv①、zebei②、guav②、yenv③、yenv④
1270	怎样	nupyangh	ilnup①、nupyangh②、nuphangc②、il nup③、il nup④、nup yangh④

续表

序号	汉语	规范侗文	四本词典侗文情况
1271	增加	qimp	xangh[1]、zengjia[2]、qimp[2]、al[2]、al[3]、qimp[3]、qimp[4]、xangh[4]
1272	瓿子	douv	douv[1]、douv[2]、douv[3]、douv[4]
1273	栅栏	aengs	aengs[1]、yagx[2]、aengs[2]、jouv[2]、aengs[3]、yagx[3]、lanc[4]、yagx[4]、aengs[4]
1274	粘	jos	liads[1]、eeul[2]、jos[2]、jos[3]、nyic[3]、liads[4]、jos[4]
1275	拃	xeep	xeep[1]、xeep[2]、yeep[3]、xeep[3]、xeep[4]
1276	展开	geev	geev[1]、zhankai[2]、keek[3]、geev[3]、geeh[3]、geev[4]、keek[4]
1277	崭新	meik miout miout	meikmioutmiout[1]、meiksebtjah[2]、meik miout miout[3]、meik miout miout[4]
1278	站	yunl	yunl[1]、yunl[2]、zhan[2]、yunl[3]、yunl[4]
1279	蘸	gogl	gogl[1]、yebc[2]、gogl[2]、yebc[3]、gogl[3]、yebc[4]、gogl[4]
1280	张	yangl	xangl[1]、jangl[2]、bangh[2]、zhang[2]、yangl[3]、bangh[4]、jangl[4]
1281	长	yais	yais[1]、yais[2]、yais[3]、yait[3]、yais[4]
1282	长工	xangc ongl	eit[1]、lagxeit[2]、xangcongl[2]、xangc ongl[3]、eit[3]、eit[4]
1283	长脚蚊	miungxjamv	jamv[1]、miungxjamv[2]、miungx jamv[3]、jamv[4]
1284	长衫	ugs xanh	ugs xanh[1]、xanh yais[2]、ugs xanh[3]、ugs xanh[4]、xanh[4]
1285	丈	xangh	xangh[1]、xangh[2]、xangh[3]、xangh[4]
1286	丈夫	saox	saox[1]、saox[2]、nyencbanl[2]、saox[3]、saox[4]、jenl yanc[4]
1287	胀	xeengv	up[1]、up[2]、xeengv[2]、xeengv[3]、xeengv[4]、beengh[4]
1288	爪子	xeeus	nyoul[1]、nyoul[2]、xeeus[2]、lap[2]、xeeut[3]、nyoul[3]、xeeus[3]、joc[3]、xeeus[4]
1289	遮盖	xal	xal[1]、xal[2]、emv[2]、xal[3]、xal[4]
1290	折磨	dangv	dangv[1]、zhemo[2]、dangv[3]、dangv[4]
1291	这里	geel naih	geelnaih[1]、gilnaih[2]、aoxnaih[2]、geel naih[3]、gil naih[3]、geel naih[4]
1292	这些	menv naih	maenv naih[1]、menv naih[2]、menv naih[3]、maenv naih[4]
1293	这样	ilnaih	ilnaih[1]、ilnaih[2]、naihyangh[2]、il naih[3]、il naih[4]、naih[4]

续表

序号	汉语	规范侗文	四本词典侗文情况
1294	针	qemp	qemp[1]、qemp[2]、qemp[3]、qaemp[3]、qemp[4]
1295	真	xenl	nyaengc[1]、xenl[2]、nyaengc[2]、jingv[2]、nyaengc[3]、xenl[3]、nyaengc[4]、xah[4]
1296	枕头	bunl gaos	bunl[1]、zhentou[2]、bunl[2]、bunlgaos[2]、bunl gaos[3]、munl gaos[3]、monl[3]、bunl[4]
1297	争执	dabs	dabs[1]、zhengzhi[2]、daengl daenl[3]、dabs[3]、niux[4]
1298	睁/瞪	jaenl	lonl[1]、jaenl[2]、jaenl[2]、jenl[3]、keip[3]、lonl[3]、lonl[4]
1299	蒸	saos	meip[1]、saos[2]、meip[2]、saos[3]、meip[3]、meip[3]、saos[4]
1300	蒸气	piungp	piungp[1]、piungp[2]、sent[2]、piongp[3]、piungp[3]、piungp[4]
1301	整	genx	genx[1]、daengc[2]、xaok[2]、genx[3]、daengc[3]、gaenx[4]、genx[4]
1302	正月	xingl nguedx	nyanlxingl[1]、xinglnguedx[2]、xingl nguedx[3]、nyanl xingl[4]、xingl nguedx[4]
1303	挣脱	xaenk todt	xaenk[1]、xaenk todt[1]、paenk todt[2]、xaenk[3]、xaenk todt[3]、paenk[4]、xaenk[4]、xaenk todt[4]
1304	挣扎	qeeuk	qeeuk[1]、zhengzha[2]、xaenx[3]、qeeuk[3]、juns[4]
1305	只	duc	duc[1]、bens[2]、duc[3]、doc[3]、duc[4]
1306	枝	ah	ah[1]、ah[2]、jiuc[2]、ah[3]、av[3]、av[4]
1307	织布	daems dags	daems dags[1]、daems yal[2]、daems jal[3]、daems dags[3]、jagc[3]、taemt dangs[3]、daems dags[4]
1308	织布机	sungc dags	sungc[1]、zhibuji[2]、sungc[2]、sah songc[3]、yal gax[3]、sungc dags[3]、eev yiuh[4]
1309	脂肪	laoc	laoc[1]、nanxbuic[2]、yue[2]、laoc[3]、laoc[3]、maenc[4]、laoc[4]
1310	蜘蛛	siip ngoc	ngoc[1]、sipngoc[2]、siip ngoc[3]、ngoc[4]、siip ngoc[4]
1311	值得	jegc lis	jegclis[1]、jegclis[2]、jegc lis[3]、xedp nis[3]、jegc lis[4]
1312	纸	xis	jis[1]、jis[2]、xis[3]、jis[3]、xis[4]
1313	指	xiv	xiv[1]、xiv[2]、xiv[3]、xiv[4]
1314	中间	dav	dav[1]、dangcdav[2]、dangc dav[3]、dangl dav[3]、dav[4]、dongv dav[4]

续表

序号	汉语	规范侗文	四本词典侗文情况
1315	肿	bul	bul①、bul②、up②、bol③、up③、wogl③、xangv③、bul④、wogl④
1316	种田	sags yav	sags yav①、sags yav②、weex yav②、weex yav③、sags yav③、sags yav④
1317	种子	baenl	baenl①、baenl②、waenc②、xongs②、sanx②、baenl③、xongs③、baenl④、waenc④、jongs④
1318	周转	guaenh	guaenh①、zhouzhuan②、gonh③、guaenh③、guaenh④
1319	洲	xul	xul①、xul②、jul②、xul③、xul④
1320	朱砂	xulxap	xupxap①、xulxap②、julxap③、jul sal③、xup xap④
1321	猪	nguk	nguk①、nguk②、nguk③、muk③、nguk④
1322	猪圈	jongnguk	dangl nguk①、jonhgnguk②、danglnguk②、jonh muk③、dangl nguk③、dangl nguk④
1323	竹鸡	baih	baih①、baih②、baih③、langh jil③、baih④
1324	竹子	baenl	baenl①、baenl②、baenl③、guenl③、baenl④
1325	逐渐	dangvdangv	dangv①、dangvdangv②、dangv②、dangv dangv③、dangv④
1326	主人	xut nyenc	xus①、mungxxus②、xusyanc②、xuseel③、xut nyenc③、xus yanc④
1327	煮	dungl	dungl①、dungl②、dungl③、dongl③、dungl④
1328	柱子	dungh	dungh①、dungh②、saol③、dungh③、sop③、dungh④
1329	铸	daov	daov①、daov②、daov③、daov④
1330	抓	sabp	deeuv①、sabp②、jadc②、nyoul②、sabl③、sabp③、nyaeml③、sabp④
1331	砖	xonl	xonl①、xonl②、xonl③、xonl④
1332	转	xonv	xonv①、gonh②、xonh②、xonv②、xonv③、xonv④、gueengh④
1333	桩	guenv	guenv①、lagl②、jinx②、guenv③、genv③、lagl③、lagl④
1334	装	xongl	xongl①、xongl②、xingc②、xongl③、jongl③、xongl④
1335	撞	sugt	sugt①、janh②、jungs②、denv②、denv③、sugt③、tenk④、sugt④
1336	追赶	laeml	laeml①、laeml② nyigx②、laeml③、nyigx dos③、wic③、laeml④、nyigx④

续表

序号	汉语	规范侗文	四本词典侗文情况
1337	追究	kent	kent[1]、zhuijiu[2]、semh[2]、kenk[3]、kent[3]、kent[4]
1338	追问	saemx	ngeex[1]、haemk[2]、saemx[2]、ngeex[3]、saemx[3]、kent[4]、saemx[4]
1339	锥子	sonv	sonv[1]、sonv[2]、nyonv[3]、sonv[3]、sonv[4]
1340	拙笨	bugx	bugx[1]、zhuoben[2]、liaengv[2]、ees[2]、bugx[2]、bugx[3]、biugx[3]、liaengv[4]、bugx[4]
1341	啄	xouv	xogt[1]、xouv[2]、jouv[3]、xouv[3]、xouv[4]、xogt[4]
1342	啄木鸟	mogcnyap	nyap[1]、mogcnyap[2]、nyap[2]、nyap[3]、ngal[3]、nyap[4]
1343	紫竹	baenlnaeml	baenlnaeml[1]、baenlnaeml[2]、baenl naeml[3]、baenl naeml[4]
1344	字	siih	sih[1]、sih[2]、siih[3]、sil[3]、siih[4]
1345	棕榈树	meix siip	meixsip[1]、meixsongl[2]、meix siip[3]、meix songl[3]、meix siip[4]
1346	棕绳	lamhsongl	lamh sip[1]、lamhsongl[2]、lamh siip[3]、lamh songl[3]、lamh siip[4]
1347	鬃	songl	songl[1]、songl[2]、songl[3]、songl[4]
1348	纵横 / 纵横交错	weengc xiut	weengcxiut[1]、weengc suic[2]、weengc xiut[3]、jads[4]
1349	走	qamt	qamt[1]、qamt[2]、qamt[3]、liamt[3]、qamt[4]、heengp[4]
1350	走廊	dinl langc	dinllangc[1]、zoulang[2]、dinllangc[2]、yanc bangv[3]、dinl langc[3]、dinl langc[4]
1351	祖父	ongs	ongs[1]、ongs[2]、ongs[3]、ongs[4]
1352	祖母	sax	sax[1]、sax[2]、sax[3]、nais[3]、sax[4]
1353	祖宗	ongsbux	ongsbux[1]、ongsmangh[2]、ongs bux[3]、gongs bux[3]、ongs bux[4]
1354	钻	ngonv	longp[1]、ngonv[2]、tongk[3]、ngonv[3]、ngonv[4]、laens[4]
1355	罪	soix	soix[1]、soix[2]、soih[3]、soix[4]
1356	昨天	maenl nyungl	maenlnyungl[1]、maenlnyungl[2]、maenl nyungl[3]、maenl nyungl[4]
1357	昨晚	nyaemvnyungl	nyaemvnyungl[1]、nyaemvnyungl[2]、nyaemv nyungl[3]、nyaemv nyungl[4]
1358	左	xees	xees[1]、xees[2]、jees[2]、xees[3]、xees[4]

续表

序号	汉语	规范侗文	四本词典侗文情况
1359	左边	mangvxees	mangv xees[1]、mangvxees[2]、mangv xees[3]
1360	坐	suiv	suiv[1]、suiv[2]、suiv[3]、suiv[4]
1361	做梦	biaenljanl	biaenljanl[1]、biaenl janl[2]、baenl[2]、biaenl janl[3]、biaenl anl[3]、biaenl janl[4]

附录 5：《侗文新词术语》（第一批）①

政治经济

国家	gueecjas	二十大	nyihxis dal
政府	zenglfux	共产党	gonglcanxdangx
政策	zenlceec	中国梦	Zongsgueec meixxangk
事业	silnyeec	小康社会	xaoxkangh seepfeip
生态	senhtail	两学一做	yacxoc ilweex
扶贫	fucpienc	三严三实	sampnyeenc sampsic
创新	daengvmeik	幸福指数	xenpfuc zixsul
资源	zihyeenc	一带一路	illungc ilkenp
建设	jeenlseec	绿水青山	jencsup naemxlup
基层	jihcenc	金山银山	jencjeml jencnyenc
腐败	fuxbail	民族文化	minczuc wencfal
新闻	xenswenc	人文精神	rencwenc jenhsenc
大数据	suljil laox	科学技术	kosxot jilsuc
老龄化	nyenclaox	脱贫攻坚	todthut lavjads
城镇化	cenczenlfal	党风廉政	dangxfongh lieenczenl
正能量	zenlnencliangl	留守儿童	liuucxus lagxuns

---

① 此附录中的新词术语系笔者参照《壮语新词术语汇编》（广西壮族自治区少数民族语言文字工作委员会研究室编，广西民族出版社，1992）自行整理而成，非官方发布。

共享单车	xongvlis danscees	五险一金	ngoxxeenx iljeml
投资	touczis	银行卡	yenchangc kax
生意	senpyil	取款机	quxkonxjis
公司	gongssis	支付宝	zisfulbaox
商店	jeenv	工资	gongszis
收入	xuplis	超市	caossil
银行	yenchangc	快递	koildil
贷款	dailkonx	外卖	wailmail
房贷	yancdail	房地产	beelyanc
车贷	xapdail	AA 制	AAzil
利息	lilxic	彩票	caixpieeuk
公积金	gongsjicjens	扫码支付	xeeuvmax wuksinc

商贸交通

创业	daengvnyeec	高铁	gaosteec
就业	julnyeec	动车	donglcees
假币	jaxsinc	火车	hoxcees
团购	weexyenpjeis	汽车	xap
旅游	liix youc	地铁	dilteec
旅行社	luixxingcseel	酒驾	jilkuaoteipxap
签证	qeenszengl	廉租房	yanc zenglfux
行李	wok	二手房	eelsouxfangc
酒店	juxdieenl	滴滴快车	disdisxap
特产	teeccanx		
飞机	feisjis		

文化教育

教育	jaolyuc	本科	benxkos
文化	wencfal	硕士	nyeensjulsengs
知识	zizsic	博士	bocsil
小学	xaoxxoc	毕业	bicnyeec
中学	zongsxoc	学费	xocfeil
高中	gaohzongh	考试	aotsil
大学	dalxoc	人才	lencsaic

网络通信

互联网	fullieencwangx	鼠标	suxbieeus
淘宝	taocbaox	电脑	dieenlnaox
京东	jensdongs	电话	dieenlfal
网购	wangxjeis	手机	souxjis
山寨	wok fangx	邮件	yucjeenl
微信	weisxinl	短信	donxxenl
wife	wife	话费	falfeil
U 盘	Ubanc		

衣着饮食

西装	xiszangs	T 恤	Txeec

背心	guavguav	白酒	kuaotbax
牛仔裤	uk nyutzaix	香烟	yeenl
皮鞋	haicbic	零食	lincsic
拖鞋	haictop	白糖	beecdangc
高跟鞋	haicbic	牛奶	nyutnaix
丝袜	siswac	方便面	fangsbieenlmieenh
口红	kouxhongc	茶叶	bavxeec
面膜	mieenlmoc	味精	weiljens
项链	hangllileenl	醋	suk
戒指	gailzix	酱油	janglyuc
茅台酒	kuaot maoctaic	饮料	yenxlieeul

器具用品

家具	jasjul	洗衣机	xixyisjis
沙发	sasfac	牙膏	yacgaos
电视	dieenlsil	牙刷	yacsac
冰箱	bingsxangs	毛巾	pak
电灯	dieenldengs	钥匙	xicsot
电池	dieenlcic	手表	souxbieeux
风扇	hongssanl	眼镜	yeenxjenv
空调	kongstiaoc	雨伞	sank
热水器	leecnaemxjik	打火机	dichoxjis
电饭锅	gitdongloux		

文体娱乐活动

游戏	yucxil	下棋	luihjic
打扑克	dicbaic	跳舞	jeeukwux
打麻将	dic macjangl	比赛	biixsail
打篮球	dic lancquc	照相	xeeuvxangk
跑步	jedxbul	照片	xangkpieenk
游泳	wicnaemx	电影	dieenlyenx
健身	jeenlsens	电视剧	dieenlsiljul

称谓

同事	tongcsil	明星	mingcxens
领导	lingxdaox	演员	yeenxyeenc
医生	yissengs	百姓	begssingk
老板	laoxbanx	啃老族	nyenc kaoknyenclaox
股民	nyenc caoxgux	月光族	nyenc nyanlnyanl kenp
网民	nyenc jakwangx	农民工	nyenc weexgongs
网红	wangxhongc	低保户	nyenc kaokzenglfux
白领	beeclingx	总书记	zongxsusjil

医疗

医院	yisyeenl	挂号	gualhaol

打针	dicqemp	癌症	biingh ngait
动手术	neixsouxsuc	传染	concleenx
住院	suivyeenl	过敏	golminx
B 超	Bcaos	内科	neilkos
心脏病	biingh sempdouc	外科	wailkos
高血压	xeecyal pangp	妇产科	fulcanxkos
糖尿病	biingh dangcnyaol		

其他

开会	eipwik	颜值	nas nangl
加班	al banl	躺平	jangp biingc
辞职	gueecweex	4S 店	4Sjeenv
闪婚	sanxfens	PM2.5	PM2.5

附录 6：《侗文民族名称和人名表》（第一批）[1]

	汉语	侗文	人口（人）[2]
部分民族名称	汉族	Gax	1284446389
	壮族	Xongh	19568546
	苗族	Miiul	11067929
	侗族	Gaeml	3495993
	布依族	Bulyiszuc	3576752
	瑶族	Yiuc	3309341
	黎族	Gaxliic	1602104
	水族	Xuit	495928
常见侗族人名	萨岁	Saxsiiv	
	丈良	Xanglliangc	
	丈美	Xanglmuih	
	珠郎	Zuslangc	
	娘美	Nyangcmuih	
	吴勉	Wucmieenx	
	卜宽	Buxgonl	
	陆本松	Luc Bengxsongs	
	天神哥	Teessenc gol	
	王天培	Wangc Teenspeic	

---

[1] 此附录中的民族名称和人名系笔者根据《侗文方案（草案）》中的相关规定，以《全国侗语新闻联播》《贵州民族报》《侗族民间文学选读：侗文、汉文对照》（史锦宏、潘永荣、欧亨元整理，贵州民族出版社，2016）等为资料来源，并参照《中国人名汉语拼音字母拼写规则》（GB/T28039-2011）中的人名、地名拼写规则，自行整理而成，非官方发布。

[2] 数据来源：国务院第七次全国人口普查领导小组办公室编《中国人口普查年鉴 2020 上册 =China Population Census Yearbook 2020(Book 1)》，中国统计出版社，2022，第 26—34 页。

附录7：《侗文地名表》（第一批） ①

地区		侗文（一）	侗文（二）
政区地名	北京市	Beecjenl Sil	Bagljenl
	上海市	Sanglhaix Sil	Sanglhaix
	广东省	Guangxdongs Saens	Guangxdongs
	云南省	Yencnanc Saens	Yencnanc
	四川省	Silcons Saens	Sikxonp
	贵州省	Guiljus Saens	Guivxul
	广西壮族自治区	Guangxxis Zhuanglzuc Zilzilzous	Guangxsip
	湖北省	Fucbeec Saens	Fucbeec
	湖南省	Fucnanc Saens	Fucnanc
	天柱县	Tieenszul Yeenk	Jeenpxuih
	剑河县	Jeenlhoc Yeenk	Xenpjangl
	锦屏县	Jenxpienc Yeenk	Xaihwangc
	三穗县	Sansui Yeenk	Sansfeil
	镇远县	Zenlyeenx Yeenk	Zenlyeenx
	黎平县	Licpienc Yeenk	Ngoxguaix
	从江县	Congcjangs Yeenk	Biingc meik
	榕江县	Yongcjangs Yeenk	Ul xul
	三江侗族自治县	Sansjang gemlzuc zilzil Yeenk	Sampnyal
	新晃侗族自治县	Xensfangl gemlzuc zilzil Yeenk	Xensfangl
	芷江侗族自治县	Zixjangs gemlzuc zilzil Yeenk	Zixjangs
	通道侗族自治县	Tongsdaol gemlzuc zilzil Yeenk	Tongpdaoh

① 此附录中的地名系笔者根据《侗文方案（草案）》中的相关规定，并参照《汉语拼音正词法基本规则》（GB/T 16159—2012）中地名拼写规则，自行整理而成，非官方发布。

续表

地区		侗文（一）	侗文（二）
政区地名	玉屏侗族自治县	Yulpienc gemlzuc zilzil Yeenk	Yulbiingc
	龙胜各族自治县	Liongcsenl goczuc zilzil Yeenk	Liongcxingv
	靖州苗族侗族自治县	Jenlzus Miiuhzuc gemlzuc zilzil Yeenk	Jenlyeenk
	黔东南苗族侗族自治州	Qeencdongsnanc Miiuhzuc gemlzuc zilzil zus	Qeencdongsnanc
自然实体地名	三省坡	Sampbalqagt	
	青龙界	Jenctingplingx	
	八十里南山	Bedssillix Nancxanl	
	青山界	Qensxanl gail	
	雷公山	Leicgongssans	
	都柳江	Nyalyongc	
	清水江	Nyalnaemxlup	
	浮江	Nyalgusnyic	

附录8：侗族语言文字大事记 ①

● 1951 年

2月5日，中央人民政府政务院（今中华人民共和国国务院）就民族事务作出了六项决定。其中第五项决定指出：在政务院文化教育委员会内设民族语言文字研究指导委员会，指导和组织关于少数民族语言文字的研究工作，帮助尚无文字的民族创立文字，帮助文字不完备的民族逐渐充实其文字。

● 1953 年

根据中央人民政府政务院对少数民族语言文字的创建指示精神，中央民族学院（今中央民族大学）开办了侗语班，中央民族学院语文系侗语班有教师3人，即杨权（侗族）、龙明耀（侗族）、郑国乔（汉族）；学生12人，即王德温（女）、金鑫（女）、刘慧兰（女）、凌丽（女）、李佳奎（女）、吴景秋（女）、宗德儒（女）、周琪英（女），唐训章（男）、言茂仁（男）、林文举（男）、马宝瑞（男）。

● 1954 年

5月，中央人民政府政务院文化教育委员会民族语言文字研究指导委员会及中央人民政府民族事务委员会（今中华人民共和国国家民族事务委员会）向中央提交了《关于帮助尚无文字的民族创立文字问题的报告》。该报告指出：几年来，由于少数民族在政治、经

---

① 参见杨汉基：《侗语与文字推行》，内部资料，1986，第112—133页；杨筑慧编著《中国侗族》，宁夏人民出版社，2011，第396—407页；《侗族百年实录》编委会编《侗族百年实录》，中国文史出版社，2000，第1500—1540页；欧潮泉、姜大谦编著《侗族文化辞典》，华夏文化艺术出版社，2002，第580—615页；滕星、王远新、海路主编《中国少数民族新创文字研究论文选集》，民族出版社，2011，第3—53、203—215页。

济、文化各方面获得很大的发展，没有文字的或没有通用文字的民族现在迫切要求解决文字问题，而为了创立文字，就必须首先确定制定少数民族语言文字问题的基本原则。

5月，中央人民政府政务院原则上批准了上述报告，并具体指出：报告中所提关于帮助尚无文字的各民族创立文字的办法，特责成中国科学院语言研究所和中央人民政府民族事务委员会审慎研究，然后拟定计划在一两个民族中逐步试行。

● 1955 年

12月6日—15日，第一次全国民族语文科学讨论会在北京召开。会议提出用两三年时间（1956—1958年）普遍调查全国少数民族语言，帮助那些需要创制、改进和改革文字的民族进行文字方案的设计工作。

● 1956 年

3月，国务院颁布《关于各少数民族创立和改革文字方案的批准程序和实验推行分工的通知》，进一步指出关于各少数民族创立和改革文字方案的批准程序和批准以后实验推行的具体分工。其中，中国科学院少数民族语言研究所负责做出创立和改革文字方案的初步设计，由省、自治区人民委员会审核公布作为实验推行的方案。

6月20日，时任国务院副总理乌兰夫出席第一届全国人民代表大会第三次会议，并对创制少数民族文字作了更具体、更明确的指示。

8月，周恩来总理在《关于发展国民经济的第二个五年计划的建议的报告》中指出：对于那些还没有文字或者文字尚不完备的少数民族，应该积极地帮助他们创制和改革自己的民族文字。该报告于9月经中国共产党第八次全国代表大会讨论通过。

9月15日，刘少奇在中国共产党第八次全国代表大会的政治报告中指出：对于没有文字的少数民族，应当帮助他们创造文字。

中国科学院少数民族语言研究所和中央民族学院（今中央民族大学）语文系在北京联合开办了全国少数民族语言调查训练班，侗语班共有10位侗族学员。其中5位来自贵州民族学院（今贵州民族大学）：杨汉基（天柱）、石宗庆（锦屏）、陆开明（黎平）、王祥亨（榕江）、龙作云（剑河）。5位来自中南民族学院（今中南民族大学）：张人位（新晃）、杨盛中（通道）、吴治德（通道）、吴世华（三江）、杨安女（三江）。培训内容有：语言、语音、语法等专业基础知识，学制一年。

9月—10月，少数民族语言调查第一工作队侗语工作组编写了《侗语方言土语调查大纲》。

12月初，由中国科学院、中央民族学院等4个单位的28位同志组成的侗语工作组，分南、北、中三路对14个县22个侗语点展开调查。

● 1957 年

2月底，侗语工作组完成了14个县22个侗语调查点的调查任务，共记录了30多万字的侗语语言材料（13多万个词、8千多条语法例句、25篇长篇故事，以及各调查点的人文材料）。这些调查材料为侗语方言土语的划分、侗文的创制提供了科学的材料依据。

9月27日—30日，侗族语言文字问题科学讨论会预备会在贵阳市召开，到会的有广西、湖南、贵州的侗族代表，中国科学院少数民族语言调查第一工作队代表，贵阳市各机关代表，有40余人。广西、湖南、贵州的侗族代表分别作了发言，中国科学院少数民族语言调查第一工作队副队长王均作了"关于侗语方言的划分和创立侗文问题的初步意见（草案）"的报告。到会同志就创立侗族文字商讨初步意见，并为正式会议的召开做好准备。

● 1958 年

3月28—4月16日，国家民族事务委员会与中国科学院哲学社会科学部在北京联合召开第二次全国民族语文科学讨论会。

8月18日—23日，侗族语言文字问题科学讨论会在贵阳召开，到会的有贵州、湖南、广西的侗族代表和其他人士，共113人。其中，中央代表2人，湖南代表22人，广西代表18人，贵州代表62人，云南代表1人，四川代表2人，少数民族语言调查队第一、二工作队代表6人。会议成员就侗族语言文字问题展开了热烈地讨论，中国科学院少数民族语言调查第一工作队副队长王均作了关于"侗族语言情况和文字问题"的报告，贵州民族语文指导委员会的龙明耀作了"关于《侗文方案（草案）》的说明"的报告。23日下午，会议一致通过了《侗文方案（草案）》。会议的决议内容：①会议同意以南部方言为侗族标准语的基础方言，以贵州榕江话的语音为标准音，在制定标准语规范的工作中适当地照顾到语言的普遍性。②会议通过用 26 个拉丁字母拼写侗语的 32 个声母、64 个韵母和 9 个声调的文字方案。

9 月 2 日，《侗文方案（草案）》在贵州省人民委员会第四十二次会议上通过。

10 月，《侗文方案（草案）》经中央民族事务委员会批准试验推行。

《侗文方案（草案）》经中央民族事务委员会批准试验推行后，贵州民族学院（今贵州民族大学）抽调侗族地区在职干部和中小学教师共 30 人学习侗文，培养侗文专业人才，教师由语言调查工作队派人负责。贵州省民族语文指导委员会派龙明耀、吴世华、张士良三位同志到榕江县车江公社章鲁寨开办侗文师资培训班。侗文师资培训班有学员 70 多人，这些学员来自贵州、湖南、广西三省（自治区），学员按文化程度编为甲、乙两班。同时，在章鲁、月寨两个生产队各开办一个侗文夜学班，学员 60 余人，多为文盲。这些学员经过 120 多个课时的教学，学习效果良好。这是侗文第一次试验推行，深受侗族人民的拥护和支持。

● 1959 年

10 月，贵州省民族语文指导委员会研究室和中国科学院少数民族语言调查第二工作队合编的《侗汉简明词典（初稿）》由贵州民族出版社出版发行。

● 1959—1980 年

由于"文化大革命"及"民族融合风"的影响，从事民族文字工作的专业人员受到不公正的待遇，民族文字工作被迫终止，从事民族文字工作的专业人员通通改行，侗文推行工作停止了 20 多年。

● 1961 年

12 月，贵州省民族语文指导委员会研究室编写的《汉侗简明词典（初稿）》由贵州民族出版社出版发行。

● 1963 年

5 月，在侗语南部方言区第二土语区的贵州省黎平县茅贡地扪生产大队开办侗文试点班，学员有 54 人，教师由石宗庆、杨汉基担任。这是侗文第二次试验推行。

● 1980 年

1月2日—12日，第三次全国民族语文科学讨论会在北京召开。会议的主要任务：总结新中国成立以来，特别是召开第二次全国民族语文科学讨论会以来民族语文工作的经验教训，坚持实践是检验真理的唯一标准。结合民族语文工作的实际，探讨民族语文工作中的重要理论问题，修订、落实民族语文政策。参加会议的代表有 158 人，来自 17 个省（市、自治区），包含 28 个民族。这次会议确定了民族文字恢复推行，是一次具有历史意义的重要会议。

● 1981 年

3月30日，黔东南州民族文字恢复试行工作座谈会在贵州省黔东南苗族侗族自治州（简称"黔东南州"）革命委员会三楼会议室召开，参加会议的有：贵州省民族事务委员会的夏勇良同志，黔东南州民族事务委员会的杨汉基同志，黔东南州革命委员会的杨富和同志，黔东南州属各机关厂矿、学校的少数民族领导干部和部分同志，共 35 人。会议成员一致认为，党给各民族创制的民族文字，根据少数民族地区的实际情况，应恢复民族文字的试验推行。

6月，夏勇良、杨汉基等同志对贵州黎平、从江、榕江、锦屏、天柱等侗族地区进行调查，并广泛征求各界人士意见。调查提纲具体包括：①侗文在侗族地区推行、标准音点和正在推行民族文字的地点、干部和群众对推行本民族文字的看法和意见。②过去侗文推行的经验和存在的问题。③将来民族文字重点推行在什么地区为好等内容。同月，将各地调查的情况向黔东南州委员会、革命委员会进行汇报，汇报会议由黔东南州革命委员会的杨富和主持，参会的有黔东南州委员会、革命委员会的相关领导、同志，会议成员一致认为侗语文要恢复试验推行。

10月13日—18日，贵州省黔东南州召开全州文字试点推行工作会议，会议由黔东南州革命委员会的杨富和主持，参会的侗族代表有黔东南州民族事务委员会的杨培春、杨汉基以及石宗庆、张士良、吴国增、龙启休、陆开明、龙玉成等各县代表 14 人。会议后，黔东南州人民政府转发了《会议纪要》。《会议纪要》指出：做好民族语文工作，是促进各族人民团结、繁荣各民族文化、发展现代科学技术的重要措施。会议确定了榕江、天柱为侗文试点推行地。这次会议是黔东南州 20 世纪 80 年代侗文恢复试行的一次重要会议。

11 月，侗文试验推行后，第一批试点分别在侗语南北两大方言的第一土语区。第一批侗文试点：南部方言的榕江车寨和北部方言的天柱水洞，学员共 82 人，教师分别是张士良、吴国增和杨启殿。第一批侗文进入学校的试点是：榕江县车江中学、锦屏县黄门民族小学，学生共 141 人，教师分别是石宗庆、湛贻权。

5 月 12 日，天柱县水洞试点班被评为"贵州省侗文推广先进单位"，获贵州省民族事务委员会嘉奖。

● 1982 年

年初，贵州省黔东南州党委和黔东南州人民政府批准了州民族事务委员会和州教育局提交的《关于在州级机关举办苗文、侗文业余试点的请示报告》。

5 月 28 日，贵州省民族事务委员会在贵阳八角岩召开第一次全省民族语文工作会议，参加会议的侗族代表 28 人。其中，从事侗语文工作的代表 6 人（张人位、杨权、龙明耀、欧亨元、杨汉基、石宗庆）、试点教师代表 3 人（吴国增、张士良、湛贻权）、试点学员代表 3 人（榕江试点班的杨胜敏、从江试点班的吴良荣、天柱试点班的龙青花）。会议对近两年文字推行工作进行了总结。会后，贵州省文学艺术界联合会在锦屏县开办了一个 40 人的"侗文训练班"。

湖南省民族事务委员会报请湖南省人民政府同意，在湖南省通道侗族自治县恢复侗文试行工作。截至 1987 年 9 月，通道侗族自治县参加侗文扫盲学习的有 2163 人，合格并脱盲的约占总人数的 70%。

● 1983 年

4 月 26 日—30 日，黔东南州民族事务委员会在台江召开全州第二次民族语文推行工作会议，参加会议的有 200 余人。会议主要总结了 1981—1982 年的民族语言文字试点工作并部署了今后苗文、侗文的推行工作。随后，开展第二批侗文试点，在榕江县、从江县、黎平县、天柱县、锦屏县等地相继开办了 39 个点，学员共 1494 人。

● 1984 年

4 月，黔东南州民族事务委员会在凯里主持召开全州第三次民族语文工作会议，参加会议的有 100 余人，20 世纪 50 年代的侗语工作组成员及各县辅员、试点教师均出席了会议。第三批侗文试点共开办 101 个点，学员共 3091 人。

● 1985 年

4 月，黔东南州民族事务委员会在凯里召开全州第四次民族语文工作会议，参加会议的人员有 20 世纪 50 年代从事侗语文工作的工作者及各县民族事务委员会侗文辅导员、试点教师代表。第四批侗文试点发展到 173 个点，学员共 6714 人。

4 月—9 月，为了帮助农村的广大侗族群众看懂、看好电影，经黔东南州人民政府同意，在全州侗族地区招考了 5 名电影配音演员。经过一年多的努力学习，这 5 名电影配音演员配成侗语电影故事片十四部、科教片十五部。侗语电影的产生是侗族地区文化史上的一件大事，它给侗文推行带来了积极的影响。这些电影配音演员是：刘运昌（锦屏，男）、袁池兰（天柱，女）、陈陆香（从江，女）、吴定华（黎平，男）、吴必亮（榕江，男）

10 月，黔东南州民族事务委员会总结黔东南州侗文恢复试验推行 5 年来的基本情况。社会扫盲：在榕江、黎平、从江、天柱、锦屏、三穗、镇远、剑河等八个县的侗族聚居区，开办了农村扫盲 174 个班（点），学员有 18300 余人。小学双语教育：侗文进入民族小学有 118 个班，学生共 3230 人。师资培训：共开办了 4 期侗文师资培训班，第一期在凯里市开办，第二期在榕江县、天柱县开办，第三、四期在黎平、从江、锦屏等地开办，共培训侗文教师 428 人。

11 月，中国少数民族双语教学研究会第五次学术讨论会在贵州召开。参加会议的代表来自全国 12 个省（自治区）22 个民族，有 170 余人，时任贵州省副省长的张玉芹以及中国共产党贵州省委员会统一战线工作部、贵州省教育厅等相关部门的同志出席了会议。参会的侗族代表有：贵州省民族事务委员会的张人位、欧亨元，黔东南州民族事务委员会的杨汉基，黎平县民族事务委员会的杨盛中，榕江县民族事务委员会的石宗庆，来自湖南省通道侗族自治县的吴鼎、吴治得、杨再全。会议主要讨论研究少数民族地区开展双语教学事宜，时任中国文字改革委员会副主任的王均教授，中央民族学院的马学良教授、严学窘教授分别作了发言。

中央民族学院语文系开办侗语班（大专）、贵州民族学院开办侗语班（大专）、黔东南州民族行政管理学校也开办侗语班（中专），学制 2—3 年。中央民族学院侗语班有 11 人，其中贵州的有 6 人（榕江县 2 人、黎平县 2 人、从江县 1 人、天柱县 1 人），湖南和广西的共有 5 人；贵州民族学院侗语班有 20 人；黔东南州民族行政管理学校侗语班有 10 人。这项工作的开展，对培养侗文专业人才起到了积极作用，也说明了党和国家对民族文字的重视。

● 1986 年

4 月，贵州省教委科学研究所、贵州省民族事务委员会民族语文办公室根据《义务教育法》中"招收少数民族学生为主的学校，可以用少数民族通用的语言文字教学"的规定，组织人员编译《六年制小学语文课本（第一册）》。编译人员为：石宗庆、杨汉基、银永明、龙启休、罗国光，最后由贵州民族出版社出版。

● 1989 年

11 月 7 日，贵州省侗族研究会在玉屏侗族自治县召开成立大会，吴汉良为首任会长。

● 1992 年

1 月 11 日，贵州省黔东南州侗学研究会成立，姚源金为会长。

● 1994 年

6 月 1 日—8 日，贵州省少数民族语言文字学会在贵阳召开第一次学术讨论会，出席会议的是来自全省各地 10 个民族的 90 多位代表。

● 1996 年

9 月 18—28 日，根据国务院批转的《国家民委关于进一步做好少数民族语言文字工作的通知》和国家民族事务委员会发布的《关于民族语文工作的部署》及中国社会科学院民族研究所实施"八五"期间民族学科国家可重点科研项目的安排，国家民族事务委员会、中国社会科学院共同组织专家学者对侗文的试验推行工作进行全面考察、总结、论证验收。

● 1997 年

1月18日，贵州省人民政府签发关于报请国务院审批侗文正式推行（待批）。

● 1998 年

11月24日—25日，贵州省民族语言学会在贵阳召开第二届学术讨论会，出席会议的是来自全国各地8个民族的70多位代表。

● 2000 年

9月，由美国友人PETERY主办的"侗人网"在美国开通，首次通过"因特网"直接向全世界介绍侗族的语言文化。

贵州大学西南少数民族语言文化研究所与世界少数民族语文研究院共同合作，在贵州省榕江县宰麻乡宰荡村开展了1个为期9年的侗汉双语教育实验项目。

● 2001 年

9月14日，由时任中国社会科学院少数民族文学研究所研究员、中国少数民族文学学会侗族文学分会会长的邓敏文主持的"侗人网"正式开通。

10月10日—11日，由贵州省侗学研究会、黔东南州人民政府、剑河县人民政府共同主办的民族地区基础教育论坛暨贵州省侗学研究会第三届会员代表大会在贵州省剑河县举行。

● 2009 年

1月18日，第一部侗语电影《我们的嗓嘎》在湖南省怀化市举行首映式。

9月30日，联合国教科文组织在阿拉伯联合酋长国首都阿布扎比举行了保护非物质文化遗产政府间委员会第四次会议，在该会议上，侗族大歌入选《人类非物质文化遗产代表作名录》。

● 2010 年

5 月 14 日，国家民族事务委员会下发《国家民委关于做好少数民族语言文字管理工作的意见》，该文件标志着少数民族语言文字工作进入新的发展时期。

12 月 2 日，国家民族事务委员会下发《国家民委关于进一步做好民族语文翻译工作的指导意见》。《国家民委关于进一步做好民族语文翻译工作的指导意见》共 13 条内容，包括进一步做好民族语文翻译工作的重要意义、指导思想、基本原则、主要任务以及主要政策措施。

● 2011 年

10 月，党的十七届六中全会顺利召开，会上提出要"大力推广和规范使用国家通用语言文字，科学保护各民族语言文字"。

● 2013 年

8 月，贵州省民族事务委员会、贵州省社会科学院联合开展了贵州省少数民族语言文字法制建设课题调研。

9 月 4 日—6 日，贵州省民族事务委员会与贵州省社会科学院联合召开了全省民族语言文字法制建设工作座谈会，时任贵州省民族事务委员会副主任的吴建民出席座谈会，来自26 个省直单位及社会团体的 58 位代表参加座谈。会议成员就贵州民族语言文字的发展现状、作用和在民族语言文字法制建设的时代背景下立法的必要性及立法内容进行讨论。

● 2014 年

2 月 28 日，全国语言文字工作会议在北京召开，时任国家语言文字工作委员会主任、教育部副部长的李卫红出席会议并发表讲话，会议主题是深入学习贯彻党的十八届三中全会精神，以改革创新精神，推进《语言文字规划纲要》的全面落实。

● **2015 年**

5 月 1 日，《全国侗语新闻联播》正式开播。《全国侗语新闻联播》由通道、芷江、新晃、黎平、玉屏、三江等 6 县的广播电视台联合开办，节目为双周栏目，每半月播出一期，每期节目时间为 15—20 分钟，重点对上述 6 县的经济、文化旅游、民间民俗活动、人物等方面进行报道。栏目通过侗语播音的方式，传承、推广侗族语言文化，宣传党和政府的各项路线、方针、政策，为 296 万侗族群众搭建了获取信息和了解外界的新窗口、新平台。

5 月，教育部、国家语言文字工作委员会正式启动"中国语言资源保护工程"，收集记录汉语方言、少数民族语言和口头文化的实态语料，建成多媒体语言资源库。

10 月，贵州省民族宗教事务委员会下发《省民宗委关于印发〈贵州省世居少数民族语言测试管理规定（试行）〉的通知》。

12 月，贵州省民族宗教事务委员会下发《贵州省民宗委关于印发〈贵州民族语文工作"十三五"规划纲要〉的通知》。

● **2016 年**

4 月 13 日，《侗汉英大词典》编写工作启动仪式暨第一次编纂工作会在贵州民族大学召开。本次会议由时任贵州省民族宗教事务委员会调研员的杨亚东和本词典主编龙耀宏教授主持，会议成员有：贵州省民族宗教事务委员会省少数民族语言文字办公室原主任罗世荣、原副主任伍小芹、石锦宏，本词典副主编、湖南省侗学会原会长黄雪鸿，原贵州省人民代表大会常务委员会原副主任、本词典编委会顾问杨序顺，《苗汉英大词典》总主编李锦平教授，参与本词典编写的各位专家。《侗汉英大词典》计划编纂 1 卷，包含 2 万余条词目，150 余万字，预计用 4 年时间完成。

8 月 23 日，教育部、国家语言文字工作委员会发布《国家语言文字事业"十三五"发展规划》。

● **2017 年**

3 月 17 日，国家民族事务委员会下发《国家民委"十三五"少数民族语言文字工作规划的通知》。

● 2018 年

2 月 23 日，贵州省民族宗教事务委员会、中共贵州省委组织部等六个部门联合下发《关于推进民族地区干部双语学习工作的实施办法》。

11 月 25 日，纪念侗文创制 60 周年暨侗文方案修订研讨会在贵阳召开。此次会议旨在感谢党和政府对少数民族的关心与支持，推广民族语文政策，总结侗文应用成果，探讨其在保护、传承侗族文化及促进地区发展等方面的作用，并讨论新时期民族语文工作的方向。会议原则上通过了《侗族文字方案（修正案）》，表彰了 25 名侗语文先进工作者。与会的 70 余名专家学者和来自多省（自治区）的代表共同交流了经验和看法。

附录 9：侗文分词连写示例样本

NEIX YENCYONGC[①] LIS US

Xicunv,meec samp jongxlongx,maoh mas bail jamt boc,maoh samp bul xuh bail laop mas. Banvgenp,maoh samp bul dungs neix yencyongc.

Yencyongc baov:"xaop bail oup,baox?"

Samp lagx yingv:"bail laop mas."

Yencyongc yuh xais:"xaop mas bail oup?"

Samp lagx yingv:"jaol mas bail qamt boc."

Yencyongc yuh baov:"yaoc xuh xiv xaop boc ax!"

Samp lagx yuh yingv:"nyac gueec xiv jaol boc,jaol boc nasbiah meec lenp xiv."

Neix yencyongc xuh bail deic eex liees biav dos nasbiah.

"Nyac gueec xiv jaol boc,jaol boc ocmiac meec lenp xeenh."

Neix yencyongc yuh bail deic il loc nuicsenx jonc dos oc miac.

Maoh samp bul xuh senk genp,dongc neix yencyongc bail yanc.

Dongv menl genp,yencyongc baov:"meil laox, meil nyih, meil niv, xux dinl seenpseenp dongc gaosboc nak."

meil niv xux lis suil seenp,xuh dongc gaosboc nak il yodx,meil laox dongc meil nyih nak il yodx.

---

① Neix yencyongc（变婆），侗族神话故事里专吃小孩的妖怪。

Banv anl,dal meil eel meil lis yingk gongc,xangh gaos boc nyaoh jil wok.

Xuh xais:"Nyac jil mangc,boc?""Nyac jil mangc gongc guanglguangl,boc?"

Neix yencyongc baov:"Yaoc nyaoh jil doh geis."

Dal meil eel meil jangp dinl bail dungs meil lis sais,xuh xaih:"Aih xiv mangc,boc?"

Neix yencyongc baov:"Xiv meil lis nyiux."

Dal meil eel meil yuh jingk doiv naemx naemx lis,yuh xaih:"Aih nongc xiv mangc boc?naemx naemx lis."

Neix yencyongc baov:"Xiv meil weex nyiuv genp."

Dal meil eel meil woxlis maoh gueec xiv gaos boc ,xiv yencyongc genp,xuh sangt jiv jedx.

Dal meil eel meil xuh xeiv:"Jaol yuv bail weex nyiuv ax,boc."

Neix yencyongc baov:"Weex dos dees doiv yix! "

Dal meil eel meil xeiv:"Weex dos dees doiv nyenlsaop xiv."

Neix yencyongc baov:"Weex dos eenl saopwil! "

Dal meil eel meil xeiv:"Weex dos eenl saopwil yeex nyenlsaop xiv."

Neix yencyongc baov:"Yangl xuh weex dos eenllingc yix! "

Dal meil eel meil xeiv:"Eenllingc yeex nyenlsaop xiv,jaol yuv bail deeslouc weex."

Neix yencyongc baov:"gas yaoc il,yaoc bail jaens wil map."

Buh neix yencyongc bail saopwil jaens wil gangs nyac,Dalmeil eelmeil xuh liatliat bail deeslouc genl hongknyiuv jak ullouc.Maoh yac jongx xuh nyaoh ul louc nuv neix yencyongc,nuv maoh yic deic xongc wil jit gudt lis xip houk,maoh yac bul xuh deic miac boc naemx liinc luih bail deic wil liinc yiv genp.Yenc yongc yuh yongh soh sebt xongt wil,jac jac yic gudt,yuh il yuns naemx liinc luih bail,deic wil weex yiv genp.wil sebt bail sedt map,wil haip xiv gueec gudt. Yencyongc xuh adt douk:"doc not yix,nyac beex weex nyiuv dos yaoc wil,gas yaoc samp lis dalmeil eelmeil nyac jil semp yaoc jil wik."Dalmeil eelmeil lis yinl yencyongc xeiv,gangsnaih naemx nyiuv yeex youv genp,yuh jouc yencyongc jit gunc wil bail louc.Dalmeil eelmeil xuh yongh jiv deic juc hongk dac luil louc xuh gaik:"yix,boc! gongtbias genx nap,nyac weik jemc laot guiv bail jemc eix! "

Yencyongc suil gop gongt bias,xuh jemc laot guiv bail,dalmeil eelmeil xuh deic guiv sot dos,sangt jik meil niv xuc jik.

Maoh yac jongx xuh jit wil deic naemx dongl beeuhbeeuh,xuh xaih:"Boc,nyac yuv jil naemxdangk gueec?"

——Yuv ax.

"Ox,yangh boc nyac eip muv leicleic yix! "

Gens daox,Dalmeil eelmeil xuh deic naemxbiaoh youv laot aox guiv bail.

——Eix yop,dangk yaoc xiv genp nup,wox yaoc ah semp jil xaop yacbul yox!

——Nyac haip yuv jil dalmeil eelmeil lis semp wil gueec,boc?

——Yuv ax!

Gens daox,Dalmeil eelmeil xuh deic il lenp binv angv,laiv dangkdangk lis,xuh baov:"Boc,nyac eip muv leicleic,jaol piap semp sais saip nyac jil."

——Ox!

Gens daox,Yencyongc xuh eip muv leicleic lis gas,dalmeil eelmeil deic guiv eip il niv niv,xuh deic dangkdangk lis binv angv nyens nyinp laot yencyongc aox muv,yencyongc xuh nanc xeiv songpgenp.

Dalmeil eelmeil xuh deic yoc xip deic guiv sot lail, liangp jongl bail wanv wanh wenv, bail douk banv genp, xuh dongs samp bul lagx jax beel jal, samp bul jax beel jal xuh xais:"xaop yac jongx, bail oup?"

——Jaol bail qamt juc.

——Yangh xaop oc guiv nyac xiv jongl mangc?

——Jongl hok lail yax.

——Eip map nuv xiv mangc?

——Gueec eiv eip,il jaol mas eiv adt jaol.

——Ox,xiv hok lail yangh deic map jaol jeeuc jal?

——Gueec eiv yox! jaol aih xinl xiv hok lail.

——Yangh jaol deic il labs jal map dongc xaop jeeut,hangt gueec?

——Gueec eiv yox! xaop dabs jal yangh nyunc,jaol mas eiv adt jaol.

——Yac dabs hangt geeuc?

——Gueec eiv yox! jaol aih xiv hok lail.

——Samp dabs hangc gueec?hangc xuh jeeut.

——Yangh xuh jeeuc map,yangh xaop deic jaol wok douk banvgenp,xaop beex eip.

——Lail,yangh jaol xuh jeeut.

Dalmeil eelmeil xuh deic wanh lis jal dads douk yanc,samp bul jax beel jal jongl guiv douk banv kenp,xuh ansjaens eip map nuv,eip map xiv wul yencyongc gaos daxnyaop,xuh weex yenp deic guiv wenk luih genp dees dongh bail.

变婆的故事

从前，有三姊妹，她们的妈妈去了外婆家，三姊妹就结伴去找妈妈。半路上，三姊妹遇到了变婆。

变婆问："你们去哪里呀，宝贝？"

三姊妹回答说："我们去找妈妈。"

变婆又问："你们的妈妈去哪了？"

三姊妹回答说："我们的妈妈去了外婆家。"

变婆接着说："我就是你们的外婆呀！"

三姊妹说："你不是我们的外婆，我们的外婆额头上有颗痣。"

这个变婆就去捡了颗羊屎粘在额头上。

"你不是我们的外婆，我们的外婆手上还有一个手镯。"

这个变婆又去抓了一条蚯蚓卷在手腕上。

于是，三姊妹就相信了变婆，并跟随变婆回了家。

天黑了，变婆说："大妹、二妹、小妹，把脚洗干净就同外婆一起睡觉吧。"

小妹洗得最干净，于是就和变婆睡一头，大妹、二妹睡另一头。

半夜里，大妹、二妹听闻床的另一头有响动，像是外婆在吃东西。

于是就问："你在吃什么，外婆？""你吃什么呀，外婆？响咣咣的！"

变婆回答说："外婆在吃黄豆呐。"

大妹、二妹伸脚，碰到小妹的肠子，就问："这是什么，外婆？"

变婆回答说："是小妹的裤带。"

大妹、二妹又感觉到床湿漉漉，又问："这又是什么呀，外婆？湿漉漉的。"

变婆回答说："是小妹尿床了。"

大妹、二妹知道了外婆不是真外婆，而是变婆，于是就想办法逃跑。

大妹、二妹说："我们要去尿尿，外婆。"

变婆说："拉在床下面吧！"

大妹、二妹说："拉在床下太臭了。"

变婆说："那就拉在厨房吧！"

大妹、二妹说："拉在厨房也臭呀！"

变婆说："那就拉在堂屋吧！"

大妹、二妹说："堂屋也臭得很，我们还是去楼下拉吧！"

变婆说："那等我一下，我去点灯。"

趁变婆去厨房点灯，大妹、二妹就悄悄下楼将尿桶拿到了楼上。姐妹俩在楼上注视着老变婆，当它刚把火星子吹起点燃时，姐妹俩就用手捧起一捧水滴下去，把火浇灭了。老变婆又用力吹着火坑里的火星子，刚一点燃，又一滴水滴下来，把小火苗浇灭了。变婆将火星子吹了又吹，灯还是点不起来，变婆便骂道："老鼠呀，你不要拉尿下来哟，等我捉到大妹、二妹，你吃肝我吃肺。"大妹、二妹听见变婆这样说，心里很害怕。这时，尿桶里面的尿也倒完了，她们担心变婆点起灯后就来抓她们俩，于是将尿桶扔下楼发出异响，并喊道："咦！外婆，打雷了嘞，你快躲进柜子里面吧！"

变婆害怕打雷，于是就躲进了柜子，大妹、二妹趁机把柜子门锁了起来，并准备替小妹报仇。

姐妹俩起火把水烧开，就问："外婆，你要喝热水吗？"

——要啊。

——哦，那外婆你张大嘴巴哟！

接着，大妹、二妹就往柜子里面倒开水。

——哎哟，太烫了，你们这样对我，早知道我就先把你们两个吃了！

——你还要吃大妹、二妹的心肺吗，外婆？

——要啊！

于是，大妹、二妹就拿来一块铁，在火里面烧得滚烫，并对变婆说："外婆，你张开嘴，我们把心肝烧好给你吃。"

——哦！

于是变婆张大嘴巴，大妹、二妹把柜子门打开一个缝，夹起滚烫的铁块塞进变婆嘴里，变婆舌头被铁块烫伤，连话都说不了了。

大妹、二妹拿锁把柜子重新锁好，并打算把变婆抬出去丢在野外。半路上，姐妹俩遇到三个卖布商贩。三个卖布的商贩主动上前问道："你们两姊妹，去哪呀？"

——我们去舅舅家做客。

——那你们柜子里抬的是什么东西呢？

——抬的好东西呀。

——能打开来看看吗？

——不能哟，妈妈会骂我们的。

——哦，是好东西的话，可不可以拿来和我们换布呀？

——不行的！我们这里面可真的是好东西哟。

——哎呀，我们拿这一挑布跟你们换嘛，可以吗？

——不行哟！你们的一挑布那么少，我们会被妈妈骂的。

——那两挑可以吗？

——不行哟！我们这是好东西。

——三挑可以吗？可以的话马上就换。

——那好吧！但是你们在路上千万别打开柜子哟。

——好吧，那我们来交换。

大妹、二妹将换到的布挑回了家。三个卖布的商贩将柜子抬到半路，就忍不住打开了柜子，发现柜子里是一个头发乱糟糟的变婆，于是就把柜子连同变婆一起扔下悬崖去了。

后　记

　　本书既是我在暨南大学攻读博士研究生期间的研究之作，同时也是我在凯里学院作为一名教师的科研结晶，几经修改，今日终得以完稿，心中雀跃之余更有许多感触。古人云："受人滴水之恩，当以涌泉相报。"回顾自己的学习和工作历程，有太多的人和事需要感谢。

　　感谢国家的少数民族高层次骨干人才研究生招生计划及暨南大学的少数民族语言文学博士研究生招生计划，使我得以开启幸福难忘的博士研究生生活。同时，我也要感谢我的工作单位凯里学院给予我继续深造的机会，以及凯里学院党委办公室（学院办公室）领导和同事们在我学习期间的理解与支持。

　　感谢我的博士研究生导师范俊军教授，让我有幸成为他的首位博士"弟子"，给予了我丰富的学术指导和悉心的关怀支持。尽管我学识积淀尚浅，天资亦不聪颖，加之性格又有些胆怯与拘谨，但范老师不嫌我愚钝，鼓励我认真学习，并在论文、教学和科研等方面都给予了我莫大的指导。范老师深厚的学术造诣、严谨的治学态度以及对科研的热情和执着，都深深影响着我。他的教诲如同春风，师恩深如大海，在我人生的关键时刻给予指点和提携，心怀无限感激。

　　感谢暨南大学少数民族语言文学学科的班弨教授和姚新勇教授对本书内容提出的宝贵建议；感谢我的硕士研究生导师贵州民族大学的龙耀宏教授，以及我的本科侗语老师石林教授，在我写作过程中提供的悉心指导和巨大帮助；感谢中国民族语文翻译中心原副局长李旭练、壮语文室译审员覃忠群，以及贵州省少数民族语言文字办公室原副主任石锦宏、贵州民族出版社编辑杨成星、黎平电视台原台长张芳滨，在本书资料收集整理中给予的大力支持和帮助；感谢陪我一起度过美好时光的诸位同门，我们相互照顾，共同学习，节假日里把酒言欢，畅谈理想，笑语常在。

　　最后，尤为感激的是我的家人。首先，我要向我的父母表达最深的谢意，是你们坚定的支持成就了我的梦想和追求；接着，我要衷心感谢我的丈夫，你的理解、牺牲和默默奉献，为我博士学习期间的全情投入提供了坚实的后盾。正是有了你们不断的鼓励和帮助，我才能够克服重重困难，顺利完成博士学业和本书的编撰。

人生的每一个阶段皆弥足珍贵，而在撰写本书的这段时光里，我得到了众多师长与朋友的襄助，心中满怀感激之情，笔墨难以尽数表达，唯有矢志不渝，继续砥砺前行，方能不负大家的这份深情厚望与殷切期盼。

限于个人的学识能力，本书中难免有错漏和不当，敬请学界的各位前辈和同仁批评指正！

彭　婧

2024 年于凯里